Daily Mail
1961
1997

Aus dem Englischen von Die Textwerkstatt, Langenlois/Mag. Caroline Klima
und Werner K. Müller
Umschlaggestaltung: Peter Udo Pinzer, Eppstein
Coverbilder: World Trade Center - Rex Features/Scott Laperruque;
JFK - Corbis/Bettmann; Diana - Corbis/Liba Taylor;
Saddam Hussein - Corbis; gunman - National Archives and
Records Administration, Washington/Ronald Reagan Library (NLRR);
Osama bin Laden - Corbis; soldier - Corbis/David Turnley
Druck: DELO tiskarna, Slovenia

www.tosa-verlag.com

David Southwell & Sean Twist

VERSCHWÖRUNGEN

Die 100 spektakulärsten Fälle

tosa

INHALT

EINLEITUNG

Alles, was man Ihnen bislang erzählt hat, ist falsch. Die Geschichte ist eine einzigeLüge. Es gibt eine geheime Erde, von der man Ihnen nie etwas gesagt hat. Seit Ihrer Geburt wird Ihr Leben von dunklen, geheimen Mächten kontrolliert. Sie sind nicht paranoid, denn die da draußen sind wirklich hinter Ihnen her. Es ist alles eine große Verschwörung und Sie wurden hinters Licht geführt.

Von den Bestseller-Comics von Warren Ellis bis zu den Filmen von Mel Gibson und tausenden nächtlichen Anrufen bei Radiosendern – überall finden Sie Verschwörungen. Mulder und Scully wurden dank ihrer Suche nach der Wahrheit hinter all den Komplotten sogar zu globalen Ikonen. Verschwörungstheorien sind ein Bestandteil unserer Kultur und im Zeitalter der globalen Kommunikation verbreiten sie sich wie nie zuvor. Als das Flugzeug von John F. Kennedy Junior im Juli 1999 ins Wasser stürzte, brauchte es volle 24 Stunden, bevor die ersten Gerüchte auftauchten. Als der erste Jet am 11. September einschlug, machten Verschwörungstheorien die Runde, noch bevor der erste Tower einstürzte. Wenn die Steinmetze in *The Simpsons sing* subversive Lieder über ihre Macht singen, lachen viele nervös, weil sie glauben, dass die Parodie der Wahrheit viel näher kommt als die TV-Nachrichten, die von „den wahren Machthabern“ gesteuert sind.

Wieso geschieht das und warum scheinen wir Verschwörungstheorien zu brauchen? Zum Teil ist es einfach eine Reaktion auf die Zeit, in der wir leben: Wir müssen dem politischen, wissenschaftlichen, wirtschaftlichen und militärischen Establishment vertrauen; wir werden mit Informationen überfüttert, die wir nicht verstehen. Ständig passieren in der Welt Angst erregende, unerklärliche Dinge, die wir nicht verstehen oder kontrollieren können. Verschwörungstheorien liefern Geschichten, die erklären, was hier vor sich geht. Wenn wir über eine Verschwörung Bescheid wissen, fühlen wir uns weniger hilflos. Statt bloß hilflose, unwissende Opfer dunkler Machenschaften zu sein, werden wir zu Insidern. Es könnte leicht sein, dass wir Verschwörungstheorien einfach brauchen. Es war schon immer wichtig, dass Gesellschaften Sündenböcke fanden – damit für das Böse in der Welt einige wenige verantworlich sind. Genau das wirft ein Licht auf die gefährlichsten Aspekte von Verschwörungstheorien: Einige davon sind nicht mehr als clever konstruierte Propaganda, eine Entschuldigung dafür, dass wir denen, die anders sind als wir, misstrauen. Wir sollten nicht vergessen, wer die anerkannten Meister der Verschwörungstheorien waren: die Nazis. Ihr Aufstieg zur Macht und die Verfolgungen von Juden, Sozialisten, Zigeunern und anderen Gruppen wurde mit sorgfältig gezimmerten Verschwörungstheorien untermauert, von denen nicht nur die Deutschen, sondern auch ihre Verbündeten in aller Welt überzeugt waren.

Ein weiterer Grund dafür, warum wir überall Verschwörungstheorien finden, ist der, dass sie so verdammt unterhaltsam sind! Wo sonst findet man Geschichten, in denen Aliens, Filmstars, Staatsmänner und uralte Geheimgesellschaften vorkommen? Sie sind sogar mit der Möglichkeit gewürzt, dass sie wahr sein könnten, da sich eine echt große Verschwörungstheorie niemals beweisen lässt. Wenn sie nur groß und erfolgreich genug ist, dann sind alle für gewöhnlich ermittelnden Behörden daran beteiligt.

Es ist jedoch zu bedenken, dass nicht bloß paranoide Fanatiker an Verschwörungstheorien glauben, die sie selbst erfunden haben. Vor einigen Jahren gab es Gerüchte, dass die US-Regierung vertuschen wollte, dass sie seit 1932 Experimente an mehr als 200 armen, unwissenden schwarzen Einwohnern von Tuskegee, Alabama, durchgeführt hatte, um die Auswirkungen der Syphillis zu erforschen. Es schien höchst unwahrscheinlich, dass das angesehene Seuchenbekämpfungszentrum diese Menschen sterben ließ und deren Frauen und Kinder dazu verdammte, sich anzustecken. Der Hausverstand sagte einem, dass es lächerlich war, zu glauben, die Behörden würden so etwas tun und dann vertuschen. Doch die, die die Existenz dieser Verschwörung bezweifelten, wurden eines Besseren belehrt. Die Wahrheit über Tuskegee kam schließlich ans Licht und Präsident Clinton reiste nach Tuskegee, um sich bei den Überlebenden dieses schändlichen Geschehens zu entschuldigen.

Willkommen in der Welt der Verschwörungstheoretiker oder – wie Warren Ellis sie nennen würde – der Archäologen jener Mysterien, die wir niemals sehen sollten; jener Leute, die in die dunklen Ecken des Planeten schauen und die Wahrheit unter Jahrhunderten von Lügen und Vertuschungen hervorholen. Wenn Sie also dieses Buch lesen und die sichere Welt der offiziellen Versionen und allgemein akzeptieren Ansichten verlassen, treten Sie ein in die schaurige Welt der bizarren, verblüffenden und häufig auch unplausiblen Verschwörungen. Doch denken Sie an Tuskegee. Sie können nie paranoid genug sein. Alles, was Sie wissen, ist falsch.

RECHTS: Bill Clinton entschuldigte sich bei Überlebenden von geheimen medizinischen Experimenten an den Einwohnern von Tuskegee.

1

STARS

KURT COBAIN

Um 8.40 Uhr am 8. April 1994 entdeckte ein Elektriker, der eine Sicherheitsbeleuchtung in einer Luxuswohnung in Seattle einbauen sollte, die Leiche von Kurt Cobain. Er war an einem Kopfschuss gestorben. Neben dem Körper fand man eine Schachtel mit Drogenbesteck, darunter Spritzen und verkohlte Löffel. Auf seiner Brust lag eine Schusswaffe und angeblich wurde ein Abschiedsbrief im Zimmer gefunden. Ein klarer Fall von Selbstmord also? Nur für die lokalen Behörden. Verschwörungstheoretiker waren mit der oberflächlichen Untersuchung durch die Polizei und dem Medienhype nach Cobains vorzeitigem Ableben jedenfalls nicht zufrieden.

Der 27-jährige Leadsänger und Songschreiber von Nirvana war nicht nur ein international gefeierter Rockstar, sondern eine Ikone der Generation X. Für seine Fans war er mehr als nur ein weiterer Star. Für sie war er ein Vorbild, ein Held. Sein Begräbnis verursachte in Seattle einen Verkehrsinfarkt und in aller Welt kam es zu Nachahmungsselbstmorden. Cobain starb auf dem Höhepunkt seiner Macht. Seine Musik hatte Millionen berührt und der unglaubliche Erfolg hatte ihm die ungeliebte Rolle eines Sprechers für eine ganze Generation und den Grunge-Rock eingebracht.

Der Punk Rock war für Cobain eine Zuflucht. Ebenso die Drogen. Zunächst schien es zu seinem Charakter zu passen, dass er den Tod als ultimative Zuflucht vor Schmerz und Depression, seinen ständigen Begleitern, gesucht hatte. Doch trotz der allgemeinen Überzeugung, dass Cobain große Probleme hatte, konnten viele kaum glauben, dass er sich selbst das Leben genommen hatte, und die Verschwörungstheorien blühen, während sich seine Musik weiterhin verkauft.

All den kursierenden Gerüchten ist die Ansicht gemeinsam, dass Cobain, auch wenn er ein von Problemen geplagter Mensch war – immerhin war er in einem Hotel in Rom infolge einer Überdosis Heroin einen Monat zuvor nur knapp am Tod vorbeigeschrammt –, dabei war, sein Leben neu zu ordnen. Eine schmutzige Scheidung von seiner Rockgefährtin Courtney Love und ein in den Medien breitgetretener Sorgerechtsstreit um ihre gemeinsame Tochter belasteten ihn sicherlich, doch Cobain war keiner, der kneift. Er hatte seine Zähigkeit schon bewiesen, als er sich von einer Hinterwäldlerstadt zu weltweitem Ruhm durchkämpfte. Viele, die seinen Fall studieren, haben den Eindruck, dass hier dunkle Mächte am Werk waren. Und sie haben einige beunruhigende Fragen rund um seinen mutmaßlichen Selbstmord aufgeworfen.

Links *Kurt Cobain – War sein Tod Selbstmord oder Mord?*

Oben *Courtney Love, Kurts Witwe, beauftragte einen Privatdedektiv mit der Suche nach ihrem Mann.*

DAS MERKWÜRDIGE DARAN

Am Ostersonntag, dem 3. April 1994, rief Courtney Love den Privatdedektiv Tom Grant in Kalifornien an. Tags zuvor war Cobain über die Mauer der Exodus-Rehab-Klinik geklettert und nach Seattle geflüchtet. Obwohl ihr Ehemann suizifgefährdet war, einen Monat zuvor fast an einer Überdosis gestorben war und in ein Haus fuhr, in dem er eine Schusswaffe aufbewahrte, beschloss Love, nicht selbst nach ihm zu suchen. Stattdessen beauftragte sie Grant mit den flapsigen Worten: „Rette das amerikanische Idol, Tom." Grant suchte am 7. April um 2.45 Uhr und um 21.45 Uhr im Haus in Seattle nach Cobain, fand jedoch die Leiche nicht, die im Gewächshaus über der Garage versteckt lag. Sie wurde erst am nächsten Tag entdeckt.

DIE ÜBLICHEN VERDÄCHTIGEN

Jemand, der Kurt nahe stand

Tom Grant, der für Love im Anschluss daran sieben Monate lang Cobains Tod untersuchte, ist nur einer der vielen, der glaubt, dass Cobain von jemandem ermordet wurde, der ihm nahe stand. Angesichts der Tatsache, dass der Mörder und andere Verschwörer sein Vertrauen genossen haben mussten, glauben viele, dass der Finger auf ein Familienmitglied, einen engen Freund oder einen Angestellten weist.

Führungskräfte aus der Musikindustrie

Es heißt, dass Cobain eher daran dachte, die Welt der Musikindustrie zu verlassen als die Welt der Lebenden. Ein totes Rock-Idol ist für die Verkaufszahlen jedenfalls viel förderlicher als ein lebendes, das an einer musikalischen Karriere nicht mehr interessiert ist. Führungskräfte aus der Musikbranche sind für moralische Ansichten bekannt, die streunende Katzen wie aufrechte Mitglieder der Gesellschaft wirken lassen. Wenn Millionen Dollar auf dem Spiel stehen, könnte Mord eine bessere Alternative dargestellt haben als Cobains Pensionierung.

DIE UNÜBLICHEN VERDÄCHTIGEN

Kurt Cobain

Es wäre keine echte Rock'n-Roll-Verschwörungstheorie, wenn es nicht einige Leute gäbe, die glauben, dass Cobain noch immer lebt. Die Ungereimtheiten rund um seinen vermeintlichen Tod sind erklärbar, wenn man annimmt, dass er seinen Tod vorgetäuscht hat, um vor seiner Frau, dem Druck und den Drogen zu flüchten.

Rüstungsindustrie

Cobains Rolle als Sprecher einer politisch desinteressierten Generation könnte ihn zur Gefahr für die Rüstungsindustrie gemacht haben, wenn er sich entschlossen hätte, die unzufriedene Jugend wachzurütteln und gegen den beginnenden Krieg in Jugoslawien einzutreten. Um die Waffenverkäufe nicht zu gefährden und das öffentliche Interesse nicht zu wecken, hätte man einen Präventivstreich gelandet.

DIE ÜBERZEUGENDSTEN BEWEISE

Es gibt zahlreiche kriminalistische Fakten, die die Selbstmordtheorie in Frage stellen. Eine seiner Kreditkarten fehlte und jemand hatte versucht, sie zu einem Zeitpunkt zu benützen, als Cobain laut Autopsiebericht bereits tot, aber seine Leiche noch nicht entdeckt war. Es gab keine Fingerabdrücke auf dem Gewehr und keine Patronenhülsen, die Waffe ist also vermutlich abgewischt worden. Sein Körper enthielt außerdem eine so hohe Dosis Heroin, dass er nicht mehr in der Lage gewesen sein konnte, das Gewehr abzufeuern. Der „Abschiedsbrief" erklärte in Wirklichkeit, warum er das Musikbusiness verlassen wollte, und Handschriftenexperten sind sich einig, dass die letzten vier, an Frau und Tochter gerichteten Zeilen von jemand anderem stammen.

DIE MERKWÜRDIGSTEN FAKTEN

Es gab Berichte, dass in dem Gewächshaus zusammen mit Kurt Cobain auch eine „Traummaschine" gefunden wurde – ein Trance induzierendes Gerät, das aus einer Glühbirne, einem Plattenspieler und einem Kartonzylinder mit Schlitzen besteht. Der Erfinder dieser Vorrichtung war Brion Gysin, ein Freund und Mitarbeiter des Autors William S. Burroughs – einem von Cobain verehrten Helden. Eine Gruppe von Leuten, die sich „Friends Understanding Kurt" nennt, hat behauptet, dass die Traummaschine bereits mit mehreren Fällen von Selbstmord in Verbindung gebracht worden ist.

SKEPTISCH BETRACHTET

Ein stark drogenabhängiger Mann mit schweren Problemen und Zugang zu Waffen – da ist es wirklich schwer, zu glauben, dass Cobain sich selbst das Leben genommen hat, was? Angesichts der Tatsache, dass Cobain bereits mit einem Lauf in seinem Mund fotografiert worden ist, ist es nicht wirklich überraschend, dass die Story eines Tages wirklich so geendet hat. Es mag für manche ein Rätsel sein, warum die Leute Platten von Britney Spears kaufen, doch an Cobains Tod ist wenig Rätselhaftes; sogar die merkwürdigen Umstände rund um sein Ende können kaum darüber hinwegtäuschen, dass hier alles für einen Selbstmord spricht.

DIE ERMORDUNG VON JFK

Der 22. November 1963 ist kein Tag, den man so einfach vergisst. Sogar heute erinnern sich noch Millionen Menschen daran, was sie gerade taten, als Präsident John F. Kennedy erschossen wurde.

Es war an einem strahlend schönen Tag in Dallas. Der Himmel über dem Texas School Book Depository war wolkenlos. Man konnte sich keinen besseren Tag für die Parade zu Ehren des Präsidenten wünschen – und dann veränderten ein paar Kugeln auf der Dealey Plaza die Geschichte innerhalb von ein paar Sekunden.

Obwohl Unmengen an Beweismaterial unterdrückt wurden und die Warren Commission nach dem Attentat alle glauben lassen wollte, dass JFK von einem allein agierenden Lee Harvey Oswald getötet wurde, glauben 73 Prozent der Amerikaner, dass der Präsident Opfer einer Verschwörung wurde. Der Bericht des Select Committee on Assassinations im Repräsentantenhaus stützt diese Ansicht; darin heißt es: „Aufgrund der vorliegenden Beweise glaubt das Komitee, dass Präsident John F. Kennedy einer Verschwörung zum Opfer fiel."

Betrachtet man das Attentat näher, kommen überzeugende Beweise zutage, dass Oswald nicht allein gehandelt hat und dass die Vertuschung bis in höchste Kreise noch immer im Gange ist. Langsam fragt man sich nicht mehr, ob es eine Verschwörung war, sondern nur noch, wer dahinter steckte.

DAS MERKWÜRDIGE DARAN

Trotz des offiziellen Regierungsstatements, dass der Präsident durch einen einzelnen Schuss getötet worden war, gab es insgesamt sieben Wunden an JFK und Gouverneur Connally, einem der Insassen des Wagens. Winkel und Flugbahnen lassen einen einzelnen Schützen jedoch sehr unwahrscheinlich erscheinen. Lee Harvey Oswald, der weges Mordes verhaftet worden war, wurde selbst ermordet, bevor er vor Gericht gestellt werden konnte.

DIE ÜBLICHEN VERDÄCHTIGEN

Die CIA

Kennedy stand kurz davor, die CIA aufzulösen – wegen Korruption, ihrer Unfähigkeit, Castro aus Kuba zu vertreiben, und ihrer Feindschaft seit dem Debakel in der Schweinebucht. Mit der Mafia und dem FBI im Bunde könnte die CIA den ehemaligen Doppelagenten Oswald als Mörder vorgeschoben haben.

OBEN *Präsident Kennedy an seinem Schicksalstag in Dallas – ganz knapp vor seinem Tod.*

Kubanische Kommunisten/KGB

Fidel Castro und sein Verbündeter, der KGB, litten noch unter Kennedys Sieg in der Kuba-Krise und planten aus Rache seine Ermordung. Als CIA und FBI diesen Zusammenhang aufdeckten, mussten sie ihn vertuschen, da daraus resultierende öffentliche Proteste zum Dritten Weltkrieg geführt hätten.

Mafia

JFK und sein Bruder, Generalstaatsanwalt Robert Kennedy, standen kurz vor dem Sieg über das organisierte Verbrechen. Versuche, Kennedy mit seinen Ehebrüchen zu erpressen, scheiterten, also wurde beschlossen, ihn auszuradieren. Es ist bekannt, dass Oswald Verbindungen zur Mafia unterhielt; doch warum erschoss der Schmalspurgangster Jack Ruby Oswald gerade zur rechten Zeit?

Rüstungsindustrie

Kennedy plante, sich aus Vietnam zurückzuziehen. Dies verärgerte klarerweise die Rüstungsindustrie, die vom Krieg lebt. Nutzte man Kontakte zum Geheimdienst und zur Mafia, um einen Coup zu landen und Vizepräsient Johnson ins Weiße Hause zu hieven? Interessanterweise ignorierte Johnson nur vier Tage nach JFKs Ermordung dessen Pläne und entsandte mehr Soldaten nach Vietnam .

Ebenfalls verdächtig: die Freimaurer; MJ-12 (Majestic 12, das streng geheime Verteidigungskomitee, das die Verhandlungen der USA mit den Aliens führt, die für all diese Entführungen verantwortlich sind); Richard Nixon; und die amerikanischen Ölbarone.

DIE UNÜBLICHEN VERDÄCHTIGEN

Die Liberale Partei Kanadas

In den letzten Jahren sind Beweise aufgetaucht, die den berühmten Mafia-Boss Lucian Rivard sowohl mit Jack Ruby als auch mit der Liberalen Partei Kanadas in Verbindung bringen, und ebenso mit Oswald während dessen Zeit in Kanada. Als der Mafioso 1964 inhaftiert wurde und auf seine Ausweisung in die USA wartete, boten Beamte des kanadischen Justizministeriums und Mitglieder der regierenden Liberalen Partei den US-Anwälten an, für seine Freilassung zu sorgen. Obwohl hier ein Motiv fehlt, reichte das für einige Leute aus, um zu unterstellen, dass man die wahre Antwort auf die Frage nach dem Täter in Kanada finden würde.

Jackie Kennedy

Die wildeste und böseste Verschwörungstheorie lautet, dass Jackie Kennedy die ständigen Seitensprünge ihres Mannes satt hatte und die Mafia engagierte, um ihn zu erledigen und ihr die öffentliche Schande einer Scheidung zu ersparen.

DIE ÜBERZEUGENDSTEN BEWEISE

Was am meisten für eine Verschwörung spricht, ist die Unmöglichkeit der „Ein-Schuss-Theorie", die von der Warren Commission akzeptiert wurde. Der eine Schuss, den Oswald aus dem Fenster im sechsten Stock abgab, trat danach in Kennedys Rücken ein, lief schräg nach oben weiter, trat am Hals wieder aus und verursachte die sieben Wunden an Kennedy und dem vor ihm sitzenden Gouverneur Connally.

DIE MERKWÜRDIGSTEN FAKTEN

Unter geheimnisvollen Umständen ging Präsident Kennedys Gehirn vor einigen Jahren verloren. Das ist höchst verdächtig und auch sehr vorteilhaft, da nun keine modernen wissenschaftlichen Tests mehr durchgeführt werden können, um die Flugbahn der tödlichen Projektile nachzuvollziehen. Diese Tests hätten ein für allemal klargestellt, ob es einen zweiten (oder sogar dritten) Schützen gegeben hat.

SKEPTISCH BETRACHTET

Der legendäre Grashügel, von dem aus der zweite Schütze den Präsidenten angeblich erschossen hat, muss so überfüllt gewesen sein, dass sicherlich irgendjemand die mindestens dreißig dort versteckten Schützen bemerkt hätte, die dort gewesen sein müssen, um all die Verschwörungstheorien abzudecken.

BRUCE LEE

Manchmal beendet nicht einmal der Tod die Intrigen, die um eine Berühmtheit während ihres Lebens gesponnen wurden. Manchmal ist er sogar nur der Beginn noch seltsamerer Spekulationen. Als Ende Juli 1973 auf dem Lakeview Cemetery in Seattle die sterblichen Überreste von Bruce Lee in jenem chinesischen Kostüm beigesetzt wurden, das er in dem Film *Enter The Dragon* getragen hatte, blieb das Geheimnis um seinen Tod am Leben.

Der beliebte, aber umstrittene Schauspieler, der sich viele Feinde machte, war erst 32 und auf dem Höhepunkt seiner Karriere, als er plötzlich ins Koma fiel und starb. Der Autopsiebericht kam zum selben Schluss wie die zahlreichen Experten, die den Fall untersuchten: Der Tod war durch eine Gehirnschwellung verursacht worden.

Am Tag seines Todes arbeitete Lee mit dem Filmproduzenten Raymond Chow in dessen Haus an dem Film *The Game Of Death*. Dann fuhren die beiden in die Wohnung der taiwanesischen Schauspielerin Betty Tingpei, die ebenfalls in diesem Film mitspielte. Chow verabschiedete sich, da er einen Termin hatte. Als sich Lee über Kopfschmerzen beklagte, gab ihm Tingpei eine Equagesic-Tablette – eine Art starkes Aspirin – und er legte sich hin. Chow rief an, um Tingpei und Lee zum Dinner einzuladen, doch die Schauspielerin konnte den schlafenden Star nicht wecken. Bei seiner Einlieferung in das Queen Elizabeth Hospital war Lee bereits tot.

Dr. Lycette vom Krankenhaus meinte, dass Lee allergisch auf die Kopfschmerztablette reagiert habe, doch dem widersprachen andere medizinische Experten, worauf sich in Hongkong und der restlichen Kampfsportwelt rasch Gerüchte über eine Verschwörung ausbreiteten.

DAS MERKWÜRDIGE DARAN

Bereits Monate bevor er offiziell für tot erklärt wurde, kursierten in Hongkong Gerüchte, dass Lee gestorben wäre. Sie waren so substanziell, dass eine der größten Zeitungen von Hongkong sich weigerte, zu glauben, dass er noch lebte, bis deren Reporter selbst mit Lee gesprochen hatten. Hier liegt die Vermutung nahe, dass sein offiziell völlig unerwarteter Tod doch gar nicht so unerwartet war.

DIE ÜBLICHEN VERDÄCHTIGEN

Die Triaden

In den 1970er-Jahren verlangten kriminelle chinesische Organisationen wie die Triaden Schutzgeld von in Hongkong lebenden Filmstars. Von Lee war bekannt, dass er sich ihnen entgegengestellt hatte. Für diese mutige Haltung könnte er vielleicht vergiftet worden sein, und da er von der Öffentlichkeit so sehr verehrt wurde, musste man sich seiner auf diskrete Weise entledigen.

Geheime Meister der Kampfkunst

Eine populäre und plausible Theorie besagt, dass Lee von geheimen Kampfsportmeistern getötet wurde, die wütend waren, weil er Fremden zu viele ihrer Geheimnisse verraten hätte. Es ist wahr, dass Lee Probleme mit dem traditionellen Kampfkunst-Establishment hatte. Angesichts der Gefährlichkeit des Dim Mak, das diesen Leuten bekannt war, ist die Theorie nicht leicht von der Hand zu weisen. (Dim Mak ist eine tödliche Berührung, die bei einer Autopsie nicht entdeckt werden kann.) Ebenfalls verdächtig: eine geheime Gruppe von Filmproduzenten in Hongkong; eine Intrige von Hollywood-Freimaurern; chinesische Kommunisten; besiegte Gegner; der britische Geheimdienst.

DIE UNÜBLICHEN VERDÄCHTIGEN

Antike chinesische Dämonen

Angeblich glaubte Lee, seine Familie leide unter einem alten Fluch, demzufolge der erstgeborene Sohn in jeder Generation von Dämonen verfolgt würde. Der Glaube an diesen Fluch war in seiner Familie so stark, dass Bruce bei seiner Geburt zunächst einen Mädchennamen erhielt, um die Dämonen zu täuschen. Einige Leute sind überzeugt, dass diese Theorie durch die merkwürdigen Umstände beim Tod seines Sohnes Brandon bestätigt wurde. Bruces Sohn starb nach einem mysteriösen Unfall mit einer Schusswaffe während der Dreharbeiten zum Blockbuster *The Crow*.

Bruce Lee

Eine noch wildere Spekulation besagt, dass Lee noch immer lebt und seinen Tod inszenierte, um dem Druck des Starrummels oder den Nachstellungen der Triaden zu entgehen. Die Anhänger dieser Hypothese glauben, dass Lee irgendwann zurückkehren wird. Er wird jedoch nicht so oft gesehen wie Elvis.

DIE ÜBERZEUGENDSTEN BEWEISE

Was viele Leute dazu bringt, an eine Verschwörung zu glauben, sind die Ungereimtheiten in den medizinischen Befunden rund um Lees Tod. Der Autopsiebericht erwies sich als nicht schlüssig und die medizinische Experten führten nicht weniger als fünf verschiedene Theorien dafür an, was die Gehirnschwellung ausgelöst haben könnte, die schließlich zum Tod geführt hat.

DIE MERKWÜRDIGSTEN FAKTEN

Bei Interviews spielte Lee häufig auf die Möglichkeit eines frühen Ablebens an und schien diese Aussicht manchmal sogar willkommen zu heißen. Sein Frau Linda soll gesagt haben, dass Lee nicht darauf aus war, lange zu leben, da er die Aussicht, seine körperlichen Fähigkeiten zu verlieren, zu erschreckend gefunden hätte. Der Tod war eine Zuflucht vor der zunehmenden Schwäche und dem körperlichen Verfall eines Meisters der Kampfkunst – doch das könnte nicht der einzige Grund für Lees Beschäftigung mit einem frühen Tod gewesen sein. Es ist bekannt, dass er die Vorstellung, dass sein erstgeborener Sohn von Dämonen verfolgt werde, so ernst nahm, dass er versuchte, seinen Sohn Brandon mit Hilfe traditioneller Magie zu beschützen.

SKEPTISCH BETRACHTET

Ein Großteil der Spekulationen rund um Lees Tod kann dadurch erklärt werden, dass Raymond Chow, als er Lees Tod im Fernsehen bekannt gab, das Faktum unerwähnt ließ, dass Lee nicht zu Hause gestorben war, sondern im Appartement von Betty Tingpei. Der Versuch, dieses möglicherweise peinliche Detail zu vertuschen, ließ viele Leute zu der Überzeugung gelangen, dass noch mehr dahinter steckte, vor allem angesichts des medizinischen Rätsels, das die tödliche Gehirnschwellung aufgab.

UNTEN *Auch noch dreißig Jahre nach seinem Tod ist Bruce Lee eine Legende des Kampfsports.*

KLEINES BILD *Lees Sohn Brandon starb unter mysteriösen Umständen bei den Dreharbeiten zu dem Film* The Crow.

DIE ERMORDUNG VON JOHN LENNON

In der Hitliste des „Erinnern Sie sich, was Sie gerade getan haben, als Sie es erfahren haben?", rangiert die Ermordung von John Lennon gleich hinter dem Attentat auf JFK oder dem auf die Twin Towers am 11. September. Wenn Sie bereits geboren waren, als John Lennons Tod am 8. Dezember 1980 verlautbart wurde, erinnern Sie sich höchstwahrscheinlich daran, wo Sie gerade gewesen sind. Als die Nachricht rund um die Welt ging, waren alle geschockt. Niemand konnte verstehen, wieso jemand ein Mitglied der beliebtesten Popgruppe aller Zeiten töten wollte. Wieso wollte jemand einen Ex-Beatle ermorden? Warum könnte jemand der Welt dieses wahre Musikgenie vorenthalten wollen, diesen höchst einflussreichen Friedenskämpfer?

Die Erklärung der Medien lautete, dass der Schütze – Mark David Chapman – ein psychisch gestörter Einzelgänger war, der von dem Star besessen und davon überzeugt war, dass Lennon im Bund mit dem Teufel stand. Nach einer 60-tägigen psychiatrischen Untersuchung, die letztlich ein Jahr dauerte, und 60 Tagen absoluten Schweigens bekannte sich Chapman nur wenige Stunden vor Prozessbeginn schuldig.

Es dauerte nicht lange, bis Verschwörungstheoretiker begannen, die Presseversion mit eigenen Interpretationen des-

OBEN *John Lennon und Yoko Ono. Ist er durch seine radikalen politischen Ansichten zum Ziel geworden?*

sen zu ergänzen, was in der tragischen Nacht wirklich passierte, in der die Welt einen ihrer größten Künstler verlor. In ihren Augen war die Ermordung nicht das Werk eines Irren, sondern Teil eines riesigen politischen Komplotts.

DAS MERKWÜRDIGE DARAN

Einer der häufigsten Gründe dafür, warum Leute wie Chapman berühmte Menschen töten, ist der, dass sie selbst berühmt werden wollen. Dies war bei Chapman nicht der Fall. Seit dem Verbrechen lehnte er mehr als 60 Anfragen für Interviews ab und betonte wiederholt: „Ich will keine Publicity." Er gab nur ein einziges großes Interview und das bloß, um um seine Freilassung zu bitten, nachdem sein Begnadigungsgesuch im Oktober 2003 abgelehnt worden war. Ungewöhnlich war auch seine offensichtliche Ruhe nach seiner Verhaftung. Bedeutsamer ist aber die Tatsache, dass er die Tatwaffe durch die Metalldetektoren zweier großer Flughäfen zwischen Hawaii und New York gebracht hatte – das bringt die Alarmglocken der Verschwörungstheoretiker zum Schrillen.

DIE ÜBLICHEN VERDÄCHTIGEN

Das FBI

Der damalige FBI-Direktor J. Edgar Hoover hatte eine pathologische Abneigung gegen Lennon. Mehrmals hatte er versucht, Präsident Nixon zu überreden, den Musiker des Landes zu verweisen. Das FBI überwachte Lennon in den 70er-Jahren streng und torpedierte seine Bestrebungen, die US-amerikanische Staatsbürgerschaft zu erlangen. Viele der Berichte über ihn sind nach wie vor geheim, manche, weil sie Informationen des britischen Geheimdienstes über Lennon enthalten. Wenn es eine Verschwörung gegeben hat, ist es nur logisch, das FBI zu verdächtigen.

Rechte Aktivisten/Rüstungsindustrie

Reagan war erst kürzlich zum Präsidenten gewählt worden und einige sind der Ansicht, dass sich die Opposition gegen seine aggressive Außenpolitik und seine Pläne, die Rüstungsausgaben der USA zu erhöhen, rund um den Friedenskämpfer Lennon entwickeln musste. Aus Angst, er könnte die Jugend zur Rebellion aufrufen wie in den 60er-Jahren, beschlossen rechte Aktivisten und Kreise der Rüstungsindustrie, ihn zu beseitigen.

Die CIA

Chapman hatte für Verteidigungsunternehmen mit engen Verbindungen zur CIA gearbeitet. Es gab auch Anzeichen dafür, dass er hypnotisiert worden war. Unter diesen Gesichtspunkten wiesen einige auf das abgesetzte Projekt der CIA hin, Killer zu programmieren („MK-Ultra") – als mögliche wahre Ursache für Chapmans Amoklauf.

DIE UNÜBLICHEN VERDÄCHTIGEN

Satanische Kräfte

Lennon wurde vor dem Dakota-Gebäude erschossen, das als Drehort für Roman Polanskis Film über die Geburt des Antichristen, *Rosemary's Baby*, gedient hatte. Musik und Texte der Beatles gehörten zu Charles Mansons verdrehter Begründung für seinen Mord an Roman Polanskis Frau Sharon Tate. David Mark Chapman glaubte, dass Lennon in Wahrheit der Antichrist war. Diese gruseligen Zusammenhänge ließen wilde Theorien entstehen: Die Ermordung sei das Ergebnis von Machenschaften satanischer Kräfte oder satanischer Sekten gewesen, die Chapman besessen gemacht hätten.

Christliche Fundamentalisten

Mark David Chapman war nicht der Einzige, der Lennon für den Antichristen hielt. Seit Lennons „größer als Gott"-Zitat glaubten amerikanische Fundamentalisten, der Ex-Beatle sei eine dunkle Kraft, die die Jugend Amerikas durch den Aufruf zu „Liebe, Drogen und Rock 'n' Roll" korrumpieren wollte. Als Lennon nach einer selbst auferlegten Pause als Hausmann wieder ins Rampenlicht zurückkehrte, könnten sie beschlossen haben, ihn für immer ruhigzustellen.

DIE ÜBERZEUGENDSTEN BEWEISE

Es ist verdächtig, wie verbissen das FBI gegen jene kämpfte, die aufgrund des Freedom of Information Act (FIA) die Veröffentlichung der Akten über den Sänger forderten. Das Gleiche gilt für die Tatsache, dass bis heute nicht alles Material über den Fall zugänglich gemacht wurde. Da das FBI behauptet, es könnte die Akten im Interesse der nationalen Sicherheit nicht veröffentlichen, klingen zuvor als paranoid abgetane Behauptungen plötzlich gar nicht mehr so unglaubwürdig.

DIE MERKWÜRDIGSTEN FAKTEN

Verschwörungstheoretiker, die glauben, dass Paul McCartney tot ist und durch einen Doppelgänger ersetzt wurde, suchen in Texten und auf Covers der Beatles nach Hinweisen. In gleicher Weise haben Leute, die Lennons Tod untersuchten, Hinweise in gewissen Fotos und Songs gefunden. Im Booklet zum US-Originalalbum *Magical Mystery Tour* gibt es ein Bild von John und neben ihm ein Schild mit den Worten: „Die beste Art zu gehen ist MD&C." Wenn diese Initialen für Mark David Chapman stehen, kann man dies entweder als merkwürdigen Zufall sehen oder als massiven Hinweis auf eine erstaunliche Verschwörung.

SKEPTISCH BETRACHTET

Die Verschwörungstheoretiker übersehen alle den offensichtlichen laschen Umgang der USA mit Schusswaffengesetzen und einen psychisch kranken Mann, der von Lennon besessen war – diese gefährliche Kombination reicht doch als Erklärung für seinen Tod vollkommen aus.

PAUL McCARTNEY

Wenn Sie einer der berühmtesten Musiker der Welt sind und jeder, der jemals Popmusik gehört hat, Ihren Namen kennt, darf es Sie nicht wundern, wenn über Sie merkwürdige Gerüchte verbreitet werden – das ist das Wesen von Berühmtheit heutzutage.

In der zweiten Hälfte der 60er-Jahre wurden in den Medien und anschließend in der Beatles-begeisterten Welt Gerüchte laut, dass Paul McCartney tot und durch einen Doppelgänger namens William Campbell ersetzt worden wäre.

Der Erste, der diese Vermutung öffentlich äußerte, war der Detroiter Diskjockey Russ Gibb. Er riet seinen Zuhörern, in der Musik der Band nach Hinweisen zu suchen, auch wenn man Sie dazu rückwärts hören müsste. Einer dieser „Hinweise" findet sich angeblich in der Songzeile „Number nine, number nine" aus dem Titel „Revolution 9" auf dem „White Album" der Beatles, die rückwärts abgespielt zu „turn me on dead man" wird.

Die Gerüchte wuchsen schneller als Yoko Onos Haare. Millionen Beatlesfans und Leute, die sich ein neues Hobby zulegen wollten, verbrachten Stunden damit, nach Hinweisen für Pauls Tod zu suchen. In allem, was auch nur im Entferntesten mit den Beatles zu tun hatte, wurde nach Hinweisen Ausschau gehalten. Jede auch nur vage Andeutung bestätigte, was viele vermuteten: dass Paul tot war und es eine große Verschwörung gab, um dies zu vertuschen.

DAS MERKWÜRDIGE DARAN

Auf dem klassischen Album *Sergeant Pepper's Lonely Hearts' Club Band* trägt Paul eine Armbinde mit den Buchstaben OPD darauf – was allgemein als Abkürzung für „Officially Pronounced Dead" („Offiziell für tot erklärt") gilt.

DIE ÜBLICHEN VERDÄCHTIGEN

Die Beatles

Etwas skeptischere Verschwörungstheoretiker sind der Ansicht, dass es zwar in den Werken der Beatles zahlreiche Hinweise auf Paul Tod gäbe, die aber eine Art metaphysischen Scherz darstellten. Sie glauben, dass Paul spirituell gestorben und in der Art der Maharishi wiedergeboren worden wäre. Diese spirituelle Wiedergeburt und der Tod seines alten Ichs wurden zum „running gag" innerhalb der Band und sie versteckte Hinweise darauf in ihren Texten.

Die Plattenfirma

Das Gerücht von Pauls Tod löste eine Massenhysterie aus. Die Leute suchten fanatisch nach Indizien und Beweisen und gingen dabei bis ins Lächerliche. Mehr als nur ein Verschwörungstheoretiker vermutete bereits, dass es sich dabei in Wirklichkeit um einen Trick der Plattenfirma handelte, um das Interesse an den Beatles aufrechtzuerhalten. Wenn das stimmt, stellt die Sache eines der faszinierendsten Publicitykunststücke aller Zeiten dar. Sogar Leute, die nicht an die Verschwörungstheorie glauben, hören sich gerne die einschlägigen Indizien an.

Die CIA

Viele Menschen behaupten, dass die CIA dem weltweiten Einfluss der Beatles ein Ende setzen wollte. Die gewaltige, fast schon religiös-fanatische Anhängerschaft der Beatles mag der CIA als Bedrohung der Gesellschaft erschienen sein, da sie miterlebt hatte, welchen Aufruhr John Lennon verursacht hatte, als er meinte, die Beatles wären beliebter als Jesus Christus. Die Beatles waren in den 60er-Jahren ohne Zweifel musikalische und soziale Götter. Doch der Versuch der CIA, die Band durch Pauls Ermordung zu zerstören, war nicht ganz erfolgreich, da die anderen drei Beatles William Campbell engagierten, den Gewinner eines Paul-McCartney-Doppelgänger-Wettbewerbs.

DIE UNÜBLICHEN VERDÄCHTIGEN

Elvis Presley

Etwas weniger fundiert ist die Theorie, dass Elvis Presley die CIA dazu brachte, Paul zu ermorden. Man behauptete, Presley wäre auf den Erfolg der Beatles eifersüchtig gewesen. Er war der *King of Rock 'n' Roll* und niemand sollte es wagen, ihm diesen Titel streitig zu machen. Also ging er vielleicht so weit, Paul McCartneys Ermordung zu unterstützen. Elvis war in höchsten US-amerikanischen Politikerkreisen sehr beliebt und besaß einflussreiche Kontakte. Daher wäre es höchst unwahrscheinlich gewesen, dass er für eine Beteiligung an Pauls Ermordung zu *Jailhouse Rock* verurteilt worden wäre.

Der Teufel

Eine weitere mögliche Erklärung wurde vom amerikanischen Universitätsprofessor Glazier vorgebracht, der vermutete, dass der Teufel Paul getötet habe, weil das der Preis für den Pakt gewesen wäre, der den Beatles ihren gewaltigen Erfolg in aller Welt beschert habe. Anscheinend waren Rockstars nicht die einzigen gehörnten Bestien, die in den 60ern herumliefen. Paul soll dasselbe Schicksal wie Brian Jones von den Rolling Stones erlitten haben, der ebenfalls den Preis für den Erfolg zahlen musste.

DIE ÜBERZEUGENDSTEN BEWEISE

Fred LaBour von *The Michigan Daily* erklärte das Cover des Albums *Abbey Road* zum Beweis für Pauls Tod. Er behauptete, dass die Beatles darauf wie Beerdigungsgäste abgebildet wären, die soeben einen Friedhof verlassen. Der in weiß gekleidete John würde einen Priester darstellen, George einen Totengräber und Ringo einen Leichenbestatter. Paul, der auf dem Foto barfuß und ein wenig abseits von den anderen dargestellt war, natürlich die Leiche bzw. der Doppelgänger.

DIE MERKWÜRDIGSTEN FAKTEN

Unter den vielen Texten, die mit Pauls Tod in Verbindung gebracht wurden, sticht einer hervor. In dem Song *Glass Onion* singt John Lennon *The Walrus was Paul.* Einige Leute wiesen darauf hin, dass „Walrus" auf Griechisch „Leiche" bedeute.

SKEPTISCH BETRACHTET

Die Qualität der so genannten Indizien ist höchst zweifelhaft. Auf dem Cover des Albums *Abbey Road* sieht man das Kennzeichen „28 IF" – einige meinten, das symbolisiere Pauls Alter, wenn er am Leben gewesen wäre. Doch wenn er damals am Leben war, wäre er 27 gewesen, nicht 28. Viele der rückwärts gespielten Songs klangen so seltsam, dass man nahezu jeden Text hineininterpretieren konnte: Wenn man nur intensiv genug sucht, wird man schon etwas finden.

Kein Doppelgänger hätte McCartneys außerordentliches musikalisches Talent kopieren können, auch wenn einige Verschwörungstheoretiker meinen, Pauls Solokarriere würde ihre Behauptungen erst recht beweisen.

RECHTS *Der echte Paul McCartney oder ein Doppelgänger namens William Campbell.*

MARILYN MONROE – TOD EINER GÖTTIN

Am 19. Mai 1962 feierte Präsident John F. Kennedy im berühmten Madison Square Garden in New York sehr öffentlich Geburtstag. In der mit VIPs voll gestopften Halle hörten mehr als 15.000 Menschen, wie Marilyn Monroe atemlos und mit sexy Stimme „Happy Birthday" für JFK sang, was in die Annalen der Popkultur einging.

Nur wenige Monate später, am 4. August 1962, war die 36-jährige, als Norma Jean Mortenson geborene Frau tot. Sie wurde nackt in ihren seidenen Bettlaken gefunden, auf dem Nachttisch eine leere Flasche starker Schlafmittel. Marilyn Monroe war eine echte Hollywood-Legende und vielleicht das erste globale Sexsymbol der Welt, doch hinter der Legende steht die tragische Geschichte einer gequälten Seele; eine Alkoholikerin, die von all den berühmten, mächtigen Männern in ihrem Leben missbraucht worden war. Alles deutete darauf hin, dass sich der Star das Leben genommen hatte.

Andererseits waren einige Leute stets der Ansicht, dass Marilyns Selbstmord etwas zu praktisch war, vor allem für Leute, die daran ein Interesse hatten, wie JFK, Robert F. Kennedy, die Mafia, die CIA und das FBI – die alle gute Gründe dafür hatten, sie für immer zum Schweigen zu bringen. Am ehesten bleibt ein Mord unentdeckt, wenn er wie ein Unfall oder ein Selbstmord aussieht. Verschwörungstheoretiker glaubten nie daran, dass sich Marilyn Monroe absichtlich oder unabsichtlich das Leben genommen hat. Erstaunlicherweise sind sich alle, die einen Mord vermuten, darin einig, dass Marilyn mit einem Kissen niedergehalten wurde, während man ihr Barbiturate in den Fuß injizierte.

DAS MERKWÜRDIGE DARAN

In den Jahren nach seinem Tod wurde bekannt, dass sie sowohl mit John als auch mit Bobby Kennedy ein Verhältnis gehabt hatte und dass sie von CIA und FBI überwacht wurde, weil sie eine Bedrohung für die nationale Sicherheit und für den Ruf des Präsidenten darstellte. Angesichts der starken Verwicklung der Geheimdienste in diesen Fall und der Tatsache, dass mit Beweisen aus den letzten Tages ihres Lebens herumgepfuscht worden war oder etwas vertuscht wurde, erscheint eine Mordintrige nicht ganz unwahrscheinlich.

DIE ÜBLICHEN VERDÄCHTIGEN

Die CIA

Die CIA überwachte Marilyn, weil sie aufgrund ihres Verhältnisses mit JFK und des damit verbundenen Wissens zum nationalen Sicherheitsrisiko wurde. Ob die CIA deshalb die Mafia engagierte, um Castro zu eliminieren und andere

RECHTS *Marilyn Monroe singt 1962 für Präsident Kennedy im Madison Square Garden.*

LINKS *Peter Lawford (Mitte) und Robert Kennedy (rechts) waren unter den Letzten, die Marilyn lebend sahen.*

Staatsmänner zu erpressen, ist unbekannt. Doch am Interesse der CIA an dem blonden Gift gibt es ebenso wenig Zweifel wie an der Befähigung ihrer Agenten, einen diskreten Mord zu arrangieren.

Die Mafia

Nachdem sie ihr Bett mit dem Präsidenten JFK, dem Generalstaatsanwalt RFK und hochrangigen Mitgliedern der Mafia geteilt hatte – darunter auch der mächtige Sam Giancana –, wusste die Monroe Dinge, die die mächtigsten Leute in den USA ruinieren konnten. Als sie nach dem Ende ihrer Affäre mit Robert F. Kennedy keinen Nutzen mehr für die Mafia hatte, könnte diese zu dem Schluss gekommen sein, dass man sie ruhigstellen musste.

Das FBI

Marilyn hatte versucht, RFK zur Fortsetzung ihres Verhältnisses zu erpressen und hatte Ähnliches vielleicht bei JFK vor – indem sie drohte, zu veröffentlichen, dass er nur durch die Hilfe der Chigaoer Unterwelt Präsident geworden war. FBI-Boss J. Edgar Hoover war kein Freund der Familie Kennedy, doch als selbst ernannter Patriot könnte er gern bereit gewesen sein, deren Problem mit der Monroe zu lösen und der Nation einen Skandal zu ersparen. Nachdem er Marilyns Tod arrangiert hatte, konnte er die aufstrebenden Kennedy-Brüder kontrollieren und zwingen, ihn an der Spitze des FBI – seiner persönlichen Polizeitruppe – zu belassen.

DIE UNÜBLICHEN VERDÄCHTIGEN

Die katholische Kirche

Eine Organisation, der der Kennedy-Clan völlig vertraute und die Verbindungen zur CIA und zur Unterwelt unterhielt, war die katholische Kirche. JFK war der erste katholische Präsident der USA und die Kirche achtete darauf, dass nichts und niemand ihren Mann im Weißen Haus bedrohte. Manche meinen, ihr Schutzbedürfnis wäre so weit gegangen, eine lästige Ex-Geliebte für ihn zu entsorgen.

Men in Black

Wem der Verdacht gegen die originalen „Männer in Schwarz" – katholische Priester – noch nicht ungewöhnlich genug ist, der kann sich der Ansicht anschließen, dass andere Men in Black, die die UFO-Verschwörung im Auge behalten sollten, die Monroe ausschalteten. Wenn JFK etwas über extraterrestrisches Leben wusste, könnte er es Monroe erzählt und damit Ereignisse in Gang gesetzt haben, die schließlich, als sie unkontrollierbar wurde und die Enthüllung der Geheimnisse drohte, zu ihrem Tod führten.

DIE ÜBERZEUGENDSTEN BEWEISE

Vor Kurzem kamen Dokumente aus 1960 ans Tageslicht, aus denen hervorgeht, dass die Familie Kennedy Marilyn Monroe 600.000 US-Dollar in einem Treuhandfonds für ihre Mutter anbot, wenn Marilyn garantierte, Stillschweigen über die Verbindungen zwischen JFK und Mafiaboss Sam Giancana zu bewahren. Nach dem Tod des Filmstars scheint man diese Übereinkunft gebrochen und alles vertuscht zu haben. Die Debatte über die Authentizität der Dokumente dauert bis heute an. Die Prüfung des Papiers, der Tinte und der Unterschriften sprach bislang für die Echtheit der Dokumente. Wenn das wahr ist, sind sie das stärkste Indiz dafür, dass der Kennedy-Clan bei Marilyns Tod seine Finger im Spiel hatte.

DIE MERKWÜRDIGSTEN FAKTEN

Es gibt unzählige Gerüchte und mehr als bloß ein paar starke Indizien dafür, dass unter den letzten Besuchern in Marilyns Haus Bobby Kennedy und der Schauspieler Peter Lawford waren. Letzterer war mit Pat Kennedy Lawford verheiratet und daher Mitglied des Kennedy-Clans. Allen Berichten zufolge wurden die beiden von einem rätselhaften dritten Mann begleitet, der schwarz gekleidet war und eine Tasche wie sie Ärzte verwenden, bei sich trug. Seine Identität könnte der Schlüssel zu den wahren Ereignissen rund um Marilyns Tod sein.

SKEPTISCH BETRACHTET

Wenn es um den Tod von Marilyn Monroe geht, ist es leicht, viele einzelne Fäden miteinander zu einem Verdachtsnetz zu verknüpfen. Affären mit den höchsten Männern im Staat, FBI-Akten und Verbindungen zur Mafia – all das wirkt höchst verdächtig, doch deshalb muss noch lange keine Verschwörung vorliegen.

Im August 1962 war die Monroe eine psychisch angeschlagene Alkoholikerin; weder eine unabsichtliche Überdosis noch ein bewusster Selbstmord wären da völlig abwegig gewesen. Die Filmgöttin hatte schon zu Lebzeiten etwas von einer Legende an sich und die Verschwörungstheorien könnten bloß eine Fortsetzung der unvermeidlichen Mythenbildung im Hollywood-Stil sein, die nicht aufhört, bloß weil es den Star nicht mehr gibt.

JIM MORRISON – TOT ODER VERSCHWUNDEN?

Lizard King, Rock-Gott, Schamane der Sixties. Ohne Zweifel eine der größten Persönlichkeiten der Musikszene dieser Zeit. Jim Morrison hatte stets etwas von einer Legende, die seit seinem Tod in einem Pariser Appartement am 4. Juli 1971 nur gewachsen ist. Tatsächlich glauben einige Verschwörungstheoretiker, dass Morrisons Tod die größte Legende seines Lebens ist. Ein bloßes Herzversagen hätte ihrer Meinung nach nicht ausgereicht, um der Welt diesen großen Künstler zu nehmen.

Nach fast fünf Jahren des Ruhms und nachdem The Doors mit dem bahnbrechenden Album *LA Woman* ihre vertragliche Verpflichtung gegenüber Electra Records erfüllt hatten, nahm Jim eine Auszeit. Die Band war vielleicht verärgert, weil er sie während des Abmischens des Albums verließ, doch das war nicht ihr Ende und sie erwartete seine Rückkehr aus Paris.

Morrison fand das Leben in LA langweilig und wählte Paris, weil es ihn inspirierte – eine romantische Stadt voller Kunst und Poesie. Er sagte ein paar Leuten, dass er eine alte Kirche in Südfrankreich kaufen wollte, um sie als Wohnsitz zu adaptieren, von wo aus er ins geschäftige Amerika zurückkehren konnte, wenn es das Business verlangte. Er nahm seine Notizbücher voller Texte und Ideen mit, drei Rollen des Films, an dem er arbeitete, und Pläne für ein Theaterstück.

Seine langjährige Gefährtin Pamela Courson richtete in Paris rasch ein Appartement für sie beide ein. Jim schrieb, spielte eine Nebenrolle in einem Stück, tranke Unmengen Alkohol und genoss seine Freiheit, weil er nicht auf Schritt und Tritt erkannt wurde. Häufig meinte er in dieser Zeit, dass er das Gefühl habe, er müsste sein Leben ändern – er wollte seinen Verpflichtungen entkommen und reisen.

Obwohl die Jahre voller Alkoholexzesse, Drogenmissbrauch und anderen Formen der Selbstzerstörung ihre Spuren an Morrison hinterlassen hatten, war sein plötzlicher Tod – offizielle Ursache war Herzversagen – doch für viele eine Überraschung. Viele bezweifelten, dass er wirklich tot war. Zweifel, die verstärkt wurden, als ein, zwei merkwürdige Tatsachen ihren Weg in die Klatschpresse fanden.

DAS MERKWÜRDIGE DARAN

Niemand, der Jim wirklich gut kannte, sah Jims Leichnam, außer seiner Gefährtin. Sogar nach der Ausstellung des Totenscheins bezweifelten einige seiner Freunde und sogar Familienmitglieder, dass er diese Erde tatsächlich verlassen hatte.

DIE ÜBLICHEN VERDÄCHTIGEN

Jim Morrison

Es heißt, dass einige Leute aus der Musikbranche, mit denen er vertragliche Vereinbarungen hatte, sofort vermuteten, dass er seinen Tod nur vorgetäuscht hatte, um sich auf einfache Weise lästigen vertraglichen Verpflichtungen zu entziehen, die er als Lebender hätte erfüllen müssen. Außerdem gilt als sicher, dass Morrison sein anonymes Leben in Paris genoss und darauf achtete, dass keine neuen Fotos veröffentlicht wurden, auf denen zu erkennen war, wie er nach seiner Abreise aus LA aussah. Er sprach davon, seinem Ruhm zu entkommen. Ein vorgetäuschter Tod wäre die ideale Lösung gewesen.

Freunde von Jim Morrison

Einige vermuten, dass die Verwirrung rund um Morrisons Tod entstanden ist, weil man vertuschen wollte, dass er an einer Überdosis gestorben ist. Die Chef-Verschwörerin wäre in diesem Fall seine Partnerin Pamela Courson, von der behauptet wird, dass sie seinen Leichnam aus dem berüchtigten Pariser Junkie-Treffpunkt *The Rock 'n' Roll Circus* holen und in ihr Appartement bringen ließ, um einen Skandal und polizeiliche Ermittlungen zu vermeiden. Das könnte erklären, warum sie, nachdem Sie Jim im Bad „gefunden" hatte, zuerst nicht den Notarzt, sondern Freunde anrief.

DIE UNÜBLICHEN VERDÄCHTIGEN

Das FBI

Das FBI überwachte Morrison, wenn er in den USA war. In Akten und Mitteilungen an den berüchtigen FBI-Direktor J. Edgar Hoover wird erwähnt, er hätte versucht, „Chaos zu provozieren". Das FBI behielt diejenigen im Auge, von denen es annahm, sie könnten Aufstände oder Drogenmissbrauch unter den Jugendlichen initiieren, oder die angeblich Kontakt zu subversiven Elementen hatten – alles Punkte, denen Morrison fraglos entsprach. Es überrascht kaum, dass einige Verschwörungstheoretiker denken, dass das FBI in die merkwürdigen Umstände von Morrisons (mutmaßlichem) Tod verwickelt war, da es sicherstellen wollte, dass Morrison nicht in die USA zurückkehrte, um dort wieder Chaos zu provozieren.

Weltweiter Hexenkult

Morrison interessierte sich sehr für die Hexerei und soll aktives Mitglied zumindest eines Hexenkultes gewesen sein. Einige Verschwörungstheoretiker behaupten, Morrison wäre entführt worden, um im Namen des lebenden Repräsentaten des Gottes Dionysos – der griechische Gott der Fruchtbarkeit und des Weines – für ein rituelles Opfer zu dienen.

DIE ÜBERZEUGENDSTEN BEWEISE

Obwohl man angesichts solcher Verschwörungstheorien leicht abgestumpft werden kann, gibt es ein paar überzeugende Indizien dafür, dass bei Morrison nicht alles so ist, wie es scheint. Es wurde keine Autopsie durchgeführt. Menschen, die ihn gut gekannt hatten – darunter Bandmitglied Ray Manzarek –, glaubten, dass er noch immer am Leben war, und Morrisons eigene Bemerkungen, dass er dem Leben als Rockstar entkommen wollte, sprechen für sich selbst. Der überzeugendste Beweis ist jedoch, dass Pamela Courson einem Journalisten, der für die United Press arbeitete, mehr als eine Woche nach dem „Begräbnis" erzählte, dass Jim in einer Spezialklinik außerhalb von Paris sei, um sich zu erholen.

DIE MERKWÜRDIGSTEN FAKTEN

Es ist de facto unmöglich, Morrisons Leichnam zu exhumieren, um zu beweisen, dass er wirklich tot ist. Man benötigt dazu aber nicht nur die Zustimmung der Familie, sondern auch die von sieben französischen Kardinälen, die alle ein Vetorecht haben und für ihre Uneinigkeit in solchen Angelegenheiten berüchtigt sind. Dies gilt für alle Exhumierungen auf dem Friedhof Père Lachaise und Jim hatte spekuliert, er könnte dort begraben werden ...

SKEPTISCH BETRACHTET

Gegen Ende seines Lebens war Jim Morrison ein übergewichtiger, kettenrauchender Alkoholiker, der seinen Süchten treu blieb, auch während er die Medikamente gegen sein Asthma nahm. Der Tod eines Menschen ist unter diesen Umständen nicht nur wenig überraschend – er ist sogar unvermeidlich.

LEBT DER KING NOCH?

Die offizielle Version: Elvis starb am 16. August 1977 an einer Überdosis. Er starb auf der WC-Schale sitzend mit heruntergelassenen Hosen, eine aufgedunsene, ausgebrannte Version seines früheren Ich. Sein Leichnam ruht nun auf seinem Anwesen Graceland.

Die Verschwörungstheorie besagt, dass der Tod des King of Rock 'n' Roll ein ausgeklügelter Trick war, der original Hound Dog noch immer lebt und von unzähligen Menschen rund um den Globus gesichtet wird.

Man ist sich einig, dass sein Tod ein Schock war – 42 ist schließlich noch kein Alter und Elvis hatte schon andere exzentrische Stunts abgezogen. Es gibt ohne Zweifel ein paar mysteriöse Details rund um seinen mutmaßlichen Tod.

DAS MERKWÜRDIGE DARAN

Bloß zwei Stunden nach der Verlautbarung seines Todes kaufte ein Mann, der stark wie Elvis aussah, unter dem Namen John Burrowas ein Ticket nach Buenos Aires. Dieses Pseudonym hatte der King einige Male benützt, zum Beispiel als er zu seinem Treffen mit Präsident Nixon nach Washington flog. Bei genau diesem Besuch suchte er auch das FBI-Hauptquartier auf, gab seinen Wunsch bekannt, über Kollegen aus dem Showbusiness auszusagen, und wurde Ehrenmitglied des Drogenbüros. Angeblich verließ John Burrows die USA mit speziellen Papieren des State Department und das löste Spekulationen aus, dass Burrows niemand anderer war als Elvis Presley auf seiner Flucht in ein neues Leben.

DIE ÜBLICHEN VERDÄCHTIGEN

Elvis Presley

Der Hauptverdächtige in der Verschwörung ist Elvis selbst. Der King fühlte sich definitiv als Gefangener seiner Berühmtheit und war es leid, im Kofferraum von Autos mitzufahren, um nicht entdeckt zu werden, oder nicht angemessen medizinisch betreut zu werden, weil jede Klinik, in die er eincheckte, von Fans belagert würde. Mit 42 ging es mit ihm abwärts und er war zu stolz, klein beizugeben. Elvis hatte seinen Tod bereits einmal vorgetäuscht, bei einer gestellten Schießerei – möglich, dass er das ein zweites Mal getan hat.

Das FBI

Elvis hatte kurz zuvor bei Geschäften mit Firmen, die der Mafia nahe standen, viel Geld verloren. Es gibt Spekulationen, dass der King sich entschlossen hatte, mit der Regierung zusammenzuarbeiten, um einige Gangster auffliegen zu lassen. Zu seinem Schutz musste das FBI als Teil eines eher ungewöhnlichen Zeugenschutzprogramms seinen Tod inszenieren.

DIE UNÜBLICHEN VERDÄCHTIGEN

Fast-Food-Ketten

Könnte Elvis' vorgetäuschter Tod Teil einer innovativen, radikalen Marketingmasche gewesen sein? Da Elvis häufig als Burgerbrater in diversen entlegenen Fast-Food-Lokalen gesichtet wurde – die dann regelmäßig als Elvis-Pilgerstätten überrannt wurden –, vermutete man eine Absprache der Fast-Food-Ketten mit dem King. Elvis bekam ein Leben, das frei vom Druck der Berühmtheit war, und wurde in Cheeseburgern bezahlt, während die Fast-Food-Bosse ihr Geschäft in entlegenen Filialen ankurbeln konnten.

New World Order („Neue Weltordnung", NWO)

Seit Elvis den Löffel abgegeben hat, wird er einigen Beobachtern zufolge immer mehr zur religiösen Ikone. Bücher, in denen er mit Christus verglichen wird, schafften es in die US-Bestsellerlisten, Elvis-Sichtungen werden fast wie spirituelle Visionen behandelt und zweifelsfrei besitzen viele Fans nicht nur einen Elvis-Schrein, sondern beschreiben ihren Besuch in Graceland auch als Wallfahrt. Wenn Sie zu Paranoia neigen, glauben Sie vielleicht auch, dass die Verschwörer die ganze Sache angezettelt haben, um den Boden für eine neue Religion aufzubereiten. Wurde Elvis von der NWO eingeforen, um als neuer Messias empfangen zu werden, wenn die NWO an die Macht kommt?

MJ-12

Jede Elvis-Verschwörung ist ein bisschen merkwürdig, doch die mutmaßliche Verbindung zwischen dem King und Roswell – wo 1947 angeblich ein UFO abgestürzt war, aus dem das Militär Aliens bergen konnte – ist sogar für diese Maßstäbe bizarr. Hier wird behauptet, dass der Militärfotograf Barret, der Elvis zu Werbezwecken für die US-Marine filmte, just derselbe war wie derjenige, der die Autopsien an den Aliens aufgenommen hatte. Der Verschwörungstheorie zufolge schickte der Fotograf dem King eine Kopie der Alien-Aufnahmen – mit der fatalen Konsequenz, dass MJ-12 (die Einheit, die hinter der UFO-Vertuschung steckte) nun den King zum Schweigen bringen musste.

DIE ÜBERZEUGENDSTEN BEWEISE

Abgesehen von dem häufigen Hinweis, dass „Elvis" ein Anagramm für „lives" („lebt") darstellt, ist das vielleicht stärkste Indiz der 450 Kilogramm schwere Sarg mit eingebautem Kühlsystem, in dem Elvis begraben wurde. Wie konnte die Familie Presley am Tag nach seinem Tod einen maßgefertigten Sarg für das Begräbnis verfügbar haben, sich aber nicht an seine einfacheren Wünsche halten, wie etwa neben seiner Mutter begraben zu werden? In seinen letzten Tagen soll der King nächtens mehrere Bestattungsinstitute aufgesucht haben. Wieso?

DIE MERKWÜRDIGSTEN FAKTEN

Auf seinem Grabstein ist der Name des Kings falsch geschrieben. Sein voller Name lautet Elvis Aron Presley, wobei „Aron" entgegen der traditionellen Schreibweise hier mit nur einem „a" geschrieben wird – eine Familientradition bei den Presleys. Als „Aron" auf seiner Geburtsurkunde fälschlich „Aaron" geschrieben wurde, setzte sein Vater alles in Bewegung, um den Fehler zu korrigieren. Es ist sehr seltsam, dass Elvis' Familie diesen Fehler auf seinem Grabstein duldete.

SKEPTISCH BETRACHTET

Der King ist tot – findet euch damit ab.

UNTEN *Zwei beliebte Opfer von Verschwörungstheorien – Präsident Nixon und Elvis beim Handshake.*

DER TOD VON PRINZESSIN DIANA

OBEN *Nach Dianas Tod überschwemmte eine Welle der Trauer das Land.*

Der Tod von Prinzessin Diana bewegte Menschen in aller Welt. Großbritannien trauerte, die Welt trauerte. Sogar Menschen, die sich nie besonders für das britische Königshaus interessiert hatten, waren tief bewegt angesichts der tragischen Umstände, unter denen diese potenzielle globale Ikone ums Leben kam.

Zuerst schien alles nur ein tragischer Unfall zu sein. Diana hatte mit ihrem Geliebten, Dodi Al Fayed, im Hotel Ritz, das Dodis Vater Mohammed Al Fayed gehörte, ein romantisches Dinner genossen. Kurz vor Mitternacht verließ das Paar das Hotel in Begleitung von Dianas Bodyguard, Trevor Rees-Jones. Um den 30 Paparazzi vor dem Eingang zu entgehen, schlüpften sie durch die Hintertür. Chauffeur ihres kugelsicheren Mercedes war Henri Paul, der Sicherheitschef des Ritz.

Rasch fuhr das Fahrzeug davon. Ein Tourist hielt auf Video fest, wie ein unschuldig wirkender Citroën dem Wagen folgte und die Paparazzi, die erkannten, dass sie ausgetrickst worden waren, beiden auf ihren Mopeds hinterherjagten. Nach kurzer Verfolgungsjagd fuhr der Mercedes mit hoher Geschwindigkeit in den „Pont de l'Alma"-Tunnel ein und alles, was wir wissen, ist, dass Diana, Dodi und Henri nicht mehr lebend herauskamen.

Erst mehrere Jahre später veröffentlichte die französische Untersuchungskommission einen offiziellen Bericht. Er unterstützte die Einschätzung der Medien von einem schrecklichen Unfall, der dem alkoholisierten Fahrer, der Verfolgung durch die Paparazzi und den nicht angelegten Sicherheitsgurten zuzuschreiben war.

Die ersten öffentlichen Vermutungen, dass es sich um einen Mordanschlag gegen Prinzessin Diana gehandelt habe, tauchten nur wenige Tage nach den tragischen Ereignissen vom 31. August 1997 auf BBC World Service auf. In propagandistischer Manier machte sich die BBC über eine Rede des libyschen Revolutionsführers Muammar al-Gaddafi lustig, der behauptete, der „Unfall" wäre eine französisch-englische Verschwörung, die verhindern sollte, dass Diana einen Muslimen heiratete. Verschwörungstheorien kursierten bereits in der Todesnacht; die meisten drehten sich darum, dass Diana an ihrem Todestag einer britischen Tageszeitung eine erstaunliche Ankündigung versprochen hatte.

DAS MERKWÜRDIGE DARAN

Im November 2002 intervenierte die Königin, damit Dianas früherer Butler, Paul Burrell, bei dem Prozess im Old Bailey nicht aussagen musste und dabei vielleicht einige unangenehme Fakten über die Prinzessin enthüllte. Später stellte sich heraus, dass die Königin lange mit Burrell gesprochen hatte und sich dabei wie eine paranoide Verschwörungstheoretikerin aus „Akte X" anhörte. Sie warnte Burrell und meinte: „In diesem Land sind Kräfte am Werk, von denen wir nichts wissen." Aufgrund dieser Warnung wartete Burrell bis zum Oktober 2003, um eine Notiz zu veröffentlichen, die ihm Diana zehn Monate vor ihrem Tod zukommen hatte lassen. Darin hieß es: „Diese Phase meines Lebens ist die gefährtlichste. ‚X' plant einen Unfall mit meinem Wagen, Bremsversagen und schwere Kopfverletzungen, damit Charles wieder heiraten kann." Die erstaunliche Voraussicht der Prinzessin trug zu der Überzeugung bei, dass sie nicht Opfer eines Unfalls, sondern einer Verschwörung geworden war.

DIE ÜBLICHEN VERDÄCHTIGEN

MI6

In dem auf die britische Krone vereidigten MI6 soll eine Fraktion von Abtrünnigen beschlossen haben, die königliche Familie von jener Frau zu befreien, die die Monarchie zerstören konnte, indem sie die Heuchelei der Windsors aufdeckte. Dass sie vielleicht schwanger war, zum Islam konvertieren wollte und den Sohn des Schreckgespenstes des britischen Establishments, Mohammed Al Fayed, heiraten wollte, mag den Ausschlag zum Beschluss gegeben haben, dass sie sterben musste.

Rüstungsindustrie

Diana hatte einen einsamen Feldzug gegen Landminen geführt und dabei auch ihre persönliche Sicherheit riskiert, wofür sie die britische Öffentlichkeit als „entsichertes Geschütz" kritisierte. Obwohl die Rüstungsindustrie an der Entfernung von Landminen mehr Geld verdient als an deren Verkauf, könnte man befürchtet haben, dass Diana gegen jede Waffenproduktion eintreten könnte. Es war in ihrem Interesse, die potenziell stärkste Friedensbotschafterin der Welt loszuwerden.

Ebenfalls verdächtig: CIA; Mossad; Islamische Fundamentalisten; Saddam Hussein; Freimaurer (sie starb unter einer Brücke, einem wichtigen Freimaurer-Symbol); IRA.

DIE UNÜBLICHEN VERDÄCHTIGEN

Das Komitee

Ein mutmaßliches angloamerikanisches Komplott, bestehend aus britischen und US-amerikanischen Agenten mit vermutlichem Sitz in Bristol, England. Das Komitee ist anscheinend ein Werkzeug einer geheimen Gruppierung, die die beiden Mächte Großbritannien und USA vereint sehen will. Vielleicht dachte man, dass Diana durch ihre enorme Popularität, ihre Bereitschaft, das Establishment auch mit unangenehmen Themen zu konfrontieren, und ihre mögliche Schwangerschaft eine Gefahr für ihre kryptischen Pläne darstellte.

Prinzessin Diana

Eine weitere bizarre Hypothese besagt, dass Diana ihren Tod vortäuschte, damit sie und Dodi unbehelligt leben konnten. Es überrascht nicht, dass es für diesen Fall von Wunschdenken kaum Beweise gibt.

DIE ÜBERZEUGENDSTEN BEWEISE

Es wurde behauptet, dass der Alkoholgehalt im Blut von Henri Paul das gesetzliche Limit um das Dreifache überstieg. Ein zweiter, von seiner Familie geforderter Bluttest ergab einen Gehalt an Kohlenmonoxid, der nicht nur tödlich war, sondern schon vor der Fahrt in sein Blut gelangt sein müsste. Auf dem Sicherheitsvideo des Ritz erscheint er weder betrunken noch vergiftet. Henri Pauls Tod wird noch rätselhafter angesichts der Enthüllung, dass er kurz vor seinem Tod mehr als 164.000 Francs auf seinem Bankkonto deponierte. Als 2003 angekündigt wurde, dass es auch eine britische Untersuchung in den Todesfällen Diana und Dodi geben würde, waren viele Verschwörungstheoretiker enttäuscht, weil der Untersuchungsrichter Michael Burgess hieß. Da er auch für das Königshaus zuständig ist, bezweifeln viele, dass seine Ermittlungen die Wahrheit zutage fördern werden.

DIE MERKWÜRDIGSTEN FAKTEN

Der Unfall ereignete sich im „Pont de l'Alma"-Tunnel, der über einer heiligen Stätte aus der Zeit der Merowinger (etwa 500–751 n. u. Z.) errichtet wurde. Einige Geheimgesellschaften wie die Prieuré de Sion und die Templer behaupten, dass die Merowinger und alle echten europäischen Königshäuser – einschließlich Dianas Familie, die Spencers – mit dem heidnischen Diana-Kult verbunden sind. Es ist seltsam, dass die britische Königin der Herzen an einem Heiligtum jener Göttin gestorben ist, deren Namen sie trägt.

SKEPTISCH BETRACHTET

Auch wenn Diana vielleicht schwanger war, muss es noch lange kein Komplott gegen sie gegeben haben. Mit hohem Tempo durch Paris zu fahren, ist schon gefährlich genug, auch wenn man nicht von Paparazzi verfolgt wird. Fügen Sie ein paar Kamerablitze zu einer Verfolgungsjagd mit mehr als 190 km/h hinzu, bei der keine Sicherheitsgurte angelegt wurden, dann brauchen Sie keine Verschwörungstheorie mehr, um einen tödlichen Unfall zu erklären. Es ist nicht verwunderlich, dass manche Menschen eine solche Tragödie nicht als reinen Zufall akzeptieren wollen. Sie ist das perfekte Beispiel dafür, warum manche Verschwörungstheorien aufgestellt werden: weil wir uns sonst der Banalität und Wahllosigkeit des Todes stellen müssten.

SID VICIOUS

Am 12. Oktober 1978 bot sich in Zimmer 100 im Hotel Chelsea in New York ein furchtbarer Anblick: Unter dem Waschtisch lag Nancy Spungen, nur mit ihrer Unterwäsche bekleidet und in Blut gebadet. Sie war durch einen einzigen Messerstich in ihren Bauch getötet worden. Ihr völlig drogenbenebelter Freund war Sid Vicious, der Bassist der damals berüchtigen Punkband The Sex Pistols. Er wurde des Mordes an Spungen angeklagt und später gegen eine Kaution von 50.000 US-Dollar freigelassen.

Die Romanze zwischen Vicious (geboren als John Simon Ritchie) und Nancy Spungen war der pure Rock-'n'-Roll-Alptraum. Nachdem er von seinem besten Freund John Lydon – alias Johnny Rotten – als Ersatz für den vorhandenen Bassisten seiner Band, The Sex Pistols (benannt nach der Londoner Boutique von Malcolm McLaren and Vivienne Westwood, „Sex") angeheuert worden war, fand sich Vicious bald im Zentrum der Popkultur. Die Band war in England bereits berüchtigt. Als Aushängeschild der Punkbewegung waren die Pistols ursprünglich von McLaren zusammengestellt worden, um der unzufriedenen englischen Jugend zu gefallen. Mit Songs, die all die falschen Leute (alle über 30) verärgerten, zogen die Pistols auf der Punkrock-Welle durch England. Mit Nummern wie „Anarchy In The UK" und „God Save The Queen" und skandalösen Auftritten im Fernsehen und anderen Medien waren die Pistols nichts anderes als eine Atombombe in Zeitlupe, die weltweit die Fundamente der Popkultur erschütterte.

Für Vicious war das nichts Schlechtes – immerhin war schon immer bezweifelt worden, ob er überhaupt Bass spielen konnte. Er verließ sich mehr auf sein Image: Er schnitt sich selbst mit Rasierklingen, spuckte Blut und pinkelte auf der Bühne. Der anarchistische Posterboy, der von vielen jungen Punkrockern geliebt wurde, erwies sich für einen Fan als unwiderstehlich: Nancy Spungen. Sie kam aus den USA nach England mit dem Vorsatz, das Herz – oder was auch immer – eines Pistols zu erobern. Sie und Vicious lernten einander 1977 kennen und stürzten sich bald in eine von Drogenexzessen gezeichnete Beziehung. Vicious' Liebe zu Spungen und Spungens aggressive Persönlichkeit drohten die Band zu sprengen. Als die vom Unglück verfolgte Amerika-Tournee der Pistols abrupt endete und Leadsänger Johnny Rotten enttäuscht nach England zurückkehrte, blieb Vicious bei Spungen. Die beiden landeten schließlich im Hotel Chelsea in New York. Nach Spungens Tod versuchte Vicious, Selbstmord zu begehen, und schlitzte sich den Unterarm mit einem Messer auf, doch er überlebte. Letztlich starb er an einer Überdosis Heroin (die ihm seine Mutter gebracht hatte, damit er nicht verhaftet würde) am 2. Februar 1979. Er war erst 21.

DAS MERKWÜRDIGE DARAN

Es gab Theorien über eine mögliche Verschwörung in Bezug auf Vicious' Tod und dunkle Andeutungen, dass da mehr an der Sache dran war als der tragische Tod von zwei Drogenabhängigen. Außerdem wurde behauptet, dass Vicious Spungen gar nicht getötet hätte.

DIE ÜBLICHEN VERDÄCHTIGEN

Unbekannte Gäste des Hotel Chelsea

Angesichts des Drogenrausches, in dem sich Vicious und Spungen vor ihrem Tod befanden, ist es durchaus möglich, dass jemand anderer Spungen tötete und Vicious in seinem Geisteszustand von dem Mord nichts mitgekriegt hat. Die wahren Täter fürchteten, dass die Wahrheit zutage treten würde, wenn Vicious vor Gericht kam, also sorgten sie dafür, dass Vicious' Mutter ihrem Sohn eine tödliche Dosis Heroin brachte.

Frühere Freunde

Manche Verschwörungstheoretiker meinen, dass frühere Freunde und Bekannte die tödliche Dosis „heißes" Heroin für Vicious besorgt hätten. Das war als Gnadenakt ihrerseits gedacht, um ihm die Hölle einer langjährigen Strafe im berüchtigtsten Gefängnis von New York zu ersparen, die er nicht ertragen hätte – dazu wäre er nicht „vicious" (böse, teuflisch) genug gewesen.

DIE UNÜBLICHEN VERDÄCHTIGEN

CIA und FBI

Ebenso wie man die Ermordung von John Lennon dem Wunsch von CIA und FBI zuschreiben kann, jede Ikone der Popkultur zu entfernen, die die Bevölkerung zum Aufstand verführen konnte, könnte auch Vicious getötet worden sein, weil er die Verkörperung der Punkanarchie darstellte. Er hatte das Potenzial, ein Vorbild für die amerikanische Jugend zu werden, gegen das der junge Elvis wie ein respektabler junger Mann aussah.

Manche vermuten sogar, dass Vicious ein Test der CIA oder des FBI gewesen wäre, bevor man sich an die schwierigere Aufgabe machte, John Lennon auszuschalten. Beide starben – zufällig? – in New York.

DIE ÜBERZEUGENDSTEN BEWEISE

Wie gequält und gewalttätig die Beziehung zwischen Spungen und Vicious auch gewesen ist: Es war allen klar, dass er sie brauchte, mehr als alles andere. Ungeachtet seines Zustandes wäre es völlig untypisch für ihn gewesen, sie zu töten. In späteren Telefongesprächen mit ihrer Mutter erwähnte er ihren Tod mit keinem Wort. Wenn er so von Gewissensbissen geplagt gewesen wäre, wie man uns weismachen will, hätte er sich so gut verstellen können? Alles in allem war Vicious jedenfalls nicht als Ausbund an Zurückhaltung bekannt.

DIE MERKWÜRDIGSTEN FAKTEN

John Lydon behauptete, dass Sids Mutter, als sie die Asche ihres Sohnes zurück nach England brachte, die Urne am Flughafen Heathrow fallen ließ. Ein beachtlicher Teil der Asche wurde in das Lüftungsystem gesaugt.

SKEPTISCH BETRACHTET

Auch wenn es ein romantischer Gedanke sein mag, dass alle Rockstars, die jung sterben, dies deshalb tun, weil „dunkle Mächte" sie tot sehen wollen, ist der Tod manchmal bloß das tragische Ende einer tragischen Geschichte. Sid Vicious war ein junger Mann nahezu ohne musikalisches Talent, der bloß zur richtigen Zeit am richtigen Ort richtig aussah. Als McLaren die Sex Pistols schuf, wollte er Stars, die er manipulieren konnte – mit Vicious hatte er so einen. Anders als bei John Lennon und Jim Morrison ist die Vorstellung, dass Vicious jemals eine Bedrohung der Gesellschaft darstellen hätte können, nur lächerlich. Er war der „It-Boy" der Punk-Generation, sonst nichts. Wenn man einen Grund für seinen Tod sucht, dann war es Heroin – und die ähnlich gefährliche Droge, ständig den Medien ausgesetzt zu sein.

LINKS *Ein Traumbild junger Liebe? Sid und Nancy waren das berühmteste Pärchen des Punkrocks.*

2

AUSSERIRDISCHE

ENTFÜHRUNGEN

Eine der am weitesten verbreiteten Vorstellungen von Außerirdischen, die vielen Leuten schlaflose Nächte bereitet, besagt, dass sie Menschen entführen. Anscheinend werden Männer und Frauen in aller Welt von Aliens aus ihrem Leben gerissen. Sie werden plötzlich und gewaltsam aus ihren Häusern entführt, zu außerirdischen Raumschiffen oder Orten gebracht und dort schrecklich misshandelt. Was diese Ereignisse noch schlimmer macht, ist die absolute Hilflosigkeit der Opfer, die den skupellosen Wesen von den Sternen und deren merkwürdigen medizinischen Experimenten auf Gedeih und Verderb ausgeliefert sind.

Forscher, die sich mit solchen Entführungen beschäftigen, versuchten, diese zu kategorisieren, um in den Erfahrungen der Entführten gemeinsame Muster aufzuspüren. Bei der Basiskategorie der körperlichen Entführung wird das Opfer ruhiggestellt und sieht dann zu, wie es zu einem Alienschiff gebracht wird. Dafür werden entweder kleinere Gefährte, eine Art Traktorstrahl oder ein „Tor zwischen Dimensionen" verwendet. Manche Entführte berichten, sie seien direkt durch Mauern hindurch bewegt worden.

Eine andere Form ist die der Entziehung von Lebensenergie: Die Bioenergie bzw. das Bewusstsein des Entführten werden mithilfe einer Technologie, die meist als weißer oder blauweißer Lichtstrahl beschrieben wird, aus dessen Körper entzogen. Das Bewusstsein des Opfers wird häufig in einen anderen Körper versetzt, bevor es zum Ursprung zurückkehrt.

Es gibt Entführungen auch in telepathischen oder Wachtraum-Versionen, die auch ohne körperliche Entführung nicht weniger schädigend wirken. Dabei empfangen die Opfer einen durch die Aliens hervorgerufenen Wachtraum, der durch telepathische Botschaften oder mentale Bilder verändert wird. Die Betroffenen sehen beim Aufwachen oft weißliche Energiestrahlen aus der Decke über ihnen austreten, ähnlich dem Strahl bei den Lebensenergie-Extraktionen.

OBEN *Die Grauen. Diese Alien werden am häufigsten mit Entführungen in Verbindung gebracht.*

Obwohl es in der Geschichte immer wieder Berichte über Entführungen gibt, scheint sich ihr Auftreten in letzter Zeit zu häufen. Es scheint fast, als ob die Eindringlinge – Aliens oder wer auch immer für diese Verbrechen gegen die Menschheit verantwortlich ist – immer verzweifelter werden.

DAS MERKWÜRDIGE DARAN

Zu allen Zeiten gehörten Entführungen zu den großen Themen von Gruselgeschichten. Manche meinen sogar, Ähnlichkeiten zwischen Entführungen durch Feen und solchen durch kleine grüne Männchen zu erkennen. Vielleicht gibt es sie, aber vermutlich hat unser kollektives Bewusstsein bloß ein Update durchgeführt, nachdem wir Steven Spielbergs *Unheimliche Begegnung der dritten Art* gesehen hatten.

DIE ÜBLICHEN VERDÄCHTIGEN

Die Grauen

Die Grauen kommen in Entführungsszenarios am häufigsten vor. Um diese kleinen Wesen mit den melonenförmigen Köpfen und den großen, schwarzen Mandelaugen ranken sich zahllose Verschwörungstheorien. Die Spekulationen über ihre Motive reichen von der optimistischen Hoffnung, es handle sich um unsere Nachkommen, die durch die Zeit zurückreisen, um die Erde vor der Zerstörung zu bewahren, bis zu dem finsteren Verdacht, sie würden uns Sperma und Eier entnehmen, um ihre eigene Rasse zu retten, da sie nur Klone wären, die ihre Reproduktionsfähigkeit verloren hätten und nun eine Kreuzung zwischen Grauen und Menschen erschaffen wollten.

Die US-Regierung

Majestic 12 – auch als MJ-12 bekannt – ist eine mächtige Gruppe innerhalb der US-Regierung, die vielleicht mit den Grauen zusammenarbeitet und ihnen die Experimente im Austausch gegen Technologie gestattet. Erst durch diesen Deal wären Entwicklungen wie der B-2 Tarnkappenbomber und der F-117 Tarnkappenjäger möglich gewesen. Viele Entführte erinnern sich daran, militärisches Personal und Heereseinrichtungen gesehen zu haben, aber keine Aliens. (Das wirft die Frage auf, ob es bei dem Abkommen bloß um Zusammenarbeit mit den Grauen geht oder ob die Regierung nicht eigene Pläne verfolgt – etwa Gedankenkontrolle?) Mit meisterhafter Desinformationstaktik bringt diese Gruppe jede UFO-Forschung in Misskredit, um die Fortsetzung der Entführungen und des Leids so vieler zu gewährleisten und den technologischen Gewinn einzustreichen.

DIE UNÜBLICHEN VERDÄCHTIGEN

Delfine

Die Grauen könnten zukünftige Nachkommen oder genetische Weiterentwicklungen der Delfine sein, die mit schändlichen Motiven in unsere Zeit zurückreisen. Dafür sprechen Ähnlichkeiten in der Beschaffenheit der Haut, der Farbe und der Fähigkeit, Ultraschall auszustoßen, um Feinde zu lähmen (z. B. schüchtern die Grauen ihre Opfer mit „Starren" ein).

DIE ÜBERZEUGENDSTEN BEWEISE

Nach Entführungen stellten viele Opfer fest, dass man ihnen kleine Metalldinge implantiert hatte, meistens in die Nasenhöhle, oft aber auch an anderen Stellen des Körpers. Wenn diese durch Chirurgen entfernt werden, bleibt ihr Usprung trotzdem unklar. Das Metall, das für viele dieser Dinge verwendet wird, ist der heutigen Wissenschaft unbekannt und ihr Zweck bleibt rätselhaft. Sind es Ortungsgeräte oder mehr?

DIE MERKWÜRDIGSTEN FAKTEN

Es ist beunruhigend, wie sehr sich die Schilderungen der Entführten gleichen, von den Grauen angefangen über die Prozeduren bis zu den Implantaten. Die enorme Flut an Büchern, Filmen und Berichten deutet auf eine größere Wahrheit hin, die gleich unter der Oberfläche lauert und jeden Moment durchbrechen kann.

SKEPTISCH BETRACHTET

Das gleiche Phänomen trat Ende des 19. Jahrhunderts auf. Anstelle von Aliens waren es damals Feen. Es handelt sich wohl um Jahrhundertendehysterie mit Prä-Millenniumsparanoia.

VIEHVERSTÜMMELUNG

Seit Jahrzehnten werden Bauern in aller Welt von einem Problem heimgesucht, das ebenso unerklärlich ist wie schrecklich: das grausige Rätsel der Tierverstümmelungen. Es geht dabei um mehr als nur den finanziellen Verlust durch den Tod des Tieres: Diese Demonstration widerwärtiger Grausamkeit könnte einen tieferen Zweck verfolgen, auch wenn dieser wie die Täter bislang im Dunkeln bleibt.

Auch wenn die Mehrzahl der Viehverstümmelungen in den USA geschieht (vor allem in New Mexico), gibt es ähnliche Berichte auch aus Puerto Rico, Südamerika und Kanada. Die Details mögen sich von Fall zu Fall unterscheiden, aber es gibt genügend Gemeinsamkeiten, um hier ein abgestimmtes Vorgehen zu vermuten. Häufig sind die verstümmelten Tiere völlig ausgeblutet. Fehlende Organe wurden mit chirurgischer Präzision entnommen, wobei der Kadaver oft kauterisiert wirkt. Die Täter zeigen ein besonderes Interesse an Sinnesorganen wie den Augen, an Reproduktions- und Ausscheidungsorganen sowie am oberen Verdauungstrakt.

Rund 10.000 Tiere sind vermutlich bereits auf diese Weise verendet und es gibt mehrere Theorien zu diesem furchtbaren Trend. Als ob sie mit Jägern, Krankheiten und Rowdies nicht schon genug zu tun hätten, müssen sich die Viehhalter nun auch noch mit einer sadistischen Kraft auseinandersetzen, die kommt und geht wie ein flüchtiger Dieb in der Nacht.

DAS MERKWÜRDIGE DARAN

Für gewöhnlich findet man rund um die verstümmelten Kadaver keine Spuren, mit Ausnahme von ein paar Abdrücken eines Dreibeins (Stativ?). An manchen Tieren stellte man Abdrücke von Haken fest, was vermuten lässt, dass die Verstümmelung an einem anderen Ort stattgefunden hat.

DIE ÜBLICHEN VERDÄCHTIGEN

UFOs

Die Theorie, dass Außerirdische (wie die Grauen) nach Wegen suchen, um ihre Rasse mit unserer in einem gemeinsamen Genpool zu mischen, reicht bis in den Bereich der Viehverstümmelungen. Vielleicht verwenden die Aliens Tierblut und Organe bei ihren Experimenten, weil die Chemie der Rinder ihrer eigenen ähnelt. Optimistischere Leute meinen, dass die Aliens die Rinder für Strahlungstests benützen, die uns vor der nuklearen Vernichtung schützen sollen. Diese Theorie wird von Entführungsopfern gestützt, die berichten, sie hätten gesehen, wie Kühe an Bord von UFOs gebracht wurden. Vor Viehverstümmelungen gibt es häufig UFO-Sichtungen am nächtlichen Himmel und es wurde beobachtet, dass Viehherden unruhig werden und durchgehen, wenn ein UFO zu sehen ist. Das würde bedeuten, dass Kühe insgesamt mehr Erfahrungen mit UFOs haben, als sie sich anmerken lassen.

OBEN *Die klinische Präzision und der Mangel an Blut machen manche Viehverstümmelungen völlig unerklärlich.*

Schwarze Helikopter

Diese mysteriösen Hubschrauber wurden ebenfalls vor Verstümmelungen in der Nähe der betroffenen Weide gesehen, wo sie die Tiere mit weißen Suchscheinwerfern erschreckt hätten. Dies würde die Annahme bestätigen, dass die Rinder zu ihrer Verstümmelung ausgeflogen und die Kadaver anschließend einfach über der Weide abgeworfen würden. Die schwarzen Helikopter werden häufig mit geheimen Regierungsprogrammen und dem Aufstieg der New World Order assoziiert. Vielleicht werden an den Rindern mächtige chemische Waffen ohne Rücksicht auf lästige Tierschutzbestimmungen getestet.

Satanisten

Anfangs wurden Satanisten für die Viehverstümmelungen verantwortlich gemacht, da man vermutete, sie würden die Kühe für ihre gotteslästerlichen Zeremonien verwenden. Es gab sogar polizeiliche Ermittlungen, doch es wurden niemals schlüssige Beweise gefunden.

Ebenfalls verdächtig: US-Militär; große Chemiekonzerne.

DIE UNÜBLICHEN VERDÄCHTIGEN

Natürliche Jäger

Trotz der Präzision der Verstümmelungen und fehlender Fußspuren rund um die Kadaver, könnten Wölfe, Kojoten oder noch nicht entdeckte Raubtiere zugeschlagen haben.

El Chupracabra

Dieses mythologische Monster aus Mittelamerika, auch als „Ziegenfresser" bekannt, könnte mit diesen Übergriffen seine Speisekarte bereichert haben.

Unbekannte Viehkrankheit

Auch eine besonders aggressive und noch unentdeckte Viehkrankheit wurde als Ursache vorgeschlagen: ein Virus, der so mächtig und so schnell ist, dass er die Organe und das Blut in nur einer Nacht entfernen kann und sich dann jeder forensischen Untersuchung entzieht.

DIE ÜBERZEUGENDSTEN BEWEISE

Die Präzision, mit der die Organe entnommen wurden, und die absolute Blutleere der Kadaver weisen auf einen hohen technischen Standard hin, nicht auf Zähne und Klauen. Die Wundränder erscheinen kauterisiert, was auf ein Laserskalpell zurückzuführen sein könnte. Interessant ist jedoch, dass diese Technologie noch gar nicht in Verwendung war, als in den frühen 70er-Jahren die ersten Viehverstümmelungen auftraten. Auch das Blut wird so sorgfältig entzogen, dass man rund um die Kadaver keinen Tropfen findet. Das würde auf militärische oder außerirdische Täter schließen lassen, die nur gelegentlich Spuren von Haken an den Beinen der Tiere zurückließen.

DIE MERKWÜRDIGSTEN FAKTEN

Wenn die Kadaver wieder auf der Weide sind, werden sie von anderen Tieren vollständig gemieden. Irgendetwas stimmt so grundsätzlich nicht mit den Kadavern, dass sogar dezidierte Aasfresser wie etwa Geier nicht in ihre Nähe kommen.

SKEPTISCH BETRACHTET

Warum sollen Aliens Rinderblut benötigen, um sich mit der Menschheit zu kreuzen? Würde es nicht mehr Sinn ergeben, Gorillas oder andere Affen zu entführen? Die mutmaßlichen Kollaborateure in der Regierung könnten ihnen doch sicher ein paar Rhesusäffchen aus Forschungseinrichtungen besorgen, ohne dass Fragen gestellt werden? Viehverstümmelungen könnten auch bloß eine verdrehte Version der Kornkreise sein, wo ein paar gut organisierte Witzbolde mit medizinischer Ausrüstung und einem Staubsauger mitten in der Nacht Rinder töten anstatt kreisförmige Muster in die Felder von ahnungslosen Bauern zu trampeln.

ALIENS IN HOLLYWOOD

Interessieren sich außerirdische Mächte aktiv für die Unterhaltungsindustrie? Wenn tatsächlich Außerirdische hier sind und vorhaben, sich uns zu zeigen, dann klingt es doch vernünftig, dass sie uns darauf vorbereiten wollen. Am besten lässt sich die Vorstellung von Besuchern aus dem Weltall ins öffentliche Bewusstsein bringen, wenn man sich der Filme und Dokumentationen des Fernsehens und des Kinos bedient. Und dies wiederum tut man am besten von Hollywood aus, dem Herz der Filmindustrie.

In den letzten Jahren ereilte uns eine Flut von Science-Fiction-Filmen, Fernsehshows und Dokumentationen, die sich mit diesem Thema beschäftigen. Darunter gibt es die Kategorie „Aliens, die ohne Vorwarnung eintreffen und versuchen, die Welt zu übernehmen", wie in *Independence Day*, *Space 2063* und *V*. Sie kommen aus dem Nirgendwo und beginnen früher oder später, Menschen zu töten, nur um dann selbst besiegt zu werden. Dann gibt es das Thema „gegnerische Aliens benützen die Erde in ihrem ständigen Kampf", wie in *Akte X*, wo böse Aliens die Menschheit unterjochen wollen, was aufständische Aliens verhindern möchten. Schließlich gibt es noch „Aliens als Freunde und Nachbarn", wie in *Men In Black*, *ET* oder *Cocoon*, die in überschaubarer Zahl eintreffen und im Allgemeinen freundlich gesinnt sind.

Die Botschaft ist klar: Aliens, die plötzlich in Massen auftreten, sind böse, wohingegen solche, die dezent, in geringen Stückzahlen oder räumlich begrenzt auftreten, unsere Freunde sind. Das ist perfekte Propaganda für die Grauen – die kleinen, großäugigen Aliens ohne Nase –, von denen nur wenige hier sind, die im Rahmen ihres Vertrages mit der US-Regierung sanfte Forschung an uns betreiben.

Wenn die Öffentlichkeit ausreichend vorbereitet ist und mit dem Kontakt zu Außerirdischen fertig werden kann, würde man die Nachricht im Laufe einiger Jahre durchsickern lassen. Zunächst würde man über die offizielle Sichtung von „etwas Unerklärlichem" berichten; am Ende würde ein Statement folgen in der Art von: „Wir haben sie gefunden, sie sind hier." 1998 gab eine Gruppe von Wissenschaftlern offiziell bekannt, dass einige UFO-Sichtungen Beweise für die Anwesenheit von Aliens auf der Erde geliefert hätten, und Astronauten der NASA sahen etwas Unerklärliches – es könnte also längst begonnen haben. Bloß: zu unserem Vor- oder Nachteil?

DAS MERKWÜRDIGE DARAN

Vielleicht spielen die größten Themenpark- und Filmkonzerne eine wichtige Rolle in dieser Verschwörung. Einer davon soll an einer Raumfahrtsausstellung arbeiten, die durch die USA touren soll. Sie soll sich auf die Begegnung mit Außerirdischen spezialisieren und das „Faktum", dass Roswell wirklich geschah und es eine Verschwörung zwischen der Regierung und den Grauen gab, in der Öffentlichkeit verbreiten. Manche meinen, sie sollte die Menschen darauf vorbereiten, dass die Regierung die Realität von UFOs anerkennen wird.

DIE ÜBLICHEN VERDÄCHTIGEN

Die Grauen

Dies sind diese kleinen, uns so vertrauten Geschöpfe mit fast dreieckigen Köpfen, großen, ovalen Augen und kleinen Schlitzen als Mündern. Den Namen erhielten sie wegen ihrer Hautfarbe. Sie sind zu Forschungszwecken hier und stehen seit dem Absturz in Roswell mit der Regierung im Bunde. Obwohl diese immer noch glaubt, sie wären an Austausch interessiert, könnten sie auch viel finsterere Pläne verfolgen – wie Menschen als Brutstätten zu benutzen.

Die US-Regierung

Die Aliens könnten ein Manöver der US-Regierung sein, um ihre eigenen Experimente zur menschlichen Biologie und körperlichen Manipulation zu verschleiern. Durch die Verbreitung der Legende von den Grauen können staatliche Wissenschaftler alle Arten von unangenehmen Forschungen betreiben, ohne Konsequenzen fürchten zu müssen. Ihr Ziel ist natürlich eine Waffe zu Erringung der Weltherrschaft.

DIE UNÜBLICHEN VERDÄCHTIGEN

Die Nordischen

Sie sind Außerirdische, die sich seltsamerweise mit den alten Nazivorstellungen von einer Herrenrasse decken: groß, athletisch, menschenähnlich, mit kurzen blonden Haaren. Die Nordischen wissen, dass die Grauen mit der Regierung zu bösen Zwecken zusammenarbeiten, und wollen der Menschheit helfen. Deshalb stellen sie die Grauen als böse dar. Hollywood ist ein ideologisches Schlachtfeld, wobei Pro-Graue- und Pro-Nordische-Filme den Kampf am Boxoffice austragen.

DIE ÜBERZEUGENDSTEN BEWEISE

Im Rahmen der Ankündigung eines geplanten Themenparks, bei dem die Besucher die Nachbildung eines Alien-Leichnams zu sehen bekommen würden, trat der ehemalige Chef eines großen Unterhaltungskonzerns in einer TV-Dokumentation auf, in der vermutet wurde, dass die US-Regierung in einem geheimen Labor ein Alien-Schiff verstecken würde, was vertuscht worden wäre (gemeint

OBEN *Hollywood hat in jüngster Zeit zahlreiche Filme über außerirdische Eindringlinge produziert.*

war natürlich Roswell), und dass wir bald alle die Aliens treffen würden. Der Mann und sein Konzern müssen sich der Informationen sehr sicher gewesen sein, um damit auf Sendung zu gehen.

DIE MERKWÜRDIGSTEN FAKTEN

Bei einer privaten Probevorführung von *ET* für Präsident Reagan im Weißen Haus soll dieser zu Stephen Spielberg gesagt haben: „Nur drei Leute in diesem Raum wissen, wie verdammt nahe der Film an der Wirklichkeit dran ist."

SKEPTISCH BETRACHTET

Dr. Seth Shostak von SETI, jener Gruppe, die nach Beweisen für außerirdische Kulturen im Universum sucht, wurde durch die unwissenschaftliche und einseitige Ankündigung der „Wahrheit" in dem Promotion-Video des Unterhaltungskonzerns so erzürnt, dass er sich persönlich bei dessen Vorsitzendem darüber beschwerte, dass der Konzern Kinder hinters Licht führe. Der zynische Beobachter könnte auch darauf hinweisen, dass gewinnorientierte Organisationen den Alien-Hype ausbeuten werden, solange die Öffentlichkeit in Science-Fiction-Filme und Alien-Ausstellungen geht.

OBEN RECHTS *Dr. Seth Shostak von SETI.*

UFOs ÜBER DEM IRAK

Am 16. Dezember 1998 erhellten Leuchtspurgeschosse den Himmel über Bagdad. Der „lauwarme Krieg", der gegen Saddam Hussein im Gange war, seitdem man ihn im ersten Golfkrieg 1991 nicht gestürzt hatte, war wieder einmal in eine seiner heißen Phasen eingetreten. Der Luftangriff der Alliierten auf die irakische Hauptstadt war Teil der Operation Desert Fox und wurde dank CNN wie der erste Golfkrieg live an Millionen TV-Zuseher in aller Welt übertragen. In dieser Nacht fing CNN jedoch mehr ein als die Neuigkeiten über Desert Fox: Man filmte auch ein über Bagdad schwebendes UFO. Auf dem Filmmaterial war sogar zu sehen, wie es dem Feuer eines Luftabwehrgeschützes auswich.

Der von UFO-Anhängern als neuer Beweis für die Existenz von UFOs gefeierten Aufnahme wurde von gewissen Verschwörungstheoretikern eine noch größere Bedeutung zugeschrieben. Immer mehr Leute denken, dass es eine Verbindung zwischen dem über dem Irak gesichteten UFO und der Entscheidung der USA, 2003 in den Irak einzumarschieren, gibt. Bei den ständigen Patrouillenflügen und Bombenangriffen der USA und Großbritanniens in der sogenannten „Flugverbotszone" im Norden des Irak kam es zu zahlreichen UFO-Sichtungen und unerklärlichen Radarmeldungen über Flugobjekte, die sich schneller bewegten als alle bekannten Flugzeuge. Es gab sogar Berichte darüber, dass alliierte Streitkräfte im ersten Golfkrieg in einen Kampf mit einem UFO verwickelt wurden, da sie dachten, es handle sich um ein irakisches Jagdflugzeug. Außerdem hatten US-Flugzeuge 1998 in Saudi-Arabien ein Gefährt unbekannten Ursprungs zum Absturz gebracht. Anrainer aus dem Umkreis der Absturzstelle – offiziell die eines Jagdjets – mussten das Gebiet verlassen, während Pioniere der US Army die Wrackteile zu weiteren Untersuchungen bargen. Diese Anrainer behaupten, sie hätten gesehen, dass das Objekt rund gewesen sei, weder Flügel noch Triebwerke gehabt hätte und große Wrackteile federleicht gewesen seien.

Diese faszinierenden Geschichten nahmen eine unerwartete Wendung, als russische Geheimdienstquellen vermuteten, im Irak wäre ein Flugobjekt abgestürzt und Saddam würde nun versuchen, die Technologie der Aliens nachzubauen. Im Zusammenhang mit dieser zunächst als reine Fantasie abgetanen Behauptung tauchten nach und nach verblüffende Geschichten auf, z. B. dass Saddam den Insassen Asyl gewährt und sie in seinem sichersten Palast untergebracht hätte

Oben *Laut manchen Berichten kämpften US-Piloten öfter mit mysteriösen Lichtern als mit irakischen Jägern.*

Rechts *Waren Massenvernichtungswaffen das Einzige, wonach US-Truppen im Irak suchten?*

– der Zitadelle von Qalaat-e-Julundi. Nach der Revolution, durch die Saddam an die Macht gekommen war, war die alte Festung der Königsfamilie zum Palast für den neuen Diktator geworden. Ein riesiges Bunkernetz wurde unter der Festung gebaut, die bereits als uneinnehmbarster Ort im Irak galt, da sie auf einem Hügel steht, der auf drei Seiten steil zum Kleinen Zab abfällt.

Kurz nachdem Saddam seine Gäste angeblich hier untergebracht hatte, berichteten die Einwohner des Zab-Tals über seltsame Lichter am Himmel, nur nachts „tanzende Geister" und einige ungeklärte Todesfälle.

Einige, die die offiziellen Begründungen für den zweiten Golfkrieg nur schwer glauben können, meinen, dass das Argument mit den Massenvernichtungswaffen bloß als Vorwand für die Invasion des Irak diente. Sie sind überzeugt, dass der wahre Grund für den Feldzug darin bestand, Saddam davon abzuhalten, die Alien-Technologie nachzubauen und somit einen technologischen Vorteil gegenüber dem US-Militär zu erringen – so wie es den Amerikanern selbst mit den Sowjets nach dem Absturz in Roswell 1947 gelungen war.

DAS MERKWÜRDIGE DARAN

Nach dem Einmarsch von US-Streitkräften in Bagdad fotografierte ein GI von der 3. Brigade, 101. Luftlandedivision, die im Zab-Tal gekämpft hatte, ein längliches UFO. Ansässige, die das UFO in der Nähe der heiligen Stadt Nadschaf erspäht hatten, meinten, dass es „aus Allahs Gärten der Glückseligkeit gekommen wäre, um Alis Grab zu schützen". Die Moschee von Nadschaf ist über dem Grab Alis errichtet, dem Schwiegersohn des Propheten Mohammed. Sie entging dem Haubitzenbeschuss der 101. Luftlandedivision und den schweren Bomberangriffen der Alliierten im Gebiet rund um die Festung Qalaat-e-Julundi auf wundersame Weise.

DIE ÜBLICHEN VERDÄCHTIGEN

MJ-12

Die Gruppe, die hinter der Roswell-Vertuschung und dem anschließenden Nachbau des abgestürzten UFOs stecken soll, soll auch die vereinigten Stabschefs kontrollieren. Durch George Bush sen. könnte MJ-12 noch aus der Zeit, in der er Direktor der CIA war, enge Kontakte zur Familie Bush pflegen. Mit diesem Wissen hätte die Gruppe die Überlegenheit der USA seit 1947 gewährleistet. Sie konnte nicht riskieren, von Saddam übertroffen zu werden, und war gezwungen, einen Vorwand für die Invasion des Irak zu erfinden, um das Wrack in ihren Besitz zu bringen.

Reptilische Aliens

Reptilienwesen aus dem Draco-System werden häufig beschuldigt, mit Teilen der führenden Elite in aller Welt ein geheimes Bündnis zu unterhalten. Gerüchten zufolge liegen sie im Krieg mit den oft gesichteten Grauen. Sie könnte ihre Verbündeten im Militär und in der Regierung der USA angewiesen haben, die Grauen zu inhaftieren, denen Saddam Schutz gewährt hatte. Man erledigte dies lieber durch einen Krieg, als die Macht der Draconier im Irak zu offenbaren.

DIE UNÜBLICHEN VERDÄCHTIGEN

Die französische Regierung

Die Regierungen Frankreichs und des Irak unterhielten gute Beziehungen und Saddam könnte mit seinen Freunden in Paris darüber verhandelt haben, die UFO-Technologie mit ihnen zu teilen, wenn sie verhindern könnten, dass er von

Bush abgesetzt würde. Dadurch hätten die Franzosen einen entscheidenden Vorteil für Europa im Ringen um die globale Macht erlangen können. Bis knapp vor Kriegsbeginn unterstützten die Franzosen den Irak aktiv, und US-Innenminister Colin Powell antwortete auf die Frage, ob man Frankreich für seine Handlungen bestrafen würde, mit Ja.

DIE ÜBERZEUGENDSTEN BEWEISE

Bushs Behauptungen, dass „der Irak ohne Zweifel einige der tödlichsten Waffen besitze und verstecke und damit die gesamte Menschheit bedrohe", waren schon fragwürdig, bevor man sie trotz der 500 Millionen US-Dollar teuren Durchsuchung des Irak nicht finden konnte. Obwohl UN-Inspektoren nahezu sämtliche Behauptungen der Bush-Regierung über irakische Waffen als falsch identifizierten, begannen die USA einen Krieg, was vermuten lässt, dass es einen darüber hinausgehenden Grund dafür gegeben hat.

DIE MERKWÜRDIGSTEN FAKTEN

Zecharia Sitchin, eine der wenigen, die imstande sind, antike sumerische Keilschrift zu entziffern, glaubt, dass antike Texte berichten, wie die Kultur der Sumerer (auf dem Gebiet des heutigen Irak) durch fortgeschrittene Wesen unterstützt wurde. Wenn die „Anunnaki" (sumerisch für „die vom Himmel auf die Erde kamen") wirklich existiert haben, wäre Saddam nicht der erste Herrscher in dieser Gegend, dem von Außerirdischen geholfen wurde.

SKEPTISCH BETRACHTET

Amerika möchte sich die Vorherrschaft im 21. Jahrhundert sichern. Saddams Bluff, dass er tödliche Waffen besitze, geht nach hinten los. Ein Krieg, der für die US-Ölkonzerne ausgetragen wird. George Bush Jr. versucht, seinem Vater zu beweisen, dass er dem Irak besser in den Allerwertesten treten kann. Was auch immer der wahre Grund für den zweiten Golfkrieg war, abgestürzte UFOS sind da wohl am unwahrscheinlichsten.

MEN IN BLACK („MÄNNER IN SCHWARZ", MIB)

Wenn Sie ein UFO sehen und dies der Polizei melden, können Sie einiges an Reaktionen erwarten: Lachen, Fragen nach Ihrem Alkoholkonsum, merkwürdige Blicke von Freunden und vielleicht einen Anruf von einer Lokalzeitung, die nach einer lustigen Kurzmeldung sucht. Doch Sie könnten auch Besuch von den Men In Black bekommen.

Die Men In Black wurden lange Zeit mit UFO-Sichtungen und ähnlichen Phänomenen in Verbindung gebracht. Sie sollen im Haus von UFO-Zeugen auftauchen, nachdem diese ihre Sichtung bei Polizei oder Medien gemeldet haben, und drohen ihnen, damit sie den Mund halten. Alles Material, das sich auf die UFO-Sichtung bezieht, wird sofort konfisziert. In manchen Fällen sollen sie an die Tür geklopft haben, noch bevor der Augenzeuge irgendjemandem erzählt hat, was er gesehen hat, und scheinen alles zu wissen, noch bevor die Zeugen es selbst begriffen haben. Die Men In Black stellen ihre Botschaften auf unterschiedliche Weise zu, von direkten Drohungen bis zu indirekten Hinweisen, doch sie tragen stets denselben Unterton: „Halte den Mund oder du wirst es bereuen ..."

Die Men In Black werden wegen ihrer Farbpräferenz in Sachen Kleidung so genannt: schwarz (black). Schwarzer Anzug, schwarzer Hut, schwarze Sonnenbrillen ... Die einschüchternde Farbwahl betrifft auch ihre Autos – stets alte Modelle von Buicks, Cadillacs oder Lincolns. Ihr Teint soll olivfarben, grau oder dunkel sein, ihre Augen leicht schräg stehen und ihre Sprechweise monoton sein. Ihr Alter ist schwer zu schätzen, doch alle scheinen im mittleren Alter zu sein. Sie bewegen sich wie Roboter und man kann ihre Erscheinung insgesamt mit einem einzigen Wort beschreiben: seltsam.

Trotz zahlreicher Begegnungen und ihrer unglaublichen Einschüchterungskraft ist es schwer, schlüssige Beweise für ihre Existenz zu finden – ebenso schwer wie für die Existenz jener UFOs, die sie beschützen sollen.

DAS SELTSAME DARAN

Die Men In Black scheinen nicht von dieser Welt zu stammen. Dafür sprechen Berichte, denenzufolge MIB Münzen in ihrer Hand verschwinden lassen oder versuchen, sich singend mit Vögeln zu verständigen. Einmal soll einem MIB das Hosenbein hochgerutscht und dabei ein dicker grüner Draht zum Vorschein gekommen sein, der offenbar in sein Bein gepflanzt war. Andere MIB wurden beobachtet, wie sie Sumpfgelände überquerten, ohne einen Schlammspritzer abzubekommen. Sie tauchen auch bei eisiger Kälte in dünnen Mänteln auf und spüren den Frost anscheinend nicht.

DIE ÜBLICHEN VERDÄCHTIGEN

Außerirdische

Um außerirdische Aktivitäten auf der Erde zu verschleiern, kümmern sich die MIB im Auftrag der Aliens darum, durch Einschüchterung von UFO-Zeugen Medienberichte zu unterdrücken. Aufgrund ihrer wenig menschlichen Art, sich zu

OBEN *Hollywoods Men In Black. Teil eines hinterlistigen Propagandaprogramms?*

bewegen, und ihrer mechanischen Sprechweise könnten sie Androiden sein, die von den Aliens programmiert wurden, deren Aufdeckung sie verhindern sollen. Manche Leute glauben, dass die MIB selbst Aliens sind, vielleicht Graue oder Horlocks (eine Reptilienrasse ohne Seelen). Dies würde erklären, warum sie unter anderen Menschen so seltsam wirken.

Die US-Regierung

Die mit den Aliens kooperierende US-Regierung soll die MIB und ihre seltsame Art instrumentalisieren, um UFO-Berichte zu unterdrücken. Die MIB sollen Schauspieler sein, die so merkwürdig und bizarr wie möglich agieren sollen, um die Verwirrung und Emotionalität von Augenzeugen noch zu steigern. Die MIB könnten auch nicht auffindbare Agenten sein, ohne Verbindung zu irgendeiner bekannten Regierung, damit die „höheren Mächte" die Hände nicht mit der Verletzung von Menschenrechten beschmutzen.

DIE UNÜBLICHEN VERDÄCHTIGEN

Der Planet Sirius

Das „Auge des Horus" wurde mit Geheimgesellschaften assoziiert, die mit dem Planeten Sirius paktieren sollen. Dasselbe Symbol wurde auf einigen MIB gesehen und manche MIB sollen gesagt haben, dass sie für eine Organisation namens „Nation des Dritten Auges" arbeiten. Es ist unklar, welche Rolle sie in den Plänen der Sirius-Bewohner spielen.

UFO-Augenzeugen

Wenn hinter UFO-Sichtungen nichts weiter steckt als der vollständige nervliche Zusammenbruch des Zeugen, dann könnten die MIB bloß eine Fortsetzung der Halluzination darstellen, die vielleicht das Bedürfnis des Zeugen nach Strafe und Erziehung repräsentiert.

DIE ÜBERZEUGENDSTEN BEWEISE

Die Macht der Men In Black darf man nicht unterschätzen. Sie waren für das vorzeitige Ende der *Space Review* verantwortlich, eines der UFO-Forschung gewidmeten Magazins. Ein Zeuge wurde von ihnen sogar während eines schrecklichen Verhörs vergast. Es ist möglich, dass unwiderlegbare Beweise für die Existenz von Aliens existieren, ob Fotos, Videos oder Aliens selbst, doch sie wurden skrupellos und effizient von den MIB unterdrückt. Laut Forschung könnte die Abstammung der MIB bis in elisabethanische Zeit zurückreichen.

DIE MERKWÜRDIGSTEN FAKTEN

Die Oldtimer der MIB sind häufig von innen durch ein jenseitiges grünes Licht erleuchtet und ihre Kleidung weist diese „schimmernde" außerirdische Textur auf, die kein irdischer Stoff besitzt.

SKEPTISCH BETRACHTET

Wenn es wirklich Aliens gäbe, die fähig wären, zwischen den Sternen zu reisen und das Gedächtnis von Entführten zu löschen, wieso sollten sie dann schräge Typen schicken, die an Türen klopfen? Sicherlich ließe sich derselbe Effekt mit einer guten Todesrate erzielen.

UNTEN *Das Auge des Horus, ein antikes ägyptisches Symbol, wurde auch an Men in Black gesichtet*

GEHEIME MONDBASEN

Der Mond hat die Menschheit schon immer fasziniert – sowohl als Quelle romantischer Inspiration als auch als astronomische Kuriosität für Wissenschaftler. Doch ist er auch eine geheime Basis des Dritten Reiches? Anscheinend schon.

Gerüchten zufolge landeten die Nazis mithilfe von gewaltigen Raketenuntertassen bereits 1942 auf dem Mond. Diese Fliegenden Untertassen sollen mit ihren zehn Stockwerken 45 m hoch gewesen sein und einen Durchmesser von 60 m gehabt haben. Nach der Landung beeilten sich die Nazis, Untergrundstationen zu errichten und ihre Herrschaft auf dem Mond auszubauen, während die auf der Erde schwand.

Die Kolonialisierung ging in den 40ern weiter, wobei die Nazis Menschen, Materialien und Roboter in riesigen interplanetaren Untertassen beförderten. Nach dem Krieg setzten sie das Programm von ihrer Basis in Neu-Schwabenland in der Südpolregion fort. Die Kolonialisierung dauert bis heute an, mit Wissen und Unterstützung der anderen Weltmächte.

Selbstverständlich gibt es überzeugende Fotos, die während des Zweiten Weltkriegs aufgenommen wurden und auf denen von den Nazis gebaute Flugobjekte zu sehen sind, die dem klassischen Konzept der fliegenden Untertasse ziemlich ähnlich sehen. Diese Gefährte – die so sagenhafte Namen trugen wie Vril Odin 7 und Haunebu II – wurden auf geheimen Militärstützpunkten gebaut, die der berühmten Raketenbasis Peenemünde ähnelten. Es ist bekannt, dass deutsche Wissenschaftler, die nach dem Krieg als Gründungsmitglieder der NASA fungierten, geplant hatten, Peenemünde zum Raumhafen und Sprungbrett für die Mondkolonialisierung zu machen, nachdem der – wie sie meinten – unabwendbare Sieg der Nazis über die Alliierten errungen wäre.

DAS MERKWÜRDIGE DARAN

Wo soll man beginnen? Zwei Dinge verleihen diesem Gerücht Glaubwürdigkeit. Das erste sind immer mehr wissenschaftliche Hinweise darauf, dass der Mond nicht völlig wasserfrei ist und man das Eis für eine Kolonie verwenden könnte. Zweitens zeigt Videomaterial von einem NASA-Space-Shuttle deutlich, wie ein unidentifiziertes Objekt die Mondoberfläche verlässt. Obwohl es dafür eine nicht verschwörerische Erklärung geben kann, lassen seltsame Lichter, unerklärbare Markierungen und sogar mögliche Bauten, die von Astronomen auf dem Mond gesichtet wurden, die Zahl der merkwürdigen Fragen, die eine Antwort suchen, beunruhigend nach oben schnellen.

DIE ÜBLICHEN VERDÄCHTIGEN

Die NSDAP

Vielleicht haben die Deutschen ihre Niederlage bereits 1940 geahnt und deshalb beschlossen, ihre Operationen auf eine lunare Ebene zu verlagern und so den langfristigen Erfolg des Dritten Reiches zu sichern. Angesichts von Hitlers Begeisterung für das Übernatürliche erscheint dies nicht unplausibel – einfach nur weit hergeholt.

Die Achsenmächte Japan und Italien

Deutschland unterhielt im Zweiten Weltkrieg enge Kontakte zu seinen Verbündeten und teilte seine Fortschritte in der Waffentechnik mit Italien und Japan. Raketen deutschen Ursprungs wurden in italienischen Forschungseinrichtungen getestet. Im Juli 1945, bei Kriegsende, soll ein deutsches U-Boot eine neue Erfindung an japanische Entwicklungsabteilungen geliefert haben: eine runde, flügellose Flugmaschine. Unter deutscher Anleitung bauten die Japaner das Gerät, ohne zu wissen, wie es funktionierte. Als es aktiviert wurde, flog es unter Flammenausstoß in den Himmel und ward nie mehr gesehen. Erschüttert beschlossen die japanischen Wissenschaftler, alles zu vergessen. Doch im Januar 1946 flog ein japanisch-deutsches Team aus mehreren hundert Leuten zum Mond und überlebte knapp eine Bruchlandung.

DIE UNÜBLICHEN VERDÄCHTIGEN

Die NASA

Die NASA könnte über die Mondatmosphäre lügen, um andere Länder davon abzuhalten, ihn ebenfalls erforschen zu wollen. Es geht das Gerücht, dass die USA und die Russen, als sie in den 1950er-Jahren ihre Mondbasen konstruierten, nach ihrer Landung Gäste der Nazis waren.

Vril-Gesellschaft

Dieser mystische Geheimorden war eine der Hauptquellen für die perverse Ideologie hinter der Philosopie der Nazis in den Anfangstagen. In den Reihen der Vril-Gesellschaft fanden sich hochrangige Mitglieder des Hitler-Regimes, Großindustrielle und mächtige Okkultisten. Sie lieh der Entwicklung der geheimnisvollen Vril-Flugmaschine ihren Namen und ihr Geld. Man weiß, dass manche Mitglieder überzeugt waren, die arische Rasse wäre aus Außerirdischen entstanden, die um 4500 v. u. Z. in Sumer gelandet und als Götter angesehen worden wären. Könnte die Vril-Gesellschaft hinter der Errichtung der Nazi-Mondbasen stecken?

Außerirdische

Einige Verschwörungstheoretiker sind der Ansicht, dass die Nazis mit Außerirdischen im Bunde standen und dass die vielen Fortschritte in der Genetik und der Raketentechnologie durch eine helfende Hand von den Sternen zu erklären sind. Es gibt Debatten darüber, welche Art von Aliens Hitler unterstützt haben, doch zu den Favoriten zählen die arisch aussehenden Nordischen noch vor den Grauen. Angesichts der

Experimente, die die Grauen anscheinend so lieben, und der pervertierten medizinischen Forschung von einigen menschlichen Monstern unter den Nazis schließt niemand eine Allianz mit dieser speziellen Sorte von Raumabschaum aus.

DIE ÜBERZEUGENDSTEN BEWEISE

Die einzigen Beweise für die amerikanische Mondlandung sind die von der NASA veröffentlichten Fotos. Diese sind jedoch in den letzten Jahren angezweifelt worden, weil sie voller Ungereimtheiten wären. Die Länge der Schatten stimmt nicht mit dem Sonnenstand überein, die Richtung der Schatten variiert innerhalb einzelner Bilder und es gibt zahlreiche Beweise dafür, dass die Fotos mithilfe starker Lichtquellen aufgenommen wurden. Wenn wir den NASA-Fotos nicht trauen können, was sollten wir dann noch anzweifeln?

DIE MERKWÜRDIGSTEN FAKTEN

Seit mehr als 20 Jahren gab es keine Mondlandung mehr – zumindest keine öffentlich bekannte. Soll das die Welt von den Kolonien ablenken – in denen Nazis, Russen und Amerikaner mehr als 40.000 Leute angesiedelt haben?

SKEPTISCH BETRACHTET

Die Energie, die man benötigt, um so große Raumschiffe zu betreiben – von Verschwörungstheoretikern gern „Tachyonenantrieb mit freier Energie" genannt –, entlockt dem Kritiker eine hochgezogene Augenbraue. Doch wer weiß, angesichts des Nachbaus der vom Roswell-Absturz geborgenen Technik und der fehlenden Fotos von der dunklen Seite des Mondes – vielleicht täuscht man sich ja?

OBEN RECHTS *Eine V2-Rakete in Peenemünde. Entwickelten die Nazis Gefährte, mit denen sie auf den Mond fliegen konnten?*

DIE LANDUNG IN RENDELSHAM – ENGLANDS ROSWELL

Es gibt Zyniker, die meinen, Verschwörungstheoretiker würden nur für jenen Augenblick leben, in dem sie sich die Hände reiben und sagen können: „Ich hab's euch ja gesagt!" Doch in den Annalen der Alien-Verschwörungen gibt es bloß einen einzigen Fall, wo sie tatsächlich aufspringen und rufen könnten: „Es ist offiziell: Es gab eine Verschwörung!" Dieser Fall ist Rendelsham.

Am 27. Dezember 1980 landete ein nicht identifiziertes Flugobjekt auf einer Lichtung im Wald von Rendelsham in der Nähe der USAF-Luftwaffenstützpunkte Bentwaters und Woodbridge gleich bei Ipswich, England. Der stellvertretende Kommandant der Basis Lieutenant Colonel Charles Halt und mehrere seiner Männer waren Zeugen der Landung. Das britische Militär verfolgte sie auf dem Radar und sie hinterließ physische Rückstände. Zwölf Jahre danach befand ein parlamentarischer Überwachungsbeauftragter, dass die britische Regierung versucht hatte, die beschriebenen Fakten zu vertuschen. 2002 kam die parlamentarische Ombudsfrau Ann Abraham zu dem Schluss, dass das Verteidigungsministerium sich geweigert hatte, alle Details der Zeugenberichte bekannt zu geben, und sich an einem Komplott zur Verschleierung des Ereignisses beteiligt hatte.

Der Zwischenfall gilt als eine der wichtigsten UFO-Sichtungen und wurde als „das englische Roswell" bekannt. Vielleicht ist es Zufall, dass in beide Fälle das Militär verwickelt war und sich beide so nah an hochsensiblen Miliärbasen mit Kontakten zur streng geheimen nuklearen Verteidigungsstruktur der USA ereigneten. Rendelsham ist nicht nur das einzige Alien-Komplott, bei dem der Vertuschungsversuch der Regierung bewiesen und aufgedeckt wurde, sondern auch der einzige mit so vielen Militärs als glaubwürdigen Augenzeugen.

Kurz nach Mitternacht am zweiten Weihnachtsfeiertag zeigten die Radarschirme der RAF in Watton, Norfolk, plötzlich ein Objekt in der Nähe des Rendelsham Forest. Da die von der USAF geleaste Basis am Waldrand eine Unmenge an Waffen lagerte, war man höchst alarmiert, als das Objekt plötzlich verschwand und kurz darauf auf dem Radar von Bentwater auftauchte. Inzwischen trafen weitere Radarbestätigungen von anderen Stationen ein; drei Militärpolizisten sahen Licht im Wald vor dem hinteren Tor der USAF-Basis und lösten Alarm aus, da sie einen Absturz befürchteten. In seinem Bericht vermerkte der stellvertretende Kommandant der Basis, Lt. Col. Halt: „Sie berichteten von einem seltsamen glühenden Objekt im Wald. Es sah metallisch aus, war dreieckig und maß an der Basis etwa 2 bis 3 m und in der Höhe etwa 2 m. Der ganze Wald wurde durch sein weißes Licht erleuchtet. Auf dem Objekt befand sich oben ein pulsierendes rotes Licht, unten eine Reihe blauer Lichter. Es schwebte oder stand auf Beinen. Als sich die Patrouille näherte, verschwand es zwischen den Bäumen. Zu dieser Zeit spielten die Tiere auf einer nahe gelegenen Farm verrückt."

In der folgenden Nacht entdeckte Lt. Col. Halt mit seiner Patrouille dort, wo das Objekt gesichtet worden war, drei Eindrücke im Waldboden. Die radioaktive Strahlung war zehnmal so hoch wie normal. Plötzlich kehrte das Objekt zurück. Mehrere Jahre nach dem Zwischenfall veröffentlichte Halt eine 18 Minuten lange Audioaufnahme von dieser Begegnung. Beim Zuhören läuft es einem kalt über den Rücken, vor allem, als ein Soldat das Gefährt sieht und ruft: „Seht euch die Farben an! Scheiße!" Man hört auch, wie die Männer von Panik ergriffen werden, als sie sehen, wie ein Strahl aus dem Objekt alle elektrischen Geräte im Umkreis für einige Zeit lahmlegt. Auch andere Soldaten machten Aufnahmen mit Foto- und Videokameras.

Angesichts der untadeligen Augenzeugen und verschiedener physischer Beweise möchte man meinen, dass die Öffentlichkeit zumindest darüber informiert wurde, dass es unbekannte fliegende Objekte wirklich gab. Doch in der Zeit danach unternahmen britisches und US-Militär alles, um den Zwischenfall von Rendelsham Forest zu vertuschen. Es schien, als ob noch andere dunkle Elemente an dem Komplott beteiligt waren und das Schweigen erzwangen – indem Zeugen diskreditiert und bedroht wurden. 1983 errangen die Verschwörungsjäger einen ersten Sieg, als ein Memo von Lt. Col. Halt an das britische Verteidigungsministerium im Rahmen des Freedom of Information Act veröffentlicht wurde. Nachdem das erste Puzzlestück freigelegt worden war, begann der Kampf um den Rest der Wahrheit.

UNTEN *Eine UFO-Sichtung mit Verbindung zu nuklear bestückten US-Bombern: Klar wird da vertuscht!*

DAS MERKWÜRDIGE DARAN

Als immer mehr US-Soldaten als Zeugen der zweiten Landung identifiziert wurden, verkündete ein Sicherheitspolizist der USAF öffentlich, dass er gesehen habe, wie drei „schwebende Entitäten" mit höheren Offizieren kommunizierten. Am nächsten Tag wurden er und seine Kollegen auf radioaktive Strahlung untersucht und mussten Statements unterschreiben, in denen bloß von „ungewöhnlichen Lichtern" die Rede war. Diese Stellungnahmen waren von Mitgliedern der NSA aufgesetzt worden und besagten auch, dass sie über das Gesehene nicht sprechen durften.

DIE ÜBLICHEN VERDÄCHTIGEN

Die NSA

Die National Security Agency der USA (NSA) war auf der Basis stark vertreten und spielte beim Versuch, die Landung geheim zu halten, eine große Rolle. Die NSA soll Kontakt und ein Austauschprogramm „Menschen-für-Technologie" mit den Grauen unterhalten. Rendelsham soll ein rein routinemäßiges geschäftliches Treffen gewesen sein, das zufällig von Lt. Col. Halt und seinen Leuten beobachtet wurde.

Project Phoenix

Phoenix ist ein streng geheimes Projekt der Defence Advanced Research Projects Agency der USA. Ein Teil von Project Phoenix könnte sich mit fortgeschrittenen Mikrowellen-, Laser- und holografischen Waffen beschäftigen, mit denen höchst überzeugende Illusionen erzeugt werden, die den Feind täuschen und demoralisieren sollen. Rendelsham könnte ein Experiment gewesen sein, um die Leichtgläubigkeit von Elitesoldaten und die Wirkung dieser Waffe auf deren Kampfmoral zu testen.

DIE UNÜBLICHEN VERDÄCHTIGEN

Reisende von der Parallelerde

Im Mittelalter wurden im Gebiet um Rendelsham zwei mysteriöse Kinder mit grüner Haut gefunden. Dies führte zu Spekulationen, dass sich in diesem Teil von Suffolk ein Übergang zu einer Parallelerde befinden könnte. Die Besucher könnten keine Außerirdischen, sondern „Parallel-Irdische" gewesen sein. Entweder sind sie falsch abgebogen oder sie waren auf einer Spähermission auf unserer Erde.

Zeta-Reticulaner

Graue humanoide Aliens von Zeta Reticula haben die US-Basen beobachtet, weil das US-Militär ein geheimes Bündnis mit reptilischen Aliens aus dem Sirius-System eingegangen ist. Ihr Gefährt geriet in Schwierigkeiten, wodurch sie gezwungen waren, zu landen und hinter den feindlichen Linien Reparaturen durchzuführen. Die Zeta-Reticulaner hatten Glück, dass die Soldaten in Rendelsham nicht wussten, dass sie im Krieg waren, und den Feind entkommen ließen.

DIE ÜBERZEUGENDSTEN BEWEISE

Trotz der Tatsache, dass die Landung mit Radar erfasst wurde und Eindrücke im Boden sowie radioaktive Strahlung hinterließ, behauptete das Militär später, die Sichtung wäre bloß einer Verwechslung mit dem 8 km entfernten Leuchtturm von Orford Ness zuzuschreiben. Bei den Abdrücken am Boden hätte es sich um Hasenkuhlen gehandelt und die Strahlung hätte natürliche Ausmaße gehabt. Viele Zeugen wurden verhaftet, diffamiert, verfolgt und bedroht, sowohl von Behörden als auch von militärischen Geheimdiensten und finsteren „Men in Black" – alles ein bisschen übertrieben, wenn Soldaten und Zivilisten nur einen Leuchtturm verwechselt haben!

DIE MERKWÜRDIGSTEN FAKTEN

Die Autorin und Klatschspaltenkolumnistin Georgina Bruni wurde zur Verschwörungsermittlerin und schrieb einen Klassiker über den Fall Rendelsham. Bei einem gesellschaftlichen Anlass ergriff sie 1997 ihre Chance und fragte die ehemaligen britische Premierministerin Margaret Thatcher nach der Landung. Thatcher wurde ärgerlich und beschimpfte Bruni: „So etwas können Sie den Leuten nicht sagen!"

SKEPTISCH BETRACHTET

Sind Sie wirklich überrascht, dass britische Regierung und US-Militär sich verschwören, um eine seltsame Landung in der Nähe einer Militärbasis zu vertuschen, die mit genügend Nuklearsprengstoff voll gestopft ist, um Europa auszuradieren?

ROSWELL

Es war der 3. Juli 1947, als W. W. „Mac" Brazel sein Pferd sattelte und ausritt, um nach den Schafen auf seiner lang gezogenen Ranch in New Mexico zu sehen. In der Nacht war ein Gewitter niedergegangen und Brazel sorgte sich um seine Tiere. Doch auf seinem Weg kam er an merkwürdigen Wrackteilen vorbei, die über das Land verstreut waren. Außerdem entdeckte er eine Art Wrack. Es hatte eine hunderte Meter lange Furche in den Boden gezogen. Brazel nahm eines der Teile mit und zeigte es einem Nachbarn. Er fragte sich, ob er etwas von einem geheimen Regierungsprojekt in der Hand hielt oder vielleicht von einem UFO und fuhr in das nahe gelegene Roswell, um dort Sheriff George Wilcox seine Geschichte zu erzählen. Damit schuf er den Nährboden für eine der hartnäckigsten Verschwörungstheorien des 20. Jahrhunderts.

Die Wahrheit über den Zwischenfall in Roswell ist noch immer hinter Ausflüchten der Regierung und der Unzuverlässigkeit alternder Augenzeugen verborgen. Unbestritten ist, dass Wilcox das Wrack pflichtgemäß dem Geheimdienstoffizier Major Jesse Marcel vom 509. Bombergeschwader meldete. Dann wurde der Schauplatz gesperrt, während die US Army Air Force das Wrack barg. Am 8. Juli 1947 war in einem Pressebericht der USAAF zu lesen, dass die Trümmer von einer „fliegenden Scheibe" stammten. Tags darauf beeilte sich die Regierung, die Story zurückzuziehen, und behauptete stattdessen, dass die mysteriösen Teile die Überreste eines abgestürzten Wetterballons wären.

Damit war die Geschichte zu Ende – so hoffte die US-Regierung. Doch merkwürdige Geschichten sprachen sich herum und gewannen durch das ungewöhnliche Schweigen der militärischen und politischen Führer an Stärke. Eine dieser Geschichten besagte, dass hier tatsächlich eine fliegende Untertasse abgestürzt war, was die Regierung vertuschen wollte; dass man an Bord Außerirdische gefunden hätte, von denen einige sogar überlebt hätten. Seit dem Vorfall in Roswell sind 60 Jahre vergangen. Verschwörungstheorien florierten, zogen die Aufmerksamkeit von Medien auf sich und saßen wie Flöhe im Pelz der Regierung. Schließlich versuchte die Air Force,

OBEN *Die heutigen Einwohner von Roswell haben ihre Stadt zur Touristenattraktion gemacht.*
KLEINES BILD *US-Präsident Harry Truman*

den Deckel der vermutlich größten Pandora-Büchse in der Welt der Verschwörungstheoretiker zu schließen, und gab am 24. Juni 1994 einen Bericht heraus – *The Roswell Report: Case Closed*. Wen wundert's, dass sie keinen Erfolg hatte?

DAS MERKWÜRDIGE DARAN

Während der Aufräumarbeiten beantwortete Glenn Dennis, ein Bestatter aus Roswell, einige Anrufe aus dem Leichenschauhaus einer nahe gelegenen Fliegerbasis. Der Leichenbeschauer dort wollte von ihm wissen, wie man am besten Leichen konserviert, die ein paar Tage im Freien gelegen hätten, ohne dass es zu weiteren Gewebeschäden komme. Außerdem bestellte er kleine, hermetisch versiegelte Särge.

DIE ÜBLICHEN VERDÄCHTIGEN

Die US-Regierung

Ein abgestürztes UFO wäre für die US-Regierung ein gewaltiger technologischer Gewinn gewesen und sie hätte so etwas sicherlich möglichst geheim gehalten. Einige Leute meinen, dass das Militär versuchte, das abgestürzte Gefährt zu analysieren und die außerirdische Technologie nachzubauen, um neue Waffen und Möglichkeiten zur Überwindung der Schwerkraft zu entwickeln. Präsident Truman besuchte angeblich die Absturzstelle und könnte sogar mit überlebenden Aliens gesprochen haben. Kurz darauf ließ Truman sämtliche Wrackteile von UFOs, einschließlich der bei Roswell geborgenen, an ein multinationales Syndikat überstellen, das heute die sämtliche UFO-Technologie kontrolliert. Die US-Regierung wurde sogar beschuldigt, Aliens in Roswell gefoltert, wenn nicht sogar getötet zu haben, als Teil einer Politik, wie man mit Außerirdischen umzugehen habe.

Andere Theorien beschuldigen das Militär, insgeheim ein nach Albert Einsteins zurückgezogenen Arbeiten zur Schwerkrafttheorie gebautes Flugobjekt getestet zu haben.

Die Grauen

An Theorien über die Grauen, die die Menschheit zur genetischen Manipulation benützen, um das Überleben ihrer eigenen Rasse zu sichern, herrscht kein Mangel. Als sie entsetzt sahen, dass die Menschheit bereits 1945 Atomwaffen benutzte (was für sie so ähnlich war wie für uns, einen Goldhamster mit einer Uzi zu sehen), starteten sie angeblich Aufklärungsflüge über Militärbasen. So könnte es bei Roswell gewesen sein, wo vieleicht zwei Schiffe zusammenstießen oder das Aufklärungsflugzeug einfach vom Blitz getroffen wurde.

DIE UNÜBLICHEN VERDÄCHTIGEN

Die Sowjets

Während des Kalten Krieges verdächtigte man die Sowjets, dass sie ihre Offensivraketen durch geklaute Nazi-Technologie verbessert hätten. Die Trümmer von Roswell könnten die Reste eines gescheiterten Raketenangriffs darstellen.

Bewohner der Hohlwelt

Es gibt eine Theorie, derzufolge die Erde hohl ist und Landmassen, eine Sonne sowie Ozeane enthält. Die Rasse, die dort lebt, soll – ähnlich wie die Grauen – angesichts der zunehmend häufigen Atomtests der Erdoberflächenbewohner alarmiert gewesen sein. Die „Maulwürfe" sollen durch die großen Öffnungen an den Polen aus der Hohlwelt zu einer Aufklärungsmission geflogen sein, auf der ihr Schiff abgestürzt wäre.

DIE ÜBERZEUGENDSTEN BEWEISE

Das Bedürfnis der Air Force, einen „Abschlussbericht" zu veröffentlichen, zeugt von einem Schuldbewusstsein. Wenn in Roswell wirklich nichts passiert ist, wieso macht man sich die Mühe, einen Bericht zu erstellen? Verdächtig ist auch der plötzliche Fortschritt in der technologischen Entwicklung umittalbar nach dem Roswell-Zwischenfall, vor allem bei Transistoren.

DIE MERKWÜRDIGSTEN FAKTEN

Bei seiner Fahrt zum Militärkrankenhaus auf der Basis sah der Bestatter aus Roswell, Glenn Dennis, merkwürdige Gravuren auf mehreren Wrackteilen. Eine Krankenschwester erzählte ihm dann von den Leichen und zeichnete ihm sogar Skizzen auf einem Rezeptblock. Einige Tage später wurde sie nach England versetzt und scheint dann von der Erdoberfläche verschwunden zu sein.

SKEPTISCH BETRACHTET

Die wilden Variationen mehrerer „Augenzeugen" und solch elender Schund wie die vorgebliche Videoaufnahme einer Alienautopsie geben dem potenziell verheerenden Ereignis von Roswell den Anstrich einer Jahrmarktsattraktion. Es wurde zum Alien-Verschwörungs-Pendant der Elvis-Sichtungen.

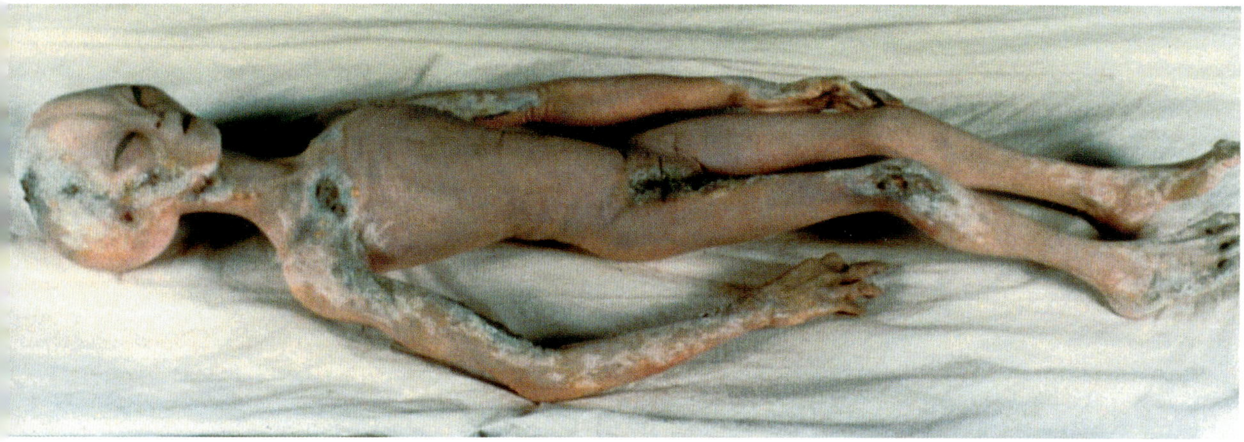

LINKS *Sahen so die „Aliens" von Roswell aus?*

SABOTAGE DER RAUMFAHRT

Zu den Sternen zu reisen war immer schon eine lockende Herausforderung, doch wird sie schwieriger gemacht, als sie sein müsste? Versucht jemand – oder etwas –, die Menschheit auf der Erde festzuhalten, indem er Raumflug um Raumflug sabotiert? Mittlerweile wird das Phänomen in der NASA scherzhaft als „Great Galactic Ghoul" (etwa „Großer galaktischer Menschenfresser") bezeichnet. Doch ist es wirklich zum Lachen?

Die hohe Rate an Unfällen, verschwundenen Dingen und technischen Fehlern bei Raumflügen hätte jedes Unternehmen ruiniert, das nicht die finanzielle Unterstützung der Regierung genoss. Von einfachen Defekten wie Kabeln, die in Satelliten durchbrennen, bis zur Explosion der *Challenger* zeigt der Great Galactic Ghoul keine nationalen Präferenzen: Sowohl russische als auch amerikanische Raumfahrtprogramme wurden von seiner zerstörerischen Hand heimgesucht.

Eine dieser Pannen ist das Fiasko mit dem Hubble-Teleskop. Als es im All war, stellte sich heraus, dass das Gerät alles andere als perfekt war und viel unschärfere Bilder lieferte als erwartet. Man benötigte eine teure Reparaturmission, doch die Hubble-Fotos gelten nach wie vor eher als Triumph erlesener Filter, mit denen man versucht, die Unzulänglichkeiten des Teleskops auszugleichen, denn als bahnbrechende Aufnahmen, wie ursprünglich angekündigt.

Ein anderes Beispiel war die *Mars-Observer*-Mission 1993, die Nahaufnahmen von der mysteriösen Cydonia-Region auf dem Mars liefern sollte. Doch gerade als das Gefährt in den Mars-Orbit eintrat, funktionierte es plötzlich nicht mehr. Weitere Fehlschläge: der Sowjets: *Koralb 11* (explodiert); *Sputnik 24* (explodiert); der NASA: *Mariner 3* (verfehlte den Mars); *Mariner 8* (fiel in den Atlantik); die *Apollo-13*-Mission; der Feuertod der Astronauten im Space Shuttle. Die Liste könnte fortgesetzt werden und bezeugt entweder erschütternde Inkompetenz oder eine andauernde Sabotage, vielleicht sogar galaktischen Ausmaßes.

DAS MERKWÜRDIGE DARAN

Marsmissionen sind am häufigsten von Sabotage betroffen. Überaus beunruhigend war das Schicksal der russischen *Phobos*-Sonden. 1988 schickten die Russen zwei Sonden aus, um *Phobos*, den kleineren der beiden Marsmonde, zu erforschen. Sie interessierten sich für dessen unregelmäßigen Orbit, aufgrund dessen viele meinten, dass Phobos entweder künstlich oder hohl sei. Die erste Sonde ging auf dem Weg verloren. *Phobos 2* schaffte es zum Mars und nahm einen zylindrisch geformten Schatten auf dem Marsmond auf. Kurz darauf wurde die Sonde zerstört. Das letzte an Russland gesendete Foto wurde für eine Veröffentlichung als zu heikel erklärt. In der Nacht, als dieses Bild eintraf, wurden orthodoxe russische Priester in das Kontrollzentrum der *Phobos*-2-Mission gebeten, um die Aufnahmen zu besprechen.

DIE ÜBLICHEN VERDÄCHTIGEN

Die NASA

So schrecklich es klingt, zumal bei einigen Unfällen Menschen getötet wurden, könnte es sein, dass eine geheime Gruppe innerhalb der NASA die Missionen im Auftrag gewisser Elemente in der US-Regierung sabotiert, da Letztere nicht wollen, dass die Präsenz von Außerirdischen in Erdnähe aufgedeckt wird. Ähnliche Dissidenten würden im russischen Raumfahrtprogramm ihr Unwesen treiben.

Konkurrierende Vertragspartner

Der finanzielle Gewinn bei einem lukrativen Auftrag der Regierung könnte auf manche Geschäftsleute so unwiderstehlich wirken, dass sie in diesem beinharten Wettkampf alles tun würden, um ihre Mitbewerber mit allen Mitteln, auch Sabotage, zu diskreditieren. Die Macht des Dollars, vor allem eines Dollars aus Regierungsquellen, könnte für viele über dem Wert eines Menschenlebens stehen.

Ebenfalls verdächtig: das FBI; MJ-12; simple menschliche Inkompetenz.

DIE UNÜBLICHEN VERDÄCHTIGEN

Die Grauen

Aus nur ihnen bekannten Gründen könnten die Grauen wollen, dass die Erde vom Rest des Universums isoliert bleibt. Vielleicht sind sie Sklaven, die ihren Herren entflohen sind und nun menschliches Genmaterial verwenden, um ihre geklonten Körper vor Abnützung zu schützen. Es wäre höchst unangenehm, wenn die Menschen die Aufmerksamkeit anderer Außerirdischer oder gar ihrer Meister erregen würden.

Marsianer

Die große Zahl der Zwischenfälle, die Marsmissionen betrafen, kann nicht mehr purer Zufall sein. Die Monumente auf dem Mars lassen vermuten, dass es dort Leben gab – oder noch gibt – und dass es in Ruhe gelassen werden oder selbst bestimmen möchte, wann es sich zeigt. Angesichts der Ausfälle und des Verschwindens von Geräten im Umkreis des Roten Planeten

OBEN *Ein hoher Prozentsatz der teuren Starts für die Weltraumforschung endet in einer Katastrophe.*

scherzten NASA-Mitarbeiter, der Great Galactic Ghoul würde zwischen dem Asteroidengürtel und dem Mars wohnen. Vielleicht ist er bloß ein verärgerter Marsianer.

DIE ÜBERZEUGENDSTEN BEWEISE

Vor dem Start des *Mars Observer* am 25. September 1992 untersuchten Techniker der NASA routinemäßig das äußere Gehäuse. Man war schockiert, als man darin Müll fand, darunter Metallfüllungen, Schmutz, Papier, Fasern und Gips. Auch wenn der Hurrikan Andrew durch das Gebiet gezogen war, konnten diese Verunreinigungen unmöglich allein durch die Kraft des Sturms hineingelangt sein.

Vielleicht ist es gar nicht so überraschend, dass von den 35 Versuchen, den Planeten zu erreichen, nur zwölf erfolgreich waren. Von diesen beabsichtigten neun eine Landung auf dem Mars, doch nur drei schaffen dies auch. Der Rest stürzte ab oder explodierte im Orbit. Sogar die erfolgreichen hatten Probleme. *Sojourner*, der 1997 gestartet wurde, gelangte nur wenige Meter aus seiner Landezone.

DIE MERKWÜRDIGSTEN FAKTEN

Im Juli 1998 passierte die Raumsonde *Galileo* den Jupitermond Europa, als sie plötzlich aufhörte, Informationen zu senden. Lange Zeit war spekuliert worden, dass auf Europa ebenso wie auf dem Mars Leben möglich wäre.

SKEPTISCH BETRACHTET

Wir sind eine Rasse, die schon Schwierigkeiten damit hat, einen Videorecorder zu programmieren. Wen wundert es da noch, dass unsere Raumsonden explodieren?

NACHBAU VON TECHNOLOGIE

Haben Sie jemals das Gefühl gehabt, die Welt drehe sich zu schnell? Haben Sie sich jemals über die technologischen Entwicklungssprünge der Menschheit in so kurzer Zeit gewundert? Ist es Ihnen auch schon merkwürdig erschienen, dass zwischen der Beherrschung eines einfachen Flugzeugs und dem Mondspaziergang weniger als 70 Jahre vergangen sind?

Die beispiellose Art, wie sich der technologische Stand der Menschheit im 20. Jahrhundert entwickelt hat, ist schlicht und einfach verblüffend und könnte ein Zeichen für eine der umfassendsten Verschwörungen aller Zeiten sein. Während sich die wissenschaftliche Gemeinde auf die Schultern klopft und den Fortschritt ihrem eigenen Eifer und ihrer Genialität zuschreibt, zeigt ein Blick auf die „Erfindungen" der letzten Jahrzehnte wohl mehr „Eingreifen" als „Einfälle".

Tatsächlich meinen einige Leute, die wahre Kraft hinter dem technologischen Eilzugstempo wären weniger Knochenschmalz und durchgearbeitete Nächte, sondern außerirdische Unterstützung. Aus der Öffentlichkeit unbekannten Gründen lassen Regierungen in aller Welt Alien-Technologie nachbauen – das heißt, sie zerlegen Artefakte der Aliens, um herauszufinden, wie sie funktionieren, und wenden dieses Wissen dann zu eigenen Zwecken an. Dieses Wissen katapultiert uns weit über unseren eigentlichen technologischen und vielleicht auch kulturellen Stand hinaus. Wie Kinder, die mit dem Feuer spielen, sind wir nicht reif genug, es zu beherrschen, und laufen Gefahr, uns die Finger zu verbrennen.

DAS MERKWÜRDIGE DARAN

Die meisten der großen Sprünge treten nach 1947 auf – von leistungsfähigeren Computern bis zu den *Apollo*-Mondflügen. Gerade im Jahr 1947 – was für ein Zufall – soll die US-Regierung ein abgestürztes UFO bei Roswell, New Mexico, geborgen haben.

DIE ÜBLICHEN VERDÄCHTIGEN

Die US-Regierung

Man hat lange darüber spekuliert, dass bei Roswell und Corona in New Mexico 1947 ein UFO (oder UFOs) abgestürzt wäre und dass die US-Regierung die Überreste rasch an sich gebracht hätte. Inmitten des Kalten Krieges mit der UdSSR suchten die USA verzweifelt nach jedem militärischen Vorteil und begannen daher, die außerirdische Technologie, die man an Bord der abgestürzten Raumschiffe gefunden hätte, nachzubauen. Das meiste davon soll in der berüchtigten Area 51 stattfinden, einem geheimen militärischen Testgelände in New Mexico.

Die Grauen

Im Austausch für die Erlaubnis, Menschen zu entführen und ungestraft mit ihnen zu experimentieren, hätte die Regierung der USA – und andere vielleicht auch – Alien-Technologie erhalten. Dies würde erklären, warum Berichte über Entführungen und UFO-Sichtungen von Regierungsbehörden stets ins Lächerliche gezogen werden: Man will von den wahren Vorgängen ablenken – dem Ausverkauf der Menschheit.

DIE UNÜBLICHEN VERDÄCHTIGEN

Zeitreisende

Zeitreisende könnten Technologie bringen, in der Hoffnung, dass wir mit den Geräten aus der Zukunft die Bedingungen in ihrer Zeit ändern könnten, natürlich zu ihrem Vorteil. Anderen Theorien zufolge hat die US-Regierung mit kurzen Zeitreisen exerimentiert und bringt nun Technologie aus unserer eigenen Zukunft. Wieder andere sprechen von Reisen zwischen Dimensionen, wobei die Technologie von fortgeschritteneren Versionen unserer heutigen Welt stammt.

Wohlgesinnte Aliens

Als Vorbereitung auf eine Invasionsstreitmacht, die die Erde bedrohen würde, hätten wohlmeinende Aliens die Weltmächte mit Technologie versorgt, damit sie sich verteidigen könnten, wie man an den Star-Wars-Satelliten sehen würde. Die Fortschritte, die die normale Bevölkerung sähe – Mobiltelefone, Mikrowellen, PCs – sind nur lukrative Nebenprodukte des Technologie-Nachbaus und ein Bonus für die Regierungen, die die geheime Verteidigungsarbeit übernommen haben.

DIE ÜBERZEUGENDSTEN BEWEISE

Das am meisten verdächtige technologische Teil, das die Welle des Fortschritts anspülte, war vermutlich der Transistor. Dieser soll direkt aus dem Nachbau des bei Roswell abgestürzten Schiffes entstanden sein. Dunklere Resultate könnten sich im Waffenarsenal des US-Militärs befinden, etwa der B-2 Tarnkappenbomber.

DIE MERKWÜRDIGSTEN FAKTEN

Neugierige Bürger, die über seltsame Lichter in der Nähe von Area 51 berichteten, die UFOs ähnelten, und ein Nachrichtenteam von NBC, das 1992 etwas Merkwürdiges am Himmel filmte, wurden von bewaffneten Soldaten bedroht, die Kameras und Videomaterial konfiszierten. Einige wurden sogar von schwarzen Helikoptern verfolgt, die oft in Gebieten mit mutmaßlicher Alien-Aktivität gesichtet werden.

SKEPTISCH BETRACHTET

Das Problem mit der Nachbau-Theorie ist, dass sie davon ausgeht, dass Menschen geistvoll sind. Wenn wir in der Urzeit Herrn Cro-Magnon einen Pentium-Laptop, eine Garagentor-Fernsteuerung und einen Oberschenkelstraffer gegeben hätten, dann hätte er der Nachbau-Theorie zufolge zehn Jahre später MagnonSoft gegründet. Leider würde er jedoch nur grunzen und jemandem die Dinge auf den Kopf hauen. Na, vielleicht würde er den Schenkelstraffer behalten.

LINKS *Spielte außerirdische Technik eine Rolle bei der Entwicklung des US-Waffenarsenals?*

3

TOT ODER VERMISST

AMELIA EARHART

Sie war das Goldstück der Fliegerei, ein Medienstar und ein begeisterndes Vorbild für die Frauen in aller Welt. Amelia Earhart brach in die Männerdomäne der Fliegerei ein, indem sie mit Mut und Charme neue Flugrekorde für Frauen aufstellte. Die von der Depression gezeichnete amerikanische Öffentlichkeit verehrte sie und machte sie zur Nationalheldin. Als sie 1937 bei dem Versuch, die Erde zu umfliegen, plötzlich verschwand, war dies ein nationaler Schock.

Amelia Earhart wurde am 24. Juli 1897 in Atchison, Kansas, geboren. Sie kam aus einer reichen Familie und studierte Krankenpflege in Toronto. Im 1. Weltkrieg arbeitete sie als freie Hilfsschwester in einem Militärhospital; 1920 siedelte ihre Familie nach Kalifornien um. Hier besuchte sie eine Flugvorführung, was ihre Liebe zur Fliegerei weckte. Schnell erlernte sie das Fliegen und stellte zwei Jahre später mit 14 000 Fuß (4.267 m) einen Höhenflugrekord für Frauen auf. In den folgenden Jahren festigte sich ihr Ansehen als Pilotin.

1928 ermutigte sie der New Yorker Verleger George Putnam, als erste Frau auf dem „Friendship"-Flug zwischen England und den USA den Atlantik zu überqueren. Sie willigte ein und stellte einen Rekord nach dem anderen auf. Man verlieh ihr den Namen „Lady Lindy" in Anlehnung an den ersten Atlantikflug von Charles Lindbergh. Earhart mochte diesen Namen nicht, weil sie am „Friendship"-Flug nur als Passagier teilgenommen hatte.

Wie um sich selbst zu beweisen stellte Earhart weitere Rekorde auf. 1928 überflog sie den amerikanischen Kontinent vom Atlantik zum Pazifik und stellte 1931 einen neuen Höhenrekord von 14.000 Fuß im Tragschrauber auf. Ein Jahr später flog sie allein über den Atlantik und landete in Irland. Sie wurde der Held jeder Lesestunde und von Präsident Hoover und dem Kongress als erste Frau mit dem „Distinguished Flying Cross" ausgezeichnet. Ihre größte Herausforderung lag aber noch vor ihr: ein Flug rund um die Welt.

Am 1. Juni 1937 startete Earhart in Miami, Florida, in Ihrer „Electra"-Maschine zum Rundflug um die Welt. Nur von ihrem Beobachter Fred Noonan begleitet steuerte sie zunächst Puerto Rico an. Von Südamerika aus flog sie nach Afrika und weiter zum Roten Meer. Am 29. Juni stand man in Neuguinea zum langen Flug über den Pazifik bereit. Um 0.00 Uhr Greenwich-Zeit startete sie, wobei das US-Küstenwachschiff *Ithasca* zur Aufnahme des Funkkontakts auf der Höhe der Howland-Insel in der Nähe von Hawaii positioniert wurde.

Sie kamen nie an. Earhart sandte um 7.42 Uhr einen Funkspruch, laut dessen sie das Schiff nicht sehen konnten und knapp an Treibstoff wurden. Eine kurze Meldung kam noch um 8.42 Uhr durch, danach herrschte Funkstille. Das amerikanische Volk am Radio war wie gelähmt. Erschüttert schickte Präsident Roosevelt eine Suchmannschaft bestehend aus 66 Flugzeugen und sechs Schiffen aus, vergeblich. Am 18. Juli 1937 wurde die Suche widerwillig abgebrochen. Amelia Earhart und Fred Noonan waren tot.

DAS MERKWÜRDIGE DARAN

In einem für sie atypischen Aussetzer unterlief Earhart ein Fehler, als sie in der Nähe von Pearl Harbor startete. Das Fahrwerk kollabierte, was schwere Schäden an der Maschine verursachte. Es war die gleiche Maschine, die über dem Pazifik verschwand, was natürlich als Omen gedeutet wurde.

DIE ÜBLICHEN VERDÄCHTIGEN

Amelia Earhart

Die Earhart litt während des Fluges an Durchfall, was vielleicht ihr Urteilsvermögen einschränkte und den Absturz verursachte. Sie könnte auch Selbstmord begangen haben, wenn sie ihrer Rolle im Rampenlicht mit ständigen Erwartungen der Medien entkommen wollte. Oder sie wollte verschwinden, um ohne öffentliche Aufmerksamkeit ein neues Leben zu beginnen. Gerüchten zufolge wollte sie sich auf eine einsame Insel zurückziehen, um in Frieden mit den Fischern zu leben.

Die Nazis

Vielleicht war die Earhart in geheimer Mission für Präsident Roosevelt unterwegs, um die weltweiten Aktivitäten der Nazis zu verfolgen. Von den Deutschen abgeschossen oder gefangen genommen – das würde das Ausmaß der militärischen Suche erklären, die amerikanische Geheiminformationen zurückholen oder wichtige Daten über die Nazis sichern sollte.

DIE UNÜBLICHEN VERDÄCHTIGEN

Ein Bruch in der Zeitachse

Die Earhart könnte in einen Bruch der Zeitachse ähnlich dem Bermuda-Dreieck geraten sein, was außer den Probleme beim Funkkontakt mit der *Itasca* auch ihre Verwirrung erklären würde. Vielleicht ist ihr Flugzeug einfach in der Vergangenheit oder in der Zukunft verschwunden.

Oben *Amelia Earhart startet in Neufundland.*

Die Japaner

Ähnlich wie in den Nazi-Legenden wird die Earhart hier von den Japanern gefangen und gezwungen, bei der gefürchteten „Rose von Tokio" mitzuarbeiten, einer weiblichen Propagandasendung, mit der die Japaner die Moral der GIs während des Zweiten Weltkrieges gefährlich untergruben.

Die US-Regierung

Als amerikanische Spionin könnte die Earhart etwas über ihren Auftraggeber herausgefunden haben, sodass die Air Force ihre Maschine abschießen musste, um danach heroisch eine Suchaktion für die Medien zu starten, die nur sicherstellen sollte, dass nichts Verräterisches übrig geblieben war.

Weitere Verdächtige: UFOs; Meeresungeheuer.

DIE ÜBERZEUGENDSTEN BEWEISE

Trotz der großen militärischen Suchaktion nach einem Zivilisten fand man keine Wrackteile; das heißt, dass Earhart vom Kurs abgekommen – bei ihrem fliegerischen Können recht unwahrscheinlich – oder dass die Maschine nie abgestürzt war. Keine seither gefundenen Knochenreste konnten ihr zugeordnet werden. Selbst neuere Beweise der Internationalen Gesellschaft zur Aufklärung historischer Flugzeugunfälle, wonach sich ihre Maschine auf den Gardener Inseln befände, konnten das Rätsel nicht lösen, da man keine Knochen fand, die man Amelia genetisch zuordnen konnte.

DIE MERKWÜRDIGSTEN FAKTEN

Eine Woche lang nach Earharts Verschwinden hörten Funker auf Flugzeugen und Schiffen Notrufe aus der Umgebung der Gardener-Inseln. Möglicherweise ist die Earhart dort gelandet, aber seltsamerweise fand man dort nie irgendwelche Spuren. 60 Jahre später glaubten Forscher Teile von Earharts Kleidung gefunden zu haben, was natürlich die Frage aufwarf: Warum hat man sie nicht schon früher gefunden?

SKEPTISCH BETRACHTET

Ein Kleinflugzeug, das mit 80 Meilen/Stunde aufs Wasser aufschlägt, ist wie ein Auto mit 80 km/h an einem Betonpfeiler. Dazu Haie und andere hungrige Fische. Ende des Rätsels.

JIMMY HOFFA

Das Verschwinden von Jimmy Hoffa lieferte Stoff für die nordamerikanische Stadtlegende. Der ungeklärte Verbleib der Leiche des ehemaligen Führers der Teamster-Gewerkschaft bildet die Quelle immer neuer Mutmaßungen. Man war zwar von seinem Tod überzeugt, dass aber niemand je deswegen verhaftet wurde, machte die Angelegenheit besonders medienwirksam. Die polizeilichen Bemühungen, von der Mordkommission von Detroit bis zum FBI, konnten die Mörder nicht finden. Wer sie waren, bleibt ebenso rätselhaft wie der Verbleib von Hoffas Leiche.

James Riddle Hoffa wurde am 14. Februar 1913 in Brazil, Indiana, geboren. Bei der Warenhauskette Kröger bekam er einen Job und trat bald der internationalen Bruderschaft der Teamster, einer Gewerkschaft, bei. 1957 hatte sich Hoffa in der Gewerkschaft die Stufenleiter bis zum Amt des Präsidenten hochgearbeitet, welches er bis 1971 bekleidete.

Während seiner Präsidentschaft wurde Hoffa häufig mit der Mafia und illegalen Aktivitäten in Verbindung gebracht. Robert F. Kennedy untersuchte Hoffas Machenschaften in den 50er- und 60er-Jahren, was 1967 mit einer Verurteilung Hoffas wegen Bestechung der Geschworenen in einem Verfahren endete, in welchem Hoffa wegen der Annahme illegaler Zahlungen von einem Tranportunternehmen angeklagt war. Hoffa musste acht Jahre in einem Bundesgefängnis absitzen. 1970 begnadigte Präsident Nixon Hoffa auf das Ehrenwort hin, bis 1980 allen gewerkschaftlichen Aktivitäten zu entsagen.

Dies kümmerte Hoffa wenig, denn er begann sofort damit, die Führung der Teamster wiederzugewinnen. 1975 hatte er es fast geschafft, was aber offenbar der Mafia nicht ins Konzept passte. Die Cosa Nostra hatte häufiger Probleme mit Hoffa gehabt und erhoffte sich von seinem Nachfolger Frank Fitzsimmons mehr Kooperationsbereitschaft. Da die Auflage, sich von der Gewerkschaft fernzuhalten, in absehbarer Zeit aufgehoben werden würde und Jimmy Hoffa über einen starken Rückhalt in der Basis der Teamster verfügte, war mit seiner erneuten Präsidentschaft zu rechnen, was der Mafia gar nicht passte.

Am Mittwoch, den 30. Juli 1975, fuhr Hoffa zum Machus Red Fox Restaurant in der Six Mile Road in Detroit. Man weiß, dass er dort jemanden treffen wollte, aber wen, wurde nie geklärt. Berücksichtigt man Hoffas erwiesene Paranoia, muss es jemand gewesen sein, dem er vertraute. Gegen 14.30 Uhr wurde er auf dem Parkplatz des Restaurants letztmalig lebend gesehen. Dann verschwand er, um nur im Mythos und in den Spekulationen der Menschen weiterzuleben

DAS MERKWÜRDIGE DARAN

Die letzte Ruhestätte von Jimmy Hoffa bleibt ein Rätsel mit ebenso ungeheuerlichen wie makabren Lösungsvorschlägen.

OBEN *Jimmy Hoffa, vermisste Hoffnung für das Volk.*

Nach einer Version ruht er auf dem Boden des Michigan-Sees, aber nach der ungeheuerlichsten Fassung (die Donald Franko alias Tony, der Grieche, dem *Playboy* mitteilte) wurde er unter dem Tor des Fußballstadions der New York Giants vergraben. Plausiblere Vermutungen verlegen ihn ins Betonfundament eines Einkaufszentrums, während das FBI die Version favorisiert, dass er in einer Wanne kochenden Zinks in einer Detroiter Autofabrik bestattet worden sei.

DIE ÜBLICHEN VERDÄCHTIGEN

Die Mafia

Für die Unterwelt waren die Teamsters als Geldquelle lukrativ, besonders wegen ihrer gefüllten Penionskasse. Wenn ein unkooperativer Hoffa die Teamsters wieder in die Hand bekam, hätte der Verlust dieser Einnahmequelle einen deutlichen finanziellen Rückschritt für die Mafia bedeutet. Es gab auch Gerüchte, wonach Hoffa die Regierung über die Rolle der Unterwelt bei den Teamsters als Vorraussetzung dafür unterrichtet habe, sein Verbot der Gewerkschaftsarbeit aufzuheben. Dies allein hätte in den Augen der Mafia schon den Tod bedeutet.

Tony Provenzano

Hoffa hatte sich einige Unterweltgrößen zu persönlichen Feinden gemacht, darunter auch Tony Provenzano. „Tony Pro" hegte von der gemeinsamen Gefängniszeit her einen Groll gegen Hoffa und könnte einen Mordauftrag gegen den Ex-Teamster-Chef gegeben haben. Er hatte große Probleme, ein Alibi für den Tag von Hoffas Verschwinden zu bringen.

Chuckie O'Brian

O'Brian könnte der Mann gewesen sein, den Hoffa im Red Fox treffen wollte, ein vertrauenswürdiger Lockvogel, von den wahren Mördern vorgeschoben. O'Brian war in Hoffas Haus aufgewachsen, quasi als inoffizieller Adoptivsohn, und wäre deshalb Hoffa kaum als Bedrohung erschienen. O'Brian geriet unter Verdacht, als die Polizei hörte, dass er Schulden bei der Mafia habe.

Gewerkschaftsfunktionäre

Einige Gewerkschaftsfunktionäre mussten befürchten, ihre Posten zu verlieren, wenn Hoffa zum Präsidenten gewählt würde; sie hätten seinen Tod in Auftrag geben können.

Weitere Verdächtige: Tony Giacalone, Joseph Giacalone

DIE UNÜBLICHEN VERDÄCHTIGEN

Die Teamster-Gewerkschaft

Einige Mitglieder hatten möglicherweise keine Lust, Hoffas korruptes Regime noch mal zu ertragen und sahen im Hinblick auf seine Popularität bei den Mitgliedern keinen anderen Weg als Mord, um ihn loszuwerden.

Das FBI

Eine weit hergeholte Theorie rankte sich um das FBI, welches möglicherweise den streitbaren Hoffa nicht an der Spitze einer der einflussreichsten Gewerkschaften der USA sehen wollte, zumal er eine Abneigung gegen das Gesetz hatte. Eine Mitwirkung des FBI würde das „Scheitern" des FBI bei der Lösung des Falles erklären.

DIE ÜBERZEUGENDSTEN BEWEISE

Das FBI stellte den Wagen, den Chuckie O'Brian am Tage von Hoffas Verschwinden fuhr, sicher – einen neuen Mercury Brougham, der Joseph Giacalone gehörte. Polizeihunde fanden Hoffas Witterung auf dem Rücksitz, daneben Spuren von Blut und Haut. O'Brian führte das Blut auf einen Fisch zurück, den er unerklärlicherweise einem Freund gebracht habe.

DIE MERKWÜRDIGSTEN FAKTEN

In genauer Kenntnis der Arbeitsweise der Mafia wäre Hoffa niemals in einen Wagen zu Leuten eingestiegen, denen er nicht traute, zumindest nicht ohne Gegenwehr. Damit ist Verrat im Spiel, denn wer Hoffa ermordete oder ermorden ließ, muss sein Vertrauen als Freund genossen haben.

SKEPTISCH BETRACHTET

Wer mit den Wölfen heult, muss damit rechnen, gebissen zu werden. Was diesen Fall von anderen Morden in der Unterwelt unterscheidet, ist das Fehlen von Beweisen. Hätte man Hoffas Leiche gefunden, hätte die Sache kaum mehr als eine halb vergessene Fußnote in der blutigen Geschichte der Unterwelt abgegeben. Der Fall sollte klein gehalten werden – auch wenn Verschwörungsfans das anders sehen.

MARTIN LUTHER KING

Er war ein Mann des Friedens und sein Leben endete, wie bei vielen Menschen, welche die Welt verbessern wollen, auf tragische Weise. Dr. Martin Luther King war ein begnadeter Redner, der in den 60er-Jahren mitreißend zum Bürgerrecht sprach, sei es beim berühmten Marsch der 200.000 Bürgerrechtler 1953 in Washington oder im engeren Rahmen der Kirche. Er kämpfte mit Würde um ein scheinbar unerreichbares Ziel: gleiche Rechte für Männer und Frauen gleich welcher Hautfarbe. In den turbulenten 60ern hofften viele, dass sich Kings Traum nie erfüllen würde.

King focht gegen Engstirnigkeit und Ignoranz in den US mit Waffen, auf die seine Gegner nicht eingestellt waren: Intelligenz und Mitleid. Er weigerte sich von dem abzugehen, woran er glaubte, was die aufbrachte, die meinten, dass Schwarze lediglich Bürger zweiter Klasse sein und nicht mal davon träumen dürften, mehr zu sein. Kings friedliche Hartnäckigkeit schürte die Angst vor einer Änderung des Status Quo, beim Ku-Klux-Klan ebenso wie beim FBI. Damit schaffte er sich mächtige Feinde, die ihn nur dadurch besiegen konnten, dass sie ihn für immer zum Schweigen brachten.

Im April 1968 kam er wieder nach Memphis, wo er ein Zimmer im Motel Lorraine buchte. Er wollte eine zweite Demonstration veranstalten, nachdem im März des gleichen Jahres eine Kundgebung zu seiner Enttäuschung In Gewalt ausgeartet war.

Er war entschlossen, sie diesmal anders ablaufen zu lassen. Man hatte kritisiert, dass er bei seinem ersten Aufenthalt im Hotel eines Weißen abgestiegen war. Diesmal stieg King im

Motel Lorraine ab, welches einem Schwarzen gehörte, aber in einem üblen Stadtviertel lag.

Am 4. April 1968 stand King in der Abenddämmerung auf dem Balkon im ersten Stock des Motels Lorraine, als er erschossen wurde. Die Bedrohung des Status Quo war beseitigt und James Earl Ray, ein Krimineller aus der Gegend, wurde als Mörder verhaftet. Man klagte ihn an, King vom Badezimmerfenster einer benachbarten Pension aus erschossen zu haben. Doch sofort erhoben sich Zweifel daran, dass Ray der wahre Mörder sein konnte.

DAS MERKWÜRDIGE DARAN

James Earl Ray – von Hause aus arm – schaffte es irgendwie, nach der Ermordung von King ein Weltenbummler zu werden. Reich geworden, flog er nach Kanada, nach England und schließlich nach Portugal. Als er von London nach Belgien fliegen wollte, verhaftete man ihn am Flughafen von Heathrow.

DIE ÜBLICHEN VERDÄCHTIGEN

Das FBI

Es war kein Geheimnis, dass der Leiter des FBI, J. Edgar Hoover, King für einen der gefährlichsten Männer Amerikas hielt. Zur Untergrabung seines Einflusses filmte das FBI Kings angeblichen außerehelichen Aktivitäten in der Hoffnung, ihn aus Angst vor öffentlicher Diskriminierung in den Selbstmord zu treiben. Als dies fehlschlug, blieb nur noch eine Alternative …

Der CIA

Eine andere Lesart besagt, dass Kings Mörder als Stadtpolizist von Memphis verkleidet aus den Reihen des CIA kam. Ray wurde wegen eines Verbrechens eingesperrt, welches Regierungsbeamte selbst ausgeführt hatten. Dies erhärtete sich daraus, dass Ray bei seiner Verhaftung mehrere gefälschte Ausweise und mehr als einen Pass bei sich hatte, Papiere, die angeblich aus der Fälscherwerkstatt des CIA stammten.

DIE UNÜBLICHEN VERDÄCHTIGEN

Die Polizei von Memphis

Die Stadt Memphis war King nicht besonders zugetan, auch hatten ihm die Ausschreitungen nach der Märzdemonstration keine Sympathien eingetragen, weil nun die Polizei regierte. Es ging das Gerücht, dass CIA-Agenten King erschossen hätten, was sie vielleicht gar nicht tun mussten, weil die örtliche Polizei ohnehin einen Groll aus rassischen oder anderen Gründen gegen den Bürgerrechtsführer hegte. Interessant ist, dass die Dienststelle des Polizeidirektors von Memphis kurz vor dem Attentat von Polizisten stark überfüllt war.

Leute aus den eigenen Reihen

Es wurde erwogen, dass die Verschwörung gegen King bis in sein eigenes Lager reichte. Gerüchte hielten sich, laut welchen mehr als einer seiner engen Mitstreiter Spione der Polizei oder des FBI waren und mitgeholfen haben, die Polizei von der Fährte des richtigen Mörders abzubringen, indem sie nach dem Schuss auf das Fenster der Pension zeigten.

Die Unterwelt

Angeblich hatte sich das FBI an die Unterwelt gewandt, um King ermorden zu lassen, und dafür eine Million Dollar geboten. Die Unterwelt lehnte ab, wobei sie merkwürdigerweise an die Schlamassel erinnerte, die sich das FBI direkt nach dem Kennedy-Mord geleistet hatte. Möglicherweise änderte eine Nachbesserung des Angebots diese Haltung.

DIE ÜBERZEUGENDSTEN BEWEISE

Nicht nur der Kreis der Verschwörer glaubte an Rays Unschuld. Mitglieder der King-Familie unterstützten seine Unschuldsbeteuerungen und wurden, als Ray 1998 im Gefängnis starb, zur Trauerfeier eingeladen. Die Trauerfeier wurde von Reverend James Lawson abgehalten, dem ehemaligen Pastor der Centenary-United-Kirche, der 1968 Dr. King eingeladen hatte, vor streikenden Arbeitern zu sprechen, als das Attentat erfolgte.

Möglicherweise gab es der Familie Kings zu denken, dass die Polizei von Memphis trotz der zahlreichen Morddrohungen gegen den Bürgerrechtler den erwarteten und zugesagten Polizeischutz für seine Person einen Tag vor dem Attentat zurückzog.

DIE MERKWÜRDIGSTEN FAKTEN

Der einzige Zeuge, der Ray angeblich in der Pension nach dem Attentat gesehen hatte, war Charles Stephens, von dem jedoch andere Zeugen behaupteten, er sei viel zu betrunken gewesen, um überhaupt etwas zu sehen. Seine Frau bestritt nachdrücklich Stephens' Geschichte, indem sie behauptete, der Mann, den sie in der Pension gesehen habe, sei nicht Ray gewesen. Die Behörden glaubten die Geschichte ihres Mannes, Frau Stephens wurde in eine Nervenheilanstalt eingewiesen.

SKEPTISCH BETRACHTET

Von allen politischen Morden der 60er-Jahre, in welche die US-Regierung eindeutig involviert war, wird der Mord an Dr. Martin Luther King wohl nur von der Ermordung Robert Kennedys an Frivolität übertroffen. Es ist erschütternd, dass das FBI über 14 Tage brauchte, um öffentlich festzustellen, dass die Spur des Mörders zu James Earl Ray führte. Man hätte vielleicht dazu sagen können, dass man Ray einen Vorsprung einräumen wollte.

AUS DER TRAUM – DER MORD AN ROBERT F. KENNEDY

Um Mitternacht des 5. Juni 1968 lag im Feudalhotel Ambassador in Los Angeles etwas Magisches in der Luft. Mit Glanz, Charisma und Idealismus hatte Senator Robert F. Kennedy (RFK) gerade die Nominierungswahl zum Präsidenten gewonnen. Es schien, als könne er die Träume vieler Amerikaner erfüllen und direkt ins Weiße Haus marschieren, wie es sein Bruder John vor ihm getan hatte.

Auf einer Welle aus Applaus und Glückwünschen der Hotelbediensteten, Helfer und Zuschauer wurde RFK von seinem Sicherheitsteam durch die Vorratskammer des Hotels geleitet, als ein Geschosshagel seinen Weg zur Präsidentschaft auf tragische Weise beendete. Die Hoffnung vieler Amerikaner lag tot auf dem Kachelboden.

Nach einem wilden Kampf wurde der offensichtliche Schütze – Sirhan Basira Sirhan –, der sich mit fast übermenschlichen Kräften gegen mehrere Sicherheitsbeamte wehrte, zu Boden gerungen. Seine Augen sollen aber extrem friedfertig dreingeschaut haben, als der plötzlich ganz ruhige Angreifer abgeführt wurde. Auf dem Revier erklärte Sirhan, keine Erinnerung an das zu haben, was passiert sei, und zeigte alle Anzeichen dafür, unter Hypnose gehandelt zu haben.

Auf der Polizeidienststelle von Los Angeles schloss man rasch, dass Sirhan ein weiterer Spinner sei, der sich zum Einzelmörder à la Lee Harvey Oswald entwickelt habe. Das Gericht war damit zufrieden, Sirhan wurde verurteilt und eingesperrt. Für die Behörden war die Angelegenheit damit abgeschlossen. Für Verschwörungstheoretiker ist die Ermordung von RFK ein Fall, der es verdient, wieder aufgerollt zu werden.

OBEN *Robert F. Kennedy kurz vor der Wahl zum Präsidenten Amerikas und Minuten vor seinem Tod.*

DAS MERKWÜRDIGE DARAN

Auf den ersten Blick scheint der Fall RFK klar und abgeschlossen: Es steht fest, dass Sirhan mit der Pistole in der Hand am Tatort festgenommen wurde. Damit ist aber alle Klarheit zu Ende. Sirhan war weder in der richtigen Position noch im richtigen Abstand, um RFK zu erschießen. Der Senator war von hinten erschossen worden, aber alle Zeugen beteuern, Sirhan habe vor ihm gestanden. Alle Zeugen beteuern weiters, die Waffe von Sirhan sei 15 Fuß von Senator Kennedy entfernt gewesen, während die Autopsie ergab, dass der Senator aus einem Abstand von 2,5 bis maximal 7,5 cm erschossen wurde.

DIE ÜBLICHEN VERDÄCHTIGEN

Die CIA

Wenn – wie viele Leute vermuten – die CIA bei der Ermordung von Robert Kennedys Bruder die Hand im Spiel hatte, hätte sie allen Grund gehabt, eine Präsidentschaft von Robert zu fürchten. Wenn RFK ins Weiße Haus eingezogen wäre, hätte er sicherlich eine Untersuchung über den Tod seines Bruders anberaumt, die möglicherweise gezeigt hätte, dass die Warren-Kommission nichts anderes als eine geschickte Vertuschungsaktion war und dass Präsident John F. Kennedy so etwas wie einem Militärputsch zum Opfer gefallen war.

Die Mafia

Während der Präsidentschaft seines Bruders hatte Robert Kennedy als Generalstaatsanwalt einen erfolgreichen Kampf gegen die Mafia geführt. Versuche, ihn wegen seiner Affäre mit Marylin Monroe zu erpressen, waren wohl fehlschlagen; im Falle einer Präsidentschaft hätte ihn nichts daran gehindert, noch entschlossener gegen sie vorzugehen. In so einer Situation heißt die klassische Lösung der Mafia Kugel und Killer.

Die Rüstungsindustrie

Kennedy hatte sich dafür verbürgt, den Vietnamkrieg unter seiner Präsidentschaft zu beenden. Im Hinblick auf die enormen

Gelder, die das amerikanische Abenteuer in Fernost in die Kassen der Rüstungsindustrie schwemmte, ist klar, dass die Nutznießer alles daran gesetzt hätten, Kennedys Präsidentschaft zu verhindern.

DIE UNÜBLICHEN VERDÄCHTIGEN

MJ12

Diese auch als Majestic 12 bekannte geheime Clique aus älteren Wissenschaftlern und Militärs gilt einigen als treibende Kraft hinter einer Verschwörung zur Unterdrückung der Wahrheit über UFOs und Außerirdische. Sie stand schon im Verdacht, JFK beseitigt zu haben, und könnte RFK getötet haben, um ihn daran zu hindern, im Falle seiner Präsidentschaft ihre Absprachen mit den Außerirdischen preiszugeben.

Neonazis

Einige Verschwörungstheoretiker glauben, dass Robert Kennedy, der Schwarze wie Weiße begeistern konnte, die Rassentrennung in Amerika überwinden und eine Nation ohne Diskriminierung und Hass aufbauen hätte können. Da dies keine Welt gewesen wäre, in der sich Freunde der Naziideologie wohl gefühlt hätten, spekuliert man, dass eine Gruppe von Neonazis ihre Verbindungen im US-Geheimdienst dazu benutzten, den Mann zu liquidieren, den sie am meisten fürchteten.

DIE ÜBERZEUGENDSTEN BEWEISE

Von FBI-Fotografen dokumentierte Einschusslöcher in einem Türrahmen am Tatort zeigen eindeutig, dass mehr Kugeln verschossen wurden, als aus der Waffe kommen konnten, mit der Sirhan angeblich Kennedy erschossen hatte. Die Polizei machte das niemals publik, obwohl die Entfernung dieser Kugeln durch die LAPD-Beamten von anderen Polizisten bezeugt wurde. Der Türrahmen wurde sofort nach dem Verfahren gegen Sirhan auf Anordnung des Gerichtes zerstört.

DIE MERKWÜRDIGSTEN FAKTEN

Die psychologische Untersuchung Sirhans ergab bei der Verhandlung, dass er während der Tatzeit definitiv unter einer Art Hypnose gestanden hatte. Die offizielle Lesart wurde vor Gericht als eine Art Autohypnose dargestellt, obwohl andere dies anzweifelten. Behauptungen kamen auf, dass der verstorbene Hypnose-Experte William Bryan sich damit gebrüstet habe, Sirhan hypnotisiert zu haben. Dies hätte kaum Beachtung gefunden, wenn nicht in Sirhans Tagebüchern, die voll von seltsamen Zeichen waren, ein Name immer wieder aufs Papier gekritzelt wäre – DiSalvo. Es muss kein Zufall sein, dass Bryans berühmtestes Hypnosemedium der angebliche Würger von Boston namens DiSalvo war.

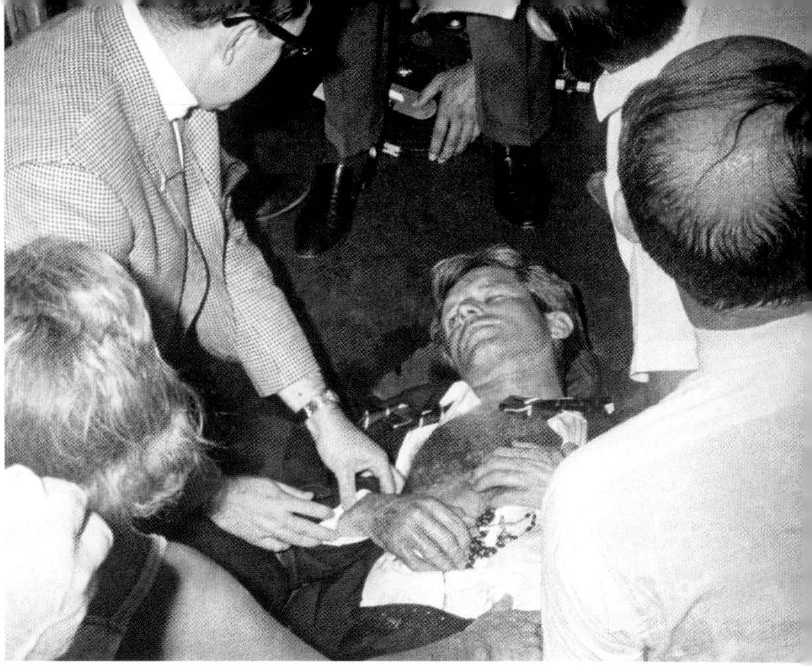

OBEN *Nicht schon wieder – ein weiterer Kennedy ist tot.*

SKEPTISCH BETRACHTET

Die RFK-Verschwörung lässt sich nur sehr schwer ohne Hintergedanken betrachten. Es ist aber auch gefährlich, zu unterschätzen, wozu ein Geisteskranker fähig ist, wenn er Zugang zu einer schweren Handfeuerwaffe bekommt, besonders wenn schlampige Sicherheitsvorkehrungen ihm die perfekte Gelegenheit bieten, eine berühmte Persönlichkeit zu erschießen.

CHANDRA LEVY

Als die Reste der verschollenen Washingtoner Volontärin Chandra Levy im Mai 2002 – fast 13 Monate nach ihrem Verschwinden – in einem Park in Washington DC aufgefunden wurden, wurde aus einer verschwundenen Person ein Mordfall und aus dem politischen Skandal eine Verschwörungstheorie. Als sie im September 2000 nach Washington kam, um eine Stelle bei der Verwaltung der Strafanstalten anzutreten, war Chandra gerade 22. Bald hatten Freunde sie mit dem demokratischen Kongressmitglied Gary Condit bekannt gemacht, der ihren Heimatdistrikt in Kalifornien vertrat. Es war eine schicksalhafte Bekanntschaft, denn sie wurden bald ein heimliches Liebespaar.

Condit war seit 1989 Mitglied des US-Kongresses, verheiratet und Vater von zwei erwachsenen Kindern. Als wichtige

Oben *Der ehemalige Kongressabgeordnete Gary Condit – die Affäre mit Chandra kostete ihn seine Karriere.*

Oben *Chandra Levy wollte von klein auf eine Spionin sein.*

politische Figur hatte er eine Stimmenkoalition aus konservativen und gemäßigten Kongressabgeordneten gebildet. Er saß in etlichen Komitees, die mit Spionage-Agenturen zu tun hatten, und fungierte als Aufseher des CIA durch seine Mitgliedschaft des „House Permanent Select Commitee on Intelligence". Aber nicht nur durch das intime Verhältnis zu Condit hatte Chandra Zugang zu Informationen, für die einige Konspirologen gern was gegeben hätten. Im Rahmen ihrer Tätigkeit in der Verwaltung der Strafanstalten hatte sie auch den Besuch der Presse bei der Exekution von Timothy McVeigh zu arrangieren, der wegen des Sprengstoff-Attentats von Oklahoma verurteilt worden war. (Viele Verschwörungszyniker nennen ihn Lee Harvey McVeigh, weil sie glauben, er sei nur ein Sündenbock.) Die Levy hatte auch Zugang zu nicht öffentlichen Unterlagen des Justizministeriums über verurteilte Häftlinge.

Am Montag, den 23. April 2001, wurde die Levy etwas überraschend suspendiert. Eine Woche später hat man sie zum letzten Mal lebend gesehen, als sie ihre Mitgliedschaft im Washingtoner Sportclub kündigte. Als ihre beunruhigten Eltern am Samstag, den 5. Mai, die Polizei anriefen, fand man in ihrer Wohnung gepackte Koffer, aber keine Spur von Chandra. Nach der offiziellen Vermisstenmeldung fiel wegen seiner Beziehung zu ihr allmählich der Verdacht auf Condit. Gegenüber der Polizei und Chandras Eltern leugnete er zunächst seine Affäre mit Chandra, aber wegen Widersprüchen in seinen Aussagen musste er bei der Polizei schließlich zugeben, sexuelle Beziehungen mit Chandra unterhalten zu haben.

Über ein Jahr später war die Levy immer noch vermisst und Condits Ansehen dahin. Dennis Cardoza, ein ehemaliges Mitglied seines Stabes, entfernte ihn aus dem Leitungsgremium der Demokraten. Andererseits gab der Fund von Levys Leiche nicht die geringste Auskunft auf die Fragen ihrer Familie, der Polizei und der Verschwörungstheoretiker, warum sie überhaupt verschwunden war.

DAS MERKWÜRDIGE DARAN

Das Skelett der Levy fand ein Mann beim Ausführen seines Hundes im Rock Creek Park in einem Teil, den die Polizei vorher abgesucht hatte und der keine 300 m neben ihrer üblichen Joggingstrecke lag. Die Polizei fand heraus, dass die Levy am Tage ihres Verschwindens die Website der Klingle Mansion aufgesucht hatte, eines Bauernhauses von 1823, in dem die Parkverwaltung residiert. Dies rückte den Park natürlich in den Brennpunkt der Untersuchungen. Wie konnte man die – nicht vergrabene – Leiche erst nach 13 Monaten finden?

DIE ÜBLICHEN VERDÄCHTIGEN

Der CIA

Im Hinblick auf Condits Funktion bei der CIA-Überwachung vermuten viele, dass er etwas entdeckt hatte, was zum Tode der Levy führte. Ihr Verschwinden hatte ihn nicht nur seiner Kontrollfunktion über die CIA enthoben, sondern warnte ihn zugleich davor, von seinem Wissen Gebrauch zu machen.

Das FBI

Zur Zeit von Chandras Verschwinden stellten sich Fragen im Zusammenhang mit dem FBI und dessen Untersuchungen zu Timothy McVeigh. Bei Gericht hatte das Zurückhalten von Beweismaterial durch das FBI eine Auseinandersetzung verursacht, die zur Verzögerung der Exekution geführt hatte. Hatte Levy bei ihrer Arbeit rund um diese Exekution etwas über McVeigh aufgedeckt, das das FBI veranlasste, ihr Verschwinden zu arrangieren?

Die Republikanische Partei

Keine Geringere als Hillary Clinton sprach über eine „riesige Verschwörung der Rechten" gegen erfolgreiche Politiker der Demokraten. Es ist deshalb nicht überraschend, dass es viele gab, die glaubten, dass die Chandra-Levy-Affäre ein Komplott abtrünniger Republikaner war, um Condit zu stürzen und die politische Führung der Demokraten wegen sexueller Übergriffe auf junge Praktikantinnen durch den Dreck zu ziehen.

DIE UNÜBLICHEN VERDÄCHTIGEN

Mossad

Schon von klein auf wollte die Levy Spionin werden und sie unterhielt ebenso wie andere Mitglieder ihrer Familie enge Kontakte zu Israel. Einige Theoretiker glauben, dass der Mossad – der israelische Geheimdienst – sie rekrutiert hätte, um in den höchsten Stellen Washingtons Möglichkeiten zur Erpressung von Politikern auszukundschaften. Falls US-Agenten oder eine Israel-feindliche Macht dies herausgefunden hätten, wäre dies ein Motiv für ihren Tod gewesen.

Mitglieder aus Condits Stab

Nicht jede Verschwörung muss einen globalen Hintergrund haben; oft ist es ein ganz lokaler oder sogar ein persönlicher. Wenn dies für Chandra zutrifft, ist leicht zu verstehen, warum manche sofort auf Mitglieder von Condits Stab wiesen, die das Kongressmitglied entweder zum eigenen Wohle oder zugunsten der Demokraten bloßstellen wollten.

DIE ÜBERZEUGENDSTEN BEWEISE

Im Hinblick auf die exponierte Position, die Condit als Mitglied des „House Permanent Select Committee on Intelligence" mit Zugang zu geheimem Nachrichtenmaterial innehatte, erscheint das geringe Interesse der US-Geheimdienste am Fall Chandra Levy höchst überraschend und verdächtig. Wenn in einem anderen Land eine Assistentin der Gefängnisverwaltung mit intimen Beziehungen zu einem Politiker mit Kontakten zu fremden Geheimdiensten verschwunden wäre, hätte dies nicht nur Verschwörungsfans auf den Plan gerufen, um herauszufinden, was mit ihr passiert sei. Das Ausbleiben gründlicher Untersuchungen seitens der für die Sicherheit des Staates Verantwortlichen überzeugt viele, dass Brisantes ans Tageslicht gekommen wäre. Man glaubt, dass diese Leute der Sache nicht weiter nachgegangen sind, weil sie die Lösung bereits kannten – und nicht wollten, dass sie publik wurde.

DIE MERKWÜRDIGSTEN FAKTEN

Der FBI-Untersuchungsleiter im Fall Chandra Levy war der Obergeheimagent Bradley J. Garrett, der schon früher einschlägig aufgefallen war. Garrett hatte bei der Anklage von Aimal Kasi eine Schlüsselrolle gespielt, einem pakistanischen Nationalisten, der wegen Mordes an einem CIA-Agenten in einem Wagen angeklagt war, der vor dem CIA-Hauptquartier in Langley, Virginia, geparkt war. Er hatte auch den Fall einer jungen Frau – Mary Caitrin Mahoney – bearbeitet, die man offensichtlich professionell in einem Starbuck-Café in Washington erschossen hatte. Als FBI-Agent mit zwei ungelösten Verschwörungsfällen ist man in den Augen von Verschwörungsforschern schon ungewöhnlich glücklos oder verdächtig, aber gleich drei? Das schaffte nicht mal Fox Mulder von *Akte X*.

SKEPTISCH BETRACHTET

Ein unbekannter, wahllos Mordender bringt ein junges Mädchen um; ein verheirateter Politiker hat eine karrieregefährdende Affäre mit einer Assistentin – beides ganz gewöhnliche Vorkommnisse, leider. Hätte man diese beiden Vorfälle nicht mit Chandra Levy kombinieren können, dann hätten die Konspirologen kaum etwas daraus machen können. Gebt auf, Jungs! Washington D.C. ist ohnehin schon klippenreich und düster genug! Ihr braucht es nicht noch schlimmer zu machen!

DAVID KELLY

Ein Wissenschaftler warnt einen Journalisten vor falschen Zeugenaussagen, die die Bevölkerung dazu bringen sollten, einen unpopulären Krieg zu akzeptieren, und wird unter merkwürdigen Umständen tot aufgefunden. Was wie ein Hollywood-Thriller klingt, entstammt einer der größten Verschwörungen der letzten Zeit, im Zuge derer der führende Waffenexperte der britischen Regierung Dr. David Kelly tot mit zerfetztem linkem Handgelenk auf einem Feld in der Nähe seines Hauses gefunden wurde.

Wochen vor seinem Tode war Kelly als der Mann in die Medien geraten, von dem die Regierung glaubte, er könne die Quelle für eine BBC-Reportage über den Irak gewesen sein. Wenn das Informieren der Medien auch zu seiner Arbeit gehörte, so war Kelly doch schockiert, als er zur Schlüsselfigur in einem Streit zwischen Regierung und der BBC avancierte, in dem es darum ging, dass Downing Street einen Bericht über das Rüstungspotenzial des Irak aufgebauscht habe.

Der in Oxford ausgebildete Mikrobiologe war der wissenschaftliche Berater der Regierung für Waffenkontrolle und -verbreitung. Kelly war auch der Hauptberater der UN über biologische Kriegführung im Irak von 1994 bis 1999. Er war für den Friedensnobelpreis nominiert und galt als so klug, dass „sein Gehirn Wasser zum Kochen bringen könne". Er war jener UN-Waffeninspektor, der zuvor radioaktives Material im Irak gefunden hatte, und machte seine Arbeit so gut, dass Saddam gesagt haben soll, man solle ihn aus dem Land werfen.

Kelly fand sich mitten in einem riesigen politischen Skandal, nachdem die Regierung die Regeln verletzt und ihn als Quelle der BBC-Story hingestellt hatte, die Premierminister Blairs Bild von Massenvernichtungswaffen im Irak bezweifelte. Er wurde am 15. Juli öffentlich vom Sonderausschuss des Außenministeriums als Zeuge befragt. Zwei Tage später verließ er sein Haus um 15.00 Uhr und sagte seiner Frau, er mache seinen üblichen Spaziergang. Als er um 23.45 Uhr noch nicht zurück war, alarmierte seine Familie die Polizei.

Am nächsten Morgen machte die Thames-Valley-Polizei sein Verschwinden publik – kurz bevor man eine Leiche im Wald auf dem Harrowdown Hill nahe seines Hauses in Oxfordshire fand. Während Blair Probleme hatte, auf einer Pressekonferenz in Japan Fragen über Kellys Tod zu beantworten, durchsuchten Polizei und M15 das Haus des Experten für biologische Kriegführung nach „relevanten Papieren".

Kellys Tod wurde sofort als Selbstmord dargestellt. Erst die Spekulationen rund um seinen Tod und das Interesse der Medien zwangen die Regierung, eine gerichtliche Untersuchung der Umstände seines Todes anzuberaumen. Unter dem Vorsitz von Lord Hutton versuchte man in der Verhandlung die Umstände seines Todes klarzustellen und den Vorwurf zu entkräften, die Regierung verfälsche Geheimberichte.

Ein russischer Spitzenwissenschaftler und ehemaliger Kollege von Kelly, Professor Sergei Rybakov, äußerte sofort Zweifel an der Selbstmordversion. Rybakov versicherte: „David war stets ein Optimist und verlor nie, auch nicht unter extremem Druck, seine Beherrschung. Er war zu einem Selbstmord gar nicht fähig!"

Rybakovs Aussagen gewannen an Bedeutung, als sich zeigte, dass Kelly vier Monate vor seinem Tod vorausgesagt hatte, dass man ihn im Falle einer britisch-amerikanischen Invasion im Irak wahrscheinlich tot in einem Wald finden würde. Er hatte diese erschreckend genaue Voraussage im Februar 2003 gemacht, als er sich mit David Broucher, dem britischen Gesandten bei der Abrüstungskonferenz in Genf, unterhielt.

DAS MERKWÜRDIGE DARAN

Neben der Vorhersage seines Todes, ferner, dass er seiner Frau keinen Brief hinterlassen hatte und dass er dem Ba'hai angehörte, der Selbstmord verbietet, gibt es da eine E-Mail, die Dr. Kelly vor seinem Tode geschickt hatte. Bei der Hutton-

UNTEN *Dr. David Kelly sah sich plötzlich im Kreuzfeuer internationaler Medien gefangen.*

LINKS *Harrowdown Hill, der Ort, an dem Kelly starb – aber war es Selbstmord oder Mord?*

Untersuchung zeigte sich, dass er einen amerikanischen Journalisten gewarnt hatte, „viele dunkle Typen treiben ihre Spiele". Stunden später ging er in den Wald, um dort zu verbluten.

DIE ÜBLICHEN VERDÄCHTIGEN

M16

Viele pseudopolitische Schnüffler glauben, dass Kelly vom Geheimdienst als Warnung für andere ermordet wurde, die versuchten, ihre dunklen Machenschaften aufzudecken. Ob ein gewählter Vertreter den Mord billigte oder nicht, viele glauben, dass die M16 die Mörder gestellt habe, speziell wegen ihrer Verbindungen zu Kelly und seiner für sie geleisteten Arbeit beim Verhör russischer und irakischer Überläufer.

Defence Intelligence Agency

Durch Dr. Kellys Arbeit in der Irak-Kommission der Briten und Amerikaner, welche Saddams angebliches WMD-Arsenal zerstören sollte, kam er in Kontakt mit der „Defence Intelligence Agency" (DIA) des Pentagons. Kelly kannte den Irak sehr genau und war einer der wenigen Leute, die je Dr. Rihab Taha, den Chef von Saddams biologischem Waffenprogramm, vernommen hatten. Nach dem Kriege hätte er bezeugen können, dass die Daten des DIA zur Rechtfertigung des Krieges gefälscht waren. Damit stand sein Ansehen auf dem Spiel und viele Konspirologen glauben, dass eine US-Geheimorganisation bei einem solchen Motiv fähig gewesen wäre, den Mord zu organisieren.

DIE UNÜBLICHEN VERDÄCHTIGEN

Der irakische Geheimdienst

Kelly war dem irakischen Militär und Geheimdienst ein Dorn im Auge. Seine Arbeit hatte Saddam aufgebracht und in den USA die Ansicht verstärkt, dass der Irak sein WMD-Programm nie völlig aufgegeben habe. Nach der Invasion mochten irakische Agenten beauftragt worden sein, Kelly als Rache für seinen Beitrag zur Auslösung der Invasion zu ermorden. Damit hätten sich die Iraker nicht nur an Kelly gerächt, sondern zugleich ein Klima geschaffen, in dem ihre Konkurrenten vom britischen und amerikanischen Geheimdienst in den Ruch gekommen wären, am Kelly-Mord beteiligt gewesen zu sein.

Einheit 13

Diese Einheit soll Englands Todesschwadron sein, die aus SAS-Mitgliedern rekrutiert für verbrecherische Elemente der M16 arbeitet und direkte Verbindungen zur Rüstungslobby der USA unterhält. Die Einheit 13 soll politische Morde verübt und unliebsame Persönlichkeiten beseitigt haben. Berüchtigt für einige „schicksalhaft tödliche Korrekturen", besonders in Nordirland, soll sie besonders Leute im Visier haben, die sie als Vaterlandsverräter ansieht. Einige ihrer Mitglieder könnten den Mord an Kelly auf die eigene Kappe genommen haben, entweder um ihn für seine Nichtloyalität zu Blair zu bestrafen, oder um die Interessen derer zu schützen, die in der biologischen Kriegsforschung involviert sind.

DIE ÜBERZEUGENDSTEN BEWEISE

Der Vertreter des Polizeipräsidenten der Thames-Valley-Polizei, Michael Page erklärte der Hutton-Kommission, er könne sich nicht vorstellen, dass jemand bei Kellys Tod nachgeholfen habe. Dies entspricht jedoch nicht der Meinung seiner Beamten, wie aus inoffiziellen Gesprächen mit dem Autor David Southwell hervorgeht. Verdachtsmomente ergaben sich zunächst daraus, dass er trotz des Sicherheitsrisikos seines Amtes weder von der Polizei noch vom M15 oder einem Sicherheitsdienst überwacht worden war – ein Bruch mit dem üblichen Protokoll.

Einige Beamte bezweifeln, dass Kelly sein Handgelenk zerstören und dann noch meterweit laufen konnte, um sich zu verstecken, ohne eine Blutspur zu hinterlassen. Zu denken geben Aussagen über drei Männer in Schwarz, die in Nähe der Fundstelle von Kelly gesehen wurden. Vor dem Hutton-Ausschuss behauptet ein Beamter, es seien Polizisten gewesen, von denen er selbst einer war. Wer auch immer die drei „Men in Black" waren, die Besten von Thames Valley waren sie nicht. Merkwürdig ist auch, dass Mr Page dem Ausschuss berichten musste, wie Dr. Kellys Zahnarzt sich nach Kellys Tod an die Polizei gewandt habe. Auf mysteriöse Weise war seine Patientenkartei aus einem verschlossenen Schrank verschwunden, um am folgenden Samstag wieder aufzutauchen.

DIE MERKWÜRDIGSTEN FAKTEN

Einige vermuten, dass Kellys Tod nichts mit dem Irak zu tun habe, sondern Teil einer viel größeren Verschwörung sei, wonach innerhalb eines Jahres 20 der weltbesten Mikrobiologen umkommen sollten. Viele dieser Wissenschaftler wie z. B. der russische Überläufer Wladimir Pasechnik, für den sich Kelly vor dem M16 verbürgt hatte, hatten mit ihm gearbeitet. Unter denen, die auf seltsame Weise umkamen, finden sich Benito Que (in Miami erschlagen), Robert M. Schwartz (bei einem Ritualopfer erstochen), Nguyen Van Set (erfror in einem Laborkühlschrank) und Tanya Holzmayer, die von ihrem Kollegen Guyang Huang erschossen wurde, bevor er sich selbst umbrachte.

SKEPTISCH BETRACHTET

Der Hutton-Ausschuss konnte viele offenkundige Fragen zu den verdächtigen Umständen von Dr. Kellys Tod nicht lösen – manche unterstellen eine Absicht. Schließlich machte man den Wissenschaftler für seinen Tod selbst verantwortlich. Lord Hutton konstatierte, das Verteidigungsministerium habe seine Aufsichtspflicht gegenüber seinem Angestellten nicht verletzt. Das Verfahren ist auf absehbare Zeit geschlossen.

DOROTHY KILGALLEN

Von den vielen merkwürdigen Todesfällen rund um die Ermordung von John F. Kennedy sind nur wenige so seltsam wie der von Dorothy Kilgallen. Was ihren tragischen Tod aus der Liste der offiziell nicht mit dem schicksalhaften Tag in Dallas zusammenhängenden Todesfälle heraushebt, ist, dass sie eine populäre Journalistin war, und dies schon lange, bevor sie sich mit der Ermordung Kennedys befasste. Wie ihr Tod zeigt, schützt Berühmtheit nicht, wenn du den falschen Leuten über den Weg läufst.

Kilgallens Karriere begann 1931 mit dem Eintritt in das Hearst'sche Zeitungsimperium als Schreiberlehrling, wo sie zunächst über „Frauenfragen" zu schreiben hatte. Aber mit Ehrgeiz und Können überschritt sie die chauvinistischen Grenzen, die man ihr gesetzt hatte, und befasste sich bald mit wesentlich gehaltvolleren Geschichten wie z. B. dem legendären Sam-Sheppard-Verfahren. (Die Sheppard-Story bildete den Hintergrund für die populäre TV-Serie „Auf der Flucht" und des danach von Harrison Ford gedrehten gleichnamigen Films.) Mit ihrem Status als Spitzen-Aushilfsschreiberin unzufrieden, wandte sich die Kilgallen anderen Medien zu und moderierte zunächst die populäre Quizsendung „What's My Line?", um dann eine eigene Radiosendung in New York zu leiten, die so erfolgreich war, dass sie nach ihrer ersten Ausstrahlung 1945 über 20 Jahre lief. Ihre Popularität beruhte auf ihrem scharfen, witzigen Esprit und ihrer Intelligenz, die sie bei ihren vielen Fans beliebt machte.

Die Kilgallen unternahm wohl während des Verfahrens gegen Jack Ruby, den Killer des angeblichen Kennedy-Mörders, die ersten Schritte, die zu ihrem Tod führen sollten. Nachdem sie Rubys Prozess 1964 in Dallas verfolgt hatte, war sie überzeugt, dass hinter der Sache mehr war, als die Zeitungen berichteten. Sie äußerte ihre Zweifel in ihrer täglichen Kolumne „The Voice of Broadway" und fuhr zurück nach Dallas, um Ruby zu interviewen. Aufgeregt über das, was sie erfahren hatte, fuhr sie zurück nach New York, um eine Kolumne zu schreiben, in welcher der Polizist J. D. Tippet aus Dallas (den Oswald wohl kurz nach seiner Mordtat an Kennedy bei seinem Fluchtversuch erschossen hatte) mit Jack Ruby und Bernhard Weissman verbunden wurde, einem bekannten Kennedy-Gegner. In ihrer Kolumne zeigte sie, dass sich alle drei eine Woche vor dem Attentat in Rubys Striplokal getroffen hatten.

Nachdem sie noch weitere ominöse Dinge ausgegraben hatte, strengte das FBI eine Untersuchung gegen sie an. Sie blieb aber standhaft und fuhr nach New Orleans, angeblich um weitere Beweise für eine Vertuschung zu sammeln, die sie nach ihrer Rückkehr alle in einem Buch publizieren wollte. Dass sich die Kilgallen den Kräften hinter Kennedys Ermordung entgegenstellte, hat wohl ihren Tod bedeutet. Dorothy

Kilgallen wurde am 8. November 1965 tot in ihrem Bett aufgefunden. Die offizielle Verlautbarung bezeichnete es als einen Unfall. Die Autopsie ergab eine Mischung aus Alkohol und Barbituraten in ihrem Körper, womit Selbstmord die Todesursache gewesen sein konnte. Aber weshalb sollte die Kilgallen Selbstmord begehen, wenn das Buch ihrer Karriere fertig zum Druck war? War ihr Tod tatsächlich ein Unglücksfall? Oder wurde sie mundtot gemacht, wie so viele Kenner der Wahrheit um Kennedys Tod?

DAS MERKWÜRDIGE DARAN

Keiner der Berichte der Kilgallen, weder die Aufzeichnungen über ihr Interview mit Jack Ruby noch die Informationen, die sie in New Orleans ausgegraben hatte, wurden je veröffentlicht.

DIE ÜBLICHEN VERDÄCHTIGEN

Das FBI

J. Edgar Hoover hatte selbst das Verfahren gegen Kilgallen angestrengt, entschlossen herauszufinden, wie sie an ihre Informationen gekommen war, insbesondere an die Aussagen Rubys vor der Warren-Kommission. Bevor Kilgallen diese in alle Welt ausstrahlte, galten sie als Top Secret. Kilgallen ließ sich vom FBI nicht einschüchtern und war entschlossen, die Hintergründe von Kennedys Tod aufzuklären – inklusive der vermutlichen Machenschaften des FBI –, was schließlich ihr Schicksal besiegelte.

Die Unterwelt

Möglicherweise hat die Mafia – ebenfalls des Mordes an Kennedy verdächtigt – die Kilgallen umgebracht, indem sie ihren Tod wie Selbstmord aussehen ließ. Die Mafia konnte entweder auf eigene Kappe oder auf Geheiß des FBI oder des CIA gehandelt haben. Weitere Verdächtige: Pro-Castro-Kubaner und Anti-Castro-Kubaner.

DIE UNÜBLICHEN VERDÄCHTIGEN

Kilgallens Ehemann Kollmar war zum Zeitpunkt ihres Todes in der Wohnung und hat ihre Leiche angeblich nicht vor nächstem Mittag gefunden. Laut Gerüchten hatte sie ein romantisches Verhältnis mit dem Sänger Jonny Ray. Sie soll ihm von einem Münztelefon aus gesagt haben, sie habe die Geschichte des Jahrhunderts, wollte aber am Telefon nicht darüber sprechen. Möglicherweise spielte ihr Ehemann aus Eifersucht eine Rolle bei ihrem Tod.

Neidische Rivalen

Die Kilgallen machte kein Geheimnis daraus, welchen Knalleffekt sie von ihren Enthüllungen erwartete. In der extrem kompetitiven Welt des Journalismus, wo ein einziger Knüller eine Karriere begründen oder zerstören kann, könnte jemand nachgeholfen haben.

DIE ÜBERZEUGENDSTEN BEWEISE

Die Kilgallen fand man im Bett, wo sie offenbar ein Buch lesend gestorben war. Ihre Brille, die sie zum Lesen benötigte, hatte sie weder auf, noch lag sie in Reichweite. Das Buch war eines, welches sie angeblich schon gelesen hatte. Darüber hinaus trug sie noch ihr Make-up, welches sie sonst vor dem Schlafengehen entfernte.

DIE MERKWÜRDIGSTEN FAKTEN

Kurz nach Kilgallens Tod starb eine gut Freundin von ihr, Mrs Earl T. Smith, ebenfalls auf mysteriöse Weise.

SKEPTISCH BETRACHTET

Moral: Es ist in Ordnung, die Wahrheit zu berichten, aber pass auf, dass es auch die richtige ist!

LINKS *Die Warren-Kommission – Kilgallen wollte sie als Institution zur Täuschung der Öffentlichkeit entlarven.*

DAS VERSCHWINDEN VON PHILIP TAYLOR KRAMER

Rockstars, die verschwinden oder ihren eigenen Tod vortäuschen, gehören ebenso zum täglichen Futter der Konspirologen wie die Außerirdischen, die Freimaurer oder der CIA. Deswegen sollte es nicht zu sehr überraschen, wenn nach dem Verschwinden des ehemaligen Bassisten der amerikanischen Rockgruppe Iron Butterfly sofort Mutmaßungen dazu kursierten.

Aber Philip Taylor Kramer war kein Durchschnittsrockstar und sein Verschwinden darf als wesentlich mysteriöser gelten als die übliche Verschwörungslegende, die sich um einen Musiker bildet, der „einen Elvis macht". Um es gleich zu sagen – außer Musiker in einer erfolgreichen Rockband der Siebzigerjahre war Kramer ein mathematisches Computergenie, das im Dienste der US-Regierung an Projekten der Atomraketen-Technologie arbeitete. Als er am 12. Februar 1995 verschwand, war er Tage vorher ganz aufgeregt über die Aussicht, einen größeren technologischen Durchbruch zu erzielen. Verlässliche Quellen ließen verlauten, dass es sich dabei entweder um die Fraktal-Datenkompression oder um Datenübertragungen mit Überlichtgeschwindigkeit handeln müsste, zwei Gebiete, auf denen größerer Fortschritt Wissenschaft und Handel erheblich beflügelt hätte.

An dem Morgen, als er verschwand, saß Kramer in seinem Lieferwagen und wollte einen Kollegen vom internationalen Flughafen von Los Angeles abholen. Der Letzte, der ihn sah, war sein Schwiegervater, ein Krebspatient in einer Klinik, bei dem Kramer angeblich eine kleine Vorrichtung hinterlegte. Ein unbezahlter Parkschein beweist, dass er am Flughafen war und dort 45 Minuten zubrachte, ohne jedoch den zu treffen, den er abholen wollte. Bevor er verschwand, bedachte er noch Freunde und Familie mit merkwürdigen Anrufen. Sein letzter ging an eine Notrufzentrale und schloss mit den Worten: „Ich werde mich gleich umbringen, möchte aber kundtun, O. J. Simpson ist unschuldig; sie waren es!"

Taylor hatte Kreditkarten, eine Bankkarte und ein Mobiltelefon, die nach dem Verschwinden seiner Person und des Lieferwagens am 12. Februar 1995 nicht mehr benutzt wurden. Anders als Elvis hat man ihn nie irgendwo beim Burgerpacken oder Cocktailservieren entdeckt – ein wichtiges Element in der Welt der verschwindenden Rockstars.

Selbst nachdem Wanderer am 29. Mai 1999 seinen Ford Aerostar in einer Schlucht in Malibu entdeckt hatten, blieben noch offene Fragen. Etliche glaubten nicht, dass es sich bei dem gefundenen Skelett um Kramers handelte; für die davon Überzeugten stand nun fest, dass er das Opfer übler Machenschaften geworden sei.

DAS MERKWÜRDIGE DARAN

Ron Bushy, ein Mitbegründer der Iron Butterfly und enger Freund Kramers, war einer der Letzten, mit denen Kramer sprach. Wenig später sagte Ron: „Ich bin echt überzeugt, dass er von unserer Regierung, einer angegliederten Organisation, von einer fremden Regierung oder von einem Industrieunternehmen entführt wurde." Der Grund dafür war, dass ihm der mathematische Durchbruch für den zeitlosen Massentransfer in der Theorie gelungen war oder, wie Bushy sich auch ausdrückte: „Wir sprechen von der ‚Beam me up, Scotty'-Zeit!!"

DIE ÜBLICHEN VERDÄCHTIGEN

Die NSA

Die Nationale Sicherheitsbehörde (NSA) hat lebhaftes Interesse an allen Computerentwicklungen, welche die Art der Kommunikationstechnologie ändern oder die Fähigkeit der NSA, Codes zu knacken, beeinträchtigen könnten. Wenn Kramer eine Methode gefunden hätte, die Fraktal-Kompression zu verbessern, könnte dies bedeutet haben, dass die Supercomputer der NSA mit dem Fortschritt der Kryptografie nicht mehr Schritt halten konnten. Angesichts einer unübertreffbaren Computersicherheit könnte sich die NSA entschlossen haben, Kramer verschwinden zu lassen, bevor es eine fremde Regierung tat.

Die Computerfirmen

Ein Durchbruch in der Fraktal-Kompression hätte die Computerbranche revolutioniert, all die gängige Software, Modems und die Chip-Entwicklung, in die die Computerindustrie hunderte von Milliarden Dollar investiert hatte, wäre wertlos gemacht. Angesicht des drohenden Ruins könnte es einer größten der Branche für notwendig gehalten haben, Kramer am Veröffentlichen seiner Ergebnisse zu hindern.

DIE UNÜBLICHEN VERDÄCHTIGEN

Philip Taylor Kramer

Alle verschwindenden Rockstars stehen offenbar unter Verdacht, ihren eigenen Tod zu vorzutäuschen, worin Kramer keine Ausnahme macht. Einige Verschwörungsfanatiker glauben, er habe sich abgesetzt, um finanzielle Probleme zu vermeiden, andere, um seine Familie zu schützen und an seinen innovativen Theorien arbeiten zu können, ohne von der Regierung oder sonst jemandem gestört zu werden.

Außerirdische

Wenn Kramers Ideen dazu geführt hätten, vieles aus der Science-Fiction Realität werden zu lassen, darf man annehmen, dass es unter den Freunden von Verschwörungstheorien welche gibt, die annehmen, die kleinen grünen Männchen hätten Kramer entführt. Natürlich argumentiert man, dass die Überlegenheit ihrer Technologie auf dem Spiel gestanden hätte, wenn Kramer die Geheimnisse seiner Entdeckung weitergegeben hätte.

DIE ÜBERZEUGENDSTEN BEWEISE

James A. Traficant Jr., der Vertreter Ohios, versuchte zweimal, den Fall Kramer vor dem Hintergrund der Nukleartechnologie aufzurollen, da im Hinblick auf Kramers Wissen sein Verschwinden eine Frage der nationalen Sicherheit sei. Normalerweise braucht es keinen Politiker, um dem FBI oder Geheimdienst klar zu machen, dass das Verschwinden eines Top-Wissenschaftlers mit engen Kontakten zur Rüstungsindustrie eine Untersuchung rechtfertigt, vor allem wenn er das Leitsystem für die meisten amerikanischen Atomraketen entwickelt hat. Es ist bezeichnend, dass sich das Interesse des Staatses an Kramers Verschwinden am Rande der Fahrlässigkeit bewegte.

DIE MERKWÜRDIGSTEN FAKTEN

In den letzten Tagen vor seinem Verschwinden erzählte Kramer seiner Frau Jennifer: „Liebling, wir müssen wohl hinter Mauern leben; etliche Leute wollen mir ans Fell." Seine Paranoia schien real begründet. Sein Vater Raymond Kramer, ein wissenschaftlicher Mitarbeiter seines Sohnes, erzählte, dass in ihr Labor mehrmals eingebrochen worden sei, die Eindringlinge es jedoch nicht geschafft hätten, das Sicherheitssystem ihrer Computer zu knacken, um an Philips Arbeiten zu kommen.

SKEPTISCH BETRACHTET

Nach allen Aussagen stand Kramer in den Wochen vor seinem Verschwinden unter Stress und Schlafmangel, zwei Elemente, die ihn in einen Zustand versetzt hätten, in dem er geistesabwesend nicht mehr gewusst hätte, wer er ist. Ein oder zwei besondere Schwarzseher meinten, ein Mann, der verwirrt genug ist, zu glauben, O. J. sei unschuldig, ist mental genügend gestört, um auch Selbstmord zu begehen.

LORD LUCAN

Eine der mysteriösesten Abtauchaktionen, die je von einem Flüchtigen zuwege gebracht wurde, war das Verschwinden von Richard Bingman, dem siebten Grafen von Lucan. „Lucky" Lucan war ein Aristokrat und professioneller Spieler, ein Mann mit legendärem Sinn für das leichte Leben. Als bekanntes Mitglied der wohlhabenden Kreise Londons hatten ihn seine teuren Hobbys schwer in Schulden gestürzt. Von seiner Frau getrennt stand er in einem verbissenen Kampf um das Sorgerecht für seine drei Kinder.

Am Abend des 7. November 1974 wurde das 29-jährige Kindermädchen von Lucans Kindern, Sandra Rivett, in Lucans Haus brutal mit einem Bleirohr erschlagen. Als Lady Veronica Lucan nach dem Rechten sehen wollte, wurde auch sie angegriffen und schwer verletzt. Als sie blutüberströmt in einen Pub in der Nähe taumelte und erklärte, ihr Mann habe das Kindermädchen erschlagen, wurde die Polizei geholt.

Ohne Geld und ohne Pass hinterließ Lord Lucan in der gleichen Nacht einen Brief, in dem er seine Unschuld beteuerte. Er lieh sich den Wagen eines Freundes aus (er wurde später blutverschmiert in den Newhaven Docks gefunden) und verschwand. Zuletzt sah man ihn ca. 18 Meilen entfernt in Uckfield. Viele finden es von Bedeutung, dass obwohl ihn seine Kinder schließlich für finanziell tot erklärten, sein ältester Sohn ihn erst nach der Abschaffung des Erbadels 1999 juristisch für tot erklären durfte. Hätte er es vorher geschafft, so hätte er seines Vaters Sitz im House of Lords geerbt.

DAS MERKWÜRDIGE DARAN

Ähnlich wie Elvis hat man Lucan regelmäßig in der ganzen Welt gesehen. Laut Berichten wanderte er auf Berghängen Siziliens und lebte permanent in Südafrika. Scotland Yard verfolgt immer noch Spuren des Grafen und verfolgte manchmal 70 Spuren gleichzeitig. Wenn er noch lebt und sich versteckt, wäre er heute in den Siebzigern und seit einem Vierteljahrhundert ohne einen Penny auf der Flucht.

DIE ÜBLICHEN VERDÄCHTIGEN

Lord Lucan – tot

Die gängigste Lesart besagt, dass der Graf aus Verzweiflung und Reue über seinen fehlgeschlagenen Mordversuch an seiner Frau Selbstmord begangen habe. Er fuhr an die Kanalküste und schwamm hinaus, um zu ertrinken.

Lord Lucan – lebendig

Nach dieser Version hat Lucan ein reicher Freund geholfen, das Land zu verlassen, möglicherweise der inzwischen verstorbene Sir James Goldsmith, der ihn im Privatflugzeug aus Südengland nach Frankreich ausflog. Der Wohltäter versorgte ihn auch mit Kleidung und Geld. Einmal in Europa wäre es ziemlich leicht gewesen, sich bei den oft laxen Grenzkontrollen ohne Pass zu bewegen und sich langsam nach Botswana abzusetzen, wo er jetzt lebt. – Unterstützt von Leuten, die den Adel lieber nicht durch ein Verfahren in Misskredit gebracht sehen möchten, lebt er in mäßigem Komfort.

DIE UNÜBLICHEN VERDÄCHTIGEN

Freimaurer

Es ist zwar nicht klar, ob Lucan Freimaurer war, aber sicher ist, dass viele Mitglieder des Adels dieser alten Bruderschaft angehören. In Ungewissheit über Lucans Schuld war man aber entschlossen, ein überaus peinliches Verfahren abzuwenden, und half „Lucky" aus dem Lande und ermöglichte ihm ein friedvolles Leben irgendwo im Abseits.

Meonia

Lucan könnte ein Mitglied dieser mysteriösen Gesellschaft gewesen sein, deren Ziel es ist, die Gene verschiedener aristokratischer Familien zu erhalten, um den Bestand Britanniens durch ein mystisches Verhalten zu sichern. Wenn einer von ihnen in Schwierigkeiten geriet, sah es die Geheimgesellschaft als ihre heilige Pflicht an, ihn vor drohendem Gefängnis zu bewahren.

RECHTS *Lord Lucan wird bis heute vermisst.*

UNTEN *Der als „Jungle Barry" bekannte Hippie war nicht der Siebte Earl of Lucan.*

DIE ÜBERZEUGENDSTEN BEWEISE

Lucans Kinder mögen es geschafft haben, ihren Vater juristisch für tot erklären zu lassen, die englische Polizei war in keiner Weise davon überzeugt. Der Autor David Southwell interviewte 1999 einige Beamte vom Schottland Yard, die den Verdacht äußerten, Lucan lebe in Botswana in Südafrika, weil man häufigere Reisen seiner Kinder dahin registriert hatte. Geldmangel machte eine entsprechende Untersuchung unmöglich; Lucans Kinder wiesen derartige Verdächtigungen als absurd zurück.

DIE MERKWÜRDIGSTEN FAKTEN

2003 machte eine Aufnahme Furore, die einen älteren Mann, angeblich Lord Lucan, zeigte und Werbung für ein Buch machte, laut welchem der verschwundene Graf 1996 in Goa in Indien verstorben sei. Später stellte sich jedoch heraus, dass die Aufnahme des ungepflegten Mannes mit langem Bart, der dem 7. Grafen Lucan ähnelte, in Wirklichkeit den alten Hippie und ehemaligen Sänger Barry Halpin im Jahre 1991 darstellte. Halpin war auch als „Mountain" oder „Jungle Barry" bekannt, der als Banjo spielender, versoffener, doch überzeugter Sozialist statt in St. Helens lieber in Indien lebte, wo es billiger, sonniger und spiritueller zuging.

SKEPTISCH BETRACHTET

Aus der Publicity des Halpin-Fotos war abzuleiten, dass Lucan zu einer populären, tragisch-heroischen Figur avanciert war, die sogar den Umschlag des Albums der englischen Popgruppe Black Box Recorder zierte und in einem ihrer Songs besungen wurde. Seine vermutlichen Geldgeber mögen jetzt tot sein, wenn aber Lucan heute auftauchen würde, könnte er ein Vermögen machen und seine Publizität würde ein Verfahren gegen ihn fast unmöglich machen. Wenn er zurückkäme und entlastet würde, wäre er bestimmt ein echter englischer Volksheld. Offenbar reicht der Skandal jetzt nicht mehr aus, um sich deswegen zu verstecken.

LEE HARVEY OSWALD

Die Geschichtsbücher erzählen uns, dass Lee Harvey Oswald am 22. November 1963 in Dallas vom Fenster des texanischen Schulbuchlagers aus John F. Kennedy erschoss. Die Geschichtsbücher erzählen weiter, dass Oswald 45 Min. danach den Beamten J. D. Tippit von der Polizei von Dallas erschoss und später in einem Kino festgenommen wurde. Zwei Tage später wurde Oswald selbst von Jack Ruby erschossen, der angeblich durch den Mord am Präsidenten unter Schock stand. Laut Warren-Kommission, die den Mord untersuchte, endet hier die Story – der tote Oswald war der einzige Schütze, es gab keine Verschwörung, der Fall war abgeschlossen.

Dennoch ranken sich immer noch Verschwörungstheorien um die Vorgänge an jenem schicksalhaften Tag in Dallas, wonach die alleinige Täterschaft von Oswald als ausgeschlossen gilt. Oswald selbst bleibt ein Mysterium. Selbst die oberflächliche Untersuchung seiner selbst und seiner vorgeblichen Aktivitäten um Dallas in den Tagen vor dem Attentat sind voll von Ungereimtheiten und merkwürdigen Fakten, die von sich aus schon eine Konspiration nahe legen.

Am 26. Oktober 1957 musterte Oswald bei den „Marines" in San Diego an. In dieser Zeit begann er Russland und seine Politik zu schätzen. Nach seiner unehrenhaften Entlassung am 13. September 1960 kündigte er an, er wolle seine US-Staatsbürgerschaft aufgeben und nach Russland auswandern. Etwa einen Monat später kam er in Moskau an. Er reiste nach Minsk, wo er die Tochter eines KGB-Obersten heiratete. Das glorifizierte Leben in der SU verlor offenbar bald seinen Reiz; 1962 kehrte er mit seiner Frau in die USA zurück, wo er wechselnde Jobs hatte und eines Mordversuches an Generalmajor Edwin Walker am 10. April 1963 verdächtigt wurde.

Im gleichen Jahr wurde er in New Orleans inhaftiert, weil er sich mit empörten Kubanern geschlagen hatte, als er ein Pamphlet namens „Faires Spiel mit den Kubanern" verteilte. Ein Freund seiner Frau – ein Exilrusse mit Verbindungen zum CIA – arrangierte für ihn ein Anstellungsgespräch in Dallas beim Texanischen Schulbuchverlag. Er verschwieg seine Vergangenheit und wurde am 15. Oktober 1963 eingestellt. Laut Geschichtsbuch ist der Rest Geschichte.

DAS MERKWÜRDIGE DARAN

Über Oswalds Aktivitäten vor dem Kennedy-Mord gibt es gegensätzliche Berichte. Ein texanischer Autoverkäufer, Albert Guy Bogart, erzählte, dass sich Oswald vor dem Attentat einen Wagen für eine Probefahrt ausgeliehen und bemerkt habe, dass er bald viel Geld bekäme, allein, Oswald hatte nie einen Führerschein gehabt. Bei anderer Gelegenheit beeindruckte Oswald auf einem Schießplatz in Dallas die anderen

OBEN *Peng! Peng! Kaum jemand glaubt, dass Jack Ruby auf eigene Faust handelte, als er Lee Harvey Oswald erschoss.*

Schützen, als er die Zentren ihrer Scheiben herausschoss, obwohl er bei den Marines als Scharfschütze nie gut gewesen war. Vielleicht heuerten die Drahtzieher des Attentats solche „Oswalds" an, damit der echte Oswald als Kennedy-Mörder überzeugender wirkte.

DIE ÜBLICHEN VERDÄCHTIGEN

Die Mafia

Jack Ruby behauptete zuerst, er habe Oswald erschossen, um Jackie Kennedy die öffentliche Verhandlung zu ersparen. Es gibt jedoch klare Beweise dafür, dass Ruby zur Unterwelt gehörte. Im Hinblick auf mehrere der wahrscheinlichsten Theorien um die Ermordung von JFK, in denen die Mafia mitmischt, ist es kein Zufall, dass Ruby Oswald ausschaltete. Ruby musste dies tun, damit die Rolle der Mafia bei der Ermordung des Präsidenten nicht aufgedeckt wurde.

FBI und CIA

Oswald stand schon vor seiner Ausreise in die UdSSR unter FBI-Beobachtung. Der Grund für seine unehrenhafte Entlassung – er wollte Russe werden – war allgemein bekannt, sodass die CIA den perfekten Sündenbock hatte: Ein einsamer Mörder im Dienste der gefürchteten Russen – ein idealer Fall für die Medien.

DIE UNÜBLICHEN VERDÄCHTIGEN

Der KGB

Dem KGB war klar: Wenn Oswald jemals vor Gericht gestellt würde, würden seine kommunistische Gesinnung und seine Verbindungen zum KGB bekannt. Natürlich würde man dann die Sowjets als Drahtzieher hinter dem Kennedy-Mord vermuten, weshalb Ruby dafür sorgen musste, dass Oswald nie vor Gericht kam.

DIE ÜBERZEUGENDSTEN BEWEISE

Wenn Oswald Kennedy aus politischen Gründen getötet hätte, warum hatte er sich nie damit gebrüstet? Stattdessen hat er bis zu seinem Tod stets beteuert, in eine Falle getappt zu sein; kaum das Verhalten eines Fanatikers. Sein Mörder Jack Ruby, der die Wahrheit für immer verschloss, war dafür auch viel zu passend.

DIE MERKWÜRDIGSTEN FAKTEN

Die CIA hat Berichten zufolge 1957 in Atsugi, Japan, LSD und seine Wirkung auf die Truppen getestet. Oswald diente dort damals bei den Marines.

SKEPTISCH BETRACHTET

Natürlich hat Oswald Kennedy ermordet und deshalb ist auch nicht auszuschließen, dass ein aufgebrachter Amerikaner Rache nehmen wollte. Wenn man sich einige Verschwörungstheorien über Oswald anschaut, könnte man auch glauben, Oswald hätte die Titanic versenkt und heute morgen unsere Zeitung gestohlen.

4

HISTORISCHES

DIE PULVERVERSCHWÖRUNG

„Remember, remember the fifth of November – Gunpowder, treason and plot!" (Merk dir den 5. 11., Pulver, Verrat und Verschwörung!) Jedes Schulkind in England lernt diesen berühmten Satz, aber wenige sehen hinter Feuerwerk und den Feuern das berühmteste politische Komplott in der englischen Geschichte.

Da die Pulververschwörung aufgedeckt wurde, bevor ihre Absichten umgesetzt werden konnten, gilt sie als gescheitert; als aufgeklärt, abgehakt und damit ein Fall für verstaubte Geschichtsbücher. Aber ein paar Verschwörungsforscher leiden unter nagenden Zweifeln an der ganzen Sache und glauben, die Pulververschwörung, wie man sie uns Kindern erzählte, ist nur die sichtbare Spitze eines weit größeren Komplotts.

Die Fakten sind genau bekannt. Guy Fawkes wurde im Keller des Parlamentsgebäudes in der Nacht, bevor König Jakob I. die feierliche Eröffnung des Parlaments leiten sollte, auf frischer Tat ertappt. Seine Mitverschwörer waren bald alle hinter Schloss und Riegel; wer nicht bei der Gefangennahme umkam, kam vor Gericht, wurde des Hochverrats für schuldig befunden und zum Tode verurteilt. Eine Woche nach dem Prozess waren alle aufgehängt, abgenommen und gevierteilt.

Die gültige Version – meist die, der man am wenigsten trauen sollte –, besagt, dass eine kleine Gruppe fanatischer Katholiken im Alleingang König Jakob I. beseitigen wollte, in der Hoffnung, dass sich in den nachfolgenden Unruhen die Gelegenheit böte, einen Katholiken auf den Thron von England zu setzen. Für viele Verschwörungsgläubige waren die als Verschwörer verurteilten kaum mehr als die Sündenböcke für die wahren Hintermänner, deren Ziele kaum etwas mit der Restauration des Katholizismus in England zu tun hatten.

DAS MERKWÜRDIGE DARAN

Einer der wichtigsten Aspekte des Komplotts ist sein spektakuläres Scheitern. Es ist kaum vorstellbar, dass irgendeine

Oben links *Vorsicht mit dem Streichholz! War Guy Fawkes Teil der Pulververschwörung oder nur ihr erstes Opfer?*

Gruppe von Verschwörern – eine so amateurhafte wie die um Guy Fawkes schon gar nicht – Zugang zu den Kellern des Parlamentsgebäudes gehabt hätte, um unentdeckt einige Tonnen Pulver zu deponieren und dann wie durch ein Wunder ertappt werden, als schon fast die Lunte brennt. Unglaublich – es sei denn, es gibt eine zweite konspirative Ebene.

DIE ÜBLICHEN VERDÄCHTIGEN

Robert Cecil, Graf von Salisbury

Cecil war Englands Top-Geheimagent mit besonderem Talent zum Aufdecken von Verschwörungen; viele strickte er selbst, um andere als Staatsfeinde und sich selbst als Helden zu präsentieren. Cecil hatte Guy Fawkes' Mitverschwörer Robert Catesby schon nach der Aufdeckung des Essex-Komplotts vor dem Galgen bewahrt. Konspirologen vermuten, er habe ihn zum Doppelagenten gemacht um ein Komplott zu inszenieren, das in letzter Minute aufgedeckt nicht nur Cecils Prestige erhöhen, sondern auch zu hartem Durchgreifen gegen die Katholiken führen sollte.

Der englische Adel

Als Jakob I. 1603 als englischer König gekrönt wurde, vereinte er zwei Länder, die mehr im Krieg als in Frieden miteinander gelebt hatten. Kaum anzunehmen, dass diese Vereinigung ohne Verärgerung vieler Leute ablaufen konnte, denn als Jakob in London ankam, stattete er schottische Adlige mit Macht aus. Unter den freigesetzten englischen Granden waren Mitglieder des mystischen Ordens Meonia, – darunter auch Sir Walter Raleigh –, die bekanntermaßen Verbindungen zu einigen der Pulververschwörer hatten, darunter Robert Catesby und Thomas Wyntour.

DIE UNÜBLICHEN VERDÄCHTIGEN

Die Tabak-Lobby

Sir Walter Raleigh hatte eine Generation zuvor den Tabak aus der Neuen Welt eingeführt und das Rauchen hatte sich wie ein Buschfeuer über ganz England ausgebreitet, wobei einige Tabakhändler sehr reich wurden. Einer der wenigen verbliebenen Nichtraucher war Jakob I., der ein berühmtes Pamphlet mit dem Titel *A Counterblast to Tobacco* verfasst hatte. Es ging das Gerücht, wonach der König Tabaksteuern vorbereite, um an dringend benötigtes Geld zu kommen. Ihre Einführung hätte mit den finanziellen Interessen einflussreicher Leute in England und Virginia kollidiert, sodass die Pulververschwörung als frühe Kraftdemonstration des Kapitals gelten konnte.

Der schottische Adel

Jakob I. von England war gleichzeitig Jakob VI. von Schottland, welches zu diesem Zeitpunkt durch Komplott und Verrat so zerrissen war, wie es nur im Roman vorkommt. Komplott, Verschwörung und Mord waren alltäglich und einer der beliebtesten Wege, einen Feind oder Rivalen loszuwerden, war der Sprengstoff. Auch Jakobs Vater war so ums Leben gekommen und er selbst hatte den Tod seiner Feinde auf diese Weise veranlasst. Jakob hatte viele Feinde in seiner Heimat, die ihn beseitigen wollten und zufrieden gewesen wären, wenn die Katholiken die Schuld dafür auf sich genommen hätten.

DIE ÜBERZEUGENDSTEN BEWEISE

Zwei der größeren Anschläge zu Jakobs I. Amtszeit, die zum Sturz Sir Walter Raleighs führten – „Main"- und „Bye"-Plot –, zeigten Gemeinsamkeiten mit der Pulververschwörung. Beide schlugen fehl, wurden dank Cecil in letzter Minute aufgedeckt und stärkten die Position von Establishment und König.

DIE MERKWÜRDIGSTEN FAKTEN

Am 28. Dezember 1604 wohnte Jakob I. der Hochzeit des Earl of Montgomery und der Nichte von Robert Cecil bei. Merkwürdigerweise befand sich unter den Gästen dieses großen gesellschaftlichen Ereignisses Guy Fawkes. Wenn er der katholische Fanatiker gewesen wäre, wie ihn viele Historiker darstellen, der nur darauf brannte, Jakob I. zu ermorden, warum versuchte er nicht, ihn hier mit einem Dolch zu töten? Es erscheint mehr als merkwürdig, dass drei der Hauptfiguren der Pulververschwörung an den Hochzeitfeierlichkeiten teilnahmen.

SKEPTISCH BETRACHTET

Manchmal ist die offizielle Erklärung nicht einleuchtend und dennoch korrekt. Katholische Länder wie Frankreich und Spanien waren sicherlich an einer Destabilisierung Englands interessiert und bekanntermaßen im Untergrund über ihre Priester stets bemüht, Unruhe zu stiften. Möglicherweise war dieses Komplott wirklich so simpel, wie es scheint.

OBEN *Enthalten Romane um König Arthur verborgene Hinweise auf das wahre Wesen des Heiligen Grals?*

DER HEILIGE GRAL

Die Sage von König Arthur und dem Heiligen Gral, dem Becher, aus dem Christus beim Letzten Abendmahl trank, wurde im Wesentlichen im 14. Jahrhundert in die heutige Form gebracht, zu einer Zeit, als französische und deutsche Romantiker epische Heldensagen aus Überlieferungen schufen.

König Arthurs Tafelrunde aus heiligen Rittern ist eine historische Legende ohne wahren Hintergrund – das Wappen, mit dem Arthurs Ritter in Verbindung gebracht werden, erschien erst Jahrhunderte nach seiner Zeit. Ähnlich ist die Vorstellung eines leuchtenden goldenen Bechers mit der göttlichen Kraft, alle zu heilen und Tote aufzuwecken, ein völliges Zerrbild des echten Grals.

Die Vorstellung vom Heiligen Gral entstammt einer vorsätzlichen Missinterpretation der Wortwurzel „Sangreal“ durch die katholische Kirche. Zerlegt man das Wort zu „San Greal“ und modifiziert es weiter zu „San Graal“ oder „Saint Grail“, ist man schon beim „Heiligen Gral“. Teilt man das

Wort zu „Sang Real“, wird die wahre lateinische Bedeutung klar – königliches Blut. Der Heilige Gral ist nichts anderes als die königliche Abstammungslinie, die Christus begründete.

Jesus wurde nicht von einer Jungfrau, sondern auf ganz normale Art geboren. Er wurde von Freunden vom Kreuz gelöst und heiratete Maria Magdalena. Sie hatten drei Kinder, eine Tochter und zwei Söhne, und ließen sich in Frankreich weit weg vom römischen Einflussbereich nieder. Als Joseph von Arimathea nach England kam, brachte er nach der Legende den Gral mit, aber keinen Becher, sondern vielmehr seinen Neffen Justus, den ältesten Sohn Jesu.

Im Laufe der Zeit vermischte sich die hebräische Königsfamilie mit den ansässigen Edlen, was zu den Merowingern, dem alten französischen Königshaus, führte. Selbst der Name König Arthurs scheint ein Spitzname zu sein, denn Artos bedeutet „Bear“ (Bär, englisch auch: tragen). Der echte Arthur war ein mit den Merowingern verwandter Kriegsherr – der „Bear-König“, der Träger des königlichen Blutes.

Im Laufe der Jahrhunderte verbreitete sich der Heilige Gral – das Blut Christi – von den Merowingern zu den Templern und Kreuzrittern und kam in einige der königlichen Erblinien des feudalen Europas, von den französischen Stuarts zu den schottischen Sinclairs und zu einigen Herrscherhäusern in Griechenland und Italien. Interessanterweise ist dieses Erbgut nicht im deutschen Hause von Sachsen-Coburg-Gotha vertreten, besser bekannt als die Windsors, die königliche Familie von England …

DIE ÜBLICHEN VERDÄCHTIGEN

Meonia

Der geheime mystische Orden mit dem Auftrag, das Geschick der britischen Inseln zu lenken, kannte natürlich den Hintergrund des Grals und manipulierte entsprechend die Geschichte und die königlichen Dynastien. Man darf darüber spekulieren, ob die Organisation etwas mit der Heirat von Prinzessin Diana in den Windsor Clan zu tun hatte, obgleich Diana verwandtschaftliche Beziehungen zum Orden hatte.

Die Priorei von Sion

Diese französische Version der Meonia ist eine mehr surreale Organisation. Wenn sie existiert, ist sie sicherlich voll in die Verschwörung des Heiligen Grals verstrickt.

Die katholische Kirche

Wenn der Heilige Gral allgemein als Blutslinie Christi anerkannt würde, hätte die Kirche natürlich am meisten zu verlieren. Durch das ständige Aufwärmen der romantischen Interpretation des Heiligen Grals und ständiges Betonen der Wunder von Jesu Geburt und Tod sichert sie sich ihre Autorität als von Gottes Gnaden. Wenn jemals bekannt würde, dass der christliche Glaube auf einem priesterlichen Anschlag auf die Macht der hebräischen Könige basiert, wäre dies ein Desaster für die Kirche.

DIE UNÜBLICHEN VERDÄCHTIGEN

Die Atlantiker

Man hat erwogen, dass Jesus nicht von David abstamme, sondern vielmehr von den Hohepriestern von Atlantis. Seine revolutionären Gedanken über Nächstenliebe und Achtung vor dem Menschen sind eine direkte Rückkehr zu den Lehren von Atlantis. Sein Blut ist heilig, weil die Menschen von Atlantis genetisch und geistig auf einem Niveau standen, was weder davor noch danach je erreicht wurde, und Menschen, die dieses Erbgut erhalten haben, immer noch mit außergewöhnlichen Kräften und Intelligenz ausgestattet sind – *Homo Superior*. Aus Angst davor haben eifersüchtige *Homo-Sapiens*-Priester und -Herrscher Jesus umgebracht und das Wissen, dass der Heilige Gral die *Homo-Superior*-Mutation ist, seitdem unterdrückt.

DIE ÜBERZEUGENDSTEN BEWEISE

Die langen Stammbäume in der Bibel sollen nachweisen, dass Jesus ein königlicher Nachfahre von David ist. Das Buch Matthäus liefert tatsächlich eine Linie von König David bis zu Jakob, dem Vater von Joseph, Marias Gemahl.

Der Titel „Christus“ bezeichnet Jesu königlichen Status und wir sollten uns an König Jesus gewöhnen. Das ganze Konzept der unbefleckten Empfängnis und der göttlichen Abstammung wurde im 4. Jahrhundert von der katholischen Kirche erfunden, um ihre Macht zu festigen, sich die Autorität der Könige anzueignen und das alles aus „Gottes Gnaden“.

DIE MERKWÜRDIGSTEN FAKTEN

Das Haus der Windsor gehört nicht zum Heiligen Gral, aber Prinzessin Diana entstammte wahrscheinlich dem königlichen Haus der Stuarts. Wenn es auch allgemein heißt, Königin Elisabeth II. sei königlich und Diana habe in die Familie eingeheiratet, so stimmt das Gegenteil; Diana stammte von Jesus ab.

SKEPTISCH BETRACHTET

Wenn der Heilige Gral eine Mutation zum *Homo Superior* bedeutet, die sich in den königlichen Familien Europas verbreitete, gäbe es Tausende Menschen mit diesem Gen in der ganzen Welt, was der medizinischen Analytik nicht verborgen geblieben wäre.

HITLER

Niemand zweifelt daran, dass Adolf Hitler, der Führer der Nazi-Partei, einer der übelsten und gefährlichsten Männer war, die je in der Menschheitsgeschichte an die Macht kamen. Das Vermächtnis aus Tod und Leiden, das er uns hinterlassen hat, ist erschütternd. Ungefähr sechs Millionen Juden wurden vornehmlich in Todeslagern im Rahmen der „Endlösung" getötet, fast zwei Drittel ihrer Weltbevölkerung. Darüber hinaus sollte man wissen, dass er einen großen Teil von Europas Zigeunern, Adventisten, Zeugen Jehovas und Sozialisten umbringen ließ.

Während des Zweiten Weltkrieges waren in Europa, Amerika, Russland und im fernen Osten ca. 60 Mill. Menschen unter Waffen, von denen fast ein Drittel umkamen. Der gesamte Blutzoll wird auf ca. 52 Mill. Tote – 18 Mill. Soldaten, 16 Mill. Zivilisten und 18 Mill. in den Vernichtungslagern geschätzt. Hitler stand hinter all diesen Toten, der Auslöser des ganzen Krieges. Diese Fakten sind so horrend, dass eine Verschwörung damit kaum konkurrieren kann – es gibt aber Überlegungen, dass Hitler letztlich nicht vorhatte, Europa unter seiner Herrschaft zu einigen, sondern einfach nur Tod und Verderben verbreiten wollte, um seine satanischen Herren zufrieden zu stellen.

Die Bruderschaft des Todes heißt eine laut Gerücht weltweit bestehende Koalition aus primär satanischen Organisationen, jede von ihnen mit dem Totenkopf und den gekreuzten Knochen als Zeichen. Der deutsche Zweig dieser Bruderschaft war angeblich die Thule-Gesellschaft. Diese war auf das halb mythische Thule-Land aus alten Zeiten ausgerichtet, dessen Legende Ähnlichkeiten mit der um Atlantis aufweist. Das Land von Thule soll die Wiege der arischen Rasse gewesen sein.

1919 trat Hitler – über die Art, wie die deutsche Regierung den 1. Weltkrieg vertan hatte, erschüttert – in die Thule-Gesellschaft ein, die damals von Dietrich Eckhardt geleitet wurde. Als diese Bruderschaft des Todes anfing darüber nachzudenken, wie man die Gesellschaft besser kontrollieren könne, setzte sie sich die Überwachung einer zunehmend isolierten und gefügigen Bevölkerung zum Ziel. Europa wurde als potenzieller Ausgangspunkt für einen passenden Krieg ausersehen, weil Deutschland nach dem verlorenen Krieg leicht destabilisierbar schien. Hitler, in dem Eckhardt den Antichrist sah, wählte man als geborenen Führer, der den großen Krieg und das Töten initiieren musste. Letzteres sollte die menschliche Psyche so sehr schädigen, dass daraus Paranoia und Abkapselung erwuchsen. Die so isolierten Menschen sollten leicht dazu gebracht werden können, ihre geistige Autonomie der Bruderschaft zu überlassen.

Die Bruderschaft des Todes glaubte fest, dass ein Kontakt mit altbewährten Kräften des geistig Bösen – dem Teufel – nicht nur herstellbar, sondern sogar wünschenswert sei und dass man durch Befolgen der Vorschriften ihrer Meister große Macht auf Erden gewinnen könne. Man benutzte sexuelle Perversionen und Praktiken um ihre magischen Aktionen zu beflügeln, was ihren Zauber und Rituale gewaltig stärkte und Kommunikationskanäle für die Kräfte des Bösen öffnete.

Durch Anzapfen der Kraft des Bösen konnte die Thule-Gesellschaft das Denken der Deutschen manipulieren und die Nazi-Partei hoffähig machen. Durch Wecken der psychologischen menschlichen Basiseigenschaften wie Hass, Angst und Habgier konnte die Nazi-Partei den Zug des Bösen in die Psyche der an sich anständigen Menschen lenken und das politische Klima für Hitlers Aufstieg vorbereiten. Einmal an der Macht, war es erschreckend einfach für ihn, die Welt in einen gigantischen Krieg zu stürzen, wobei die Todeslager die enorme magische Energie liefern sollten, die für die permanente Änderung des menschlichen Bewusstseins nötig sein würde.

DAS MERKWÜRDIGE DARAN

Eckhardts letzte Aktion soll angeblich Hitlers Weihe mit einem ausgeprägt sadistischen Zauberritual gewesen sein, welches den Nazi-Führer impotent machte. Von da an musste Hitler sexuelle Befriedigung durch Sadomasochismus suchen, wodurch er zwangsläufig zum größten Monster seines Jahrhunderts wurde.

DIE ÜBLICHEN VERDÄCHTIGEN

Satan

Wenn alte Kräfte des Geistig-Bösen hinter der Bruderschaft des Todes und der Thule-Gesellschaften standen, konnte es sich nur um den Teufel handeln. Bei der bekannten Neigung des Teufels zum Fehlleiten scheint es wahrscheinlich, dass im Falle des Gelingens seiner Pläne die Bruderschaft nur noch verlieren konnte.

Die Illuminaten

Von dieser uralten deutschen Geheimgesellschaft glaubt man häufig, dass sie jeden kontrolliert, von der Mafia bis zu den Templern. Die Illuminati waren die Kraft hinter vielen okkulten Orden im Vorkriegsdeutschland und könnten Hitlers höchste Drahtzieher gewesen sein. Es ist überliefert, dass Himmler viel mit Gruppen zu tun hatte, die den Illuminati nahe standen.

DIE UNÜBLICHEN VERDÄCHTIGEN

Die Alten von Zion

Die am wenigsten glaubwürdige, aber beleidigendste Theorie besagt, dass die Alten von Zion für die Taten der Nazis verantwortlich seien. Durch die massive Dezimierung der Juden hätte die englische Gruppe weniger Probleme gehabt, sich als

OBEN *Adolf Hitler, deutscher Reichskanzler, beim Nürnberger Parteitag der NSDAP im Jahre 1933.*

Erben von Moses' Weisheit darzustellen. Die Schrecken des Holocausts würden somit auch Sympathie für alle Probleme wecken, die mit dem Judentum zu tun hatten.

DIE ÜBERZEUGENDSTEN BEWEISE

Auf seinem Totenbett soll Eckhardt gesagt haben: „Folgt Hitler; er wird tanzen, aber ich habe die Musik für ihn ausgesucht. Ich habe ihn in das Geheimwissen eingeführt, ihm die Visionen eröffnet und ihm die Mittel gegeben, mit den Kräften zu kommunizieren."

Wenn sich unsere Gesellschaft weiter entzweit, gewalttätig und vom Fernsehen beherrscht wird, obwohl dies in niemandes Interesse, nicht einmal in dem einer Weltregierung wäre, dann kann man sagen, dass die Bruderschaft des Todes eine äußerst effiziente Arbeit leistet.

DIE MERKWÜRDIGSTEN FAKTEN

In den USA gibt es auch eine Gesellschaft mit dem Logo der Bruderschaft des Todes – die Yale-Totenkopf-Loge, die Gerüchten zufolge im 19. Jahrhundert als Ableger einer deutschen Universitätsgesellschaft entstanden sei. George Bush sen. gehörte dieser Gruppe ebenso an wie viele wichtige Vertreter der amerikanischen Gesellschaft und Politik.

SKEPTISCH BETRACHTET

Den Holocaust und die Übel des Nazi-Reiches als einfaches Mittel zur Gewinnung magischer Kräfte darzustellen, ist eine Beleidigung für die Opfer des Regimes. Außerdem sind die Umstände, unter denen die Nazis zur Macht kamen, soziologisch absolut verständlich – tragisch, aber kaum besonders geheimnisvoll.

DER MANN IN DER EISERNEN MASKE

Das Rätsel des Mannes in der eisernen Maske war seit dem 17. Jahrhundert für weichherzige Romantiker ebenso interessant wie für Historiker, weil sich unzählige Spekulationen über die Identität des maskierten Gefangenen entwickeln ließen. Das Interesse besteht bis heute, wie der Film *Der Mann mit der eisernen Maske* mit dem Teenager-Idol Leonardo di Caprio zeigt. Aber die Welt ist der Lösung des Rätsels, wer diese tragische Figur war, nicht näher gekommen und mit der Zeit wird das Aufdecken seiner (oder ihrer) Identität immer schwieriger.

Man weiß wenig über den Gefangenen. Die wenige Information in den offiziellen französischen Dokumente liefert ein absichtlich skizzenhaftes Bild: Er wurde 1669 festgenommen und zunächst in Pignerol, einer Festung in den französischen Hochalpen, inhaftiert. 1681 wurde nach Exiles – in der Nähe von Pignerol verlegt. 1687 brachte man ihn auf die Insel Saint Marguerite vor der südfranzösischen Küste, wo er elf Jahre zubrachte, bis man ihn in die Bastille in Paris verlegte, wo er 1703 sicherlich zu seiner Erlösung starb.

In seiner ganzen Haftzeit gab es nachgewiesenermaßen nur zwei Gelegenheiten, bei denen Leute, die nicht zum Gefängnispersonal gehörten, den Gefangenen sahen: Während seines Transportes von Exiles nach Saint Marguerites sah man ihn eine eiserne Maske tragend. Bei der Verlegung in die Bastille hatte man diese schwerfällige Verkleidung gegen eine humanere schwarze Samtmaske ausgetauscht. Man fand auch über die Korrespondenz eines Ministers mit Saint-Mars (dem Kerkermeister) heraus, dass der Gefangene mit niemandem, weder schriftlich noch mündlich, korrespondieren dürfe. Wenn er es doch tue, sei er auf der Stelle zu töten.

Was für ein furchtbares Geheimnis konnte der Mann hüten, das eine derartige Geheimhaltung rechtfertigte? Die Historiker haben sich immer gewundert, warum man ihn am Leben ließ. Wenn das, was er wusste, für König und Parlament so gefährlich war, schien es dann nicht politisch sicherer, ihn zu töten? Und warum wurde ein solcher Aufwand betrieben, um sein Gesicht zu verbergen? Ähnelte er jemandem, der dem französischen gemeinen Volk gut bekannt war, was im Hinblick auf den Entwicklungsstand der Medien im 17. Jahrhundert schon eine hohe Berühmtheit erforderte? Nochmals, ihn einfach umzubringen – eine nicht unübliche Vorgehensweise am französischen Hof zu der Zeit –, hätte mehr Sinn gemacht.

Das Geheimnis um den Mann unter der Eisenmaske ist heute ebenso unergründlich wie vor 300 Jahren. Was wir wissen, ist, dass ein Mann einen grauenhaften Preis für ein vorgebliches Verbrechen – oder ein tödliches Geheimnis – bezahlte, worüber die Geschichte nur rätseln kann.

DAS MERKWÜRDIGE DARAN

Saint-Mars, der Mann, der beauftragt worden war, den mysteriösen Gefangenen einzusperren, blieb auch sein Wärter, bis der Gefangene 1703 seinen letzten Atemzug tat. Bei dem damaligen raschen Wechsel in den politischen Führungsämtern gibt diese Konstanz zu denken.

DIE ÜBLICHEN VERDÄCHTIGEN

Ludwig XIV.

Vieles deutet auf den König von Frankreich. Der maskierte Gefangene könnte sein Zwillingsbruder gewesen sein, der zwar zur gleichen Zeit empfangen, aber leider als Zweiter geboren wurde. Er wusste selbst nicht, wer er war, und Ludwig wollte Streit über die Nachfolge vermeiden und ließ

seinen Bruder einsperren. Laut anderen Spekulationen könnte er ein älterer Bruder gewesen sein; das Ergebnis eines Fehltritts von Ludwigs Mutter. Andere meinen, der Gefangene sei ein Arzt gewesen, der bei der Autopsie von Ludwig XIII. feststellen musste, dass der verstorbene König zeugungsunfähig war, was Ludwigs Rechte auf den Thron gefährdet hätte. In die gleiche Richtung geht die Version, wonach der Gefangene der wahre Vater von Ludwig gewesen sei, den man wegen des sexuellen Unvermögens von Ludwg XIII. rekrutiert hatte.

Graf Antonio Matthioli

Er könnte der Gefangene gewesen sein, allerdings aus dem fragwürdigsten aller Gründe – weil es in Italien zu dieser Zeit üblich war, so zu verfahren.

Louis Oldendorff

Der Lothringer Edelmann Oldendorff war der Führer des geheimen Templer-Ordens. Die Regeln dieses Ordens hätten es nicht gestattet, ihn zu Lebzeiten zu ersetzen. Nach seinem Tode hätte man einem anderen Gefangenen die Maske aufgesetzt und auf diese Weise den Glauben aufrecht erhalten, Oldendorff sei noch am Leben, was den Orden gehindert hätte, einen neuen Führer zu wählen.

Außerdem unter Verdacht, der Gefangene zu sein: Richard Cromwell, der Graf von Monmouth, Vivien de Bulonde.

DIE UNÜBLICHEN VERDÄCHTIGEN

Die heimliche Tochter von Ludwig XIII. und Anne

Beunruhigt darüber, keinen Sohn zu haben, mag Ludwig XIII. seine neugeborene Tochter versteckt und einen Knaben untergeschoben haben. Als sie sich ihrer Identität bewusst wurde, ließ sie der untergeschobene Ludwig XIV. in den Kerker werfen.

Molière

Der beim Publikum wie beim König beliebte Bühnenautor Molière machte sich wegen religiöser Ungläubigkeit und Respektlosigkeit vor dem französischen Establishment viele Feinde. Er brachte insbesondere die Gesellschaft des heiligen Sakraments gegen sich auf, eine einflussreiche französische Sekte. Man spekuliert, dass Molières Tod 1673 vorgetäuscht war und der Autor als Mann mit der Maske bestraft wurde.

Nicholas Fouquet

Fouquet wurde angeblich eingesperrt, weil er entdeckt hatte, dass Christus nicht am Kreuze gestorben war, sondern mit direkten Nachfahren überlebt hatte.

DIE ÜBERZEUGENDSTEN FAKTEN

Dass man den Gefangenen nicht einfach umbrachte, musste etwas mit dem Königshaus zu tun haben. Jeden anderen hatte man „garottiert“ und irgendwo verscharrt.

DIE MERKWÜRDIGSTEN FAKTEN

Trotz der Hinterhältigkeit der französischen Politik, des Gewinns, den eine Aufdeckung der Identität des Gefangenen erbracht haben könnte, sowie der gründlichen Aktendurchsicht gibt es keinen Hinweis darauf, wer der Gefangene gewesen sein könnte. Das Geheimnis wurde von allen Beteiligten gleichermaßen gehütet.

SKEPTISCH BETRACHTET

Die Identität des Mannes mit der eisernen Maske ist so gut versteckt, dass man nur noch vermuten kann, er habe in Wirklichkeit gar nicht existiert. Die Vision einer solchen Figur könnte dazu dienen, jede Ablehnung der Herrschaft des Königs zu unterdrücken. Die Aussicht auf lebenslangen Kerker hilft dabei sicher …

LINKS *Wer immer er auch war, der geheimnisvolle Gefangene mit der Maske starb 1703 in der Bastille.*

KLEINES BILD *Englands bester Dramatiker, Spion und Streithansel – Christopher Marlowe.*

RECHTS *Hinter dem Mord an Marlowe könnte der Okkultist und Meisterspion Dr. John Dee gesteckt haben – aus Gründen der Staatssicherheit.*

DER MORD AN CHRISTOPHER MARLOWE

Das Schicksal kann begabten Menschen grausam mitspielen und Christopher Marlowe (1564–1593) war zweifellos begabt. Zu seiner Zeit war er mit Werken wie *Doctor Faustus* Englands führender Bühnenautor. Wenn die Geschichte etwas freundlicher mit ihm umgegangen wäre, wäre dieser Titan des elisabethanischen Theaters wohl kaum von einem relativen Parvenü wie Shakespeare überschattet worden.

Marlowe war mehr als ein talentierter Schriftsteller. In seinem kurzen, aber bewegten Leben ging er durch Armut und Wohlstand, stand er vor Gericht und wurde eingesperrt und schaffte er es, einen Mann im Streit zu erschlagen. Marlowe starb, als man ihn in einer Taverne von Deptford ins Auge stach. Die offizielle Lesart ist, dass er anlässlich eines Streites über eine unbezahlte Rechnung umgekommen sei, aber Verschwörungsforscher kümmern sich selten um offizielle Versionen. Marlowe hatte eine zweite Seite. Er war ein Spion.

Im 16. Jahrhundert war England ein turbulentes Pflaster. Das Land hatte Probleme mit inneren und äußeren Feinden. Die Vernichtung der spanischen Armada hatte die Pläne des spanischen Königs zerschlagen, das Land rein militärisch zu besiegen, und er versuchte deshalb über Spione das Land mit subtileren Mitteln anzugreifen. Der interne Schwachpunkt war die Religion. Viele Jahre lang bestand der Konflikt zwischen den Katholiken und Protestanten und prominente Persönlichkeiten beider Seiten waren die Opfer. Trotz des 1593 erlassenen Toleranzedikts gab es eine aktive und gefährliche katholischen Untergrundbewegung mit engen Verbindungen zu ausländischen Mächten.

Um dem zu begegenen, musste die englische Krone ein effizientes Gegenspionagenetz unterhalten. Der Geheimdienstchef von Elisabeth I., Francis Walshingham, warb Marlowe an der Universität von Cambridge an (Cambridge blieb generationenlang ein guter Nährboden für Spione und Doppelagenten). Marlowes Ansehen und seine zahlreichen gesellschaftlichen Verbindungen machten ihn zu einem wertvollen – wenn auch nicht immer zuverlässigen – Agenten, der viele Geheimgesellschaften und Gruppen unterwanderte.

Im Hinblick auf seine geheime Tätigkeit brauchte sein Tod nicht der Zufall gewesen zu sein, als der er dargestellt wurde. Viele Leute werden sich immer fragen, ob der Mord an Marlowe nicht die Laufbahn eines James Bond des elisabethanischen Englands beenden sollte.

DAS MERKWÜRDIGE DARAN

Heftiger Streit erhob sich, ob Marlowe von Englands Feinden, Englands Patrioten oder von irgendeinem anderen Geheimbund getötet worden war, den er einmal verärgert hatte. Auf jeden Fall ist es sehr merkwürdig, dass sich nie ein Zeuge fand, obwohl er in einer vollen Taverne erstochen wurde, und auch nie jemand für den Mord bestraft wurde.

DIE ÜBLICHEN VERDÄCHTIGEN

Dr. John Dee

Nach Walshinghams Tod 1590 wurde Dr. John Dee Englands Geheimdienstchef. Wenn er nicht gerade Spione jagte, befasste er sich als Dilettant mit Astrologie, Geisterbeschwörung, Engelkontakten und mit Alchemie. Die Umwandlung unedler Metalle in Gold erklärt auf einfache Weise, warum so viele Mittel verschiedener Geldgeber durch seine Hände flossen. Dee war nicht von Skrupeln geplagt, sodass er kein Problem gehabt hätte, Marlowe töten zu lassen, wenn er das Gefühl gehabt hätte, dass er ein Doppelagent sei.

Spanische Geheimagenten

Vielleicht hatte man mühsam versucht, Marlowe als Maulwurf in den katholischen Untergrund einzuschleusen, um die Pläne der spanischen Spione zu durchkreuzen, die in England arbeiteten. Als Doppelagent könnte er versucht haben, ihr Vertrauen zu erlangen, um hinter ihre Pläne zu kommen. Falls er aufflog, gab es sicherlich genügend Gründe, sich an ihm zu rächen und ihn daran zu hindern, mitbekommenes Wissen weiterzugeben.

DIE UNÜBLICHEN VERDÄCHTIGEN

William Shakespeare

Das Theater konnte in den Tagen vor Copyright und Kunstförderung eine halsabschneiderische Angelegenheit sein und zu vielen erbitterten Fehden zwischen den Bühnenautoren führen. Shakespeare war ein Mitglied der „School of Night“, einer zwielichtigen Organisation aus Spionen, Dichtern und Vertretern des Adels, wo er sicherlich auch die Verbindungen hatte, seinen größten literarischen Rivalen beseitigen zu lassen.

Die Freimaurer

Unter den zahlreichen Geheimgesellschaften, die im elisabethanischen England wucherten, gab es auch die Freimaurer. Man hatte lange den Verdacht, dass Marlowe Bilder der Freimaurer in seinen Stücken verwendete, zumal er ziemlich sicher Mitglied der Gesellschaft war. Dies konnte seiner Karriere als Schriftsteller nur dienlich sein, verhalf ihm aber auch gleichzeitig zu Insider-Informationen für seine Spionage. Marlowe könnte den dummen Fehler begangen haben, den Geheimhaltungseid der Freimaurer gebrochen zu haben. Dann wäre der Mord an ihm eine Demonstration des Stellenwerts, den die Geheimhaltung bei den Freimaurern hat.

DIE MERKWÜRDIGSTEN FAKTEN

Die Drohung, dass man dir ein Auge aussticht, wenn du deine Brüder betrügst, ist Teil des Eingangsschwures bei etlichen Geheimbünden, auch den höheren Rängen der Templer und Freimaurer. Damit erscheint der Mord an Marlowe – der Stich ins Auge – in einem besonderen Licht. Den Mord an ihm könnte man deshalb als Ritualmord auffassen.

DIE ÜBERZEUGENDSTEN BEWEISE

Marlowes Inhaftierung unter dem Vorwand, er habe einen Menschen getötet, unterstützt massiv die Annahme, dass er ein Spion war. Auch wenn es eine erfundene Anklage war, mit der er festgehalten wurde, so erlaubt der Umstand, dass er schnell wieder frei kam, den Schluss, dass er Freunde in hohen Positionen hatte – oder dass er seine Freiheit durch Überlaufen erkaufte, womit er zum Doppelagenten wurde.

SKEPTISCH BETRACHTET

Spione scheuen das Licht, und wenn sie Menschen ermorden, dann in dunklen Gassen und nicht in vollen Kneipen. Nicht-Bezahlen seiner Rechnung oder seiner Spielschulden ist eine Beleidigung, selbst für einen Spion. Marlowe hatte ein Talent, sich in Schwierigkeiten zu bringen, und man kann durchaus annehmen, dass ihn sein loses Mundwerk und seine Ironie schließlich in den tödlichen Streit führten – Umstände, die heute noch in einigen Kneipen Südlondons zur Gewaltanwendung führen.

WOLFGANG AMADEUS MOZART

Ein Genie zu sein, bringt seinen Segen, aber auch eine ansehnliche Zahl Feinde. Niemand wusste dies besser als der brillante Komponist Wolfgang Amadeus Mozart. Mit fünf schon ein Wunderkind, brachte ihm seine musikalische Begabung mehr Schmerz als Freude ein. Während heute sein Werk als das Beste gilt, was die klassische Musik zu bieten hat, wurde er zu seiner Zeit offen abgelehnt; einige seiner Zeitgenossen planten sogar seinen Untergang. Die Geschichte mag ihm Ruhm geschenkt haben, zu seinen Lebzeiten kannte er so etwas nicht. Mozart, vielleicht der größte Komponist aller Zeiten, starb verarmt und wurde ohne viel Aufhebens in Wien in einem Massengrab beerdigt.

Im Januar 1756 wurde Mozart in Salzburg geboren und offenbarte bald seine musikalische Begabung. Mit vier Jahren bekam er Unterricht am Cembalo, mit fünf komponierte er eigene Musik, mit sechs unternahm er mit seinem Vater Tourneen nach Wien und München. Mit 15 war er Konzertmeister des Erzbischofs von Salzburg. Dem extrem begabten jungen Mann schien die Zukunft zu gehören.

Es kam aber zu persönlichen Konflikten zwischen ihm und dem Erzbischof – dass Mozart drei Jahre lang kein Gehalt bekommen hatte, mag einer der Gründe sein. 1781 kündigte er seine ehrenvolle, aber schlecht bezahlte Stellung und versuchte sein Glück in Wien. Jedoch war sein Verhältnis zu den Wiener Komponisten schlecht. Dies wurde so dramatisch, dass Mozarts Vater sich bei Kaiser Josef II. darüber beklagte, dass andere Komponisten absichtlich verhinderten, dass Kompositionen seines Sohnes aufgeführt wurden.

Mozart hielt jedoch durch, auch wenn er immer hinter seinem Geld her sein musste und nicht hauszuhalten verstand. Seine Heirat mit Constanze Weber war von Geldsorgen und Unglück überschattet – von ihren sechs Kindern überlebten nur zwei das Kindesalter. Mozart war kein Günstling des Wiener Hofs und sein Werk erfuhr nur laue Anerkennung vom Publikum, wenn es überhaupt aufgeführt wurde. 1790 wurden seine Schulden erdrückend und seine Gesundheit immer schlechter. Im folgenden Jahr erhielt er von einem mysteriösen Fremden den geheimen Auftrag, ein Requiem zu schreiben. Nach Beendigung der *Zauberflöte* warf sich Mozart wie besessen auf dieses Werk, aber das Schicksal (oder eine noch dunklere Macht) interferierte. Wolfgang Amadeus Mozart starb am 5. Dezember 1791; das Requiem wurde nicht fertig und der Fremde, der es in Auftrag gegeben hatte, verschwand im Dunkel der Zeit. Mozart war nur 35 Jahre alt geworden.

DAS MERKWÜRDIGE DARAN

Die Identität des Fremden, der Mozarts letztes Werk in Auftrag gegeben hatte, wurde nie geklärt. Einmal war es eine unbekannte Frau in Schwarz, dann wieder ein Mann in Grau.

OBEN *Rock me Amadeus! Mozart war ein genialer Musiker, Freimaurer und ein Mann mit vielen Feinden.*

Niemand trat als Auftraggeber des Requiem auf. Mozart war von dem Stück besessen und viele glauben, dass dieses Engagement ihn krank machte und zuletzt aufs Totenbett brachte.

DIE ÜBLICHEN VERDÄCHTIGEN

Antonio Salieri

Es heißt, dass Salieri, der Hofkomponist, extrem neidisch auf Mozarts Begabung war (was im Film *Amadeus* als Tatsache dargestellt wurde) und sich über dessen ungebundenes Leben ärgerte. Salieri könnte das Requiem in Auftrag gegeben haben, weil er um den Gesundheitszustands Mozarts wusste und ahnte, was ihm das Werk abverlangen würde. Er mag geglaubt haben, dass mit Mozarts Tod sein eigenes Werk die Beachtung fände, die es seines Erachtens verdiente.

Graf von Walsegg zu Stuppach

Der Graf war ein Amateurmusiker, der auf mehr Ruhm aus war, als sein Talent hergab. Das Gerücht geht, dass der Graf sich selbst als mysteriöser Fremder verkleidete, um das fertige Werk später als sein eigenes ausgeben zu können. Um sicherzugehen, dass Mozart nicht später dagegen protestierte, plante er, Mozart vergiften zu lassen.

Unbekannte Wiener Komponisten

Mozarts Werk überstrahlte spielend das Werk seiner Zeitgenossen: Händel selbst äußerte, dass Mozart der größte Komponist sei, der je gelebt habe. Aber bei Mozarts wechselhaftem Umgang mit dem Erfolg in der intriganten Umgebung kaiserlicher Aufträge und Bestallungen wollte vielleicht jemand das Feld etwas einebnen. Wenn Mozarts Gesundheit besser gewesen wäre und er sein Leben besser im Griff gehabt hätte, wäre er nicht zu stoppen gewesen.

DIE UNÜBLICHEN VERDÄCHTIGEN

Die Freimaurer

Mozart war Freimaurer, aber sein zügelloses Leben mag als Risiko angesehen worden sein, das man nicht länger tragen wollte. Es ging auch das Gerücht, dass sie nicht glücklich über die *Zauberflöte* waren, die zu viele Geheimnisse der Freimaurerei preisgab.

Ein verärgerter Magier am Hofe von Kaiser Josef II.

Es hält sich eine Geschichte, derzufolge ein General an Josefs Hof sich beim Kaiser über Mozarts Mangel an Etikette beschwerte. Der Kaiser soll geantwortet haben, dass er einen General jederzeit bekommen könne, aber keinen zweiten Mozart. Dies könnte jemanden bei Hof dazu veranlasst haben, Mozart mit schwarzer Magie zu beseitigen, was die Konfusion der Ärzte über Mozarts Todesursache erklären würde.

DIE ÜBERZEUGENDSTEN BEWEISE

„Hirsekornartiges Fieber" wurde als Ursache für Mozarts Tod von den Ärzten angegeben, die aber nicht wussten, woran er gestorben war. Er litt an einer Reihe scheinbar nicht miteinander zusammenhängender Gebrechen, von Zahnschmerzen bis zur Schlafsucht, aber nichts, was als Todesursache in Betracht kam. Die offizielle Diagnose der Ärzte war wahrscheinlich nichts anderes als eine Art Gesichtswahrung, bevor man zugeben musste, dass man die Ursache einfach nicht kannte.

DIE MERKWÜRDIGSTEN FAKTEN

Mozart kam mit 18 zu den Freimaurern, sein Vater folgte ihm kurz danach. Merkwürdigerweise wurde Mozart die Mitgliedschaft bei der Wiener Musikgesellschaft trotzdem verweigert. Ebenfalls merkwürdig ist, dass seine letzte öffentliche Aufführung eine Kantate für die Einweihung eines neuen Tempels seiner Loge war.

SKEPTISCH BETRACHTET

Mozart war von Geburt an kränklich, von einem Leiden nach dem anderen geplagt. Die Frage ist weniger, warum er starb, sondern warum er nicht früher starb. Moderne Ärzte meinen, Mozart sei an Urämie als Folge einer Nierenentzündung gestorben. Und was die neidischen Rivalen betrifft: Warum sollte man einen Komponisten töten, dessen Werke fast niemals aufgeführt wurden?

UNTEN *Ein eifersüchtiger Rivale Mozarts, Salieri, war ein Meister der Intrige am Hofe Josefs II.*

Links *Grigori Jefimowitsch alias Rasputin alias Der verrückte Mönch.*

RASPUTIN

Anfang des 20. Jahrhunderts wurde die russische Zarenfamilie vom Charisma eines ehemaligen Priesters beherrscht, der einen Psycho-Heiler und Wahrsager spielte; sein Name war Grigori Jefimowitsch, genannt Rasputin. Der ehemals geweihte Mann besaß die Gabe, die Gesundheit des Zaren-Sohns Alexei, eines hochgradigen Bluters, zu erhalten. Den Einfluss, den er damit über die Zarenfamilie gewann, ist gut belegt; Rasputin nutzte seine Macht konsequent zu seinem persönlichen Vorteil aus.

Dass der Mönch die kaiserliche Regierung Russlands destabilisierte, ist historisch erwiesen. Er benutzte seinen Einfluss, seine Mitläufer in einflussreiche Positionen zu bringen, verlangte unverschämte Bestechungsgelder für das Überreden der Zarin Alexandra, Höflinge, Geschäftsleute oder bestimmte Vorhaben zu fördern. Außerdem verlangte er Unsummen für seine Heilkünste, wenn er sie dem niederen Adel zukommen ließ. Er war schon 1911 eine Skandalfigur, trotzdem avancierte er 1915 zum wichtigsten Ratgeber der Zarin.

Er hatte einen unersättlichen sexuellen Appetit und verlangte häufig sexuelle Dienste – von Frauen wie von Männern – als Teil der Bezahlung für seine Leistungen. Häufig verlangte er auch, mit dem Kind im Teenager-Alter schlafen zu dürfen, sofern eins da war. Darüber hinaus war er stets von weiblichen Fans belagert, teils wegen seiner Ausstrahlung, teils wegen seines erigierten Gliedes von 32 cm Länge. Seine Ausbeuterei brachte zwar die Allgemeinheit auf, allein die Zarenfamilie war völlig unter seinem Bann. Laut zeitgenössischen Berichten war seine Heilkraft ebenso echt wie seine hellseherischen Fähigkeiten. Briefe von Alexandra an Rasputin deuten daraufhin, dass er auch mit ihr eine Affäre hatte.

Schließlich befand eine Gruppe russischer Edelleute, dass Rasputins Einfluss den Staat zersetze und dass er sterben müsse. Unter der Führung von Fürst Felix Jusupow lockte man ihn am 30. Dezember 1916 zu einer von Jusupow gegebenen Party, wo man ihn ermordete. Das Ansehen der Zarenfamilie konnte man damit aber nicht mehr retten; kurz danach spülte die Revolution die alte Ordnung ohnehin hinweg.

DAS MERKWÜRDIGE DARAN

Die Geschichte von Rasputins Tod stärkt sicherlich den Glauben an seine Heilkräfte. Auf der Party setzte man den Heiligen an den Kopf der Tafel; sein Essen enthielt genug Zyankali, um damit ein Dutzend normaler Menschen umzubringen.

Einer der Verschwörer, ein Mediziner namens Lazovert, hatte das vergiftete Essen bereitet. Rasputin wurde misstrauisch, weil Jusupow nichts aß. Als der Mönch keinerlei Anzeichen von Vergiftung zeigte, reagierte der Fürst in Panik und schoss auf ihn. Auch Großfürst Pawlowitsch, ein Neffe des Zaren, schoss auf ihn. Wütend, aber noch mobil jagte Rasputin Jusupow aus dem Haus in den Hof, wo ihm einige Verschwörer auflauerten und ihn mit Eisenketten in einen blutigen Brei verwandelten. Doch noch lebte er, wie Dr. Lazovert feststellte. Man wickelte ihn in die Ketten, schlug ein Loch in das Eis der Newa und warf ihn hinein.

DIE ÜBLICHEN VERDÄCHTIGEN

Spiritueller Avatar

Die gängigste Theorie besagt, dass Rasputin tatsächlich die heilenden und hellseherischen Kräfte besaß, die man ihm nachsagte, wozu auch die Fähigkeit gehörte, Frauen zu faszinieren. Er benutzte dies zum Aufbau einer Machtposition, was schließlich zu seinem Tode führte. Seine Kräfte wurden darauf zurückgeführt, dass Rasputin ein spiritueller Avatar, d. h. ein echter Heiliger war.

St. Germain

Rasputin war tatsächlich der Unsterbliche, den das mittelalterliche Europa als Graf St. Germain kannte und der den Weg zur Russischen Revolution geebnet hatte, damit die Geschichte ihren Lauf nehmen konnte. Als er im Wasser steckte und keine Möglichkeit sah, herauszukommen, beschloss Rasputin/St. Germain, sich tot zu stellen und sich hinzulegen. Die Verschwörer holten ihn wieder heraus und begruben ihn hastig. Aus seinem flachen Grab konnte er sich rasch befreien. Da seine Mörder sicher waren, er sei tot, konnte er leicht entkommen. Das Gerücht geht um, dass St. Germain jetzt in Los Angeles lebe und in den 80er-Jahren in Osteuropa war, um den Kommunismus zu stürzen.

DIE UNÜBLICHEN VERDÄCHTIGEN

Ein außerirdischer Eindringling

Rasputins unnatürliche Vitalität entsprang gar nicht seinen psychischen Fähigkeiten. Der Heiler war vielmehr ein Außerirdischer, ein schelmisches Mitglied eines kleinen Erkundungsteams, das sich ein paar Jahre orgiastisches Vergnügen gönnen wollte. Wegen seiner nicht humanen Physiologie waren die Mordanschläge vergebens. Am Ende war es das fehlende Sonnenlicht, welches ihn umbrachte, nicht die Kälte oder der fehlende Sauerstoff.

DIE ÜBERZEUGENDSTEN BEWEISE

Rasputins Körper wurde schließlich einige Meilen unterhalb der Stelle, wo man ihn versenkt hatte, gefunden. Er hatte die Ketten abgeschüttelt und versucht, sich durch das Eis zu arbeiten, ehe er schließlich nach sechs Stunden im Eiswasser starb.

DIE MERKWÜRDIGSTE FAKTEN

Das Merkwürdigste an Rasputin ist seine Fähigkeit, so hohe Dosen Zyanid zu verkraften. Ebenso seltsam ist ein Artefakt, das in den 60er-Jahren in Paris auftauchte und Rasputins mumifizierten Penis darstellen soll. Ein Zeuge schildert ihn als eine schwarze Banane von einem Fuß (30,48 cm) Länge. Dass ihn einer der Verschwörer kastriert habe, ist nicht bekannt.

SKEPTISCH BETRACHTET

Es ist durchaus möglich, dass das Gift alt und wirkungslos war, die Pistolenkugeln wichtige Organe verfehlten, die Schläge nur Oberflächenschäden verursachten und selbst die Kälte der Newa den Gewebezerfall aus Sauerstoffmangel so weit verlangsamte, dass Rasputin lange genug lebte, um sich mit den Fingern im Eis festzukrallen. Aber wenn er so ein Hellseher war, warum sah er die Gefahr nicht voraus, die mit der Einladung Jusupows verbunden war?

JACK THE RIPPER

Das Rätsel um Jack The Rippers Morde 1888 hat die Kriminologen ebenso wie die Verschwörungsfans und die Hollywood-Produzenten über 100 Jahre lang fasziniert und gleichzeitig genervt. Theorien und Gegentheorien entstanden, exklusive, aber „authentische" Tagebücher, Bekenntnisse und Notizbücher wurden gefunden und publiziert. Man darf jedoch bezweifeln, dass je irgendwer Licht in die Angelegenheit bringen kann.

Am Freitag, den 31. August 1888, wurde Polly Nichols ermordet. Ihr folgten Annie Chapman am Samstag, den 8. September, Catherine Eddowes und Elizabeth Stride am Sonntag, den 30. September, und Mary Kelly am Freitag, den 9. November. Ihre Kehlen waren durchgeschnitten und ihre Körper verstümmelt; ihre inneren Organe waren oft mit chirurgischer Präzision entnommen und vom Tatort entfernt.

Mary Kelly – im 3. Monat schwanger – fand man nackt; ihre Kleider waren auf einem Stuhl ordentlich zusammengelegt. Möglicherweise gab es auch ein früheres Opfer – Martha Tabram, die am Dienstag, den 7. August, ermordet wurde. Elizabeth Stride dagegen war vielleicht kein Opfer des Rippers.

Alle sechs Frauen waren Prostituierte aus dem Londoner Osten; manche zählen drei weitere Frauen zu den Opfern.

Der Ripper verfuhr immer in fast gleicher Weise. Wenn das Opfer den Rock hob, griff er zu, würgte das Opfer bis zur Bewusstlosigkeit und legte es dann auf den Boden. Dann schnitt er seine Kehle durch und entnahm dem Opfer meist ein Organ, vielleicht als Trophäe. Der hohe Grad an Präzision, mit der dies erfolgte, legt den Verdacht nahe, dass der Ripper medizinisch ausgebildet war; in einem Falle wurde von vorn eine Niere entfernt, ohne dass ein anderes Organ beschädigt wurde. Dies würde schon im Operationssaal etliches Geschick voraussetzen und dürfte im Dunkeln der Nacht in der Öffentlichkeit an einem Körper von jemandem, den man gerade vorher ermordet hat, besonders schwierig sein.

Scottland Yard besitzt zwei angeblich vom Ripper stammende Nachrichten, die eine mit „Dear Boss", die zweite mit „From Hell" überschrieben. Beide waren in einem merkwürdigen überheblich-schadenfrohen Ton verfasst. Die meisten Untersuchungsbeamten bezweifeln, dass auch nur eine wirklich vom Mörder stammt. Ein Stück einer kranken Niere wurde auch an eine Wache von Whitechapel mit einem Brief geschickt, laut welchem das Organ von Catherine Eddowes entnommen worden sei. Obwohl man sich in keiner Weise sicher sein konnte, entsprach der Nierenschaden genau dem Bild der Krankheit, an der die Eddowes litt.

DAS MERKWÜRDIGE DARAN

In der Nacht des 30. September fand die Polizei ein Stück von Catherine Eddowes Schürze, mit dem der Ripper sein Messer abgewischt hatte, bei einer Tür, über der stand: „Die Juhden sind die Leute, Die Man nicht umsonst beschuldigt." Die Polizisten befürchteten antisemitische Ausschreitungen und löschten die Inschrift. Wortwahl und Rechtschreibung ließen vermuten, es handle sich um eine Freimaurerbotschaft, die die Polizei löschte, um etwas zu vertuschen.

DIE ÜBLICHEN VERDÄCHTIGEN

Prinz Albert Victor

Ein Enkel von Königin Victoria, Prinz Albert Victor (genannt Eddy), war ein geistig zurückgebliebener Jüngling, der von einem Zeitgenossen als „Leuchtender Goldfisch in einer Glaskugel" beschrieben wurde. Eddy schien zeitweilig homosexuellen Neigungen nachgegangen zu sein – zu der Zeit eine Straftat in England – und starb 1892, Gerüchten zufolge an Syphilis. Sein Wahn mag ihn dazu getrieben haben, Prostituierte umzubringen; aus Angst vor einem Skandal kam man überein, die Schuld des Prinzen zu vertuschen. Eine andere Variante besagt, dass er eine der Prostituierten geschwängert habe. Als sie anfing, die Regierung zu erpressen, wurden sie und ihre Freundinnen von Agenten so getötet, dass die Polizei vom wahren Motiv der Morde abgelenkt wurde.

Dr. Francis Tumblety

Tumblety, ein amerikanischer Arzt, wurde von John Littlechild, dem Leiter des Geheimdienstes bei Schottland Yard, stark verdächtigt. Der Doktor floh in die USA und Schottland Yard schickte Agenten, die ihn verhören sollten.

DIE UNÜBLICHEN VERDÄCHTIGEN

Dr. Roslyn D'onston Stephenson

Ein versoffener Okkultist, der mit seiner eigenen Theorie zu Ripper und den Morden zur Polizei ging, wurde in den Augen einiger Theoretisierer schließlich wegen eines Fundes, den die Autorin Mabel Collins 1890 machte, als sie bei Stephenson wohnte, selbst zum Verdächtigen. Sie behauptete, sieben blutbefleckte Krawatten gefunden zu haben, die bei den Morden verwendet worden seien. Dieser mögliche Beweis endete bei Englands berühmtesten Okkultisten Aleister Crowley, der sie von Mabels Freundin Victoria Cremers bekam.

Ein „interdimensionaler" Angreifer

Das viktorianische London war noch von einem anderen Jack geplagt: „Sprunggewaltiger Jack" trug eine Rüstung, einen Umhang und einen Helm und konnte angeblich über Häuser springen. Er wurde von hunderten von Zeugen gesehen und von einem Wachtrupp unter keinem Geringeren als Englands berühmtestem Soldaten, Wellington, gejagt. Manche glauben, „Sprunggewaltiger Jack" sei ein „interdimensionaler" Angreifer und gleichzeitig der wahre Ripper.

DIE ÜBERZEUGENDSTEN BEWEISE

1970 erklärte Dr. Thomas Stowell, er habe Dokumente gefunden, aus denen hervorging, dass Prinz Alberts Arzt, Dr. William Gull, in den Mordnächten mehrfach in Whitechapel gesehen worden war. Sie legten auch eingehend dar, wie die Polizisten und ein Medium Gull aufgesucht und verhört hätten und dass Gull gestanden habe. Stowell glaubte, dies sei der tapfere Versuch gewesen, den richtigen Ripper zu decken, den kranken, syphilitischen Prinz Albert Victor.

DIE MERKWÜRDIGSTEN FAKTEN

Als Stowells Offenlegungen weites Interesse fanden, versuchte er zu widerrufen und stritt ab, dass er Prinz Albert belasten wolle. Stowell starb jedoch, bevor sein Widerruf gedruckt werden konnte und seine Familie verbrannte sofort all seine Aufzeichnungen und Dokumente, bevor man seine Behauptungen nachprüfen konnte. Ebenfalls verbrannte man alles, was im Zusammenhang mit Stowells Rolle bei den Freimaurern stand. Es mag Zufall sein, aber er starb am 9. November 1970, einem Jahrestag von Mary Kellys Tod.

SKEPTISCH BETRACHTET

Jack The Ripper wurde zur archetypischen Albtraumfigur und wandelte sich vom unverstandenen Mörder zur Legende der

Nacht. Eine ganze Mythenindustrie hat sich entwickelt, die davon zehrt, die Fakten zu verdrehen und die Schatten zu verlängern. So überrascht es nicht, dass Verschwörungstheorien wuchern, ohne überzeugende Lösungen zu präsentieren.

UNTEN *Mary Kelly, das letzte Opfer von Jack the Ripper.*

KLEINES BILD *Welche Rolle spielte Prinz Albert Victor bei der Jack-the-Ripper-Verschwörung?*

5

ORTE

ANTARKTIS

Die einsame, aber wunderschöne Antarktis ist eine gefährliche und gefährdete Umgebung. Sie ist ein Ort großer Gegensätze, doch der größte Gegensatz dieses geheimnisvollen Kontinents ist der, dass er nicht so unbewohnt sein könnte, wie wir glauben. Verschwörungstheoretiker glauben, dass der Öffentlichkeit bewusst verschwiegen wird, wer dort lebt.

Die Antennen der Verschwörungssüchtigen schlagen in Vorfreude auf seltsame Wahrheiten aus, seit Informationen durchgesickert sind, dass Nazis mit Kontakten zu mystischen Orden wie der Thule-Gesellschaft und dem Ahnenerbe der SS den Kontinent erforschten.

Als Admiral Byrd 1947 eine militärische Expedition der USA mit mehr als 10.000 Mann in die Antarktis führte, vergrößerte sich das Rätsel noch. Die Truppen kehrten nach nur drei Monaten mit schweren Verlusten von ihrem geheimnisvollen Einsatz zurück. Sogar 50 Jahre danach ist es noch schwierig, an die nicht klassifizierten Informationen über diese unerklärliche Polarexpedition des US-Militärs zu kommen.

Während darüber spekuliert wird, mit wem Admiral Byrds Männer gekämpft haben, sind sich die meisten Verschwörungstheoretiker einig, dass unter dem Eis der Antarktis die Reste einer Kultur zu finden sind, die durch eine große Katastrophe zerstört wurde. Sie vermuten, dass es dieses Faktum ist, über das die Nazis gestolpert sind und das von dunklen Mächten geheim gehalten wird.

DAS MERKWÜRDIGE DARAN

Die Antarktis wird durch einen von diversen Großmächten unterzeichneten Vertrag geschützt, der die Erschließung und Ausbeutung ihrer gewaltigen Ressourcen untersagt. Angesichts der Tatsache, dass sich unsere Regierungen bislang kaum als erfolgreiche Umweltschützer hervorgetan haben,

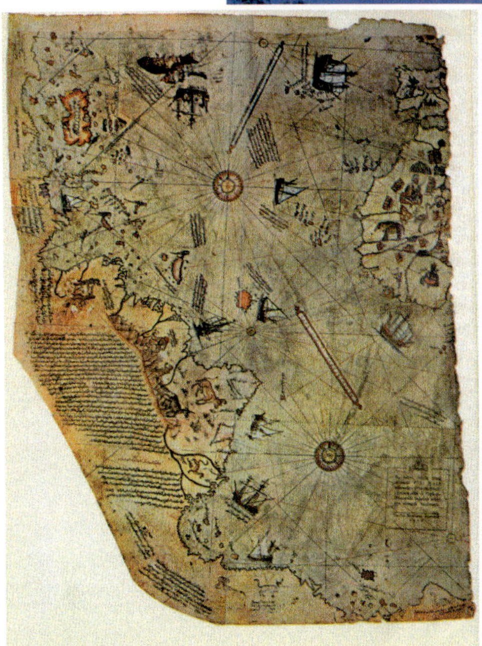

OBEN *Die Antarktis – schön, entlegen und voller Geheimnisse.*

KLEINES BILD *Die 1513 angefertigte Karte des Piri Reis zeigt ganz deutlich die Antarktis, bevor sie mit Eis bedeckt war, und das trotz der Tatsache, dass sie offiziell erst 1818 entdeckt wurde.*

mag das ein wenig seltsam erscheinen. Daher wird vermutet, dass der Vertrag in Wirklichkeit verhindern soll, dass sich kommerzielle Unternehmen durch die 3 km dicke Eisschicht bohren und die Wahrheit herausfinden.

DIE ÜBLICHEN VERDÄCHTIGEN

Nazis

1938 unternahm Nazi-Deutschland die bis heute umfangreichste Bestandsaufnahme der Antarktis, beanspruchte das Gebiet für sich und benannte sie in Neuschwabenland um. Es ist bekannt, dass interne NS-Befehle der Antarktis besondere Bedeutung zuwiesen und dass die Deutschen ihre Präsenz vor Ort bis Kriegsende aufrechterhielten. 1946 wurden vor der Küste Argentiniens deutsche U-Boote gesichtet, die in Richtung Südpol unterwegs waren. Manche vermuten, dass das deutsche Oberkommando entkommen ist und sich in den Ruinen der verlorenen Antarktis-Zivilisation niedergelassen hat.

Die Jason-Gesellschaft

Die Jason-Gesellschaft wurde angeblich 1973 von Präsident Nixon ins Leben gerufen. Zweck dieser streng geheimen Organisation war die Leitung des Projektes „Geheime Erde" und manche behaupten, dass diese Gruppe mit der Ausbeutung der Reste der fortgeschrittenen Kultur betraut wurde, die man unter der Antarktis und an ein oder zwei anderen Orten auf der Welt gefunden habe. Anders als andere Verschwörergruppen scheint die Jason-Gesellschaft zumindest halb ehrenwerte Motive dafür zu haben, uns alle über die Antarktis im Unklaren zu lassen. Manche glauben, die Gesellschaft würde gern möglichst viel über die ältere Rasse erfahren, um uns ihr Schicksal zu ersparen.

Ebenfalls verdächtig: MJ-12; Project Phoenix; der nationale US-Sicherheitsrat; die UNO; eine Intrige der Freimaurer.

DIE UNÜBLICHEN VERDÄCHTIGEN

Antike Außerirdische

Wenn es unter der antarktischen Ödnis Ruinen einer antiken Kultur gibt, so meinen einige, dass diese außerirdischen Ursprungs wären. Sie glauben, dass eine Verschwörung nun verhindern soll, dass die Verwicklung von Außerirdischen in die Geschichte der Erde publik wird.

Die Tempelritter

Wenn die ägyptische Kultur von Überlebenden begründet wurde, die vor der Katastrophe flüchteten, die ihre antarktische Heimat mit Eis überzog, so könnte ihr Wissen in geheimen Überlieferungen bewahrt worden sein. Die Tempelritter führen sich bis in das antike Ägypten zurück, daher könnten sie diese Informationen geerbt haben. Wenn das wahr ist, könnten sie die antarktische Technologie ausbeuten wollen, um ihre Pläne zur Erringung der Weltherrschaft zu verwirklichen.

DIE ÜBERZEUGENDSTEN BEWEISE

Das überzeugendste Beweisstück, das den Vermutungen über die Antarktis einiges an Gewicht verleiht, ist die Karte des Piri Reis – ein echtes Dokument, das 1513 in Konstantinopel entstand. Darauf sind nicht nur die Westküste Afrikas und die Ostküste Südamerikas zu sehen, sondern auch die eisfreie Küste eines als „Königin-Maud-Land" bezeichneten Landes.

Die Antarktis wurde erst 1818 entdeckt und die erstaunliche Genauigkeit der Karte wurde erst in den 50er-Jahren bekannt, als Geologen mithilfe der Radartechnologie erstmals den Küstenverlauf unter dem Eis verfolgen konnten. Die Karte wurde nach älteren Karten gezeichnet, doch niemand kann eine befriedigende Erklärung dafür liefern, wie sie das zeigen kann, was sie zeigt. Es gibt andere ähnliche Karten, die den Schluss zulassen, dass die Antarktis tatsächlich einmal die Heimat der als Atlantis bekannten Kultur gewesen ist.

DIE MERKWÜRDIGSTEN FAKTEN

1998 wurde in der Antarktis ein schweres Erdbeben der Stärke 8,1 auf der Richter-Skala verzeichnet. Weltweit wurde darüber berichtet und die gesamte Ostküste Australiens wurde in Alarm versetzt – die Behörden fürchteten eine gewaltige Flutwelle. Ärzteschaft, Polizei und Militär erhielten Entwarnung, als die Welle nicht eintraf. Was das Ganze so mysteriös macht, ist die Tatsache, dass es unter der Antarktis keine Erdplatten gibt und daher keine logische Erklärung dafür existiert, was das massive Beben verursacht hat.

SKEPTISCH BETRACHTET

Es gibt kaum wissenschaftliche Beweise dafür, dass die Antarktis irgendwann innerhalb der letzten 15 Millionen Jahre eisfrei genug gewesen wäre, um eine Zivilisation zu beherbergen. Bislang wurden keine archäologischen Beweise zutage gebracht, die darauf schließen ließen, dass jemals eine fortgeschrittene Kultur auf diesem Kontinent existiert hat.

DAS BERMUDA-DREIECK

Das Bermuda-Dreieck – auch unter der Furcht erregenderen Bezeichnung Teufelsdreieck bekannt – ist ein Gebiet im Atlantischen Ozean, das im Allgemeinen durch das Dreieck zwischen Bermuda, Puerto Rico und Fort Lauderdale, Florida, abgegrenzt wird.

Den berühmten Namen erhielt das geheimnisvolle Gebiet 1964 vom Autor Vincent H. Gaddis. Er schrieb eine Story mit dem Titel „Das tödliche Bermuda-Dreieck" für ein Magazin, in der er Seemannslegenden über das Teufelsdreieck aus den letzten Jahrhunderten und viele unerklärliche Fälle von verschwundenen Schiffen und Flugzeugen schildert.

Als Ort merkwürdiger Begebenheiten war das Dreieck schon seit dem 15. Jahrhundert bekannt, als Christoph Kolumbus einen Logbucheintrag vornahm, in dem er „eine große Flamme" beschrieb, die in den Ozean fiel, während sein Kompass verrückt spielte und seine Mannschaft seltsame Lichter am Himmel sah. In den folgenden Jahren stieg die Zahl der Ungereimtheiten – vor allem durch das Verschwinden der Mannschaft der *Mary Celeste* 1872.

Einige der merkwürdigsten Zwischenfälle ereigneten sich aber erst in jüngerer Zeit. Der berühmteste Fall ist vermutlich Flug 19 – um den es auch in dem Film *Seltsame Begegnung der Dritten Art* ging. Am 5. Dezember 1945 verschwanden fünf Avenger Torpedobomber der Navy auf einem Routinetrainingsflug. Um sie zu suchen, wurde eine Martin Mariner mit einer 22-köpfigen Rettungsmannschaft an Bord ausgeschickt – die ebenfalls spurlos verschwand. Abgesehen von diesen Fällen gingen mehr als 50 Schiffe verloren, darunter so gewaltige wie die USS *Cyclops* und der Tanker SS *Marine Sulphur Queen*, die bei ruhiger See mitsamt ihren 39 Mann Besatzung verschwand.

DAS MERKWÜRDIGE DARAN

Von Flug 19 wurden trotz intensiver Suche niemals Wrackteile gefunden, was darauf schließen lässt, dass es um mehr geht als einen Zusammenstoß von fünf Flugzeugen oder einen Absturz ins Meer. Die Tatsache, dass absolut keine Überreste gefunden wurden, ist typisch für das Verschwinden im Bermuda-Dreieck, wo sich selbst große Schiffe ohne Notrufsignal spurlos in Luft auflösen. Natürlich glauben Verschwörungstheoretiher, dass die Behörden wissen, dass hier etwas Merkwürdiges vorgeht, und versuchen, es zu vertuschen.

Oben *Die gewaltige USS* Cyclops, *nur eines der vielen Schiffe, die im Teufelsdreieck verschwanden.*

DIE ÜBLICHEN VERDÄCHTIGEN

Außerirdische

Aliens führen die Liste der Verdächtigen für das Verschwinden im Bermuda-Dreieck und der Gründe für die Vertuschung an. Es wird vermutet, dass Außerirdische – vielleicht diese kleinen, hässlichen Grauen – in diesem Gebiet eine Unterwasserstation betreiben. Es gibt zahlreiche Berichte über UFOs, die bei Puerto Rico aus dem Ozean aufsteigen oder darin verschwinden. Da unsere unwillkommenen Besucher unter sich bleiben wollen, beseitigen sie jeden, der die Grenze zu „ihrem" Territorium überschreitet.

Luftverteidigungskommando Nordamerika

Aliens sind nicht die Einzigen, die verdächtigt werden, im Bermuda-Dreieck eine Unterwasserstation zu unterhalten. Einige Verschwörungstheoretiker meinen, dass das Luftverteidigungskommando Nordamerika (NORAD) einen riesigen Unterwasserkomplex mit einer streng geheimen Technologie betreibt, die jene Funksignale, mit deren Hilfe Flugzeuge und Schiffe navigieren, stören würde. Das US-Militär würde jedes Flugzeug oder Schiff, das Hinweise auf die NORAD-Basis entdeckt, „verschwinden" lassen.

Ebenfalls verdächtig: MJ-12; UNO; die antiken außerirdischen Gottheiten Cthulhu und Yog-Sogoth.

DIE UNÜBLICHEN VERDÄCHTIGEN

Zeitreisende

Manche meinen, dass nicht die Grauen hinter den vermissten Piloten, Seeleuten und Passagieren stecken, sondern Menschen aus der Zukunft. Diese Zeitreisenden würden eine Raum-Zeit-Gravitationsanomalie in diesem Gebiet nützen, um lebendige Zeugnisse der Vergangenheit zu sammeln. Wenn jemand dahinterkommt, würden sie einfach in die Vergangenheit reisen, um die Zeitlinie zu ändern und die Entdeckung zu verhindern.

Ruinen von Atlantis

Es wurde die Vermutung angestellt, dass das Bermuda-Dreieck genau über den Ruinen des versunkenen Atlantis liegt. Der Grund für das Verschwinden so vieler Schiffe und Flugzeuge ist der, dass unter den Ruinen riesige Kristalle liegen würden, die nach dem Zugfallsprinzip mächtige Energiestrahlen aussenden. Diese würden unschuldige Gefährte an der Oberfläche und darüber treffen. Manch einer glaubt sogar, dass einige Bewohner von Atlantis noch immer dort unten leben und für das Verschwinden verantwortlich sind.

DIE ÜBERZEUGENDSTEN BEWEISE

Abgesehen davon, dass im 20. Jahrhundert mehr als fünfzig Schiffe und zwanzig Flugzeuge verschwanden, und von der Tatsache, dass hier einer von nur zwei Orten auf der Erde ist, wo ein Kompass nicht zum wahren Norden weist, gibt es andere Hinweise darauf, dass hier nicht alles mit rechten Dingen zugeht. Die Pilotin Carolyn Casico flog einen Charterflug nach Turk Island im Dreieck. Als man sie über der Insel sichtete, sprach sie in ihren Funk: „Das verstehe ich nicht. Das hier sollte Grand Turk sein, doch da ist nichts. Die Form stimmt, aber die Insel sieht unbewohnt aus." Sie kreiste ein paar Mal über der Insel, bevor sie abdrehte und verschwand.

DIE MERKWÜRDIGSTEN FAKTEN

Bevor sie für immer von der Welt verschwanden, sandte Flug 19 eine letzte Botschaft aus: Sie bestand aus den Buchstaben „FT", die mehrmals wiederholt wurden. Niemand fand bisher heraus, was die Piloten damit mitteilen wollten.

SKEPTISCH BETRACHTET

Stürme, Wetterumstürze, Flutwellen, explosive Ladungen und schlechte Navigation sind mögliche Erklärungen für zahlreiche Ereignisse im mysteriösen Bermuda-Dreieck. Einige Skeptiker behaupten, dass die Zahl der vermissten Schiffe und Flugzeuge angesichte der Größe des Gebietes und des Verkehrs dort gar nicht ungewöhnlich wäre. Dazu kommt die Tatsache, dass sich viele der vermissten Fahrzeuge bei ihrem mysteriösen Verschwinden gar nicht im Bermuda-Dreieck befanden.

DIE HOHLE ERDE

Eigentlich sollte es nichts Festeres und Verlässlicheres geben als die Erdoberfläche, auf der wir uns bewegen, doch viele Forscher auf dem Gebiet der Verschwörungen behaupten, dass das Erdinnere von mehreren bizarren Gruppen bewohnt wird. Sie meinen, dass die Erde unter einer 1.600 km dicken Kruste hohl wäre und von einer inneren Sonne beleuchtet würde.

Lange Zeit wurde vermutet, dass sich die Eingänge zu der seltsamen unterirdischen Hohlwelt an den Polen befänden. Alles, von den spektakulären Lichtspielen der Aurora Borealis und Aurora Australis – ein Nebeneffekt der inneren Sonne – bis zu Funk- und Gravitationsanomalien, wurde zur Untermauerung dieser Theorie herangezogen. Außerdem behaupten einige Eskimo-Stämme, von viel weiter nördlich zu stammen, aus einem Land mit ewiger Sonne.

Einige Theoretiker sind überzeugt, dass das Phänomen der Hohlwelt einigen Gründern von Geheimgesellschaften schon seit Urzeiten bekannt war. Diese Organisationen hätten die wissenschaftliche Gemeinde und die Machthaber so manipuliert, dass der Rest der Menschheit glaube, unter der Erdoberfläche gäbe es nichts anderes als Stein, Öl und einen geschmolzenen Kern. Es ist eine Tatsache, dass die internen Lehren mehrerer Geheimgesellschaften besagen, dass die Erde hohl ist, von einer Sonne im Zentrum erleuchtet und von einer fortgeschrittenen Rasse bewohnt wird sowie mit der Erdoberfläche durch ein Tunnelsystem verbunden ist. Sind diese Geheimgesellschaften Teil einer Intrige, die uns über die wahre Natur unseres Planeten in die Irre führen soll?

DAS MERKWÜRDIGE DARAN

Trotz des gesamten Gewichts der wissenschaftlichen Gemeinschaft ist die Idee, dass die Erde hohl sein könnte, nie völlig ausgerottet worden. Alle paar Jahre riskiert ein Forscher seinen Ruf und seine akademische Karriere, um diese Theorie zu untersuchen. Wie viel Zorn und Gelächter sich diese armen Gesellen dabei von ihren Kollegen zuziehen, scheint aber völlig unverhältnismäßig, wenn die Hohlwelttheorie nicht mehr als eine schräge Idee ist.

DIE ÜBLICHEN VERDÄCHTIGEN

Nazis

Man weiß, dass viele hochrangige Nazis davon überzeugt waren, dass die Erde hohl ist. Es wird berichtet, dass die Nazis in den 30er-Jahren Expeditionen in die Antarktis und nach Tibet schickten, um Kontakt zu jenem Volk herzustellen, das unter der Erde lebt. Tatsächlich ließ Hermann Göring aufgrund dieser Vorstellung sogar Raketenexperimente durchführen. Manche Leute glauben an die Theorie, dass Mitglieder der Thule-Gesellschaft und andere Nazis bei Kriegsende in die hohle Erde geflüchtet sind und dort Kolonien errichtet haben. Natürlich müssen die Behören dieses schreckliche Faktum vor der Öffentlichkeit verbergen.

Außerirdische

Diverse außerirdische Rassen, von den bekannten Grauen über die weniger bekannten, arisch aussehenden Nordischen bis zu den Orions (Reptilien, die hinter den meisten Legenden von gehenden Schlangen stecken) sollen im Inneren der Erde wohnen. Unsere Regierungen sollen das zwar wissen, doch gegen die Aliens machtlos sein, weshalb sie deren Anwesenheit vor uns verheimlichen.

DIE UNÜBLICHEN VERDÄCHTIGEN

Terras

Laut Dr. Raymond Bernard – der seinen Doktor 1932 an der New York University machte – ist die Erde hohl. Der Hohlraum wird von so genannten Terras bevölkert: 30 m große Wesen, die von den originalen Atlantern abstammen, sich von rohem Gemüse ernähren und mit UFOs fliegen, wenn sie die Oberfläche besuchen. Dr. Bernard gründete in Ecuador eine Kolonie für jene Leute, die seine Überzeugung teilen, dass die Behörden die Wahrheit über die hohle Erde und die freundlichen Terras unterdrücken, die nichts weiter wollen, als uns vor einem drohenden nuklearen Holocaust zu bewahren.

Deros

Die Deros sind eine der Rassen, die das Erdinnere bewohnen. Erstmals wurden sie in Berichten von Richard Shaver, einem höchst merkwürdigen Gesellen, in den 40er-Jahren erwähnt. Shaver meint, die Deros wären Nachkommen der ursprünglichen außerirdischen Bewohner der Erde, die durch eine solare Katastrophe vor 12.000 Jahren gezwungen waren, in den Untergrund zu gehen. Sie sind Meister einer überlegenen Technologie, mit der sie den menschlichen Geist kontrollieren können – z. B. um eine Verschwörung aufrechtzuerhalten, die ihre unterirdische Welt geheim hält. Abgesehen davon, dass sie die Wahrheit über sich selbst vertuschen wollen, scheinen Deros ein ungesundes Interesse an Oberflächenfrauen und sadistischen Sexualpraktiken zu besitzen.

DIE ÜBERZEUGENDSTEN BEWEISE

Legenden von unterirdischen Königreichen und den Wesen, die darin leben, gibt es in so gut wie allen Kulturen der letzten sechstausend Jahre, doch es erscheint – zumindest – seltsam, dass mehr als eine Regierung Mittel dazu bereitgestellt hat, um die Theorie der hohlen Erde zu erforschen. Im 19. Jahrhundert schickte die US-Regierung zunächst den amerikanischen Militärhelden Captain John Cleves Symes zum Südpol, um den Eingang zur Hohlwelt zu finden und dort eine Kolonie zu errichten. Und man weiß, dass die Nazis vor dem

LINKS *Die spektakuläre Aurora Borealis soll einigen Verschwörungstheoretikern zufolge beweisen, dass die Erde in Wirklichkeit hohl ist.*

Zweiten Weltkrieg mehr als ein Forschungsteam zur Suche nach einem Weg in die geheime Unterwelt entsandten. Es gibt auch Gerüchte, dass die mysteriöse Militärexpedition von Admiral Byrd in die Antarktis 1947 mehr als nur ein schwaches Interesse an der Hohlwelt hatte.

DIE MERKWÜRDIGSTEN FAKTEN

Am 25. November 1912 beantragte der amerikanische Forscher und Autor Marshall B. Gardner beim US-Patentamt das Patent für die Theorie, dass die Erde hohl sei. 18 Monate später, nach einer entsprechenden bürokratischen Verzögerung, Papierkram und Nachforschungen, entschied die US-Regierung, Gardner das Patent Nr. 1096102 zu verleihen: die Hohlwelttheorie. Dies ist vermutlich das erste Mal, dass eine Verschwörungstheorie offiziell mittels Patent anerkannt wurde.

SKEPTISCH BETRACHTET

Der Hohlwelttheorie mangelt es an faktischen Beweisen ebenso wie am „Zu bizarr, um glaubwürdig zu sein"-Faktor. Daher kommt sie nicht gegen die geeinte Kraft von Geologie, Geschichte, Kosmologie und Hausverstand an. Wenn Eingänge zur hohlen Erde existierten, wären sie schon längst von Satelliten entdeckt worden.

MONTAUK POINT, NEW YORK

Viele Verschwörungstheorien verdienen das Etikett „Zu bizarr, um glaubwürdig zu sein" – und Montauk gehört garantiert dazu. Verschlungen, verwirrend und von unglaublicher Tragweite – so wurden die Montauk-Machenschaften erstmals durch die Pionierarbeiten des Journalisten Peter Moon und zweier weiterer Personen, die in die seltsamen Vorgänge verwickelt gewesen waren – Preston Nichols and Alfred Bielek –, ans Licht gebracht.

Bei der Verschwörung geht es um Camp Hero – offiziell eine aufgelassene Air-Force-Basis in Montauk Point auf Long Island im Staat New York. Camp Hero wurde vor dem Zweiten Weltkrieg als Stützpunkt der US Army errichtet. Später wurde er zur Montauk Air Force Base und offiziell bis 1969 benützt. Doch seither wurden neue Telefon- und Starkstromleitungen verlegt und viele Zeugen haben beobachtet, wie in dem Areal hochtechnisierte Rüstungselektronik getestet wurde. Der Stromverbrauch der aufgelassenen Einrichtung wird mit einem Gigawattmeter gemessen, was bedeutet, dass sie den Energiebedarf einer Kleinstadt verbraucht.

Verschwörungstheoretiker vermuten, dass die unterirdischen Ebenen ein Forschungs- und Testzentrum für elektromagnetische Gedankenkontrolle sowie zur Manipulation von Zeit und anderen Dimensionen beherbergen. Diese Experimente reichen bis in das Jahr 1943 und zum berüchtigten Philadelphia-Experiment zurück, als Albert Einstein und der in Ungar geborene Physiker Janos von Neumann an Experimenten der US-Regierung arbeiteten, die beim Versuch, ein Schiff der Navy für Radar unsichtbar zu machen, Löcher in die Realität rissen.

MITTE *Der englische Okkultist Aleister Crowley – der selbst ernannte böseste Mann der Welt – stattete Montauk Point mysteriöse Besuche ab.*

Es wird vermutet, dass während des Philadelphia-Experiments ein Schlachtschiff verschwand – aus unserer Zeitlinie. Als es wieder auftauchte, hatte die Mannschaft verheerende psychische Schäden davongetragen und litt unter schrecklichen körperlichen Nachwirkungen. Manche Seeleute rematerialisierten im Schiffsrumpf oder wiesen Verbrennungen dritten Grades auf. Nach dem Krieg wurde die Forschung an dem, was für die meisten nach Science Fiction klingt, in Montauk und anderen Stützpunkten und Labors in der Region Long Island fortgesetzt. Als eine Untersuchung des US-Kongresses beschloss, die Projekte stillzulegen, ging nicht nur die Basis in den Untergrund. Montauk wurde ohne Zustimmung der Regierung mithilfe von mysteriösen Geldquellen fortgesetzt.

DAS MERKWÜRDIGE DARAN

1984 wurde die offiziell leere Air-Force-Basis Montauk dem Staat New York zur Verwendung als öffentlicher Park übergeben. Auch wenn das Gelände in der Pflege des New York State Parks System steht, wurde kein Teil davon jemals als Park geöffnet. Tatsächlich lassen die Umstände der Übergabe darauf schließen, dass die US-Regierung noch immer alle Besitzrechte innehat.

Außerdem beweisen Pläne des US-Pionierkorps, dass es zumindest vier unterirdische Ebenen unter Camp Hero gibt. Vielleicht ist etwas dran an den Behauptungen der Verschwörungs-theoretiker, es würde hier im großen Stil Forschung an der Grenze der anerkannten Wissenschaften betrieben.

DIE ÜBLICHEN VERDÄCHTIGEN

Nationaler Sicherheitsrat

Häufig wird vermutet, dass Montauk von einer internen Intrige innerhalb des Nationalen Sicherheitsrates der USA betrieben wird. Die Mitwirkenden an der Intrige sollen allesamt Mitglieder des Großorients der Ägyptischen Freimaurerei sein, die die durch die Forschung in Montauk erzielten Fortschritte dazu benutzen wollen, die Weltherrschaft an sich zu reißen.

Aleister Crowley

Der vielleicht wichtigste Okkultist des 20. Jahrhunderts nannte sich selbst den „bösesten Mann der Welt". Crowley soll das Gebiet von Montauk auf Long Island kurz nach dem Ersten Weltkrieg besucht haben, in dem er als Geheimdienstoffizier fungiert hatte. Was er in Montauk wollte, weiß niemand so genau, doch unter seinen Schülern waren bahnbrechende Wissenschaftler wie Jack Parsons – der Mann hinter den Düsenantrieblabors der NASA und Mitarbeiter von Janos von Neumann.

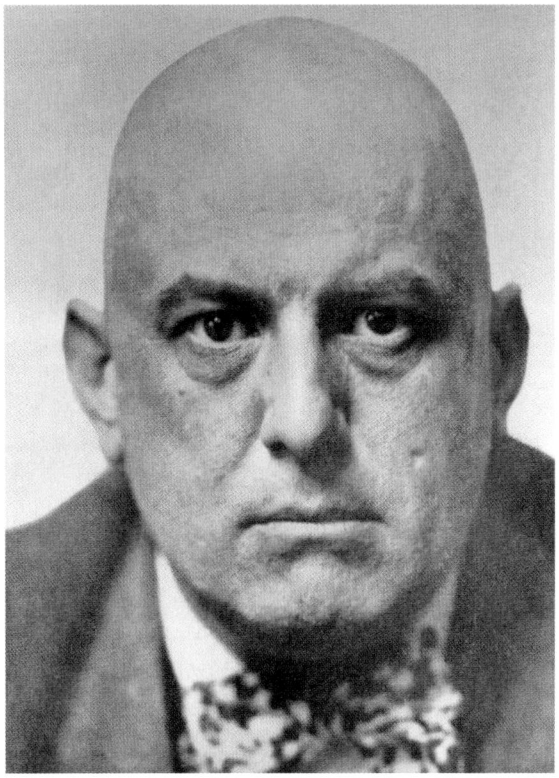

DIE UNÜBLICHEN VERDÄCHTIGEN

Nazi-Wissenschaftler

Vor Montauk wurden während des Krieges oft U-Boote der Nazis gesichtet und nach dem Krieg begannen viele Nazi-Wissenschaftler, für das US-Militär zu arbeiten. Seit den späten 30er-Jahren gab es in Montauk eine starke arische Gemeinde und einige Verschwörungstheoretiker glauben, dass die Experimente von Montauk von den Ex-Nazis infiltriert und übernommen wurden, um die schrecklichen Kräfte für ihre bösen Pläne zu nützen.

Zeitreisende

Angesicht dessen, dass es bei vielen der Experimente von Montauk um Zeitreisen geht, halten es einige für logisch, dass die wahren Mächte hinter der Verschwörung aus der Zukunft stammen. Da sie hier – in ihrer Vergangenheit – gestrandet sind, haben sie die von Einstein und von Neumann begonnenen Experimente übernommen, in der Hoffnung, dass sie eine Zeitmaschine bauen können, um in ihre Zeit zurückzukehren.

DIE ÜBERZEUGENDSTEN BEWEISE

Dafür, dass hier offiziell eine ehemalige Militärbasis auf als Park gewidmetem Gelände steht, gibt es rund um Camp Hero ziemlich viel Security. Frauen und Kinder, die dort picknicken wollten, wurden von nicht identifiziertem militärischem Personal mit Waffen bedroht, weil sie hier eingedrungen seien. Anderen Leuten, die durch den Park zur angeblich verlassenen Basis spazierten, wurde erklärt, sie hätten streng geheimes Gelände betreten und könnten dafür eingesperrt werden.

Nicht-uniformierte bewaffnete Wachen von undurchsichtigen Regierungs- und Militärdiensten sollen in diesem Gebiet verfassungswidrige Aktionen gestartet haben. Wenn hier keine Verschwörung vorliegt, wieso geschieht all das?

DIE MERKWÜRDIGSTEN FAKTEN

Das Land, auf (und vielleicht unter) dem die Montauk Air Force Base gebaut ist, sollte nach amerikanischem Gesetz dem Stamm der Montauk-Indianer gehören, den ursprünglichen Bewohnern dieses Gebietes. Trotz enormer Mengen an Beweisen für das Gegenteil erklärte das US-Bundesgericht die Montauk für ausgerottet, damit keiner mehr dieses Land beanspruchen kann. Die Montauk selbst berichten von zahlreichen seltsamen Legenden über das Gebiet und können sich noch daran erinnern, dass hier anstelle von Camp Hero einst eine alte und ziemlich merkwürdige Steinpyramide stand.

SKEPTISCH BETRACHTET

Trotz unzähliger faszinierender Vermutungen gibt es nur wenige unabhängige Faktenbeweise, um die abwegigeren Aspekte der Montauk-Verschwörungen zu stützen. Es scheint verständlich, dass die US-Regierung – oder dunkle Kräfte innerhalb derselben – hochfortgeschrittene Technologie auf einer geheimen Basis testet, doch wenn es Orte wie Area 51 gibt, besteht kein Grund, die Tests auf einem Stützpunkt im Umkreis von 100 Meilen von New York City durchzuführen.

DAS GEHEIMNIS VON OAK ISLAND

Der kleinen Insel Oak Island in Neuschottland, Kanada, wurden in den letzten 200 Jahren viele Namen gegeben: Goldgrube; ein clever geschützter Piratenschatz; Todesfalle. 1795 erforschte der 16-jährige Daniel McGinnis die Insel, als er unter einer alten Eiche auf eine Senke stieß. Er dachte, es sähe so aus, als ob jemand soeben ein Loch gegraben und wieder zugeschüttet hätte. Also begann er, gemeinsam mit zwei Freunden zu graben, denn er war sicher, er würde bald auf einen glitzernden Piratenschatz stoßen.

In 1 m Tiefe stieß er auf eine Lage Steinfliesen. In 3 m Tiefe entdeckten sie eine Plattform aus Eichenstämmen, die in den Wänden des Schachtes steckten. Weitere 3 m tiefer befand sich eine weitere Plattform und noch eine auf einer Tiefe von 9 m. Da sie die Stämme nicht entfernen konnten, brachen die Jugendlichen ihre Unternehmung ab.

Ausgestattet mit Kapital von Simeon Lynds, einem Geschäftsmann, der Investoren zur Finanzierung der Ausgrabungen angeworben hatte, kehrten die Jungs 1803 zurück. Bei tieferen Grabungen stießen sie auf weitere Plattformen, doch sie fanden auch etwas viel Interessanteres: einen großen, flachen Stein, in den kryptische Buchstaben eingeätzt waren. Später wurden die mysteriösen Zeichen als Botschaft übersetzt: „Zwölf Meter tief liegen zwei Millionen Pfund begraben."

Unterhalb des Steins wurden die aufgeregten Arbeiter mit jenem Problem konfrontiert, das seitdem sämtliche Ausgrabungen auf Oak Island plagte: Wasser. Während der Schaft bis zu diesem Punkt trocken geblieben war, begann nun langsam Wasser durch die Erde zu sickern. Es wurde so schlimm, dass die Arbeiter für jeden Eimer Erde zwei Eimer Wasser entfernen mussten. In einer Tiefe von 30 m stießen die Männer auf etwas, das sich zunächst wie eine weitere Plattform anhörte, und da sich der Tag dem Ende zuneigte, stellten sie die Arbeit ein. Als sie am nächsten Tag zurückkehrten, stellten sie entsetzt fest, dass sich die Grube mit Wasser gefüllt hatte.

Unbeirrt gruben sie 4 m neben der mit Wasser gefüllten Goldgrube einen zweiten Schacht. In 33 m Tiefe versuchten sie, einen Seitentunnel zum ersten Schacht zu graben, um auf diesem Wege den erhofften Schatz zu erreichen. Einen halben Meter vor ihrem Ziel brach jedoch erneut Wasser ein und bald war der zweite Schacht ebenso gefüllt wie der erste. Kurz darauf gab Lynds Team auf.

1849 versuchte sich ein weiteres Team an der Goldgrube, diesmal bewaffnet mit einem mit Pferdekraft betriebenen Bergbaubohrer. Sie entdeckten noch mehr Holzschichten und erstmals Schichten mit losem Metall. Außerdem fanden sie etwas, das nach den Teilen einer alten Uhrenkette aussah. In der Überzeugung, dass die Grube kistenweise Schätze enthielt, trieben sie die Grabung weiter, wurden jedoch abermals vom Wasser daran gehindert. Als sie am Strand nachforschten, woher das Wasser kam, machten sie eine verblüffende Entdeckung. Sie fanden ein System aus fünf sorgfältig konstruierten Abflüssen, die Wasser in eine Sickergrube und von dort über einen 150 m langen Tunnel direkt in die Goldgrube leiteten. Wenn man unter die 30-m-Marke grub, brach ein hydraulisches Siegel in der Grube und das Wasser floss mit einer Geschwindigkeit von 2.300 Litern pro Minute ein. Da das Wasser direkt aus dem Ozean stammte, konnte man das System nicht trockenlegen. Entmutigt gab die Gruppe auf.

Im Lauf der Jahre versuchten viele, das Rätsel von Oak Island zu lösen, darunter Leute wie Franklin Roosevelt, Errol Flynn und John Wayne. Enthüllt wurden nur noch mehr

Rätsel, etwa gemauerte Gewölbe, Teile kryptischer Pergamente und verborgene Höhlen im Norden der Originalgrube.

Sechs Menschen starben beim Versuch, der Insel ihr Geheimnis zu entreißen, doch bis heute gab sie es nicht preis.

DAS MERKWÜRDIGE DARAN

1971 wurde eine Kamera in Bohrloch 10X versenkt, einem Schacht im Norden der Grube. Sie fing in einer neu entdeckten Unterwasserhöhle einen grausigen Anblick ein: im dunklen, schlammigen Wasser schwebte eine menschliche Hand, die anscheinend am Handgelenk abgetrennt worden war.

DIE ÜBLICHEN VERDÄCHTIGEN

Captain William Kidd

Der berüchtigte Piratenkapitän Kidd scheint Schätze auf der ganzen Welt verstreut zu haben. Mehrere Storys über seine Beute scheinen auf Oak Island hinzuweisen.

Die Spanier

Die beschädigten, mit Schätzen beladenen spanischen Galeonen hätten zu Reparaturen vor Oak Island geankert und ihre Fracht hier vor Piraten in Sicherheit vor Piraten gebracht, um sie auf dem Heimweg nach Spanien mitzunehmen.

Francis Bacon

Da von Stakespeares Stücken keine Orginialmanuskripte gefunden wurden, behaupten viele, dass sie in Wahrheit von niemand Geringerem als Francis Bacon geschrieben wurden. Bacon könnte die betreffenden Stücke auf Oak Island vergraben haben, damit sie später entdeckt würden.

Ebenfalls verdächtig: die Wikinger; die französischen und/oder die britischen Kolonialtruppen.

DIE UNÜBLICHEN VERDÄCHTIGEN

Die Inka und die Maya

Um Plünderungen durch die Europäer im 17. und 18. Jahrhundert zu entgehen, könnten Inka und Maya einige Schätze mithilfe sympathisierender Europäer in den Norden nach Oak Island gebacht haben.

Die Tempelritter

Auf der Flucht vor der Verfolgung in Europa könnten die Tempelritter den Heiligen Gral nach Oak Island in Sicherheit gebracht haben. Zwei Hinweise sprechen dafür: Erstens ergeben gewisse Gesteinsformationen auf der Insel, wenn man sie auf einer Karte verbindet, ein riesiges, 250 m langes Kreuz. Zweitens traf Henry Sinclair, ein mutmaßlicher Templer, 1398 in dieser Region ein.

DIE ÜBERZEUGENDSTEN BEWEISE

Die genialen Kanäle und hydraulischen Ventile scheinen darauf hinzuweisen, dass hier etwas Wertvolles versteckt ist.

DIE MERKWÜRDIGSTEN FAKTEN

1970 beauftragte eine Investorengruppe mit dem Titel „Triton Alliance" eine geologische Studie von Oak Island. Merkwürdigerweise wurde der Bericht nie veröffentlicht.

SKEPTISCH BETRACHTET

Wie wollten die ursprünglichen Architekten von Oak Island ihren eigenen Schatz wieder heben? Offensichtlich haben sie es noch nicht getan. Und wieso machen sie dafür Werbung auf gravierten Steinen? Läuft das nicht der Absicht, etwas zu verbergen, entgegen?

LINKS *Liegt im Herzen von Oak Island der Schatz des berüchtigten Piratenkapitäns William Kidd?*

DENVER, COLORADO

Der Flughafen von Denver wird normalerweise nur erwähnt, weil er der wichtigste Flughafen im US-Bundesstaat Colorado ist; als Schauplatz einer Verschwörung liegt er also nicht wirklich nahe. In den letzten Jahren haben jedoch einige Verschwörungstheoretiker seine mutmaßlichen Geheimnisse untersucht, im Glauben, dass deren Enträtselung die Existenz der New World Order, die Zerstörung der Welt durch Kometeneinschläge und die wahre Natur von MJ-12 offenbaren würde. Bislang konnte nur bewiesen werden, dass es unter dem Flughafen einen gewaltigen, mysteriösen unterirdischen Komplex gibt.

Sicherlich birgt das Design des Flughafens einiges an okkultem Symbolismus: Die Startbahnen scheinen ein Hakenkreuz zu bilden und die unzähligen Wandmalereien sind wirklich verwirrend – auf einer sieht man die Zerstörung von Stadt und Wald, während ein kleines Mädchen eine Maya-Schreibtafel hält, die das Ende der Welt vorhersagt. Am bizarrsten ist aber die schwarze Sonne, ein Nazi-Symbol, auf dem Boden der großen Halle. Jeder Verschwörungstheoretiker wird bestätigen, dass „die große Halle" ein wichtiger Begriff in der Freimaurerei ist – was vielleicht auch erklärt, warum sich in der Halle ein freimaurerischer Schlussstein befindet.

Einige denken, dass das Raumfahrtskommando der Air Force nicht zufällig auf der Schriever Air Force Base in der Nähe des Denver International Airport stationiert ist. Zu den offiziellen Aufgaben des Raumfahrtskommandos gehört die Steuerung des Satellitenkommunikationssystems Milstar, das mobile Bodenstreitkräfte, Schiffe, U-Boote und Flugzeuge miteinander verbindet, wodurch eine ungeheuer mächtige Streitmacht entsteht. Sie ist auch für andere Satelliten verantwortlich, die die Erde in mehr als 37.000 km Höhe umkreisen und auf hohen Frequenzen senden. Durch dieses Satellitennetzwerk könnten Streitkräfte in aller Welt im Falle eines Atomkrieges oder einer globalen Katastrophe gesteuert werden.

Das Raumfahrtskommando der Air Force leitet auch die Satelliten des Verteidigungsprogramms, die ein wichtiger Teil des US-Frühwarnsystems sind. Statt jedoch bloß Raketenstarts und nukleare Detonationen aufzuspüren, kann das Raumfahrtskommando auch vor UFOs und Kometen warnen, die sich der Erde nähern. Angeblich wurde Denver als Stützpunkt des Raumfahrtskommandos ausgewählt, weil Computermodelle gezeigt haben, dass man in dieser Lage und Höhe sichere unterirdische Komplexe errichten kann, die jede Katastrophe überstehen.

DAS MERKWÜRDIGE DARAN

Es gab heftigen lokalen Widerstand gegen den Bau des Denver International Airport. Hohe Mitglieder der Clinton-Regierung wurden in den Fall verwickelt und scheinen mit ihrem Einfluss sichergestellt zu haben, dass der Flughafen gebaut wird. Außerdem könnte die CIA ihre Finger im Spiel gehabt haben – Rodney Stitch, der Autor von *Defrauding America*, behauptet, er besitze ein Video, auf dem man sieht, wie ein CIA-Agent dem Bürgermeister von Denver Geld gibt, damit der Flughafen gebaut wird. Wieso wurde so viel Druck ausgeübt, um den Flughafen und das unterirdische Bunkersystem zu bauen?

DIE ÜBLICHEN VERDÄCHTIGEN

New World Order

Noch bevor die bizarren Details der Konstruktion des Flughafens von Denver bekannt wurden, gab es in der Verschwörerjägerszene Gerüchte, dass Amerika in zwei Verwaltungsbereiche geteilt würde, wenn die Neue Weltordnung errichtet wäre: den Ostsektor und den Westsektor. Das Kontrollzentrum für den Ostsektor befände sich dann in Atlanta, das für den Westsektor in Denver. Für Verschwörungstheoretiker macht das die Worte „New World Airport Commission" auf dem freimaurerischen Schlussstein nur noch geheimnisvoller.

Die Freimaurer

Es ist schwer zu leugnen, dass der Denver International Airport voller Freimaurersymbole steckt, was einige Verschwörungsforscher zu der Annahme verleitet, dass des Rätsels Lösung mit den Freimaurern zu tun hat. Da die Freimaurer in den USA seit langem Bauwerke und sogar ganze Städte voller freimaurerischer Botschaften errichten, könnten sie den Flughafen als eine Art unterschwelliger Propaganda entworfen haben, um so ihre Eigentümerschaft am Gebäude und dem unterirdischen Komplex zu demonstrieren.

DIE UNÜBLICHEN VERDÄCHTIGEN

NASA

Eine der paranoideren Verschwörungstheorien über Denver besagt, dass die NASA in Zusammenarbeit mit der NSA (National Security Agency) und dem Raumfahrtskommando den unterirdischen Komplex errichtet ließ. Er sei Teil von ORPHEUS – einem Projekt der NASA, bei dem ein Netz von unterirdischen Bunkern errichtet wird, in dem ein paar Auserwählte jenen großen Kometeneinschlag überleben können, der sich laut NASA in ein paar Jahren ereignen wird. Die Wandmalereien seien eine subtile Warnung an den Rest der Menschheit vor unserem grausamen Schicksal – Tod von oben oder Sklaverei, wenn NASA, NSA und Raumfahrtskommando nach der Katastrophe die Weltregierung übernehmen.

Königin Elisabeth II.

Es ist nicht allzu überraschend, dass Königin Elisabeth II. in Colorado Grund besitzt – schließlich ist sie die reichste Frau der Welt. Doch ihr jüngster großer Landerwerb in Colorado

Links *Ein merkwürdiger Ort für eine Verschwörung, doch der Denver International Airport könnte Hinweise auf dunkle Pläne der New World Order bergen.*

unter dem Deckmantel vorgeschobener Firmen sorgte doch für Unruhe. Plant sie den Umzug nach Denver, um einer Katastrophe zu entgehen, die Großbritannien von der Landkarte löschen würde? Wenn sie wirklich die wahre Macht hinter Gruppierungen wie New World Order ist, könnte sie den Bau der Untergrundbasis als neues Hauptquartier ihrer Geheimdienste angeordnet haben. Auf dem jüngst erworbenen Land würde sie weitere Anlagen bauen.

DIE ÜBERZEUGENDSTEN BEWEISE

Die Künstler, die die seltsamen Wandgemälde auf dem Flughafen schufen, sollen zugegeben haben, dass sie gebeten wurden, bestimmte Themen zu integrieren. Für die Auftragserteilung soll Wilma Webb zuständig gewesen sein, die Frau des Bürgermeisters von Denver, die eine freimaurerische Einweihung des Flughafens durchführen ließ und später von Präsident Clinton zur Ministerin für Arbeit ernannt wurde.

DIE MERKWÜRDIGSTEN FAKTEN

An der Stelle des Denver International Airport befand sich ursprünglich ein indianisches Gräberfeld. Der Bürgermeister von Denver musste sich mit indianischen Stammesältesten und einem Schamanen treffen, um die Geister der Vorfahren zu besänftigen. Die „zeltartige“ Struktur des Terminals sollte ebenfalls dazu dienen, den möglichen Zorn indianischer Geister abzuwenden.

SKEPTISCH BETRACHTET

Unterirdische Bunker sind bei Notfallsplänen nicht unüblich und es gibt keinen Grund, warum man nicht einen unter einem Flughafen bauen sollte. Keine Geheimgesellschaft, die etwas auf sich hält, würde ihre Weltherrschaftspläne unter einem täglich benützten Flughafen besprechen und dafür auch noch mit großen kryptischen Symbolen werben.

DAS PENTAGON

Das Pentagon ist eines jener Gebäude, von denen jeder schon gehört hat und die jeder sofort erkennt. Es ist Sitz des US-Verteidigungsministeriums – jener Körperschaft, die die am stärksten bewaffneten Streitkräfte der Welt befehligt. Es sticht durch seine Architektur ins Auge und gilt weltweit als Symbol der amerikanischen Macht.

Deshalb ließen Terroristen am 11. September 2001 um 9.43 Uhr den Flug 77 der American Airlines in dieses Gebäude stürzen. Indem sie mit einer Boeing 757 ein großes Loch in eine der berühmten fünf Seiten machten, rissen sie symbolisch zugleich ein großes Loch in die Sicherheit und militärische Überlegenheit der USA.

Das Gebäude hat seinen Namen der US-Militärmaschinerie geliehen – ein Name, der fast schon gleichbedeutend ist mit Verschwörung. Von Gerüchten über vom Militär gebaute UFOs bis zu bakteriellen Kriegführungsexperimenten an ahnungslosen Zivilisten wurde das Pentagon zum Synonym für dunkle Pläne und groteske Komplotte. Sein Platz innerhalb der Verschwörungstheorien sickerte bereits bis zu den Unterhaltungsmedien durch. In Steven Spielbergs Blockbuster *Jäger des verlorenen Schatzes* wurde es zum Aufbewahrungsort der Bundeslade, während in *Akte X* Fox Mulders böser Gegenspieler in der globalen Verschwörung – der Krebskandidat – von dort stammt.

Im Pentagon arbeiten mehr als 29.000 militärische und zivile Beschäftigte – es bildet eine Stadt innerhalb der Hauptstadt Washington D.C. Der offiziellen Geschichte zufolge war das Pentagon-Gebäude die Idee von Brigadegeneral Brehon B. Sommervell, dem Chef der Baudivision der US Army. 1941 unterbreitete er seinen Vorschlag, angeblich als Übergangslösung für Probleme, die aus dem rasch wachsenden Kriegsministerium und Platzmangel resultierten. Außerdem sollten damit die 24.000 Angestellten des Ministeriums, die bis dahin auf 17 verschiedene Gebäude in Washington verteilt waren, unter einem Dach vereint werden.

Als einzigen Grund für den einzigartigen fünfeckigen Grundriss des Gebäudes gab das Militär das ursprünglich als Bauplatz ausgewählte Grundstück an, bekannt als Arlington Farms. Es wurde von fünf Straßen begrenzt, was vermutlich die Gebäudeform bestimmte. Doch Präsident Franklin D. Roosevelt selbst entschied, dass das Gebäude einen Kilometer flussabwärts gebaut werden sollte, an einem „Hell's Bottom" („Kehrseite der Hölle") genannten Ort. Dort wurde das endgültige Design eines nach oben offenen Pentagramms mit fünf konzentrischen Ringen, die durch zehn Gänge verbunden werden, verwirklicht.

Einige Verschwörerjäger vermuten, dass der Komplex mehr ist als das Hauptquartier der nationalen Verteidigung der USA und das Nervenzentrum für Kommando und Kontrolle der weltweit stärksten militärischen Streitmacht. Wo andere bloß Millionen Tonnen Stahl und Beton sehen, die eines der größten Bürogebäude der Welt bilden, machen Verschwörungstheoretiker Verbindungen zwischen der merkwürdigen Gebäudeform und antiken Geheimgesellschaften aus, die durch ihre Intrigen Amerika ebenso wie den Rest der Welt unterwerfen wollen.

DAS MERKWÜRDIGE DARAN

Es gibt Berichte, dass das Pentagon Präsident Franklin D. Roosevelt nicht gefiel, er jedoch nicht verhindern konnte, dass es in dieser Weise gebaut wurde. Wenn selbst ein Präsident den Bau eines Gebäudes nicht verhindern kann, welch mächtige Kräfte haben dann Entwurf und Bau kontrolliert?

DIE ÜBLICHEN VERDÄCHTIGEN

Die Freimaurer

Es wird schon lange behauptet, dass Washington D. C. nach Plänen der Freimaurer errichtet wurde. Seine ausgeklügelte Geometrie wurde sogar von den hochrangigen Freimaurern und Gründervätern der USA, Thomas Jefferson und George Washington, geändert. Da der fünfzackige Stern ein wichtiges Freimaurersymbol ist, vermuten viele Verschwörungstheoretiker, dass auch das Pentagon freimaurerischen Ursprungs ist. Sie meinen, es wurde als Freimaurertempel und Zeichen ihrer Kontrolle über die USA und ihr Militär entworfen.

Satanisten

Der Teufel und seine menschlichen Lakaien sind nicht mehr die treibende Kraft hinter Verschwörungen – wie in den Zeiten der Hexenverbrennungen, als Amerika gegründet wurde. Trotzdem sehen fundamentalistische christliche Verschwörungsjäger die Hand des Teufels im Design des Pentagon. Sie weisen darauf hin, dass der fünfzackige Stern jahrhundertelang als Symbol für die Satansverehrung diente. Einige glauben sogar, der Teufel hätte seiner geheimen Armee von Anhängern befohlen, das Pentagon als seine Operationsbasis auf Erden zu errichten. Auch den Originalnamen des Marschlandes, auf dem es errichtet wurde („Hell's Bottom"), halten sie für bedeutungsvoll.

LINKS *Steckte hinter dem Angriff auf das Pentagon am 11. September mehr als bloß Terrorismus?*

OBEN *Die Form des Pentagon enthält den mysteriösen Goldenen Schnitt, der Freimaurern sehr wichtig ist.*

DIE UNÜBLICHEN VERDÄCHTIGEN

Nazi-Okkultisten

Es gibt Hinweise darauf, dass bekannte deutsche NS-Wissenschaftler wie Wernher von Braun 1938 in den USA an Geheimprojekten arbeiteten. Es gibt außerdem Gerüchte, dass sie Kontakte zu einem okkulten Untergrund hatten, darunter faszinierende Charaktere wie Jack Parsons – ein Anhänger von Aleister Crowley und erster Festbrennstoffraketenforscher der Welt. Laut manchen Theorien sollen geheime, okkulte Orden das US-Militär infiltriert und dazu gezwungen haben, das Pentagon zu bauen. Als im Rahmen der Operation Paperclip nach dem Zweiten Weltkrieg mehr als 400 Nazi-Wissenschaftler und tausende Assistenten in die USA gebracht wurden, war die Übernahme des US-Militärs durch okkulte Nazis fertig. Nazi-Forscher konnten aus ihrem speziell entworfenen Hauptquartier herrschen.

MJ-12

Jede Organisation – auch so mächtige wie die streng geheime MJ-12 – braucht eine Operationsbasis. Einige glauben, dass es MJ-12 schon vor dem Roswell-Absturz gab und es vor dem Zweiten Weltkrieg unter anderem Namen via US-Militär aktiv war. Sie glauben auch, dass das Pentagon speziell entworfen wurde, weil es durch die mathematischen Eigenschaften des Goldenen Schnitts die perfekte Form hat, um Botschaften in den Hyperraum zu schicken und von dort zu empfangen.

DIE ÜBERZEUGENDSTEN BEWEISE

Bereits zur Zeit seiner Entstehung gab es Spekulationen über die Symbolik der fünfeckigen Form des Pentagons. Viele meinten, es hätte ja nicht nur fünf Seiten, sondern auch die fünf Spitzen, die man für einen fünfzackigen Stern bräuchte – ein Symbol, das in fast jeder okkulten oder mystischen Tradition Bedeutung hat. Der fünfzackige Stern enthält den Goldenen Schnitt und die Pythagoräer – ein antiker Kult rund um das Studium der Mathematik – behaupteten, dass das Pentagon das Geheimnis des Lebens enthalte und das „göttliche Design" widerspiegele, welches das Universum ordnet und kontrolliert. Das alles führt zu der Frage, wieso sich das sonst so konservative US-Militär ein so radikales, symbolisches Design ausgesucht hat, noch dazu, wo dessen Bau in Kriegszeiten 83 Millionen US-Dollar verschlang.

DIE MERKWÜRDIGSTEN FAKTEN

Es dauert exakt sieben Minuten, um die Strecke zwischen zwei Eckpunkten des Pentagon abzuschreiten. In der Numerologie ist die Sieben die Zahl der Perfektion; sie steht für die Kontrolle über das spirituelle und das sterbliche Reich.

SKEPTISCH BETRACHTET

Manchmal ist ein Gebäude nur ein Gebäude. Das Pentagon ist nicht der einzige heftig diskutierte Bürokomplex der Welt. Würde es nicht das US-Militär und zahllose Verschwörungen beherbergen, würde es vermutlich nicht zum Thema von Spekulationen werden.

DIE SPHINX

Die große ägyptische Sphinx wurde für die westliche Welt zu einem Symbol, als Napoleons Soldaten sie 1798 „wiederentdeckten“. Seit damals übte sie auf viele Leute, die ihren rätselhaften Blick studieren, große Faszination aus. Die Statue, die den Körper eines männlichen Löwen und den Kopf eines Menschen besitzt, war schon immer von einer rätselhaften Aura umgeben. Nicht nur Verschwörungstheoretiker haben über ihr wahres Alter, ihre Bedeutung und die verborgenen Kammern spekuliert, über die sie wachen soll.

Die Sphinx steht auf dem Plateau von Gizeh, zehn Kilometer westlich von Kairo, und blickt nach Osten; gleich daneben befinden sich die drei berühmten großen Pyramiden. Sie wurde aus einem relativ weichen Kalkstein gehauen, der auf dem Plateau zutage tritt, und soll um 2540 v. u. Z. entstanden sein. In jüngster Zeit haben der anerkannte Geologe Robert Schock und der Ägyptologe John Anthony West gemeint, die Erosionsmuster auf der Sphinx sähen eher aus, als wären sie durch Wasser entstanden, nicht durch Wind und Sand. Die einzige Zeit, in der es zu Wassererosion gekommen sein könnte, liegt etwa 10.000 Jahre zurück, als das Klima in Ägypten mild und feucht war. Natürlich wurde die Vorstellung, dass die Sphinx 10.000 Jahre alt sein könnte, von orthodoxen Ägyptologen angegriffen, die sehr dumm aussehen würden und jedes Buch über das Thema neu schreiben müssten, wenn West und Schock Recht hätten.

Unterdrückung von Beweisen durch etablierte Archäologen ist nicht die einzige Verschwörung, in der die Sphinx vorkommt. Viele der mystischen Traditionen, auf die sich Geheimgesellschaften wie die Freimaurer berufen, sprechen von Kammern unter den Vorderpfoten und einer Bibliothek, in der eine ältere Kultur ihren Nachlass deponiert hätte. In den 1940ern sagte das Medium Edgar Cayce voraus, dass jemand diese „Hall of Records“ in den 90ern entdecken würde.

Verschwörungsjäger wurden ganz aufgeregt, als Arbeiter, die die Sphinx restaurierten, eine Tür in ihrer Seite entdeckten. 1995 legte ein Team, das in der Nähe der Sphinx arbeitete, mehrere Tunnel frei, die unter die Sphinx zu führen schienen. John Anthony Wests Team lokalisierte mithilfe von Seismografen regelmäßig geformte Hohlräume in wenigen Metern Tiefe zwischen den Pfoten und an den Seiten der Sphinx. Es schien, als sollte sich die Überzeugung, dass Geheimgesellschaften schon seit Jahrhunderten das Wissen über unterirdische Anlagen in Gizeh bewahrten, als korrekt erweisen.

DAS MERKWÜRDIGE DARAN

Ein Team der Florida State University untersuchte im April 1996 das Gebiet um die Sphinx und entdeckte „Kammern und Tunnel“ davor. Mehrere andere Teams, die an ähnlichen Projekten arbeiteten, unterstützten diese Behauptungen – darunter ein Team der Waseda Universität in Tokio, das einen Nord-Süd-Tunnel unter der Sphinx lokalisierte. Angesichts all dieses Materials, das einen unterirdischen Komplex unter Gizeh vermuten lässt, ist es seltsam, dass die ägyptischen Behörden sämtliche Ausgrabungen und sogar weitere öffentliche Sensorstudien untersagten. Soll hier die Wahrheit über das, was unter Sphinx begraben liegt, vertuscht werden?

DIE ÜBLICHEN VERDÄCHTIGEN

Freimaurerische Ägyptologen

Der Großorient der ägyptischen Freimaurerei lehrt in den höchsten Graden, dass die Weisheit und Überlieferungen der Loge von überlebenden Atlantern stammen. Die Atlanter hätten die Sphinx in Urzeiten gebaut und später die ägyptische Kultur begründet. Natürlich ist der Großorient eine uralte Organisation mit weit reichender Macht. Viele glauben, dass er ein Netz von freimaurerischen Ägyptologen kontrolliert, die die Wahrheit über die Sphinx und ihre Geheimnisse rücksichtslos zu unterdrücken versuchen.

National Security Agency

Die National Security Agency (NSA) soll über das Stanford Research Institute (SRI) bereits mehrmals die Dienste von Sehern in Anspruch genommen haben – Medien, die sehen können, was an irgendeinem Ort der Welt geschieht, wenn man ihnen zuvor eine Karte gibt. Aus der bedeutenden Rolle, die

OBEN *Neue Beweise legen den Schluss nahe, dass die Sphinx vor 10.000 Jahren erschaffen wurde - tausende Jahre vor der ersten bekannten Hochkultur.*

das SRI bei der Erforschung der Sphinx spielt, schließen Verschwörungstheoretiker, dass sich die NSA für die möglichen Geheimnisse einer verlorenen Zivilisation interessiert, die unter dem Felsen des Gizeh-Plateaus liegen. Vielleicht möchte die NSA zu den Ersten gehören, die diese Geheimnisse ausbeuten, wenn die „Hall of Records" geöffnet wird.

DIE UNÜBLICHEN VERDÄCHTIGEN

NASA

Viele von denen, die an der offiziellen Untersuchung der Sphinx beteiligt waren, haben enge Kontakte zur NASA, etwa die ehemaligen NASA-Berater Dr. James Hurtak und Richard Hoagland – ein bekannter-UFO-Verschwörungstheoretiker. Hoagland glaubt, dass es eine Verbindung zwischen Gizeh und der Cydonia-Region auf dem Mars gibt, wo die mysteriösen „Pyramiden" und das „Gesicht" gefunden wurden. Benützt die NASA ihre Ex-Berater, um die Geheimnisse der Sphinx zu erforschen?

DIE ÜBERZEUGENDSTEN BEWEISE

Abgesehen von dem Faktum, dass die Sphinx vor 10.000 Jahren von einer Kultur erbaut wurde, von deren Existenz wir nichts wissen, und anscheinend auf einem unterirdischen Komplex sitzt, ist die Art und Weise, wie der Direktor des Ägyptischen Rates für Antiquitäten, Dr. Hawass, John West vom Gizeh-Plateau verbannte, mehr als bloß verdächtig.

DIE MERKWÜRDIGSTEN FAKTEN

Im Februar 2000 tauchten Hinweise auf, dass die Forscher zumindest in Bezug auf die unterirdischen Kammern unter der Sphinx und dem Plateau von Gizeh Recht haben können. Zahi Hawass berichtete über die Entdeckung einer symbolischen Gruft für den antiken ägyptischen Gott Osiris tief unter den Pyramiden von Gizeh. Hawass erklärte, dass der Zugang aufgrund von Wasser vorher nicht möglich gewesen wäre, doch nachdem der Schacht zwischen der Sphinx und der Chefren-Pramide von Schmutz und Wasser befreit worden war, hätten seine Archäologien drei unterirdische Stockwerke freigelegt. Der unter Wasser befindliche Osiris-Sarkophag wurde auf der untersten Ebene gefunden, etwa 30 m unter der Oberfläche. Um durch den Schacht zu kommen, setzte man keine ausgeklügelten Roboter einen, sondern einen Jungen.

SKEPTISCH BETRACHTET

Die meisten Hinweise auf unterirdische Kammern stammen aus seismografischen Daten und könnten sich daher leicht als natürliche Anomalien im Gestein herausstellen. Es ist verständlich, dass die Ägypter keine Ausgrabungen genehmigen wollen, da die Beschädigungsgefahr für die Sphinx einfach zu groß ist im Vergleich zu der minimalen Chance, Überreste einer sagenhaften verlorenen Zivilisation zu entdecken.

TIBET

Auch in Leuten, die nicht für Verschwörungstheorien anfällig sind, kann die Erwähnung von Tibet Bilder von einem Land jenseits der normalen Zeitgrenzen entstehen lassen, wo sich buddhistische Mystiker in unzugänglichen Bergklöstern verbergen. Der Himalaya – was im antiken Sanskrit „Heimat des Schnees" bedeutet – versorgte uns mit zahlreichen Legenden, darunter die des Yeti und der sagenhaften Stadt Shangri-La. Verschwörungsjäger glauben, dass nicht all diese Geschichten aus den Bergen um Tibet reine Legenden sind.

Schon seit die ersten Forscher aus dem Westen die gefährliche Reise nach Tibet bewältigten, brachten sie hartnäckige Gerüchte über Shambhala – das „Verborgene Königreich" – mit, wo halb göttliche Wesen in Abgeschiedenheit leben und das Schicksal der Menschheit lenken. 1933 schrieb J. Hilton seinen Bestseller *The Lost Horizon*, in dem Shambhala zu Shangri-La wird. Damit erhielt die westliche Welt ein neues Wort für das Paradies auf Erden.

Trotz Schundromane und schlechter Filme bestand der Glaube an Shambhala weiter und wuchs sogar an, als Verschwörungsjäger Beweise zutage förderten, welche seltsame Rolle es im Zweiten Weltkrieg gespielt haben könnte. In letzter Zeit sprach sich herum, dass das Ahnenerbe – die okkulte Forschungsabteilung der SS – auf Himmlers Befehl zwei ausgedehnte Reisen nach Tibet unternahm. Man glaubt, dass sie unter den Einwohnern des Verborgenen Königreichs Verbündete und Unterstützung suchten.

Nach Kriegsende wurde Tibet durch einen Invasion des kommunistischen China vernichtet, doch die Gerüchte über Shambhala waren schwerer zu unterdrücken als die Freiheit der Tibeter. Der Glaube lebt jedenfalls weiter, dass es tief im Himalaya einen fortgeschrittenen mystischen Orden gibt, dessen Mitglieder hinter einer Verschwörung stecken, um den genauen Standort des Verborgenen Königreiches geheim zu halten, während sie den Lauf der Geschichte von ihrer entlegenen Zuflucht in den Bergen aus lenken.

OBEN *Berlin in Trümmern 1945 und überrannt von sowjetischen Truppe, die mehrere Leichen von mysteriösen tibetischen Mönchen fanden.*

LINKS *Die entlegenen Klöster von Tibet, ein merkwürdiges Ziel der SS.*

DAS MERKWÜRDIGE DARAN

Ob die Nazis nun Shambhala fanden oder nicht, weiß man nicht, doch man weiß, dass sie in Tibet seltsame Verbündete fanden. Als die sowjetische Armee gegen Kriegsende auf Berlin vorrückte, entdeckten Soldaten in einem Keller die Leichen von mehreren tibetischen Mönchen, die grüne Handschuhe trugen und anscheinend im Rahmen eines mystischen Rituals Selbstmord verübt hatten. In den folgenden Tagen wurden hunderte tibetische Leichen geborgen – alle trugen SS-Uniformen und grüne Handschuhe, hatten aber keine Papiere bei sich. Die Tatsache, dass dieses Detail des Krieges in den Geschichtsbüchern nicht vorkommt, bestärkt Verschwörungstheoretiker nur in ihrer Überzeugung, dass hier die Rolle von Shambhala vertuscht werden soll.

DIE ÜBLICHEN VERDÄCHTIGEN

Orden des Grünen Drachen

Der deutsche Gelehrte, Philosoph und Okkultist Karl Haushofer – der Schöpfer des Begriffs „Geopolitik" und ein wichtiger Berater Hitlers – unternahm große Reisen nach Tibet und Japan. Während er den Mystizismus in Asien studierte, wurde er in den streng geheimen Orden des Grünen Drachen aufgenommen. Dieser unterhielt Kontakte nach Tibet und soll seine Befehle direkt aus Shambhala erhalten haben. Vielleicht wurde der Kontakt zwischen den Nazis und dem Verborgenen Königreich mit seiner Hilfe hergestellt.

Die Gelbhüte

Die Gelbhüte – in Tibet „Dugphas" genannt – sind Vertreter des besonders esoterisch ausgerichteten Zweigs des tibetischen Buddhismus, die auch an die Existenz von Shambhala glauben. Manche Verschwörungstheoretiker meinen, dass die Darstellung des geheimen Landes als „Quelle des Glücks" nur Propaganda sei, um das dunkle Streben der geheimen Meister des Gelbhüte nach Weltherrschaft zu verschleiern. Obwohl sich Tibet durch seine Abgeschiedenheit und die chinesische Besatzung nicht sofort als Basis einer Weltverschwörung anbietet, gelten diese Hürden in gewissen Kreisen bloß als Teile einer ausgeklügelten Abwehr effektiverer Nachforschungen.

DIE UNÜBLICHEN VERDÄCHTIGEN

Die Ältere Rasse

Es kann sein, dass die Ältere Rasse, die mysteriösen Erbauer solcher Monumente wie der Sphinx nicht vollständig vom Erdboden verschwunden sind. Einigen Verschwörungstheoretikern zufolge zog sich die Ältere Rasse in die Sicherheit der tibetischen Berge zurück, als sich vor tausenden Jahren eine Serie von globalen Katastrophen ereignete. Als gegenwärtige Herrscher von Shambhala sollen Mitglieder der Älteren Rasse daran arbeiten, die Menschheit auf ihre nächste Entwicklungsstufe vorzubereiten. Doch wie die Nazis in diese Theorie hineinpassen, bleibt der Spekulation überlassen.

Bewohner der Hohlwelt

Neben den Legenden von Shambhala gibt es Sagen über das unterirdische Reich Agharta – das in der Verschwörerjägerszene mit Komplotten zur Verheimlichung der hohlen Erde assoziiert wird. Zwischen den Einwohnern dieses seltsamen Reiches, das in den Lehren des tibetischen Mystizismus erwähnt wird, und der kaum verschleierten außerirdischen Zivilisation in den Romanen von H. P. Lovecraft sollen angeblich Verbindungen existieren. Obwohl über die Ziele, die die Einwohner von Agharta mit ihrer Verschwörung verfolgen, wenig bekannt ist, zweifelt kaum jemand, dass es sich auf die Bewohner der Erdoberfläche positiv auswirken wird.

DIE ÜBERZEUGENDSTEN BEWEISE

Der aktuelle Dalai Lama ist wie seine Vorgänger von der physischen Existenz Shambhalas überzeugt, doch der stärkste

Hinweis auf seine Existenz könnten die Aktivitäten der Nazis im Zweiten Weltkrieg sein. Inmitten eines globalen Konfliktes erscheint es mehr als seltsam, dass die SS die nötigen Ressourcen erübrigen konnte, um Funkgeräte nach Tibet zu transportieren, damit man von dort mit Berlin in Funkkontakt bleiben konnte.

DIE MERKWÜRDIGSTEN FAKTEN

Der Okkultist, zeitweiliger Geheimagent und Liebling von Verschwörungstheoretikern Aleister Crowley unternahm Anfang des Jahrhunderts einen rekordverdächtigen Aufstieg in den Himalaya, was einige als Suche nach Shambhala interpretieren. Der berühmte Mystiker George I. Gurdjieff tat es ihm nach und 1942 wurde vom Office of Strategic Services – dem Vorläufer der modernen CIA – sogar ein verdecktes US-Team entsendet.

SKEPTISCH BETRACHTET

Man muss jede Verschwörung, die von Shambhala aus operiert, anzweifeln, da sie Tibets Besetzung durch China nicht verhindern konnte. Es wurde auch nichts unternommen, um das Land von der kommunistischen Herrschaft zu befreien. Würde es Shambhala wirklich geben, so wäre es von der modernen Satellitentechnik längst entdeckt worden.

STONEHENGE

Majestätisch und allein stehend als Erinnerung an eine längst vergangene Zivilisation, so stellen die Ruinen von Stonehenge ein Rätsel dar, dessen Antwort wir vielleicht nie erfahren werden. Es besteht kein Zweifel daran, dass Stonehenge ein Wunder der neolithischen Architektur ist, doch sein wahrer Zweck ist uns bis heute verborgen. In einer Welt der Handys, Satelliten und transatlantischen Flugreisen gemahnt uns Stonehenge an die Genialität der frühen Menschheit.

Stonehenge befindet sich auf der Salisbury Plain, etwa 120 km von London entfernt, und soll ab 3500 v. u. Z. in drei Phasen errichtet worden sein. Erst in der dritten Phase, um 1800 v. u. Z., wurden die gigantischen Monolithen, die man mit Stonehenge assoziiert, an diese Stelle verbracht. 30 Sarsenblöcke (eine extrem harte Art von Sandstein) wurden behauen, senkrecht in einem Kreis aufgestellt und mit Überlegern versehen (heute stehen noch 17 davon). Innerhalb des Kreises wurden weitere Steinstrukturen errichtet, darunter fünf Trilithen (jeweils zwei Steine, über denen ein dritter liegt). Außerdem existiert ein rechteckiges Arrangement von „Positionssteinen" außerhalb des Rings.

Stonehenge ist ein religiöser Brennpunkt für Druiden, die dort bis heute Zeremonien abhalten, sowohl zur Sommersonnenwende als auch zu intimeren Anlässen. Doch sie haben das Monument nicht errichtet, da der Bau lange vor der Gründung des Druidentums vollendet war.

Warum Stonehenge errichtet wurde, bleibt ein Rätsel, ebenso wie die Identität seiner Erbauer. Doch es ist klar, dass Stonehenge sehr wichtig war – es kann in der komplizierten Welt eines modernen Menschen noch immer Bedeutung haben. Vielleicht wussten die „primitiven" Erbauer etwas, das wir vergessen haben – zu unserem eigenen Risiko.

DAS MERKWÜRDIGE DARAN

Die Methoden, mit denen die Steine bewegt wurden, haben Archäologen und Historiker angesichts des primitiven technologischen Niveaus dieser Zeit schon immer fasziniert. Die Blausteine sollen aus dem Prescelly-Gebirge stammen – mehr als 320 km weit weg. Die Sarsensteine stammten aus aus den relativ nahe gelegenen Marlborough Downs – doch bei 25 Tonnen pro Stein werden auch 30 km zu einer beachtlichen Distanz. Doch trotz all des Aufwandes, der beim Bau von Stonehenge nötig war, haben Archäologen dort nur wenige Schuttreste gefnden. Die meisten antiken Baustätten sind eine Ansammlung von entsorgten Trümmern. Im Vergleich dazu ist Stonehenge erstaunlich – vielleicht verdächtig – sauber.

DIE ÜBLICHEN VERDÄCHTIGEN

Die Glockenbecherkultur

Die Glockenbecherkultur wurde nach der von ihr in der Steinzeit gefertigen Keramik benannt. Dieses Volk soll den Bau von Stonehenge begonnen haben. Der Verwendungszweck des Monuments könnte sich von Generation zu Generation verändert haben. Man vermutete, dass es einfach zur Tierhaltung diente, wobei es bei der Schlachtung oder zum Erntedank religiöse Zeremonien gegeben haben könnte. Mit der Zeit könnte sich die religiöse Bedeutung von Stonehenge verstärkt haben, wobei die ursprüngliche Form des Pferchs für seine neue Aufgabe als Tempel beibehalten wurde.

Die Ägypter

Stonehenge könnte zu astronomischen Zwecken gebaut worden sein – die Position der Steine korreliert mit der von Sonne, Mond und Sternen im Jahresverlauf. Andere glauben, dass die Achse von Stonehenge mit dem Lauf der Sonne korreliert und man mithilfe der Aubrey-Löcher Sonnenfinsternisse berechnen könnte. Diese astronomische Interpretation verweist auf die fortgeschrittenen Ägypter, die in ferner Vergangenheit nach England gereist sein könnten.

Ebenfalls verdächtig: die antiken Griechen; die Phönizier.

DIE UNÜBLICHEN VERDÄCHTIGEN

Merlin

Arthus' Magier könnte Stonehenge errichtet haben, entweder zu persönlichen Himmelsstudien oder als Krönungsort für den jungen König Arthus. Er hätte die Steine mit Magie in Stellung gebracht, vermutlich mit einem Levatationszauber.

Antike Astronauten

Stonehenge könnte von außerirdischen Besuchern erbaut worden sein, als gut sichtbarer Landeplatz/Markstein, oder es wurde von primitiven Menschen erbaut, um die Wesen von den Sternen zu ehren.

Ebenfalls verdächtig: die Atlanter; Riesen; Zwerge; Energiewirbel, die durch Ley-Linien erzeugt wurden.

DIE ÜBERZEUGENDSTEN BEWEISE

Stonehenge teilt zumindest zwei bedeutende Elemente mit anderen religiösen Orten in Europa, darunter auch einige Kathedralen. Zum einen liegt darunter eine unterirdische Quelle, was in vielen Religionen als Zeichen der Göttlichkeit gilt. Zum anderen findet man die Quadratwurzel aus drei als wiederkehrendes Element der Konstruktion. Auch das gilt für viele heilige Stätten von Europa bis nach Ägypten.

DIE MERKWÜRDIGSTEN FAKTEN

Stonehenge gilt, neben Avebury und Glastonbury, als einer der magischsten Orte in ganz England, angeblich weil es an mächtigen Ley-Linien gebaut wurde.

SKEPTISCH BETRACHTET

Nur weil etwas alt ist, heißt das noch lange nicht, dass es besonders wichtig wäre. Sehen Sie sich doch nur einmal Cliff Richard an.

OBEN *Ein stilles Vermächtnis aus Urzeiten – doch wer oder was steckte hinter dem Bau von Stonehenge?*

6

POLITIK

DIE TRILATERALE KOMMISSION

Diese Kommission wurde 1973 von Privatleuten aus Nordamerika, Europa und Japan gegründet, um zwischen den drei geografischen Bereichen engere Beziehungen zu knüpfen und um die Verantwortung der Führung global zu verteilen. Einer der Hauptgründer dieser Initiative war David Rockefeller, der reiche amerikanische Bankier. Offenbar inspiriert von Zbigniew Brzezinskis Buch *Between Two Ages*, in dem der Autor eine Allianz zwischen Nordamerika, Westeuropa und Japan anregt, versuchte Rockefeller so eine Allianz in die Tat umzusetzen.

Diese Trilaterale Kommission rekrutiert sich aus den Besten der Gesellschaft und besteht aus ungefähr 335 Prominenten aus dem Bereich der Medien, der Politik, der Akademikerwelt und des Handels. Zu den Mitgliedern sollen Würdenträger wie Paul Voelker, ehemaliger Leiter der amerikanischen Bundeszentralbank, Akio Morita, leitender Direktor von Sony, Otto Graf Lambsdorff, Führer der Freien Demokraten in Deutschland Henry Kissinger und Bill Clinton gehören. Die Leiter von Firmen wie AT&T, Pepsico und der Chase Manhattan Bank sind neben vielen anderen ebenfalls Mitglieder.

Die Trilaterale Kommission trifft sich einmal im Jahr, und zwar im Frühling, um Probleme der Welt zu besprechen und tunlichst auch mit Lösungen aufzuwarten. Die Kommission ist nach den Verschwörungstheoretikern nichts anderes als die politische Kraft hinter der Neuen Weltordnung und verfolgt nur ein Ziel, nämlich die politische Souveränität auf Erden auszulöschen und die Menschen der Herrschaft einer Regierung und einer Bank zu unterstellen. Andere sehen in der Trilateralen Kommission eine Gruppe, die nur versucht, die globalen finanziellen Interessen (wie die von AT&T und der Rockefeller) abzusichern. Hinter der Maske gütiger Freundlichkeit besteht das echte Ziel der Kommission nicht darin, die Interessen der unteren Klassen zu wahren, sondern die Menschen langsam davon zu überzeugen, dass sie sich den Inte-

Oben *Verbindet die Trilaterale Kommission und die Bundeszentralbank mehr als die Familie Rockefeller?*

ressen und Bedürfnissen der Banken und Gesellschaften unterzuordnen haben ...

DAS MERKWÜRDIGE DARAN

Vorausgesetzt, die Trilaterale Kommission besteht aus Mitgliedern mit den klingendsten Namen aus Politik, den Medien und der Geschäftswelt, dann fällt es manchen schwer, zu glauben, dass ihre Rolle rein beratend sein könne. Sie glauben, dass US-Präsidenten, Weltwirtschaftsführer und andere Vertreter der Weltelite kaum Zeit für etwas finden könnten, wo nur geredet wird, besonders wo der mysteriöse Mangel an Medieninteresse bedeutet, dass nicht einmal die Chance für einen Fototermin besteht.

DIE ÜBLICHEN VERDÄCHTIGEN

Die Freimaurer

Spekulationen zufolge bestimmen die Freimaurer die Tagesordnung der Trilateralen Kommission und richten ihre Entscheidungen und Einflussnahme auf die globale Politik so aus, dass die Freimaurer-Dominanz auf Erden bestehen bleibt. Hat man die Welt langsam in der Zwangsjacke der Neuen Weltordnung, könnten die Freimaurer mithilfe ihrer straffen Regeln und Brutalität andere Meinungen unterdrücken und so schließlich ihr Ziel erreichen.

Die Illuminaten

Man befürchtet, eine andere Gruppe könnte hinter allen Regierungen stehen, die Illuminaten, ein weiterer Kandidat für die Leitung der Trilateralen Kommission. Wie für die Freimaurer ist die globale Dominanz das Ziel dieser „Erleuchteten".

Ebenfalls unter Verdacht: die Bilderberg-Gruppe, angeblich ebenfalls ein „Diskussionszirkel" mit Sitz in Genf und wohl teilweise von den Rockefellers finanziert.

DIE UNÜBLICHEN VERDÄCHTIGEN

Die Außerirdischen

Nach dieser Vorstellung versucht eine namenlose außerirdische Kraft, die Macht auf dem Planeten zu übernehmen. Sie arbeitet mit der Trilateralen Kommission, der Bilderberg-Gruppe und dem *Council of Foreign Relations* zusammen. Klar, die Übernahme wird viel einfacher, wenn alle Regierungen und Armeen erst einmal der Neuen Weltordnung unterstellt sind. Wer mit den Außerirdischen zusammenarbeitet, bleibt von dem Unheil verschont, das uns anderen blüht.

Die Tempelritter

Der hohe Anteil an Bankiers und Finanzmanagern in der Trilateralen Kommission hat manche überzeugt, dass die Gruppe auf Geheiß der Tempelritter zusammengestellt wurde, die ersten echt internationalen Banker, die immer noch insgeheim die Kräfte des internationalen Kapitals kontrollieren. Die Kommission hilft den Templern das politische Klima so zu gestalten, dass ihre Kontrolle bei steigenden Profiten gesichert bleibt.

DIE ÜBERZEUGENDSTEN BEWEISE

Seltsamerweise kümmern sich die Medien kaum um die Treffen der Trilateralen Kommission, was angesichts der Bedeutung vieler Teilnehmer befremdet. In einer Welt, in der ein US-Präsident mit Blitzlicht und Mikrofonen eingedeckt wird, sobald er nur einmal seinen Hund ausführt, ist es wenig verständlich. dass es kaum in den Abendnachrichten erscheint, wenn er an der Sitzung der Trilateralen Kommission teilnimmt. Obwohl die Kommission darauf besteht, ein reiner „Diskussionszirkel" zu sein und alle Aufzeichnungen über ihre Diskussionen der Öffentlichkeit zugänglich sind, bleibt das gewisse Dunkel ihrer Aktivitäten beunruhigend. Präsident Clinton konnte in der Lewinsky-Affäre den Medien-Rummel nicht steuern – woher nimmt die Trilaterale Kommission die Macht, den Medien den Mund zu stopfen, wenn es ihr passt?

DIE MERKWÜRDIGSTEN FAKTEN

Die Kommission erneuert sich alle drei Jahre. 2003 änderte sie ihr 30 Jahre altes Konzept von internationalen Abhängigkeiten zu Globalisierung, genau rechtzeitig angesichts der wachsenden Opposition gegen diesen Trend. Nur was Shirley Temple und Barbara Walters – beides Mitglieder der Kommission – dazu zu sagen haben, bleibt ein Diskussionspunkt zwischen den Verschwörungsfanatikern.

SKEPTISCH BETRACHTET

Würde sich die Neue Weltordnung etablieren, müsste dann die Trilaterale Kommission überhaupt als öffentliche Einrichtung existieren? Mann kann argumentieren, dass das beste Versteck im hellen Tageslicht liegt. Wenn die Kommission danach verfährt, warum dann überhaupt eine Organisation aufziehen, die automatisch Verdacht und Angst vor Konspiration schürt? Im Zeitalter verschlüsselter Botschaften und unterirdischer Regierungsbunker besteht keine Notwendigkeit, dass sich die Mächtigen der Welt im Rampenlicht einer argwöhnischen Öffentlichkeit treffen müssen, um ihre nächsten Versklavungen zu diskutieren! Es gibt aber starke Hinweise darauf, dass die Trilaterale Kommission nichts anderes als eine Entschuldigung für einflussreiche Leute ist, um sich zu treffen, Geschichten auszutauschen, teuren Wein zu trinken und vielleicht ein paar Runden Golf einzuschieben. Vielleicht ist die Beherrschung der Welt gar nicht das Ziel, vielleicht will man nur mal aus dem Büro rauskommen.

MALCOLM X

Wenn du in den 60er-Jahren in den USA eine streitbare Persönlichkeit warst, konntest du davon ausgehen, dass dein Leben im Kugelhagel enden würde. Malcolm X, der fanatische Führer der Afro-Amerikanischen Einheit, der das weiße Amerika mit Äußerungen zu Rassenfragen schockierte, war jemand, der wegen der Gefährlichkeit seiner Gedanken getötet wurde.

Malcolm X wurde 1925 als Malcolm Little geboren. Sein Vater, ein Baptistenprediger, wurde 1931 von weißen Rassisten ermordet. Die Fürsorge riss die Familie auseinander. Obwohl Malcolm ein brillanter Schüler war, wurde sein Traum, Jurist zu werden, abrupt zerstört, als ihm der Lehrer sagte, er sei bloß ein „Nigger" und er solle sich lieber darauf einstellen, Zimmermann zu werden. Enttäuscht driftete er in die Kleinkriminalität. Als er im Knast saß, las er über die Organisation Nation of Islam. Deren Glaube an das Selbstvertrauen der Schwarzen und die Notwendigkeit der Rassentrennung begeisterten Little und 1952 nach seiner Entlassung trat er der Nation of Islam bei. Seinen Nachnamen legte er als Überbleibsel aus der Sklavenzeit ab und ersetzte ihn durch ein „X".

Malcolm X durchlief rasch die Stufen der Organisation und wurde bald ihr Hauptredner. Aber nach seiner flammenden Rede anlässlich der Ermordung Kennedys suspendierte ihn Elijah Muhammed, der Führer der Bewegung. Malcolm X ergriff diese Gelegenheit, seine Organisation der Afro-American Unity zu gründen und ging auch nicht zur Nation zurück, als seine Suspension aufgehoben wurde.

Während Martin Luther King an Gewaltlosigkeit und die Integration der Schwarzen in das weiße Amerika glaubte, ärgerte Malcolm X die Weißen mit der Aussage, die Schwarzen seien den Weißen in jeder Hinsicht überlegen. Er reiste durch die Welt, sprach im Nahen Osten und warb für eine UNO-Resolution zur Verurteilung Südafrikas und der USA wegen Menschenrechtsverletzung bei der Behandlung ihrer Schwarzen. Solche Ansichten sowie die Animosität seitens der Nation of Islam ließen Malcolm X bald zu einem allgemein verhassten Mann werden. Dieser Hass kulminierte am 21. Februar 1965 im Festsaal des Audubon in New York.

Zu Beginn der Versammlung brach ein Streit direkt vor der Bühne aus, von wo Malcolm sprach. Als er versuchte, den Streit zu schlichten, standen plötzlich fünf Mörder vor ihm, die auf ihn schossen. Malcolm X starb kurz danach. Er war ein weiteres Opfer aus der Gruppe amerikanischer Anführer, die das Establishment in den schwierigen 60ern bedrohte.

DAS MERKWÜRDIGE DARAN

Obwohl gegenüber vom Audubon ein Krankenhaus war, dauerte es eine halbe Stunde, bis nach den Schüssen auf X eine Rettungsmannschaft erschien.

DIE ÜBLICHEN VERDÄCHTIGEN

Das FBI

J. Edgar Hoover, der scheinheilige Chef des FBI, misstraute Malcolm X, weil dieser eine schwarze Macht repräsentierte, für die es in Hoovers Bild von Amerika keinen Platz gab. Er unterstützte ein geheimes Gegenprogramm, um zu verhindern, dass ein „schwarzer Messias" wie X die Schwarzen einte. Als Malcolm X sich Martin Luther King annäherte, könnte das FBI entschieden haben, dass nur sein Tod die Bildung der vereinigten schwarzen Front verhindern könne.

Die US-Regierung

Der Antrag einer Resolution zur Verurteilung der USA zusammen mit Südafrika wegen Menschenrechtsverletzung schien aussichtsreich. Dies wäre für die USA sehr peinlich gewesen. Durch Eliminieren des Hauptinitiators für diesen Antrag konnten die US die ganze Sache herunterspielen.

DIE UNÜBLICHEN VERDÄCHTIGEN

Die Unterwelt

In einem Versuch, die schwarze Nachbarschaft aufzurichten und zu einem sauberen Leben zu animieren, griff Malcolm den Drogenhandel in seiner Rede an. Diese Bedrohung der Einkünfte für die Verzweifelten in den Ghettos könnte X's Schicksal besiegelt haben.

Die Nation of Islam

Der Riss zwischen der Nation of Islam und Malcolms eigener

Gruppe war tief und manche Leute meinten, dass X Elijah Muhammed und andere Führer der Nation wie Louis Farrakhan unfair kritisierte und sogar beschimpfte. Dies könnte zu diesem Mord mit politischen und religiösen Obertönen geführt haben, als jemand offen den Hass von X erwiderte.

DIE ÜBERZEUGENDSTEN BEWEISE

Leon Ameer, ein Mitglied der Organisation für Afro-Amerikanische Einheit erklärte am 13. März 1965, dass er Beweise für die Verwicklung der Regierung in den Mord an Malcolm habe. Leider fand man Ameers Leiche am nächsten Morgen, bevor er seine Aussagen wiederholen konnte. Sein Tod wurde auf einen epileptischen Anfall zurückgeführt, obwohl spätere Untersuchungen keinen Anhalt für Epilepsie ergaben.

DIE MERKWÜRDIGSTEN FAKTEN

Einer der drei Männer, die wegen Malcolms Ermordung verurteilt wurden, konnte gar nicht laufen und war am Tage des Mordes zu Hause.

SKEPTISCH BETRACHTET

Wenn du in den USA als Schwarzer über Menschenrechte redest, giltst du als Radikaler, der darauf wartet erschossen zu werden. Bist Du weiß, bist Du ein Menschenfreund und wirst bei den Rotariern zum Essen eingeladen. So einfach ist das.

LINKS *Die mitreißenden Reden von Malcolm X machten die Black-Power-Bewegung für viele attraktiv.*

NIXON, WATERGATE UND E. HOWARD HUNT

Watergate ist die berühmteste politische Verschwörung unserer Zeit. Die Aufdeckung von Versuchen, eine fehlgeschlagene Verschwörung zu vertuschen, führte dazu, dass Richard Milhous Nixon der erste US-Präsident wurde, der zurücktreten musste. Der Begriff „Deep Throat" erhielt eine neue Bedeutung – er bezeichnet jetzt eine anonyme Informationsquelle oder einen sexuellen Akt – und kein politischer Skandal ist ohne „gate"- Siegel komplett.

Als der Konspirologe und Filmemacher Oliver Stone 1995 den Film *Nixon* mit Anthony Hopkins als glücklosem Präsidenten drehte, war er nicht der Erste, der spekulierte, dass Watergate nur der Gipfel des Eisbergs eines finsteren Komplotts sei. Ebenso wie ein anderes verschwörungsvolles Werk Stones, *JFK*, wurde auch dieser Film von den Porträtierten und vom Establishment verdammt – für Verschwörungsfans ein Zeichen dafür, dass er eine Menge Wahrheit enthielt.

Die Fakten, die sich bei oberflächlicher Betrachtung von Watergate dartun, bilden die offizielle Version des Skandals, der sogar in Schulen behandelt wird – einer der wenigen Skandale, die unser Erziehungssystem anerkennt. In den Morgenstunden des 17. Juni 1972 führte James McCord – ein Mann mit Verbindungen zur CIA – vier Exil-Kubaner bei dem Versuch an, in das Hauptquartier der Demokraten einzubrechen. Die Einbrecher wurden entdeckt und verhaftet, als sie gerade dabei waren, das Telefonsystem im Watergate-Büro- und Hotel-Komplex in Washington D. C. anzuzapfen. Strafen wurden schließlich auch gegen zwei weitere Leute verhängt: G. Gor-

OBEN *Der Watergate-Skandal kostete Nixon sein Amt, aber steckte vielleicht mehr dahinter, als die Öffentlichkeit erfuhr?*

don Lilly, Finanzrat des Präsidenten und treibende Kraft in Nixons Komitee zur Wiederwahl des Präsidenten (CREEP), und E. Howard Hunt, früherer Angestellter des Weißen Hauses und Ex-CIA-Beamter. Was zunächst wie ein drittklassiger Einbruch aussah, eskalierte in den folgenden Monaten zu einem handfesten politischen Skandal. Nixons Beteiligung an einem Komplott zur Vertuschung einer Verschwörung führte zur schwersten Verfassungskrise der USA und gipfelte in seiner Demission vom Präsidentenamt am 9. August 1974.

Natürlich fingen die Verschwörungsforscher bei der nationalen Misstrauensaufarbeitung des Falles an, die Details zu untersuchen. Sie fanden etliche Fakten, die darauf hindeuteten, dass der wahre Grund für Nixons Sturz eine Verschwörung zur Verschleierung der Wahrheit über den Mord an Präsident Kennedy gewesen sei.

DAS MERKWÜRDIGE DARAN

Auf den Tonbändern zur Watergate-Affäre, welche den Nachweis seiner Beteiligung am Vertuschen des Einbruchs lieferten, sagt Präsident Nixon: „Seht, das Problem ist, dass dies (Watergate) das ganze Schweinebuchtzeug wieder aufrührt." John Ehrlichman, Berater des Präsidenten für innenpolitische Fragen, der für seine Beteiligung an der Affäre 18 Monate im Knast saß, gab zu, dass „Schweinebucht" Nixons Umschreibung für den Kennedy-Mord war.

Dorothy Hunt, die Frau einer der Schlüsselfiguren der Watergate-Affäre, E. Howard Hunt, könnte das Weiße Haus erpresst haben und über 1 Mill. Dollar verlangt haben, um Stillschweigen über eine Information zu halten, die das Weiße Haus hinwegfegen würde. Viele Konspirologen glauben, dass es sich um Fotografien handelte, die belegten, dass Hunt, ein langjähriger CIA-Agent, einer der berühmten drei Landstreicher gewesen sei, die unmittelbar nach den Schüssen auf Kennedy auf dem Grashügel fotografiert worden waren.

DIE ÜBLICHEN VERDÄCHTIGEN

James Jesus Angleton

Der Direktor der Spionageabwehr der CIA von 1954 bis 1974 wird von vielen verdächtigt, der Hauptdrahtzieher bei der Ermordung von JFK gewesen zu sein. Seine atypische Weigerung, Nixon zu helfen, die Rolle des Weißen Hauses beim Einbruch zu vertuschen, trug definitiv dazu bei, Nixons Schicksal zu besiegeln. Wollte Angleton einen Präsidenten opfern, um seine Verstrickung in das „Schweinebuchtzeug" zu verschleiern?

Die Mafia

Es ist sicher, dass die Mafia und ihre kubanischen Freunde enge Beziehungen zur CIA unterhielten und wahrscheinlich am Mord an JFK mitgewirkt haben. Es ist deshalb wohl kaum zufällig, dass vier Anti-Castro-Kubaner unter den Watergate-Einbrechern waren. Falls die Rolle hochrangiger Gangster bei der JFK-Verschwörung durch die Watergate-Affäre ans Licht gekommen wäre, hätten diese allen Grund gehabt, Nixon alle Schuld zuzuschieben.

DIE UNÜBLICHEN VERDÄCHTIGEN

Die Bundeszentralbank

Die Witwe von Lee Harvey Oswald wies auf die mysteriöse Rolle der Federal Reserve Bank in der JFK-Mordaffäre hin. Als private Einrichtung, die z. T. den Rockefellers gehört, kontrolliert sie den Druck des amerikanischen Geldes. Zumal die einflussreiche Trilaterale Kommission von David Rockefeller 1973 initiiert worden war, vermuteten etliche, dass die FRB die finanzielle und politische Kraft hatte, Nixon abzusetzen – ein mögliches Hindernis in ihren Plänen zur Weltherrschaft.

Howard Hughes

Der exzentrische Millionär Howard Hughes bat das Weiße Haus darum, das Team, welches den Watergate-Einbruch verpfuscht hatte, nach Las Vegas zu einem Einbruch in das Büro des Zeitungsverlegers Hank Greenstun zu schicken. Dort sollten sie einige Papiere stehlen, die angeblich vernichtendes Erpressungsmaterial enthalten sollten. Nimmt man an, dass jemand Hughes und seine befreundeten Ölbarone mit Nixon in ein Komplott zur Ermordung von JFK eingebunden hat, ist seine Rolle in der Watergate-Affäre zumindest verdächtig.

DIE ÜBERZEUGENDSTEN BEWEISE

Im Dezember 1973 stürzte eine Maschine der United Airlines nahe dem Chicago-Midway-Flughafen ab. An Bord war E. Howard Hunts Ehefrau Dorothy. Einer von Hunts Watergate-Komplizen, Charles Coulson, behauptete dem *Time*-Magazin gegenüber, dass „die CIA Dorothy Hunt getötet habe". Leider muss seine Behauptung nicht auf Paranoia beruhen, denn der Pilot der Maschine hatte eine Menge Zyanid im Blut, welches nur über eine Vergiftung dahin gelangt sein konnte. Noch etwas ist in diesem Zusammenhang verdächtig: Dorothy Hunt hatte über 250.000 $ Schweigegeld bei sich, als sie das Flugzeug bestieg, aber bei ihrer Leiche fand man nur 10.000 $.

DIE MERKWÜRDIGSTEN FAKTEN

Ein mysteriöser Brief von Lee Harvey Oswald vom 10. November 1963 wurde zum Ausgangspunkt für manch hitzige Debatte. Darin bittet Oswald einen Mr. Hunt um einen Job in dessen Organisation. Natürlich hat mehr als ein Untersuchungsbeamter den Schluss daraus gezogen, dass der Brief weiteres Beweismaterial für Hunts Rolle beim Mord an JFK darstelle.

SKEPTISCH BETRACHTET

Watergate verletzte die amerikanische Psyche, die Narben sind tief. Was mit einem drittklassigen Einbruch anfing, wurde zu einem Schlüsselerlebnis Amerikas, aus dem sich das derzeitige Misstrauen gegenüber der Regierung entwickelte; und die Bereitschaft stieg, an Verschwörungen zu glauben. Es kann deshalb kaum überraschen, dass Watergate weitere Spekulationen über den Mord an Kennedy initiierte.

PEARL HARBOR

Es gibt zeitliche Schnittpunkte – Wendepunkte –, an denen sich Dinge zutragen, die das Potenzial haben, den Gang der Geschichte grundlegend zu ändern. Die Ereignisse vom Morgengrauen des 7. Dezember 1941 bildeten solch einen Wendepunkt. Sie beeinflussten nicht nur den Verlauf des Zweiten Weltkrieges, sondern auch den Verlauf der Weltgeschichte.

Der berüchtigte Überfall japanischer Streitkräfte auf Hawaii forderte 2.403 amerikanische Todesopfer und 1.178 Verwundete; 18 Schiffe, darunter drei Schlachtschiffe, wurden versenkt, 188 Flugzeuge wurden vernichtet, 162 schwer beschädigt. Im Gegenzug verloren die Japaner gerade 29 Flugzeuge, fünf Zwerg-U-Boote und 64 Mann. Die direkte Folge dieses angeblichen Überraschungsangriffes war die Kriegserklärung der USA an Japan, welche wiederum Hitler veranlasste, seinen asiatischen Verbündeten beizustehen, was schließlich die USA in den Krieg gegen die Nazis trieb.

Einige der bedeutendsten amerikanischen Historiker haben sich in dieser Sache mit den Konspirologen zusammengetan, die sie sonst nur als besessene Paranoiker abtun. Beide Grup-

pen sind der Ansicht, dass Pearl Harbor in Wirklichkeit das „tragische" Ergebnis einer massiven Verschwörung mit dem Ziel gewesen sei, die USA auf der Seite Englands aktiv in den Zweiten Weltkrieg zu treiben.

US-Präsident Franklin D. Roosevelt hatte 1941 ein scheinbar unlösbares politisches Problem: Er wollte in den Krieg gegen Deutschland ziehen, aber die öffentliche Meinung in den US war indifferent. Die Amerikaner betrachteten den Krieg als europäische Angelegenheit, welche man England, Russland und Deutschland überlassen sollte, ohne amerikanisches Leben zu riskieren. Verschwörungstheoretiker und einige Historiker glauben, dass Roosevelt wusste, dass ein Angriff auf Pearl Harbor bevorstehe, er ihn aber zuließ, weil ihm dies den Grund gab, Japan den Krieg zu erklären. Wie ihm seine Geheimdienste versicherten, würde dies sofort die Kriegserklärung Deutschlands an die USA nach sich ziehen.

DAS MERKWÜRDIGE DARAN

1941 warnten die Admirale Roosevelt, dass ein Abschneiden Japans vom Erdöl die USA in einen Krieg im Pazifik verwickeln würde. Im Juli drehte Roosevelt den Ölhahn zu und fing gleichzeitig an, Geheimdienstmeldungen über japanische Aktivitäten von Agenten des Heeres und der Marine aus Hawaii zu unterdrücken. Die Regierungen Englands, Hollands, Australiens, Perus, Koreas und der Sowjetunion warnten die USA vor einem Überfall auf Pearl Harbor, sodass es höchst sonderbar erscheint, dass diese Informationen nicht an das Militär auf Pearl Harbor weitergeleitet wurden.

DIE ÜBLICHEN VERDÄCHTIGEN

Franklin D. Roosevelt

Der Verdächtigste ist der Präsident selbst. Es ist kein Geheimnis, dass er die USA in den Krieg in Europa treiben wollte, aber von den politischen Vorbehalten im Lande daran gehindert wurde. Er glaubte, dass er kraft seines Amtes die Dinge so steuern könne, das die USA nicht den ersten Schuss abgeben und daher auch nicht als Angreifer dastehen würden.

Angloamerikanische Intrigen

Weit verbreitet in der Welt der Verschwörungen ist die Annahme, es hätte eine starke angloamerikanische Interessengruppe gegeben, welche eine „besondere Beziehung" aufrechterhalten musste. Man glaubt, dass Mitglieder des amerikanischen und britischen Geheimdienstes, wichtige Persönlichkeiten der Geschäfts- und Finanzwelt, Spitzenpolitiker und auch Roosevelt daran beteiligt waren. Er könnte gezwungen worden sein, den bevorstehenden Angriff auf Pearl Harbor zu verschweigen, damit den USA keine Alternative zum Krieg und damit zur Verteidigung Englands geblieben wäre.

DIE UNÜBLICHEN VERDÄCHTIGEN

Die amerikanischen Banken

Zur Zeit von Pearl Harbor war England gegenüber den USA durch das Leih-Pacht-Abkommen in großen Schulden. Wenn England von Deutschland besiegt worden wäre, hätte es kaum Chancen gehabt, die enormen Schulden zurückzuzahlen. Deshalb waren die Mitglieder der amerikanischen Finanzwelt an einem Sieg Englands sehr interessiert und könnten hinter den Kulissen dafür gesorgt haben dass Amerika seinem Partner mehr als nur finanzielle Hilfe gewährte.

Die Internationale Liga der Kommunisten

Amerikanische Verschwörungsfans extrem rechter Ausrichtung haben eine Weile lang geglaubt, dass Roosevelt insgeheim Kommunist sei. Ihre Vermutungen sehen ihn sogar als aktives Mitglied der angeblichen Internationalen Liga des Kommunismus, deren geheimes Ziel es war, die USA in den Krieg gegen Deutschland zu ziehen. Bei Amerikas Eintritt in den Krieg sollte es weniger darum gehen, die Demokratien in England und Europa zu retten, als zu verhindern, dass der

LINKS *Ein schwarzer Tag auch im 21. Jahrhundert: Der Angriff auf Pearl Harbor ist ein Wendepunkt in der Weltgeschichte.*

HILLARY CLINTON

Als Hillary Rodham Clinton in einem Fernsehinterview verkündete, sie und ihr Mann seien „Opfer einer großen Verschwörung des rechten Flügels“, wurde sie zum weltweit prominentesten Verfechter einer Verschwörungstheorie. Aber wenn sie glaubte, dass ihre vernichtende Anklage, welche die amerikanischen Medien lähmte, ihr etwas Sympathie und Hilfe aus dem Kreis der an ihrer Karriere interessierten Verschwörungsforscher einbringen würde, irrte sie sich.

Hillarys Verschwörungstheorie zufolge wurden sie und ihr Mann aus dem rechten Lager angegriffen. Jeder war an der Verschwörung beteiligt, von den Redakteuren englischer Boulevard-Blätter bis zum Fernseh-Prediger Jerry Falwell. Das Medieninteresse an den Vorwürfen gegen Bill wegen sexueller Belästigung von Monica Lewinsky und Paula Jones sowie die Untersuchungen des unabhängigen Anklägers Kenneth Starr zum Whitewater-Skandal seien alle „politisch motiviert“.

G. Gordon Liddy, eine der Schlüsselfiguren im Watergate-Skandal, gab in seiner regelmäßigen Sendung zu, Bilder von der „First Lady“ als Zielscheibe zu benutzen, und bezeichnete sie als Hexe auf dem Besenstiel. Für Verschwörungsforscher ist dies aber kein Beweis, dass böse Kräfte gegen sie walteten. Sie wollten vielmehr Details über eine größere Anzahl Leute ausgraben, die Hillary gekannt oder mit ihr gearbeitet hatten und danach unter verdächtigen Umständen gestorben waren.

Summiert man, was unter ihnen als „Clinton Body Count“ kursierte, so ist man überrascht, dass eine Freundschaft mit Bill oder Hillary Clinton eine der gefährlichsten Sachen auf unserem Planeten war. Dies war definitiv der Fall, wenn man im Whitewater-Investment-Skandal verwickelt war oder Einblick in ihr Ehe- oder Liebesleben hatte.

Als Präsident Clinton und seine Frau von der Anklage freigesprochen wurden, sich an illegalen Bodenspekulationen in Arkansas, dem Whitewater-Deal, beteiligt zu haben, geschah dies in erster Linie, weil viele der wichtigsten Zeugen tot waren. Die Whitewater-Affäre war eine fehlgeschlagene Bodenspekulation, in welche Bill Clinton als Gouverneur und seine Frau als Partnerin einer Anwaltskanzlei in den 80er-Jahren verwickelt waren. Nach den Todesfällen waren die verbliebenen Beweise „unzureichend, um einem Gericht zweifelsfrei zu zeigen, dass der Gouverneur oder seine Frau wissentlich an kriminellen Handlungen beteiligt waren“. Laut Abschlussbericht „blieben jedoch störende Fragen über die Aussichten des Geschäftes offen“ und sollten „die Clintons gewusst haben, dass irgendetwas an ihren Investments faul war und dass sie Feststellungen gemacht hatten, die nicht korrekt waren“. Hillary hatte großes Glück, dass sie nicht verurteilt wurde, was sicherlich eine Wahl zur Senatorin des Staates New York als Ausgangsposition für eine spätere Präsidentschaftswahl ausgeschlossen hätte. Aber wie weit Hillary in der Politik auch aufsteigt, die von der „Clinton Body Count“ geänderten Zweifel bleiben bestehen. Könnte jemand diejenigen zur Ruhe bringen, die ihr im Wege stehen und ein Hemmnis für Amerikas First Lady bilden, als erste Frau ins Ovale Office einzuziehen und damit Geschichte zu schreiben?

DAS MERKWÜRDIGE DARAN

Neben den zwei berüchtigsten Selbstmorden in den Annalen der Verschwörungsforschung (dem des Reporters Danny Casolaro und dem von Vince Foster, früheres Ratsmitglied im Weißen Haus und Kollege von Hillary Clinton in ihrem Anwaltsbüro in Little Rock) könnte der Mord an Mary Caitrin Mahoney Hillary weiteres Erröten erspart haben. Mary war eine ehemalige Praktikantin im Weißen Haus und wurde einige Tage nach ihrer Ankündigung erschossen, über ihre sexuellen Belästigungen auszupacken. Sie wurde zusammen mit zwei Starbuck-Angestellten in einer Washingtoner Filiale der Kaffee-Kette bei einem angeblichen Raubüberfall ermordet, bei dem aber nichts geraubt wurde. Mahoney wurde mit fünf Schüssen getötet, von denen einer sie im Hinterkopf traf – Exekutionsstil der Unterwelt. Der FBI-Agent Bradley Garret nahm Carl Derek Cooper als Schuldigen fest und nach 54 Stunden Verhör durch Garret und einen zweiten Agenten unterschrieb Cooper ein Geständnis, welches er aber widerrief, als er vor Gericht kam. Garret wurde später mit dem Chandra-Levy-Fall betraut.

DIE ÜBLICHEN VERDÄCHTIGEN

Die Vierte Internationale

Als Studentin arbeitete Hillary an vielen Rechtsfällen von Radikalen inklusive der Black Panthers und besuchte Veranstaltungen von Bewunderern des Kommunismus. Einige vermuten, dass der frühere radikale Hitzkopf für den geheimen kommunistischen Kader – die Vierte Internationale – ausgewählt wurde. Angeblich von Trotzki geschaffen, um heimlich einen globalen kommunistischen Staat aufzubauen, könnte Hillary die große Chance der Vierten Internationalen werden, einen heimlichen Kommunisten ins Ovale Office zu bringen und damit die USA schrittweise zum Sozialismus zu lenken.

DIE UNÜBLICHEN VERDÄCHTIGEN

Die feministisch-lesbische „Schwesternschaft“

Hillary ist eine heimliche Lesbe und ihre Heirat mit Bill eine Scheinehe zu ihrem gegenseitigen politischen Vorteil, Chelsea Clinton ein gemieteter Kinderdarsteller. Das ultimative Ziel von Ms Rodham ist nichts Geringeres, als die erste Präsidentin der USA zu werden. Mit diesen konspirativen Gedanken avanciert Hillary zur Anführerin einer faschistischen feministisch-lesbischen Gruppe, bekannt als „Die Schwesternschaft“,

OBEN *Nächster Halt Weißes Haus? Wohin wird Hillary Clintons politischer Ehrgeiz sie führen?*

zu der auch Cherie Blair gehört. Wenn Hillary einmal im Weißen Haus sitzt, will die Schwesternschaft die große Macht des Präsidenten nutzen, einen Staatsstreich anzuzetteln und eine matriachalische Diktatur zu errichten.

Das medizinische Versorgungsestablishment

Obwohl in kein Amt gewählt, steuerte Hillary Clinton in den zwei Amtsperioden ihres Mannes die US-Gesundheitspolitik und versuchte radikale Veränderungen im gesundheitlichen Versorgungssystem zu initiieren. Den Wegfall der freien Wahl von Arzt und Versicherungsträger befürchtend, waren manche überzeugt, Hillary arbeite in die Hand des medizinischen Establishments, um dessen Kontrolle und damit die Macht über Leben und Tod zu stärken. Im Hinblick auf Hillarys Rückhalt bei der Experimentalmedizin und den Klonierern befürchten sie neue medizinische Horrorszenarien, wenn Hillary das höchste Amt im Land erringen würde.

DIE ÜBERZEUGENDSTEN BEWEISE

Der frühere Geldbeschaffer des Nationalen Demokratischen Komitees Ron Brown war ein enger Mitarbeiter von Hillary. Als gegen ihn eine kriminelle Untersuchung eröffnet wurde und ihm die Anklage drohte, erzählte Brown angeblich einer Vertrauten, dass „er sie mit hineinziehen würde". Tage danach stürzte sein Flugzeug beim Anflug auf den Flugplatz Dubrovnik ab, als er mit einer Handelsmission nach Kroatien unterwegs war. Einige Gerichtsmediziner des Militärs wurden hellhörig wegen eines 45er-Einschussloches in seinem Kopf, fanden aber dafür keine überzeugende Erklärung.

DIE MERKWÜRDIGSTEN FAKTEN

Eine Umfrage unter tausenden Amerikanern, welche Person sie als die böseste des Jahrtausends ansähen, lieferte interessante Ergebnisse. Natürlich stand Hitler an erster Stelle, aber Hillary schon an sechster, weit vor Saddam Hussein, Charles Manson, dem Marquis de Sade und Idi Amin.

SKEPTISCH BETRACHTET

Ist sie ein Opfer einer großen Verschwörung oder jemand, der jeden umbringt, der ihre Chancen auf die Präsidentschaft beeinträchtigen könnte? Selbst wenn Hillary die Politik aufgäbe und ins Kloster ginge, ist die Wahrscheinlichkeit groß, dass sich nichts ändern würde – sie bliebe die unter den Verschwörungsforschern am zweithäufigsten zitierte Frau, gleich nach Königin Elisabeth II.

GEORGE BUSH sen.

Jeder, der zum Präsidenten von Amerika gewählt wird, rückt in den Brennpunkt des Interesses für ein Heer von Verschwörungstheoretikern. George Bush sen. war eine Ausnahme, selbst bevor er 1980 zum Vizepräsidenten von Ronald Reagan erkoren wurde, weil er bereits im Mittelpunkt etlicher Verschwörungstheorien stand, von Watergate, der Schweinebucht und der Ermordung von John F. Kennedy.

Offiziell arbeitete George Bush nur in der Zeit von 1976 bis 1977 als Direktor der Central Intelligence Agency (CIA). Es gibt aber einen Haufen Hinweise dafür, dass George Bush schon seit 1961 für diese Organisation arbeitete. Er war ein Mitglied des bizarren „Skull and Bones", einer Vereinigung an der Yale, eines bekannten Rekrutierungspools für höhere CIA-Agenten. Die Leitung seiner Ölgesellschaft führte ihn durch die ganze Welt, eine perfekte Tarnung für einen Agenten. Seine Gesellschaft hieß Zapata, gleichzeitig Code-Name des Unternehmens Schweinebucht der CIA; die zwei Schiffe der Marine, die man dafür brauchte und deshalb mit zivilem Anstrich versah, wurden in *Barbara* und *Houston* umgetauft, die Namen von Bushs Frau und der Stadt, wo seine Firma residierte.

Als die US-Regierung fast hunderttausend Seiten mit Dokumenten über den Mord an Kennedy herausgab, fanden 1978 Verschwörungsfreunde darunter eine Notiz vom State Department an „George Bush of the Central Intelligence Agency". Diese Notiz warnte vor der Möglichkeit einer erneuten Kuba-Invasion durch Anti-Castro-Gruppen in Miami als Reaktion auf den Kennedy-Mord. George Bush bestritt, der Adressat zu sein, es handle sich um einen anderen George Bush mit ähnlicher Adresse. Verschwörungsforscher glauben, dass die Notiz wegen der früheren Invasionsversuche an die CIA geschickt wurde und an George Bush, weil er an der Planung anderer Aktionen, darunter des Unternehmens Schweinebucht, beteiligt war.

Eine andere wichtige Verbindung Bushs zur Kennedy-Affäre bildet George de Mohrenschildt, ein reicher russischer Ölmagnat aus Texas, der Lee Harvey Oswald half, nach seiner Rückkehr aus der Sowjetunion wieder in Texas Fuß zu fassen. Kurz bevor er vor dem Mord-Ausschuss aussagen sollte, fand man de Mohrenschildt tot auf, angeblich Selbstmord. Sein persönliches Adressbuch enthielt die Eintragung: „Bush, George, H W (Poppy) 1412 W. Ohio auch Zapata Petroleum Midland."

Im Hinblick auf solche Erfahrungen vom Geheimdienst her ist es nicht überraschend, dass einige Fachleute für Verschwörungen glauben, dass der damalige Vizepräsident Bush hinter einer Verschwörung zur Ermordung des Präsidenten Ronald Reagen 1982 stand, um sich selbst einige Jahre vor der Zeit ins Weiße Haus zu setzen.

DAS MERKWÜRDIGE DARAN

Laut offizieller Version über die Vorkommnisse am 30. März 1982 ging Ronald Reagan zu seinem Wagen, als John Hinckley jun. mit einer Pistole auf ihn schoss. Eine Kugel prallte angeblich an der Limousine ab und verletzte Reagan, tötete ihn aber nicht. Jedoch bezeugen mehrere Leute, dass wenigstens ein Schuss von einem Secret-Service-Agenten kam, der auf der Erhebung hinter Reagans Wagen stationiert war. Da einer der Nutznießer an Reagans Tod Bush gewesen wäre, machten Verschwörungsfanatiker ihn (oder seine Hintermänner) zum Hauptverdächtigen des Reagan-Attentats.

DIE ÜBLICHEN VERDÄCHTIGEN

Die CIA

Die traditionellen Drahtzieher von Verschwörungen werden sicher eine große Rolle im Leben von George Bush sen. gespielt haben. Möglicherweise wollte die CIA früh einen ihrer Leute im Weißen Haus haben, um ihre Position im Drogenhandel und den geheimen Kriegen zu stärken, die sie zur Zeit des Reagan-Attentats in Mittelamerika führte. Die CIA mochte schon mehrere Präsidenten eliminiert haben – JFK durch Mord und Nixon durch den Watergate-Skandal – und sollte kaum Grund gehabt haben, daran zu zweifeln, dass es wieder ohne Nachspiel gelingen müsste.

UNTEN *Bevor er Präsident wurde, war George Bush Direktor der CIA gewesen.*

OBEN *Wieder ein erschossener US-Präsident – diesmal Ronald Reagan – und wieder ein angeblich einzelner Schütze. Kein Wunder, dass hier manche eine Verschwörung wittern.*

Skull and Bones

Es ist sicher, dass George Bush ein Mitglied der Geheimgesellschaft „Skull and Bones" an der Yale war, die beim Aufnahmeritual verlangte, dass man sich nackt in einen Sarg legte und den Mitgliedern eine Liste von eigenen Vergehen lieferte, anhand derer man erpressbar war. Die Mitglieder des Geheimbundes kommen häufig in die herrschende Schicht Amerikas; jedenfalls scheint der Bund ein Rekrutierungsbüro für den US- Geheimdienst zu sein. Niemand weiß genau, was die wahren Ziele des Geheimbundes sind, aber einen der ihren ins Weiße Haus zu bringen, könnte ein Ziel sein.

DIE UNÜBLICHEN VERDÄCHTIGEN

MJ-12

Die MJ-12-Gruppe, die angeblich Amerika wirklich regiert und die Existenz von UFOs und Außerirdischen vertuscht, könnte Interesse daran gehabt haben, Reagan zu eliminieren, weil er instabil war und die Gruppe bloßstellen könnte. Es steht fest, dass Reagan nahe daran war, die Realität einer außerirdischen Bedrohung anzudeuten, als er in einer Rede erklärte, dass die USA und die UdSSR gezwungen sein würden, sich blitzschnell zusammenzutun, wenn die Menschen der Erde merkten, dass sie einen gemeinsamen extraterrestrischen Feind hätten. MJ-12 hat laut Gerücht immer den Direktor der CIA in seinem Kontrollkomitee; falls das stimmt, wäre George Bush ein früheres Mitglied der Organisation gewesen.

Der Malteserorden

Zu den Mitgliedern dieser katholischen Organisation, die auf den Kreuzritterorden um das Hospital des heiligen Johannes in Jerusalem zurückgeht und sich nach der Vertreibung aus Jerusalem erst auf Rhodos, dann auf Malta niederließ, zählten zur Zeit des Reagan-Attentats der Chef der CIA William Casey und Reagans früherer Polizeichef General Alexander Haig. Direkt nach dem Attentat trat Unklarheit darüber auf, wer eigentlich in Amerika in der Zeit von Reagans Geschäftsunfähigkeit das Sagen habe. Als Haig danach gefragt wurde, erwiderte er prompt: „Ich habe jetzt das Kommando!" Standen die Malteser Ritter hinter dem Attentat als Teil eines Komplotts mit dem Ziel, einen ehemaligen CIA-Mann mit engen Verbindungen zu den „Rittern" zum Präsidenten zu machen?

DIE ÜBERZEUGENDSTEN BEWEISE

Wenn man sich das Video des Attentats anschaut, wird klar, dass Hinckley von dort aus, wo er stand, als er das Feuer eröffnete, durch eine Wagentür schießen musste, um Reagan dort zu treffen, wo er getroffen wurde. Dieser Widerspruch wird mit der Abprall-Theorie erklärt, die ebenso unplausibel ist wie die Story von der magischen Kugel beim Kennedy-Mord.

DIE MERKWÜRDIGSTEN TATSACHEN

Die Mitglieder der Familien Bush und Hinckley waren alte Freunde, zumal beide Familien ihr Vermögen beim Texas-Ölboom gemacht hatten. Zwischen beiden Familien bestanden viele Beziehungen und es müsste mehr als ein geheimnisvoller Zufall sein, dass George Bushs Sohn Neil mit Scott Hinckley – John Hinckleys Bruder – zum Essen verabredet war, als John versuchte, Präsident Ronald Reagan zu töten.

SKEPTISCH BETRACHTET

Jeder, für den Travis Bickle ein Held ist und der für Jodie Foster schwärmt, verdient ein Spinner genannt zu werden und ist wohl auch unausgeglichen genug, als Einzelner zu versuchen, den Präsidenten zu ermorden. Die Tatsache, dass George Bush über viele Beziehungen und Geheimgesellschaften mit der CIA verbunden ist, schürt zwar die Vorstellung von Verschwörungen, für die es aber keinen einzigen realen Hinweis gibt.

DIE EUROPÄISCHE UNION

Die Autoren dieses Buches hatten nie damit gerechnet, dass Margaret Thatcher, die rechts orientierte Premierministerin Großbritanniens, ihre Worte über eine Verschwörung in einer ihrer Reden verwenden könnte. Aber man muss auf diesem Gebiet mit Überraschungen rechnen. Trotzdem war es verblüffend, als die Eiserne Lady 2002 behauptete, die Europäische Union sei Teil einer geheimen Verschwörung – möglicherweise von den Nazis initiiert – mit dem Ziel, die Europäer zu unterdrücken und ihnen ihre politischen Rechte zu nehmen. Genau das hatten Verschwörungsforscher seit Jahren gepredigt.

Die Einführung des Euro und die geplante Expansion der EU von 15 auf 25 Länder überzeugten mehr und mehr Verschwörungstheoretiker, ihr Augenmerk dem Traum von der europäischen politischen und ökonomischen Harmonie zuzuwenden. Mit dem Beitritt von Lettland, Malta, Slowenien, Ungarn, Litauen, der Slowakei, Polen, Tschechien, Estland und Zypern verlagert sich die EU immer mehr nach Osten und Süden und gleichzeitig macht der Gedanke, dass hinter der EU mehr stehen könnte, als seinerzeit verlautet, vielen Menschen auf der Welt Sorgen.

Laut offizieller Geschichtsschreibung entwickelte sich die EU aus einem gemeinsamen Plan Frankreichs und Deutschlands, nach dem Zweiten Weltkrieg als Zeichen der Kooperation und Freundschaft ihre Kohle- und Stahlproduktion unter eine gemeinsame Leitung zu stellen. Doch entwickelte schon diese Montan-Union große Pläne. In der Gründungserklärung heißt es: „Der Beitrag, den ein gestaltetes und gewachsenes Europa zur Kultur leisten kann, ist für den Erhalt friedlicher Beziehungen unerlässlich. Europa wird nicht auf einmal nach einem einzigen, verbindlichen Plan geschaffen, Es soll über konkrete Einzelschritte entstehen ..."

Viele glaubten, der direkte Vorgänger der EU, die Europäische Wirtschaftsgemeinschaft, sei eine reine ökonomisch-technische Organisation. In den Römischen Verträgen von 1956, die der Wirtschaftsgemeinschaft zugrunde liegen, war für die Aufnahme demokratischer Elemente kaum Platz, es ging vielmehr um so etwas wie gemeinsame Standards für Tomatenmark und die Sicherheit in Stahlwerken. Aber mit Ende des Kalten Krieges war aus der EWG die EU entstanden, die jetzt für über 80% der ökonomischen und sozialen Gesetzgebung zuständig ist und einen starken Einfluss auf das Leben aller Menschen innerhalb ihrer Grenzen ausübt.

DAS MERKWÜRDIGE DARAN

Selbst die Europhilen hegen nur noch wenig Zweifel daran, dass die EU die Rolle der jahrhundertealten Nationalstaaten, aus denen sie besteht, immer mehr aushöhlt. Es ist auch klar, dass die neue herrschende Körperschaft weit von einer wahren demokratischen Repräsentation ihrer Millionen Bürger entfernt ist. Dieses Bild der heutigen EU reflektiert auf unheimliche Weise die Ziele, wie sie zahlreichen Verschwörungsliebhabern zufolge dunkle Organisationen wie die Illuminati seit Jahrhunderten anstreben.

DIE ÜBLICHEN VERDÄCHTIGEN

Die Priorei von Sion

Diese mysteriöse europäische Geheimorganisation, die Verbindungen zu allen Verschwörern der europäischen Geschichte unterhält, von den Templern über die Freimaurer zu

den Illuminati, könnte die wahre Kraft hinter dem Aufstieg der EU sein. Angeblich der Wächter des Blutes Christi, könnte die Priorei von Sion berufen sein, ein Vereintes Europa als Monarchie unter der Dynastie keines Geringeren als Jesus Christus zu schaffen. Während einige harte Verschwörungskenner sich über die Rolle der Priorei von Sion als Wächter des messianischen Erbgutes nicht völlig sicher sind, bezweifeln nur wenige ihren Einfluss und ihre Bedeutung in der dunklen Welt der europäischen und internationalen Politik.

Die Nazis

Interessant ist, dass Hitler nach dem Endsieg vorsah, ein „Europa der Regionen" zu schaffen. Der Plan dieser Europäischen Union der sog. „Europäischen Wirtschaftsgemeinschaft" wurde 1942 in Buchform von den Nazis publiziert. Im Wesentlichen vom deutschen Wirtschaftsminister Walter Funk geschrieben, gab dieses Buch mit dem Titel *Die Europäische Gemeinschaft* Görings Rede über das Nachkriegsprojekt einer großräumigen ökonomischen Vereinigung Europas wieder. Goebbels sagte auch gern, dass „in 50 Jahren Europa vereinigt sein und kein Mensch mehr von Vaterländern reden werde". Nachdem dies alles so gekommen ist, ist leicht verständlich, dass manche Verschwörungsfanatiker glauben, dass die EU eine dunkle Machenschaft von Nazi-Agenten sei, die nach dem Ende des Zweiten Weltkrieges die Regierungen Europas infiltrierten.

DIE UNÜBLICHEN VERDÄCHTIGEN

Der Vatikan

Die Idee des Vereinten Europa ist nicht gerade jung – sie stand hinter dem Heiligen Römisches Reich, einer Konföderation europäischer Staaten mit der Macht in den Händen der römisch-katholischen Kirche. Mehr als ein Verschwörungsforscher mit anti-päpstlichen Neigungen hat schon die Hände des Vatikans in der EU gesehen und spekuliert, dass die Kirche durch Wiedererrichten des Heiligen Römischen Reiches unter anderem Namen an ihre große Zeit anknüpfen möchte. Natürlich sind die Beweise hierfür schwer zu finden, aber schließlich haben die meisten Religionen gute Methoden, ihre Spuren zu verwischen, wenn es darauf ankommt.

Die Außerirdischen vom Sirius

Einige Verschwörungstheoretiker, die das Werk des mysteriösen Gérard de Sède gelesen haben, glauben, dass die EU die Vereinigten Staaten von Europa schafft, sodass die Merowin-

OBEN *Der Wirtschaftsminister des Dritten Reichs, Walther Funk, wollte nach Deutschlands Sieg eine europäische Wirtschaftsgemeinschaft aufziehen.*

UNTEN *Viele halten das Europäische Parlament für eine Marionette ohne wirkliche Macht, die eine Verschwörung auf der Basis von Plänen der Nazis kaschiert.*

ger im 21. Jahrhundert wieder an die Macht kommen. Während die Priorei von Sion die Dynastie auf Jesus Christus zurückführt, halten die Anhänger von de Sède die Merowinger für Nachfahren der Extraterrestrischen vom Sirius. Daher ziehen diese Außerirdischen die Fäden, um ihre entfernten Verwandten wieder einzusetzen, die armen Sterblichen zu regieren.

DIE ÜBERZEUGENDSTEN BEWEISE

Mehr als 40 Jahre nach ihrer Gründung ist die EU unpopulärer denn je. Weniger als die Hälfte aller Stimmberechtigten in Europa halten die Mitgliedschaft ihres Landes in der EU für etwas Gutes oder sehen Vorteile darin. Während die Mehrheit der Bürger nicht mit dem Konzept einverstanden ist, sind sie gleichzeitig davon überzeugt, dass die europäische Integration unausweichlich sei. Sie meinen auch, dass eine europäische taktische Elite die Institution hinter verschlossenen Türen in Kanzlerämtern und Konferenzzentren zustandegebracht hätte. Im Hinblick auf die sehr wenigen direkten Wahlen zur Struktur der EU erscheint ihre Entwicklung mehr das Werk einer Verschwörung als der Ausdruck des demokratischen Willens der Europäer zu sein.

DIE MERKWÜRDIGSTEN FAKTEN

1973 startete der Schweizer Journalist Mathieu Paoli eine Untersuchung über die Verbindungen zwischen der EWG, und zwar einer ihrer bürokratischen Schöpfungen, dem Komitee zum Schutz der Rechte und Privilegien des sozialen Wohnens, der großen Alpina-Loge der Freimaurer und General de Gaulle (einem der Hauptakteure in der EWG). Paoli veröffentlichte die Ergebnisse seiner Untersuchungen als Buch mit dem Titel *Les Dessous* – „Unterströmungen" – und verließ Europa aus Gründen seiner Sicherheit. Bei einem Auftrag in Israel wurde er vom Mossad verhaftet, der Spionage für schuldig befunden und ohne Verfahren erschossen.

SKEPTISCH BETRACHTET

Wenn Bürokratie, zentrale Macht und undemokratische Entscheidungen Merkmale von Verschwörungen sind, dann müssen alle Regierungen – und nicht nur die EU – mit dem Vorwurf der Verschwörung gebrandmarkt werden. Unter diesen Umständen scheint es unfair von den Verschwörungsfachleuten, die EU schlechter dastehen zu lassen als die übrigen Regierungen.

GEORGE W. BUSH

Vielleicht wurde George W. Bush nicht geboren, um Präsident zu werden, wie manche behaupten, aber von dem Moment an, wo er sich um das Amt bewarb, war klar, dass er eine wichtige Rolle in den Spekulationen vieler Verschwörungsfans spielen würde. Selbst führende Blätter spielen mit Schlagzeilen wie „Zum König geboren" und entsprechenden Leitartikeln die Tatsache hoch, dass, wenn der nächste Präsident nach Bush Hillary Clinton heißt, nur zwei Familien Amerika über 20 Jahre lang regiert haben. Ein großer Teil der Bevölkerung fühlt ebenso wie jeder Verschwörungssucher, dass hinter der Wahl des Sohnes des ehemaligen Präsidenten mehr steckte als nur das trickreiche Spiel der Demokratie. Der Argwohn darüber, wie er es schaffte, in die Fußstapfen seines Vaters zu treten, wurde noch geschürt durch die dubiose Art, wie er seinen Wahlkampf gegen Al Gore gewann, und durch das Gefühl, dass der Krieg im Irak zur Familientradition der Bushs gehört.

Bush jun. ist mit konspirativem Erbe vorbelastet. Bevor sein Vater Präsident wurde, stand dieser im Verdacht, in die Ermordung von JFK, in den Watergate- und den Iran-Contra-Skandal sowie in die versuchte Ermordung von Ronald Reagan verwickelt zu sein. Auch verkündete er vor dem Weißen Haus die Schaffung der Neuen Weltordnung. Sein Großvater Prescott Bush wurde durch Waschen von Nazigeld reich, während Bush jun. von den Verbindungen seiner Ölgesellschaften mit Bin Ladens Bruder in Saudi-Arabien profitierte.

Nur Minuten nach seiner Ankündigung, sich zur Präsidentenwahl stellen zu wollen, spekulierten die Verschwörungstheoretiker online, dass der Sieger der Wahl schon feststehe, ein neuer Krieg im Irak ausbreche und die Regierung mehr Macht bekäme, was alles offenbar voll eintraf. Fraglich war nur, wer im Weißen Haus die Fäden ziehen würde. Dass ein Mann, der für Aussagen wie: „ Ich weiß, dass Mensch und Fisch friedlich koexistieren können" oder „Es ist zweifellos ein Budget – es stehen viele Zahlen drin" berühmt war, kaum der Kopf sein könne, um im Weißen Haus mittels eines Komplotts die Macht an sich zu reißen, schien klar.

Die erste Voraussage einer Verschwörung bezüglich der Wahl platzte öffentlich, als der demokratische Bewerber um die Präsidentschaft seine Kandidatur mit mehr als einer halben Millionen Stimmen gewann. Doch Bush kam mit dem Ergebnis von Florida ins Weiße Haus, einem Staat der Republikaner, wo sein Bruder Jeb Gouverneur war, was die Wahlmänner beeinflusste. Trotz verloren gegangener Stimmen,

OBEN *Wie der Vater, so der Sohn? Bush jun. führte wie sein Vater die USA in einen Krieg gegen den Irak.*

getrimmter Wahlmaschinen, welche Stimmen anderer Kandidaten Bush zuschlugen, hing seine Wahl am seidenen Faden, als sein Vorsprung auf einige hundert Stimmen in Florida zusammenschrumpfte. Al Gore verlangte eine neue Auszählung, woraufhin Bushs Anhänger randalierten. Aus Angst vor Unruhen stimmte das Oberste Bundesgericht mit 5 zu 4 gegen eine Wiederholung der Auszählung in ganz Florida und machte Bush zum Präsidenten. Später zeigte sich, dass die „Brooks Brothers Riot" – so benannt wegen der poppigen Kleidung der Protestierer – von Leuten geführt wurde, die von Bushs Wahlkomitee bezahlt wurden. Es gab 1,2 Mill. $ aus, um Agitatoren nach Florida und sonstwohin zu fliegen, wozu eine Flotte von Jets aus der Branche, z. B. von Enron (damals unter der Leitung von Kenneth Lay, einem Hintermann Bushs), zusammengestellt wurde. Einer der Agitatoren namens Matt Schlapp (!) wurde sogar Spezialassistent des Präsidenten.

Als er endlich im Weißen Haus war, entsannen sich die Verschwörungsfans der Worte David Rockefellers: „Wir sind auf der Schwelle einer globalen Umwälzung! Was uns nur noch fehlt, ist eine größere Krise, dann werden alle Nationen die Neue Weltordnung akzeptieren!" und spekulierte, dass bald so etwas wie die Operation Northwoods aufträte, um den Krieg im Irak zu starten und Bürgerrechte zu beschneiden.

Northwoods war ein geheimer Plan des Militärs – den der Präsident jedoch nie freigab – mit dem Ziel, ein öffentliches internationales Klima für einen Angriff auf Kuba zu schaffen, indem man Flugzeuge entführte, amerikanische Schiffe sprengte und sogar terroristische Anschläge in US-Städten durchführte, für die man Fidel Castro verantwortlich machte.

DAS MERKWÜRDIGE DARAN

Nach dem 11. Sepember 2001 dauerte es nicht lange, bis weitere Voraussagen der Verschwörungstheoretiker eintrafen. Der Präsident, der erklärt hatte: „Es sollte auch Grenzen für die Freiheit geben" präsentierte einen Gesetzesentwurf, den sog. „Homeland Security Act". Er sah u. a. geheime Festnah-

Links *Gelebte Demokratie? George W. Bushs Wahl zum Präsidenten wurde in Florida entschieden, wo sein Bruder Gouverneur war.*

men und Zwangsimpfungen vor, wobei der Hersteller des Impfstoffs vor Strafverfolgung immun ist, ferner die Registrierung aller persönlichen Mitteilungen, Zahlungsaufträge und sogar Bücherei-Entlehnungen. So überraschte es kaum, dass der Krieg gegen Saddam Hussein wegen angeblicher Bereitstellung von Massenvernichtungswaffen Realität wurde.

DIE UNÜBLICHEN VERDÄCHTIGEN

Skull and Bones

Wie der Vater, so arbeitet auch der Sohn George W. Bush im Namen der „Skull and Bones". Abgesehen von seltsamen Ritualen in der Art der esoterischen Kulte der Freimaurer, gemischt mit Nazi-Elementen, und dem Sammeln von Erpressungsmaterial über alle Mitglieder sind ihre Ziele streng geheim. Aber mit zwei Präsidenten und einem Gutteil von Amerikas Elite aus ihren Reihen ist ihre Verknüpfung zur Macht offensichtlich.

Die CIA und die amerikanische Ölindustrie

Da die CIA schon die Richtlinien für das Leben und die Präsidentschaft seines Vaters festlegte, liegt es nahe, anzunehmen, dass er und seine wahren Geldgeber in bestimmten amerikanischen Ölfirmen die Geschichte wiederholen wollen und die Fäden der „Dubya" ziehen. Kriege zum Wohle der US-Ölfirmen in Afghanistan und im Irak und mehr Macht und Geld für die CIA waren Folgen der Amtsperiode von George II.

DIE UNÜBLICHEN VERDÄCHTIGEN

Die britische Königsfamilie

Amerikas Rolle als das stärkste demokratische Land der Weltgeschichte ist eine schlau ausgeklügelte Illusion. Die Bush-Familie gehört zu einem Netz von Blutsverwandtschaften, die der britischen Krone verpflichtet sind, welche nur vorgab, den Unabhängigkeitskrieg zu verlieren. Des Präsidenten wahre Aufgabe ist es, eine Politik zu vertreten, die den ständigen Erfolg des geheimen britischen Empires sichert und die Finanzen des Hauses Windsor stützt.

Außerirdische Reptilien

George W. Bush ist der Letzte in der Linie der Marionetten-Herrscher, die von den außerirdischen Reptilien aus dem Sternbild des Drachen eingesetzt wurden, welche den größten Teil der Welt seit 4000 v. Chr. heimlich regieren.

DIE ÜBERZEUGENDSTEN BEWEISE

Inoffizielle Nachzählungen von Medien haben ergeben, dass Gore Florida und damit die Präsidentschaft gewonnen hätte, wenn man alle legal in Florida eingeworfenen Stimmzettel zählen würde. Der amerikanische Bürger hat jetzt weniger Freiheiten als je zuvor. Trotz über 500 Mill. $ für die Waffeninspektion nach dem zweiten Golfkrieg fand sich kein Hinweis darauf, dass Saddam Hussein große Lagerbestände an Massenvernichtungswaffen hatte oder gar einen Angriff damit plante, was als Rechtfertigung für den Krieg galt.

DIE MERKWÜRDIGSTEN FAKTEN

„Boy George", wie ihn inzwischen viele Verschwörungstheoretiker nennen, war über das Auftauchen seiner Vergangenheit so beunruhigt, dass er einen Privatdetektiv anheuerte, der über ihn selbst Nachforschungen anstellen sollte. Die Ergebnisse sind nie irgendwo aufgetaucht, außer dass ein Mitglied seines Wahlteams erklärte: „Keine Handschellen, keine Mini-Orgien." Aber George Bushs Privatdetektiv könnte etwas eingeschüchtert gewesen sein, da vier andere unabhängig Untersuchende, die sich um seine Vergangenheit kümmerten, alle unter verdächtigen Umständen starben.

SKEPTISCH BETRACHTET

Hat Dr. Evil die Welt schon übernommen und war alles, was wir in den letzten Jahren erlebten, Teil seiner listigen Pläne – inklusive Mini-Me im Präsidentenbüro? Diese Annahme macht genauso viel Sinn wie einige andere Spekulationen über George W., aber erklärt wenigstens, warum Dubya Probleme mit dem Englischen hat.

7

ORGANISATIONEN

CIA

Jedem erscheinen Geheimdienste verdächtig; was wäre auch der Sinn einer Organisation, die verdeckte Ermittlungen durchführt und offen zugäbe, was sie tut? In den USA ist die CIA mit einem sehr liberalen Freedom of Information Act konfrontiert – ein Problem, mit dem sich nur wenige ihrer Gegenspieler in anderen Ländern herumschlagen müssen. Gerade die Mischung aus Information und Desinformation rund um die CIA macht sie zum beliebten Ziel von Verschwörungsspekulationen.

Der häufigste Vorwurf ist der, dass die Agency Drogen verkaufen würde, vor allem an Contras und Rebellen in Südamerika, um an Geld für antikommunistische Vorhaben zu kommen und die betroffenen Länder zu destabilisieren. Dann wurde Afrika als größter Drogenmarkt der CIA vermutet, wo angeblich Geld für gewisse Operationen erwirtschaftet wurde, von denen Washington nichts wissen sollte. In jüngerer Zeit wurde die CIA beschuldigt, der Urheber des Crack-Kokain-Aufschwungs in den 80er-Jahren gewesen zu sein.

Die Idee wäre ja nicht schlecht – zumindest in den Augen eines zynischen und sadistischen Manipulators. Erfinde eine Droge, die stark süchtig macht, den Anwender stark schwächt und für viel Geld vekauft werden kann. Verteile sie dann an Dealer, die Ghettos und andere Schwarzensiedlungen beliefern, bis das Geschäft so richtig floriert. Dann übergibst du es an die dort Ansässigen und überlässt sie sich selbst. Das Ergebnis? Sofortiger Krieg innerhalb der betroffenen Armensiedlungen!

Laut Plan wären die Einwohner der Ghettos durch Crack so abgelenkt – drauf sein, danach suchen, es herstellen, um den Vertrieb kämpfen und schließlich sich selbst damit umbringen –, dass sie keine Zeit mehr hätten, nette Mittelklasseweiße zu belästigen. Es ist seltsam, doch durch die Drogenkriege wurden die Armen weitgehend ruhig gestellt.

Entgegen eines Vorurteils jagen Amateure und Kleinkriminelle wie Junkies hauptsächlich in ihren eigenen sozialen Gruppen. Arme neigen dazu, Arme auszurauben oder besser Gestellte, die zufällig vorbeikommen. Es erfordert mehr Entschlossenheit und Mut, in elegante Häuser einzubrechen und das Risiko erhöhter Polizeipräsenz, besserer Alarmanlagen und anderer Hindernisse einzugehen. Wer Drogensucht in Armengegenden fördert, wird – auch angesichts der Polizeipräsenz in den armen Gebieten (wenige Polizisten) und den reichen Gegenden (viele Polizisten) – die rebellischen und unangenehmen Randgruppen los, weil sie damit beschäftigt sind, sich gegenseitig zu töten.

Der *San Jose Mercury* veröffentlichte 1996 eine Serie mit Details über die Verwicklungen der CIA in den Crack-Handel. Sie war seriös recherchiert, gut durchdacht und brachte ein paar wertvolle Denkanstöße. Die amerikanische Presse reagierte bloß mit boshaften Bermerkungen für Gary Webb, jenen Reporter, der die Story aufgedeckt hatte. *Washington Post* und *Los Angeles Times* stellten eigene Untersuchungen zu Webbs Behauptungen an und fanden nichts, um seine Informationen zu bestätigen. Trotzdem führte die CIA eine „volle interne Untersuchung" durch – laut *Los Angeles Times* die „intensivste in ihrer Geschichte" –, deren vollständige Ergebnisse nie veröffentlicht wurden.

DAS MERKWÜRDIGE DARAN

Pensionierte CIA-Agenten, die bei dieser Untersuchung befragt wurden, bezeichneten sie als Scherz. Duane Clarridge, in den 80ern Chef der Abteilung Verdeckte Operationen in Lateinamerika, hielt sie für „Unsinn" und weigerte sich zu antworten. Er wurde mittels Formular befragt, das er leer zurückgab. Sehr sorgfältig ... Andere beschrieben den Fragebogen als „Farce". Der ehemalige CIA-Angehörige Donald Winters erzählte, dass er mit der Feststellung begann, dass „die Behauptungen, die in dem Artikel von *San Jose* aufgestellt werden, jeder Grundlage entbehren". Das kann man kaum als sorgfältige Untersuchung bezeichnen.

DIE ÜBLICHEN VERDÄCHTIGEN

WASPs

Die Leute, die sich von armen Afroamerikanern am häufigsten bedroht fühlen, sind, wie jeder weiß, die „White Anglo-Saxon Protestants" (weiße angelsächsische protestantische Mittelklasse). Viele WASPs würden alles tun, um die ethnischen „Minderheiten" aus ihrem Blickfeld und ihren Gedanken zu verbannen. Ohne Zweifel würden viele angesichts der Einführung einer neuen Droge in den Ghettos nicht mit der Wimper zucken.

Die Freimaurer

Es ist bekannt, dass viele Angehörige einer gewissen geheimen Agency auch hochrangige Freimaurer sind. Manche Verschwörungstheoretiker meinen, dass die gesamte CIA von den Freimaurern gesteuert wird und das Drogenkomplott nur Teil eines größeren Planes betreffend die Weltherrschaft ist.

Der Malteserorden

Obwohl sie behaupten, eine rein christliche Organisation zu sein, haben die Malteser viele hohe CIA-Vertreter in ihren Reihen. Dazu zählten William Casey, Chef der CIA zur Zeit des Attentats auf Ronald Reagan, und James Jesus Angleton, mehr als 20 Jahre lang Direktor des Spionageabwehrnetzwerks der CIA. Angeblich repräsentieren sie die schlimmsten Vorurteile der weißen männlichen Bevölkerung. Wenn sie einen geheimen Rassenkrieg führen wollten, kannten die Malteser fraglos die richtigen Leute innerhalb der Agency, um diesen in die Wege zu leiten.

DIE UNÜBLICHEN VERDÄCHTIGEN

Christian-Identity-Bewegung

Sie ist eher eine Ansammlung von verrückten Sekten als eine Religion. Die Christian-Identity-Bewegung behauptet, dass die wahren Nachkommen der biblischen Hebräer die weißen Amerikaner wären – wie eine US-Version der British Israelites. Aggressiven, ultrarechten Gruppierungen gefällt das sehr. Man vermutet Verbindungen zwischen Identity-Mitgliedern (darunter Larry Harris, der „Anthrax in Vegas"-Kerl, und der Bombenattentäter von Atlanta Eric Rudolph) und der CIA, die solche Gruppierungen finanzieren soll. Könnten die Chefs der CIA in Wirklichkeit Anhänger von Christian Identity sein und danach streben, die schwarze Gemeinde mit allen Mitteln auszulöschen?

LINKS *Die CIA könnte hinter einem Komplott stecken und die ärmste Bevölkerung mit Drogen versorgen.*

MJ-12

Diese Organisation zur UFO-Vertuschung soll die US-Regierung kontrollieren und insgeheim mit den als „Graue" bezeichneten Außerirdischen zusammenarbeiten. In ihren Reihen finden sich stets Top-Leute der CIA. Könnte der Drogenhandel der CIA dazu dienen, die schwarze Kasse von MJ-12 zu füllen? Der Nachbau von UFOs ist schließlich nicht billig.

DIE ÜBERZEUGENDSTEN BEWEISE

Obwohl sich die CIA weigerte, den vollständigen Bericht zu veröffentlichen, behauptet sie, dass keine Beweise für die Vorwürfe gefunden wurden. Das ist nicht verwunderlich, schließlich waren nur wenige Befragte keine aktuellen oder pensionierten CIA-Agenten. Robert Owen, der zuvor Beweismaterial geliefert und die potenziellen Verbindungen zwischen CIA und Drogenhandel aufgedeckt hatte, wurde bei der gründlichen internen Untersuchung nicht einmal kontaktiert, geschweige denn befragt.

DIE MERKWÜRDIGSTEN FAKTEN

Ein Großteil der potenziellen Mitwisser in der CIA starben unter verdächtigen Umständen, sind verschwunden oder begingen „Selbstmord". Offensichtlich ist es gefährlich, bei der Agency zu sein; die Zahlen sind alarmierend und auch der ehemalige CIA-Direktor blieb nicht verschont: Er starb bei einem sehr unwahrscheinlichen Bootsunfall.

SKEPTISCH BETRACHTET

So eine Operation wäre nur schwer geheim zu halten; die Männer und Frauen in der CIA sind trotz allem genau das: Männer und Frauen. Man bräuchte schon sehr bösartige Fanatiker, um eine neue Droge für die beste Art zu halten, mit den von Armut geplagten schwarzen Amerikanern fertig zu werden. Natürlich gibt es solche Leute, doch bei einer solchen Operation wären sehr viele davon nötig. Sicherlich wäre darunter doch einer, der menschlich genug geblieben wäre, um der Presse handfeste Beweise zuzuspielen?

NASA

Die Raumfahrtbehörde der USA ist Gerüchten zufolge aktuell eine der größten Quellen von Desinformation und Geheimhaltung, von Alienpräsenz bis zu einer Reihe nützlicher Erfindungen, die sie der Öffentlichkeit vorenthält. Die NASA fälscht auch häufig die Daten von Missionen, um ihr gewaltiges Budget zu rechtfertigen. Die Steuergelder fließen in mysteriöse Forschungsprojekte, die dem prüfenden Blick der Öffentlichkeit entzogen sind. Niemand ist verantwortlich und niemand außerhalb der Organisation weiß, wofür all das Geld verwendet wird. Vielleicht kassieren die Bosse der NASA aber auch einfach nur große Prämien und verstecken ihre Inkompetenz unter dem Mäntelchen der Beschäftigung.

Ein besonders paranoides Gerücht besagt, dass die NASA in Wahrheit unter dem Decknamen Orpheus ein Netz aus Tunneln unter den USA anlegt. Dieses liegt so tief im Erdboden, dass es einen massiven Meteoriteneinschlag problemlos überstehen würde. Geothermale Energie liefert Heizung, Licht, Lüftung und Eiweißkulturen, damit das Netz selbstversorgend ist. Wenn der große Asteroid dann einschlägt, wird die NASA gut darauf vorbereitet sein und nach der Katastrophe die Kontrolle übernehmen. Damit alles glatt abläuft, wird die Annäherung des großen Meteoriten geheim gehalten, sodass die NASA die einzige Organisation sein wird, die auf den Einschlag vorbereitet ist.

Ein plausibel klingender Teil dieser Verschwörungstheorie ist die Fälschung der Fotos von der Mondlandung. Sie sollen in einem geheimen Lagerhaus aufgenommen worden sein, in dem eine überzeugende Mondlandschaft aufgebaut worden war. Dafür gibt es zwei mögliche Gründe: Erstens, die NASA war nie auf dem Mond – der Start war gefälscht, die Funkmeldungen stammten von Schauspielern und die Landung war inszeniert. Damit hätte man Geld für das Projekt Orpheus gespart oder der Regierung den so wichtigen Propagandasieg über die russischen Kosmonauten geliefert.

Zweitens, die Mondlandung fand wirklich statt und das Filmmaterial, das live gesendet wurde, war echt. Doch die Fotos, die die Astronauten geschossen hätten, wären nichts geworden, weil Kodak den Effekt der Sonnenstrahlung auf den Film unterschätzt hatte. Angesichts der großen Nachfrage nach Fotos seitens der Presse dachte die NASA an die finanziellen und PR-Vorteile aus dem Verkauf von Rechten und an die Peinlichkeit, zugeben zu müssen, dass man sich bei der Fotoausrüstung geirrt habe. Sie zog den Bluff vor und stellte die Landung bei einem Fototermin nach.

DAS MERKWÜRDIGE DARAN

Immer wieder sickern Hinweise durch, dass die NASA viel mehr wüsste, als sie öffentlich zugibt. Ein ehemaliger hochrangiger NASA-Berater soll Kopien der Gesprächsmitschriften

OBEN *Die NASA könnte ein Komplott betreiben, um die Beweise für außerirdisches Leben geheim zu halten, das ihre Weltraumexkursionen längst entdeckt haben.*

der Astronauten im Space Shuttle Discovery weitergegeben haben. Darin sollen sich die beiden Piloten über ein „großes, glühendes Raumschiff, das die Erde umkreist" unterhalten. Unlängst behauptete der ehemalige NASA-Spezialist Dr. Hoagland, dass die NASA nicht nur über Außerirdische, sondern auch über den hyperdimensionalen Raum und den wahren Ursprung des menschlichen Lebens Bescheid wüsste.

DIE ÜBLICHEN VERDÄCHTIGEN

Die US-Regierung

Die bekannteste Erklärung ist die, dass der US-Regierung die erniedrigende Aussicht auf eine durch verpatzte Fotos verpasste PR-Chance nicht passte und sie der NASA befahl, Fotos zu fälschen und den Mund zu halten (oder sonst ...). Wenn es eine UFO-Verschwörung gibt, dann ist es sehr wahrscheinlich, dass die US-Regierung die Verwicklung der NASA in die Unterdrückung der Wahrheit kontrolliert.

Die Freimaurer

Bei den Raumfahrtmissionen der NASA scheint eine seltsame Symbolik eine Rolle zu spielen; angeblich wurden die Astronauten angewiesen, zu bestimmten Zeitpunkten heilige Rituale in Richtung gewisser Sternenkonstellationen zu vollziehen. Das legt die Beteiligung einer Geheimgesellschaft mit mystischer Symbolik nahe – genauer gesagt, der Freimaurer.

DIE UNÜBLICHEN VERDÄCHTIGEN

Die Nazis

Viele Menschen wissen bereits, dass die USA bei Kriegsende die Crème der deutschen Raketenforscher abschöpfte und sie an ihrem Raumfahrtsprogramm arbeiten ließ. Es wird vermutet, dass einige davon an ihrer politischen Überzeugung festhielten und die NASA heute von einer faschistischen Elite mit ihren eigenen Vorstellungen geführt wird.

Die Grauen

Der wahre Grund dafür, warum keine der UFO-Sichtungen der NASA bekannt gemacht wurde, ist, dass die Organisation von Aliens geleitet wird. Obwohl das Shuttle routinemäßig durch einen Ring außerirdischer Raumschiffe fliegt, wird das

Wissen von Aliens unterdrückt, die langsam die Bekanntgabe ihrer Präsenz vorbereiten. Mit Technologie-Geschenken stellen sie die US-Regierung ruhig – und wer könnte ein Raumfahrtprogramm wohl besser leiten?

DIE ÜBERZEUGENDSTEN BEWEISE

Wenn man die Schatten der Steine auf den Fotos von der Mondlandung betrachtet, sieht man, dass sie bogenförmig in verschiedene Richtungen weisen – ein Beweis für eine punktförmige Lichtquelle knapp hinter der Kamera. Wenn die Sonne als Lichtquelle gedient hätte, wie das auf dem Mond der Fall sein müsste, müssten die Schatten alle in dieselbe Richtung weisen. Sie müssten auch schärfere Kontraste zum Boden aufweisen, da das Licht auf dem Mond nicht durch eine Atmosphäre gestreut wird.

DIE MERKWÜRDIGSTEN FAKTEN

Es gibt einen kurzen, authentifizierten Mitschnitt eines Gesprächs an Bord eines Shuttles, als es sich weit außerhalb der Atmosphäre befand. Ein Astronaut bemerkt draußen ein unidentifiziertes Objekt und fragt seinen Partner, ob er es auch vorbeifliegen gesehen hat. Was es auch war, diesmal war es kein Militärjet und auch kein Wetterballon.

SKEPTISCH BETRACHTET

Selbst wenn die NASA die Mondlandungen gefälscht hätte, würde das nicht erklären, wieso sie darüber froh sein sollte, wenn ein Meteorit den Großteil der Menschheit auslöschen und eine globale Katastrophe auslösen würde. Was genau wäre der Grund dafür, dass eine Raumfahrtagentur eine postapokalyptische Welt beherrschen möchte? Die einzig glaubwürdig wirkende Verschwörung wäre die, dass jemand die Bücher frisiert, um sich die Taschen zu füllen.

OBEN *Wegen merkwürdiger Details auf den Mondfotos der NASA glauben manche, sie wären gefälscht.*

NEW WORLD ORDER (NEUE WELTORDNUNG)

Es gibt in unserer Gesellschaft eine hoch organisierte Verschwörung von politschen Eliten, Bankiers, religiösen Führern und Geschäftsgurus, die die Vision einer vereinten Erde teilen. Diese VIPs bilden zusammen mit gewissen mächtigen, aber verschwiegenen Mystikern und ein paar scheinbar gewöhnlichen Leuten die Führungselite der Neuen Weltordnung, der NWO. Sie und ihre Vorfahren manipulieren die Ereignisse in der Welt seit Jahrhunderten zu ihren eigenen Zwecken.

Die NWO strebt mehrere Ziele an: die Vereinigung der Völker der Erde unter einer Regierung; die Beseitigung nationalistischer Vorurteile und das Ersetzen von patriotischem Eifer durch den Glauben an die Verbundenheit der Menschheit. Es gibt nur eine Währung, eine Sprache, ein faires Gesetzbuch und eine Rasse. Da Religion eine große Konfliktquelle ist, wird sie ebenfalls abgeschafft.

In der Neuen Weltordnung werden keine nationalen Armeen mehr nötig sein, also werden sie aufgelöst. Da die Umweltverschmutzung unsere Welt zerstört, wird der Konsum industrieller Güter eingeschränkt werden müssen – man kehrt zur Natur zurück. Die Hälfte der Erdoberfläche wird der Erde zur „Verwilderung" zurückgegeben, damit wir den Planeten nicht töten. Durch allgemeine Bildung, Verhütung und gewisse steuerliche Anreize wird die Bevölkerung des Planeten auf zwei Milliarden reduziert, ein Drittel der aktuellen Größe. Klingt alles sehr nett, nicht wahr?

Offensichtlich nicht. Manche Leute meinen, dass die Unterwerfung unter die empörenden Pläne der NWO nur der Beginn einer unbeschreiblich gemeinen Knechtschaft wäre. Es bleibt die Tatsache, dass die NWO bereit ist, alle Mittel einzusetzen, die nötig sind, um ihre Ziele zu erreichen. Die Führer der New World Order sehen deutlich, dass die Gesellschaft die Welt tötet, und wenn zwei Drittel der Erdbevölkerung umgebracht werden müssen, um das restliche Drittel zu retten, dann ergibt das laut NWO eher zwei Milliarden gerettete Leben als vier Milliarden vernichtete.

Die New World Order verfolgte lange Zeit die Taktik, die Bevölkerung zu terrorisieren und zu traumatisieren, damit sie eine Zentralregierung akzeptiert – das war einfacher, als zu argumentieren. Die erste Stufe war ein globales Informations- und Mediennetzwerk, das man manipulieren könnte. Durch Internet und Satellitenkommunikation wurde das bereits erreicht. Als Teil ihrer Angst-Strategie ist die NWO direkt für die beiden Weltkriege verantwortlich, für die globale Erwärmung, Heroin, Crack, Serienmörder, Krebs, genetisch veränderte Lebensmittel, Tagesfernsehen, AIDS, Kurt Cobain, Hiroshima und überhaupt für alles, was in dieser Welt nicht stimmt. Sie sind diese „DIE", von denen wir so lange schon sprechen. Sie sind bereit, jeden und fast alle von uns zu töten, wenn das nötig ist, um uns zu retten.

DAS MERKWÜRDIGE DARAN

Um die Idee einer Zentralregierung schmackhafter zu machen, schuf die NWO die UNO, den Prototypen für die geplante politische Struktur. Außerdem teilten sie die Welt in drei große Machtblöcke: die NATO (den Westen), den Warschauer Pakt (die Sowjetstaaten) und SEATO (alle anderen). Zwischen diesen Blöcken sollte so viel Spannung herrschen, dass sich die Menschen nach Vereinigung sehnten, während man gleichzeitig zeigte, dass Länder auch innerhalb von größeren Organisationen profitabel arbeiten können.

DIE ÜBLICHEN VERDÄCHTIGEN

Die Illuminaten

Als Adam Weishaupt 1776 die Illuminaten gründete, tat er das zu dem expliziten Zweck, die Weltherrschaft zu übernehmen. In typischer Illuminatenmanier haben sie im Lauf der Jahre alle Organisationen von Bedeutung in jedem Land infiltriert, um ihrem Bund die absolute Kontrolle über die Welt zu verschaffen. Wenn die NWO erst einmal fest im Sattel sitzt, werden die Illuminaten aus dem Schatten treten und sich ihren wahren Meistern enthüllen.

Die UNO

Da sie das ewige Patt zwischen den USA und Russland satt hat, hätte die UNO beschlossen, dass sie selbst am besten geeignet ist, um die Welt zu regieren. Nur die UNO kann alle Völker dieser Welt gerecht repräsentieren.

DIE UNÜBLICHEN VERDÄCHTIGEN

Satan

Die treibende Kraft hinter der Neuen Weltordnung ist der Satan. Wenn die NWO an der Macht ist, wird sie den Antichristen zum Führer wählen und dann wird die Endzeit (die „Große Trübsal") über uns hereinbrechen.

Die Grauen

Einige glauben, dass die Grauen schon vor langer Zeit die Kontrolle über die höchsten Autoritäten der Welt an sich gerissen haben und die wahre Macht hinter der NWO darstellen. Wenn diese errichtet ist und große Teile der Menschheit ausgelöscht sind, wird der Planet einfacher zu leiten sein.

DIE ÜBERZEUGENDSTEN BEWEISE

Die Einführung des Euro, der gemeinsamen europäischen Währung, ist ein deutlicher Schritt in Richtung Integration. Trotz der teils stark unterschiedlichen Volkswirtschaften in Europa hielt man eine Währung mit einem fixierten Wert für unverzichtbar, womit die staatliche Souveränität klar unterlaufen wird. Außerdem besteht der Euro aus Dollars und Cents, was offensichtlich auf die Vorbereitung der Vereinigung mit dem Dollar in naher Zukunft hindeutet.

DIE MERKWÜRDIGSTEN FAKTEN

In jüngster Zeit haben ein paar überraschende Leute versucht, die NWO aufzudecken. Dr. Johannes Koeppl war Sonderberater des deutschen Verteidigungsministeriums und die NATO warnte vor Kurzem, dass die NWO real wäre und „die Weltregierung übernehmen" wolle. Koeppl ist wohl in einer Position, wo er über solche Dinge Bescheid wissen kann: Er hielt Vorträge vor der Bilderberg-Konferenz und der Trilateralen Kommission. Als Koeppl mit seinen Ansichten, es gäbe eine „kriminelle Gesellschaft", die ein „Komplott zu Übernahme der Weltregierung" betreibe, an die Öffentlichkeit ging, war seine politische und mediale Karriere abrupt zu Ende.

SKEPTISCH BETRACHTET

Angesichts der Schwierigkeiten, die die meisten Regierungen damit haben, ihre eigenen Geldflüsse zu organisieren, wäre es erstaunlich, wenn eine solche Gruppe von Menschen – die alle ihre eigenen Interessen haben – Ereignisse dieser Größenordnung in aller Welt organisieren könnte. Und was kümmert es im Übrigen den Teufel, ob wir eine Nation sind oder 200?

UNTEN *Wird aus der UNO letztlich eine Weltregierung, deren Truppen den Frieden sichern, ob wir sie nun wollen oder nicht?*

BILDERBERG-KONFERENZ

Sie treffen einander einmal, manchmal zweimal im Jahr und mieten dafür komplett entlegene Luxushotels. Zu den Mitgliedern dieser Gruppe gehören die Machthaber dieser Welt, von internationalen Bankiers bis zu Staatsoberhäuptern. Ihre Gespräche sollen jeden auf diesem Planeten betreffen; angeblich wählt die Gruppe die politischen Führer von Staaten aus und legt die nächsten Kriegsschauplätze fest, dennoch ist sie niemandem verantwortlich. Mitglieder waren unter anderem David Rockefeller, Henry Kissinger, George W. Bush und Tony Blair. Sie sind die Bilderberger und einigen zufolge ihre Herren.

Die Bilderberg-Konferenz wurde in den paranoiden Jahren des Kalten Krieges vom Amerikaner Joseph Retinger konzipiert, dem Chef der CIA-finanzierten Europäischen Bewegung, dessen Kontaktliste sich wie das Who is Who der politischen und militärischen Machthaber der Welt liest. Retinger glaubte, dass Friede nicht durch Regierungen, sondern durch mächtige, multinationale Organisationen vermittelt würde.

Nach einem Treffen mit Prinz Bernhard der Niederlande schlug Retinger 1952 eine Konferenz vor, um die Probleme der Welt zu diskutieren. Die Idee wurde von anderen Staatsmännern aufgenommen und die erste Konferenz fand im Mai 1954 im Hotel Bilderberg in Oosterbeek in Holland statt. Seit damals trugen alle Konfernzen den Namen „Bilderberg", obwohl sie in den verschiedensten Luxuszufluchten in aller Welt stattfanden und noch immer stattfinden. Sie umfassen für gewöhnlich 120 Teilnehmer aus den Schlüsseleliten der Welt, wobei ein Drittel aus Nordamerika, der Rest aus Europa stammt. Im Allgemeinen kommen zwei Drittel der Delegierten aus den Bereichen Wirtschaft, Medien und Erziehung, nur ein Drittel sind tatsächlich Politiker.

Journalisten ist der Zutritt zum Gelände, geschweige denn die Berichterstattung über die geheimnisvollen Vorgänge untersagt. Die Bilderberg-Konferenzen finden unter Ausschluss der Medien statt, und das anscheinend mit Zustimmung der Medien. Was wollen die Bilderberger also? Diskutieren sie bloß die Themen der Abendnachrichten oder wählen sie diese Themen vielmehr erst aus?

DAS MERKWÜRDIGE DARAN

Als die Bilderberg-Konferenz im Jahr 2003 in Versailles tagte, knapp vor dem G7-Finanzministertreffen im nahen Paris, war die fanzösische Sicherheitspolizei alles andere als glücklich und blockierte den Event. Manche scheinen über die Konferenz auf ihrem Boden so unglücklich gewesen zu sein, dass sie ein Memo durchsickern ließen, in dem man sich über die gewaltige Anzahl privater Söldner zum Schutz der Teilnehmer beschwerte. Aus dem Memo ging hervor, dass die Polizei die „conférence privée" bloß für eine Tarnung für etwas Böseres hielt. Wenn die Bilderberger die Macht haben, die Berichterstattung in der internationalen Presse zu verhindern und sich über die Wünsche der lokalen Behörden hinwegzusetzen, sind sie sicherlich mehr als ein Debattierklub.

DIE ÜBLICHEN VERDÄCHTIGEN

Internationale Intrige gieriger Geschäftsleute

Das Ziel der Bilderberger könnte schlicht und einfach Gier sein. Der hohe Anteil an Wirtschaftsbossen und die strenge Geheimhaltung könnten vermuten lassen, dass in der Gruppe wirtschaftliche Maßnahmen vereinbart werden, bevor sie diese durch ihre Kontakte zu den Regierungen umsetzen. Indem sie sicherstellen, dass alle vom gleichen Blatt singen, gewährleistet die Gruppe zugleich, dass die Profite dort bleiben, wo sie sie haben will: hoch oben.

Neue Weltordnung

Angesichts des hohen Anteils an Finanzleuten ist es nicht verwunderlich, dass sich die Bilderberger für den freien Handel aussprechen – eine Einstellung, durch die für gewöhnlich ökonomische Schranken und protektionistische Politik beseitigt werden. Freier Handel galt lange Zeit als Werkzeug zur Umsetzung der New World Order auf der ahnungslosen Erde – beginnend mit den ökonomischen Barrieren; dann ist es nicht weit bis zur Zerstörung des Nationalgefühls.

Im Hinblick auf die Ziele der Neuen Weltordnung würden die Bilderberger entscheiden, wann und wo Kriege ausbrechen sollen, um immer mehr nationale Grenzen zu zerstören und jenen Mitgliedern Geld zu beschaffen, die solche Konflikte finanzieren. Mit einer Weltregierung und einer Weltbank würden die Bilderberger jene Führer auswählen, die ihre Pläne gutheißen. Clinton war nur Gouverneur von Arkansas, als er 1991 einer Konferenz beiwohnte – zwei Jahre später wurde er zum US-Präsidenten gewählt.

DIE UNÜBLICHEN VERDÄCHTIGEN

Die Grauen

Dieser Theorie zufolge leiten die Grauen die Bilderberger, ebenso wie sie andere Geheimgesellschaften anführen, um die Welt zu schwächen und zur leichteren Beute zu machen.

Die Illuminaten

Die Bilderberger könnten nichts anderes sein als ein Trick, um den Verdacht der Medien und der Öffentlichkeit abzulenken, während die wahren Entscheidungen anderswo gefällt werden – von jener Gruppe, die angeblich wirklich die Welt leitet: die Illuminaten.

DIE ÜBERZEUGENDSTEN BEWEISE

1955 diskutierte die Bilderberg-Konferenz die Notwendigkeit eines gemeinsamen europäischen Marktes. Eineinhalb Jahre

GANZ LINKS *Der britische Premierminister Tony Blair war bei mehreren Bilderberg-Konferenzen da-bei.*

LINKS *Henry Kissinger ist nur einer der vielen politischen Machthaber, die der Bilderberg-Konferenz in all den Jahren angehörten.*

später wurde der europäische Binnenmarkt durch die Römischen Verträge Wirklichkeit.

DIE MERKWÜRDIGSTEN FAKTEN

Jon Ronson, Autor von *Them*, untersuchte die Bilderberg-Gruppe für den britischen TV-Kanal Channel 4 und musste sich eine extreme Schimpftirade anhören, als er Bilderberg-Gründer Lord Healey über die Ziele der Bilderberger befragte. Ronson schlich sich auch in eine geheime Sommerzuflucht der Bilderberger in Bohemian Grove ein, wo er sah, wie das Bild eines Menschen am Fuße einer mehr als 12 m hohen Eulenstatue verbrannt wurde.

SKEPTISCH BETRACHTET

Die reichsten Menschen der Welt sind in Wahrheit auch die, die sie regieren? Oh, wie ungewöhnlich ...

KGB

Für viele Beobachter läutete die Todesglocke der Sowjetunion 1991, als eine begeisterte Menge die Statue von Felix Dserschinski stürzte und das Klirren der tausend Stücke, in die sie zersprang, durch die Luft klang. Jahrelang hatte sein Abbild über den Platz mit seinem Namen auf das berüchtigte Hauptquartier des KGB geblickt – die Lubjanka.

Dserschinski war der Kopf hinter dem Roten Terror, der es den Kommunisten ermöglichte, bei der Oktoberrevolution 1917 den Zar zu stürzen und an die Macht zu kommen. Er schuf die Geheimpolizei Tscheka, die im Lauf der Jahre zum Komitee für staatliche Sicherheit mutierte – allgemein bekannt unter den Initialen KGB – und zum gefürchtetsten und allgegenwärtigen Geheimdienstnetz der Welt wurde. Der KGB (Komitet Gosudarstvennoy Bezopasnosti) war für den Schutz des Sowjetregimes vor inneren und äußeren Feinden zuständig. Als man die Statue zerstörte, wurde symbolisch die Macht des KGB gebrochen, die er über jeden einzelnen Sowjetbürger besaß, von der Wiege bis zur Bahre. Wo immer es im Kalten Krieg Hinweise auf eine Verschwörung gab, tauchten auch Gerüchte über eine KGB-Beteiligung auf. Einige Verschwörungstheoretiker meinen, dass der weltgrößte Geheimdienst nicht dem Kommunismus treu war, sondern bloß seine eigenen Interessen verfolgte.

Theoretisch unterstand der KGB dem sowjetischen Ministerrat; in der Praxis erhielt er seine Befehle direkt vom Politbüro – wenn er überhaupt Befehle entgegennahm. Als die UdSSR zusammenbrach und der KGB 1991 aufgelöst wurde, bezeichnete ihn die Presse rasch als „Teil der Vergangenheit". Einige sind jedoch nicht so sicher, ob die weltumspannende Macht des KGB wirklich gebrochen ist.

Vielen erschien es verdächtig, dass der KGB – der die sowjetische Bevölkerung durch Angst und ein ausgedehntes Netzwerk aus Informanten kontrolliert hatte – den Zusammenbruch der UdSSR ohne nennenswerte Gegenwehr zugelassen hatte, vor allem, da der KGB eine überwachende Funktion über die Sowjetarmee inngehabt hatte. Daher wird vermutet, dass das scheinbare Ende der Sowjetunion und des KGB bloß der Tarnung eines hinterlistigen Komplotts war, um die Macht des KGB zu festigen und ein noch stärkeres russisches Reich zu schaffen.

OBEN *Wladimir Putin, der aktuelle russische Präsident, ist nur einer der vielen russischen Politiker, die früher dem KGB angehört hatten.*

DAS MERKWÜRDIGE DARAN

Seit dem Fall der Sowjetunion schlitterte Russland in die Anarchie. Einer der Hauptprofiteure ist Wladimir Schirinowski, der Führer der extremen nationalistischen Liberaldemokratischen Partei. Millionen Russen stimmten seiner Behauptung zu: „Was Russland jetzt braucht, ist ein Diktator; wenn ich an die Macht komme, werde ich dieser Diktator sein" und wählten ihn.

Schirinowski besitzt Kontakte zu ultrarechten Gruppierungen in Deutschland, zur Russenmafia und in den Irak und ist ein potenzieller Hitler, dem ein gewaltiges Arsenal an Atomwaffen zur Verfügung steht – mit dessen Einsatz er gedroht hat. Am beunruhigendsten ist, dass Schirinowski geheimer KGB-Agent war. Seine Ex-Kollegen meinen, dass er von den Ex-Führern der angeblich abgeschafften Geheimpolizei und Spionageagentur auf die Macht vorbereitet wird.

DIE ÜBLICHEN VERDÄCHTIGEN

Die Illuminaten

Sogar ein paar orthodoxe Historiker anerkennen heute die Schlüsselrolle, die diverse Geheimgesellschaften und okkulte Orden für Nazideutschland und Hitler spielten. Hinter vielen dieser Gruppierungen steckt das Phantom der Illuminaten – zu deren modus operandi es gehört, im Hintergrund zu bleiben, die Kontrolle über andere Geheimbünde zu übernehmen und dann durch sie Einfluss zu nehmen. Könnten die Illuminaten ihrem alten Muster gefolgt sein und den KGB übernommen haben? Wenn Schirinowski enge Kontakte zu rechten deutschen Gruppen mit faschistischen Wurzeln hat, könnte es sein, dass die Illuminaten den KGB und den russischen Hitler kontrollieren.

Die Freimaurer

Es ist belegt, dass der KGB Organisationen der Freimaurer infiltrierte, um seine Agenten in die britische Regierung und Geheimdienste zu bringen. Doch man vermutet, dass dies keine Einbahnstraße war und die Freimaurer bis tief in die Führungsebenen des KGB vordrangen, wo sie die Kontrolle übernahmen. Einige Verschwörungstheoretiker glauben, dass der KGB und seine Pläne zur Wiedererrichtung eines russischen Reiches bloß Teil eines größeren Versuchs der Freimaurer sind, die Weltherrschaft an sich zu reißen.

DIE UNÜBLICHEN VERDÄCHTIGEN

Der Deutsche Orden

Als germanischer Protégé der Tempelritter kontrollierte der Deutsche Orden das unabhängige Fürstentum Deutschordensland, das Finnland, Preußen und große Teile Russlands umfasste. Nach dem Verlust ihrer Machtbasis im 14. Jahrhundert wurde er zur Geheimgesellschaft mit dem Ziel, die verlorenen Länder wiederzuerlangen. Einige Verschwörungsjäger meinen, dass der Deutsche Orden die verborgene Macht hinter den Zaren war und dann, als die Zarenfamilie immer schwerer zu kontrollieren war, die Revolution plante und die neue Geheimpolizei infiltrierte. Diesem Szenario zufolge bereiteten die Deutsch-Ordensritter den Zerfall der UdSSR und des KGB vor, um einen faschistischen Staat zu bilden, den die Bevölkerung eher unterstützen würde und der daher leichter zu kontrollieren wäre.

DIE ÜBERZEUGENDSTEN BEWEISE

Der ehemalige Präsident der Sowjetunion Michail Gorbatschow weist die Beschuldigung zurück, er hätte den KGB instruiert, Schirinowskis Liberaldemokratische Partei zu gründen. Doch er räumt die Möglichkeit ein, dass die ehemalige

Geheimpolizei Schirinowski kontrolliert. Gorbatschow: „Kann der KGB eine ganze Partei erschaffen? Schirinowski ist ein bemerkenswerter Schauspieler; man muss unbedingt herausfinden, wer ihn steuert, wer hinter ihm steht."

DIE MERKWÜRDIGSTEN FAKTEN

Als die Russen Wladimir Putin zum Präsidenten machten, wählten sie mit ihm eine weitere Schöpfung des KGB. Obwohl er nicht so extrem ist wie Schirinowski, ist er ein ehemaliger Spion, der auch dem FSB – dem offiziellen Nachfolger des KGB – vorstand. Er stellt im TV gern sein Können in Kampfsportarten zur Schau, das noch aus dem KGB-Training kommt. Bislang ist seine exakte Rolle im KGB zwischen 1975 und 1989 unklar. Allerdings sprach Putin schon mehr als einmal von der Notwendigkeit einer „Diktatur des Gesetzes" und manche sehen in seiner Regierung bloß einen Probelauf des KGB, bevor Schirinowski installiert wird.

SKEPTISCH BETRACHTET

Es gibt wenige Beweise dafür, dass der KGB den Auflösungsprozess überlebt hätte. Die Geschichte zeigt, dass Antisemitismus und eine schwere ökonomische Krise ausreichen, um den Aufstieg eines größenwahnsinnigen Möchtegern-Diktators zu erklären.

MI6

MI6 ist in aller Welt als britischer Geheimdienst bekannt, der für den Schutz des Königreichs vor äußeren Feinden verantwortlich ist – dank seiner Darstellung als Dienstgeber von Spezialagent 007 in den Bond-Filmen. Doch einige Verschwörungstheoretiker sind der Ansicht, dass die Darstellung des MI6 als Kraft des Guten nichts als reine Propaganda ist. MI6 sei vielmehr eine Organisation, die im Geheimen daran arbeitet, die Weltherrschaft an sich zu reißen.

Theoretisch ist der MI6 neutral und steht keiner politischen Partei oder Ideologie nahe. Sogar der kritischste Skeptiker würde jedoch beim Betrachten der Geschichte eines sehen: Neutralität ist das Letzte, was man dem MI6 vorwerfen könnte. Es gibt viele belegte Beispiele, die zeigen, dass der MI6 gegen Politiker oder Organisationen vorgeht, die er für zu weit links hält oder die die „besondere Beziehung" zwischen Großbritannien und den USA nicht unterstützen. Der berühmteste Fall ist wohl die Absetzung von Premierminister Harold Wilson.

Es gab schon lange Gerüchte, dass der MI6 und seine Schwesterorganisation MI5 hinter Wilsons plötzlichem Rücktritt 1976 standen. Als die Regierung nicht in der Lage war, das Erscheinen der Memoiren des ehemaligen MI5-Agenten Peter Wright zu verhindern, erfuhr die Öffentlichkeit sämtliche Details des unblutigen Putsches gegen Wilson. Die schrecklichen Beschuldigungen weisen auf eine verräterische Verschwörung von Geheimdienstoffizieren hin, die die verfassungsmäßig gewählte Regierung des Vereinigten Königreichs zu Fall bringen wollten.

Es gibt weitere Fälle, in denen der MI6 Parlamentsabgeordnete erpresst, geschmiert oder angeworben hat – solche Aktivitäten ließ man James Bond in seinen Filmen zur „Verteidigung des Reiches" nie durchführen. Eine der Schlüsselfiguren bei der andauernden Unterminierung der Demokratie durch ihren Geheimdienst MI6 war der Direktor der Spionageabwehr James Jesus Angleton – der Erfinder der italienischen P2-Verschwörung, mutmaßlicher Planer des Mordes an JFK und Mitglied der mysteriösen Malteserritter.

Bestätigte Intrigen gegen die britische Regierung, die gemeinsam mit Verbündeten aus dem amerikanischen Geheimdienst durchgeführt wurden, warfen die Frage auf, für wen MI6 eigentlich arbeitet. Wenn der MI6 gegenüber den demokratisch gewählten britischen Führern nicht loyal ist, dann könnte er manchen Verschwörungsjägern zufolge einer der Spielmacher bei einem geheimen angloamerikanischen Komplott zur Erlangung der Weltherrschaft sein.

DAS MERKWÜRDIGE DARAN

Ohne Zweifel gibt es ein Netzwerk von „atlantizistischen" Gruppen, das hinter den Kulissen der internationalen Politik arbeitet. Dabei gibt es häufig personelle Überschneidungen, was vermuten lässt, dass der Außenpolitische Rat der USA eng mit britischen Gruppen wie dem Royal Institute of International Affairs zusammenarbeitet. Wenn die Führungsebenen von MI6 und CIA eine wichtige Rolle in all diesen Gruppen spielen, dann kann man gut und gerne befürchten, dass die Geheimdienste im Namen dieser Organisationen kooperieren und geheime Ziele verfolgen.

DIE ÜBLICHEN VERDÄCHTIGEN

Das englische Königshaus

Mehr als bloß ein Verschwörungstheoretiker verwies auf die Königsfamilie als jenen Zement, der die angloamerikanische Intrige verbindet. Man glaubt, dass die Königsfamilie seit dem 19. Jahrhundert der Doktrin des „mystischen Imperialismus" und der Weltherrschaft der beiden größten englisch-

OBEN *Teile des MI6 arbeiteten daran, Premierminister Harold Wilson aus dem Amt zu vertreiben. 1976 erreichten sie ihr Ziel.*

RECHTS *Mit James Bond wollte sein Schöpfer, der ehemalige britische Spion Ian Fleming, dem Geheimdienst MI6 ein besseres Image verpassen.*

sprachigen Nationen anhängt. Zu den ersten Schritten in diese Richtung gehörte es, Cecil Rhodes dazu zu inspirieren, Gesprächsrunden und die Rhodes-Stipendien in Oxford zu stiften, weil das bedeutete, dass die klügsten Amerikaner – darunter auch Präsident Clinton – in England „ausgebildet" würden. MI6 schwört der Krone Treue, es wirkt also auf Befehl der Königin an der Verschwörung mit.

Die Familie Rockefeller

Die Rockefellers gehören zu den superreichsten Familien der Welt und scheinen an vielen politischen Verschwörungen wesentlichen Anteil zu haben. David Rockefeller kann nicht nur die Interessen mehrerer Banken und größerer Unternehmen kontrollieren – darunter auch die Federal Reserve Bank, die alles Geld in den USA kontrolliert –, sondern ist auch Vorsitzender der Trilateralen Kommission und auch des Außenpolitischen Rates. Manche Verschwörungstheoretiker meinen, dass die Rockefellers darauf abzielen, eine angloamerikanische Supermacht zu schaffen, um ihre finanziellen Interessen zu sichern und zu fördern.

DIE UNÜBLICHEN VERDÄCHTIGEN

Die Rosenkreuzer

Die Ursprünge des Ordens vom Rosenkreuz werden in Verschwörungskreisen heftig debattiert. Ob sie sich nun aus einem ägyptischen Orden entwickelten oder auf Giordano Bruno – einen Philosophen, der im 16. Jahrhundert wegen Gründung von Geheimbünden und der Lehre, es gäbe Leben auf anderen Planeten, auf dem Scheiterhaufen verbrannt wurde – zurückgehen: In Sachen Verschwörungen haben sie große Bedeutung. Sollten sie vor Jahrhunderten die britische Freimaurerei unterwandert haben, wäre es durchaus möglich, dass sie heute hinter der angloamerikanischen Intrige stecken.

Der Malteserorden

Die Malteser Ritter operieren von einer kleinen Niederlassung im Vatikan aus und zu ihren Mitgliedern zählten so unterschiedliche Leute wie General Reinhard Gehlen, Hitlers Geheimdienstchef, der später für die CIA arbeitete, und General Alexander Haig – treibende Kraft hinter Nixons und Reagans Außenpolitik und Freund der Königin. Manche glauben, dass die Malteser insgeheim die CIA leiten und über sie auch MI6. Warum die Malteser dies tun sollten, bleibt allerdings unklar.

DIE ÜBERZEUGENDSTEN BEWEISE

Leute, die Beweise dafür suchten, dass MI6 die Bindung zwischen Großbritannien und den USA stärken will, wandten sich dem Britisch-Amerikanischen Projekt zu. Dieses genießt die Unterstützung namhafter Konzern wie American Express,

Apple Computers, British Airways, Coca-Cola, Monsanto und Philip Morris und ist offiziell ein wohltätiges Unternehmen mit dem Ziel, hohe Vertreter der Geheimdienste, der Regierungen, der Medien und der Streitkräfte beider Länder zusammenzubringen. Aufgrund der mutmaßlichen Verbindungen von MI6 zu diesem Projekt werden ihm aber immer wieder düsterere Ziele unterstellt.

DIE MERKWÜRDIGSTEN FAKTEN

Unlängst enthüllte britische Regierungsdokumente bewiesen, dass geplant wurde, das Vereinigte Königreich zum 51. US-Bundesstaat zu machen. Ging der MI6 vielleicht deshalb gegen Harold Wilson vor, da er diese Päne torpedierte?

SKEPTISCH BETRACHTET

Es ist unwahrscheinlich, das MI6 kompetent genug ist, um eine weltpolitische Verschwörung zu steuern. Wenn MI6 nicht einmal verhindern kann, dass die Öffentlichkeit von seiner Unterwanderung durch sowjetische Spione erfährt, darf zu Recht bezweifelt werden, dass MI6 in der Lage ist, ein Dutzend hochklassige Verschwörerorganisationen und zwei wichtige Regierungen zu steuern.

MOSSAD

Wenn Attentäter den Lauf der Geschichte verändern, gelangen meist innerhalb weniger Stunden eine offizielle Version der Ereignisse und eine Verschwörer-Interpretation derselben in Umlauf. Als der israelische Premierminister Yitzhak Rabin am 4. November 1995 bei einer Kundgebung in Tel Aviv erschossen wurde, dauerte es allerdings mehr als ein paar Stunden, bis die ersten Hinweise auf eine Verschwörung auftauchten. Der Grund dafür war der Mossad – vermutlich einer der gefürchtetsten und effektivsten Geheimdienste der Welt.

Bis vor Kurzem hatte der Mossad die israelischen Medien so fest im Griff, dass seine Existenz, ebenso wie die seiner Schwesterorganisation Shaback, geheimnisumwoben war. Jeder wusste, dass es sie gab, doch über ihre Aktivitäten wurde nichts berichtet und niemand wusste, wer sie leitete.

Die strenge Zensur durch den Mossad mag sich in den letzten Jahren etwas gelockert haben, doch sie verhinderte so lange wie möglich, dass auch nur der kleinste Hinweis auf eine Verschwörung in Bezug auf Rabins Tod an die Öffentlichkeit gelangte. Während CNN und sogar BBC die offizielle Version, dass der Träger des Friedensnobelpreises von einem fanatischen Einzeltäter getötet worden wäre, anzweifelten, bemühte sich der israelische Geheimdienst nach Kräften, solche Spekulationen von den eigenen Bürgern fernzuhalten. Das ist kein Wunder, denn die meisten Spekulationen rankten sich um die Rolle, die der Mossad bei der Ermordung seines eigenen Oberkommandierenden spielte.

Der Mossad wurde 1951 gebildet, um Informationen zu sammeln und den jungen israelischen Staat zu schützen, der auf allen Seiten von Nationen umgeben war, die seiner Existenz feindlich gesinnt waren. Im Lauf der Jahre legte sich der Mossad eine beeindruckende Referenzliste an Terrorabwehraktionen, Attentaten und erfolgreichen verdeckten Operationen zu. Da er verbündete Geheimdienste ebenso infiltriert wie feindliche, wurde der Mossad zum Hauptverdächtigen vieler Verschwörungstheorien. Von der Ermordung des Medientycoons Robert Maxwell 1991 bis zum Tod von Prinzessin Diana und sogar zum Attentatsversuch auf Papst Johannes Paul II. 1981 gibt es keinen Mangel an Ereignissen, an denen eine Mitwirkung des Mossad vermutet wird.

Einfallsreich, skupellos und furchtlos – wie sonst hätte der Mossad den Nazi-Kriegsverbrecher Adolf Eichmann entführen, einen MiG-Jet aus dem Irak stehlen und genügend waffenfähiges Plutonium aus den USA herausschmuggeln können, um hunderte Atomwaffen zu bauen? Anscheinend ist dem Mossad nichts zu schwer. Laut Verschwörungstheoretikern auch nicht eine dunkle Intrige zur Ermordung Rabins.

DAS MERKWÜRDIGE DARAN

Die Shamgar-Kommission, die das Attentat auf Rabin untersuchte, kam zu dem Schluss, dass Ygal Amir ein Einzeltäter war. Er hätte völlig allein gehandelt, als er Rabin zweimal in den Rücken schoss, und es wären diese beiden Schüsse gewesen, die Rabin töteten: Ein dritter verwundete eine der Leibwachen. Bei seiner Verhandlung sagte Ygal Amir aus, dass er seine Pistole mit neun Kugeln geladen hatte, doch die Ballistiker fanden noch acht Kugeln in der Waffe, als Amir verhaftet wurde. Das bedeutet, dass Amir nur einmal auf Rabin geschossen hat. Woher kamen die anderen Schüsse? Wenn es tatsächlich ein Komplott zur Ermordung des Premiers gegeben hat und die Identität des Mörders anschließend vertuscht worden ist, wäre das kaum ohne Verwicklung des Mossad abgegangen – doch warum sollte dieser seinen eigenen Chef ermorden?

DIE ÜBLICHEN VERDÄCHTIGEN

Rechtsgerichtete Israelis

Rabin schloss ein historisches Friedensabkommen mit der PLO ab, laut dem Israel Land zurückgeben würde, womit er sich den ewigen Hass rechtsgerichteter Israelis zuzog. Der Mossad ist nicht für seine gemäßigten Ansichten bekannt; viele Mitarbeiter haben enge Kontakt zu radikalzionistischen Splittergruppen. Rabins Ermordung wäre nicht nur ein Racheakt, sondern hätte auch sichergestellt, dass die Rückgabe der Gebiete an die Palästinenser gestoppt und die Friedensbemühungen einen herben Rückschlag erleiden würden.

Saddam Hussein

Der irakische Diktator hegte einigen Groll gegen Israel und Rabin – darunter wegen eines Attentatsversuchs gegen ihn, den der Mossad für die CIA ausführte und der vielen Angehörigen seiner Familie das Leben kostete. Wenn eine irakische Verschwörung für den Tod des israelischen Premierministers verantwortlich war, hätte der Mossad das vertuschen müssen, um den Ausbruch eines chemisch und nuklar geführten Krieges zu verhindern, der die Folge gewesen wäre. Manche vermuten sogar, dass einige ranghohe Mossad-Mitarbeiter auf Saddams Lohnliste standen.

DIE UNÜBLICHEN VERDÄCHTIGEN

Der KGB

Auch wenn er nach seiner offiziellen Auflösung 1991 für die meisten Historiker der Vergangenheit angehört, spielt der KGB vielen Verschwörungsjägern zufolge nach wie vor eine aktive Rolle bei verdeckten Operationen in aller Welt. Ziel ist es, möglichst viele Ressourcen der USA zu binden, während der KGB ungestört versucht, das Sowjetreich wiederzuerrichten. Es ist durchaus möglich, dass der KGB den Mossad ebenso infiltriert hat wie die CIA, MI6 und MI5.

Die CIA

Die engen Kontakte zwischen Mossad und der CIA sind jedem bekannt und viele meinen, dass die Unabhängigkeit der israelischen Sicherheit durch die USA kompromittiert worden sei. Einige Leute sind der Ansicht, dass die Versuche des Mossad, seine Unabhängigkeit wiederzuerlangen, indem er Präsident Clinton mit der Lewinsky-Affäre drohte, ihm nur eine barsche Erinnerung seitens der CIA eintrug, wer hier das Sagen hätte. Das halten viele für reine Spekulation, weil sie der CIA nur schwer die Kompetenz zuerkennen können, so einen Stunt abzuziehen.

DIE ÜBERZEUGENDSTEN BEWEISE

Jeder, der das Amateurvideo von Rabins Ermordung sah, sah auch, wie der mutmaßliche Attentäter Ygal Amir den Premier aus 1,5 m Entfernung in den Rücken schoss. Doch Chief Lieutenant Baruch Glatstein vom forensischen Labor der israelischen Polizei erzählte bei Amirs Gerichtsverhandlung eine etwas andere Geschichte. Glatstein sagte aus: „Im oberen Teil der Jacke des Premierministers fand ich rechts von der Naht ein Einschussloch, das meinen Tests zur Streuung des Pulvers zufolge aus weniger als 25 cm Entfernung verursacht worden ist."

DIE MERKWÜRDIGSTEN FAKTEN

Vor seinem Tod erhielt Rabin einen Brief, in dem stand, dass ein israelischer Mathematiker einen in der Bibel verborgenen Code entdeckt hätte, der die Zukunft vorhersagen würde. Der Name Yitzhak Rabin wäre dort zusammen mit den Worten „Attentäter, der ermordet wird" codiert.

SKEPTISCH BETRACHTET

Die Kombination Einzeltäter mit politischem Attentat scheint häufig vorzukommen, doch sicherlich wird zumindest eine das sein, was sie ist, anstatt eine Verschwörung. Vielleicht hatte der legendäre Mossad einen schlechten Tag und Ygal Amir war ein einsamer Irrer, der Glück hatte.

LINKS *Israel trauert über den Tod von Yitzhak Rabin.*

NSA

Die National Security Agency (NSA) ist die von Verschwörungstheoretikern vielleicht am meisten gefürchtete Organisation. Außenseiter mögen MJ-12, die Mafia und die Grauen für am gefährlichsten halten, doch in Wahrheit ist es die NSA, die am häufigsten verdächtigt wird – aus einfachen Gründen: Sie ist als Geheimdienst sowohl für externe als auch für interne Angelegenheiten zuständig. Die technologisch fortgeschrittensten Spione der Welt überwachen amerikanische Bürger und alle anderen, die sie interessieren.

Der NSA wird routinemäßig so gut wie alles vorgeworfen: Sie hätte in Fort Knox Gold gestohlen und durch besprühtes Blei ersetzt; sie würde Wissenschaftler und Computeringeneure entführen, wenn deren Ideen die technologische Überlegenheit der Agency gefährden. Allein schon aufgrund der Geheimhaltung dieser Organisation vermehren sich solche Gerüchte wie die Fliegen. Einer der hartnäckigsten Vorwürfe besteht darin, dass die NSA in einen Versuch verstrickt wäre, das globale Bankensystem unter ihre Kontrolle zu bringen.

Die NSA ist als Verschlüsselungsexperte bekannt. Zu Beginn der 90er-Jahre versuchte sie, einen als „Clipper" bekannten Chip als Standard für alle Computer, die mit Verschlüsselungen arbeiten, durchzusetzen. Dieser hatte eine eingebaute Schwäche, eine Hintertür, durch die die NSA sämtliche mit Clipper codierten Daten entschlüsseln konnte. Ihre Daten wären vor allen sicher, nur nicht vor der Regierung.

Mit der Gefährdung des Bankwesens hat die NSA vielleicht Erfolg gehabt – Ende der 70er-Jahre entwickelte eine Firma namens INSLAW (Institute for Law and Social Research) das integrierte Datenbankmanagementsystem PROMIS. Damit konnte man große Datenbestände zu einem handhabbaren Ganzen komprimieren. Die Polizei wollte PROMIS zur Verfolgung nationaler und internationaler Verbrecher; große Banken, darunter auch die Weltbank, wollten das System für eine effiziente internationale Finanzdatenbank verwenden. Das US-Justizministerium ließ das System liefern und verweigerte dann die Zahlung, womit INSLAW in den Ruin getrieben wurde. Trotz mehrerer Urteile zu ihren Gunsten gibt es bei INSLAW noch immer offene Rechnungen für PROMIS.

Der Journalist Danny Casolaro behauptete, Beweise dafür zu haben, dass die NSA PROMIS modifiziert hätte, um jederzeit Zugang zu allen Daten zu erhalten. NSA und Mossad hätten veränderte Kopien des Programms an Banken, ausländische Regierungen und Strafverfolgungsbehörden verkauft. Damit wollte die NSA das gesamte Rechts, Regierungs- und Finanzsystem weltweit ausspionieren. Durchgeführt wurden die Modifikationen von einem Unternehmen namens Wackenhut mit Sitz außerhalb der juristischen Zuständigkeit der USA in einem Indianerreservat in Kalifornien.

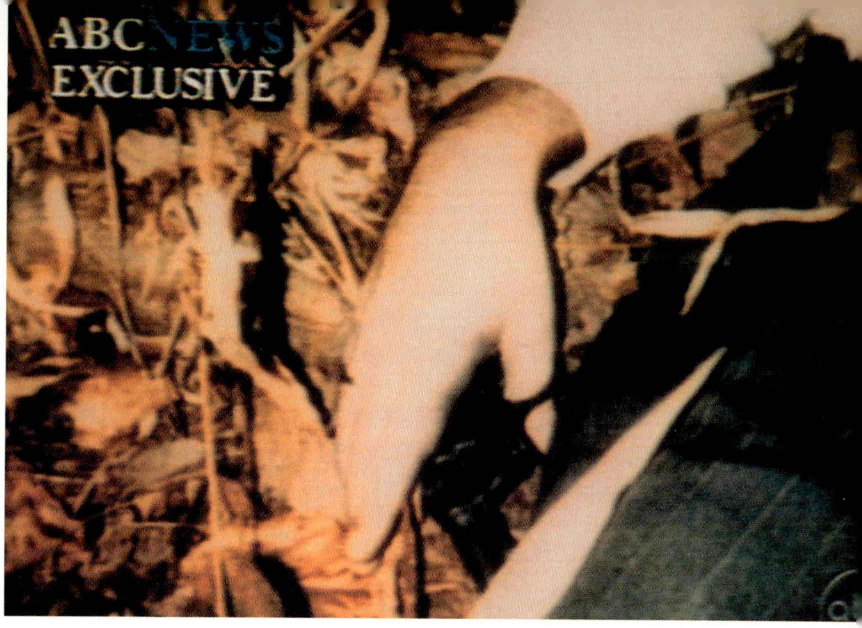

OBEN *Finger am Abzug, doch die Beweise deuten darauf hin, dass Vince Fosters Tod von der NSA als Selbstmord inszeniert wurde.*

DAS MERKWÜRDIGE DARAN

Der stellvertretende Berater des Weißen Hauses Vince Foster beging im Juli 1993 angeblich Selbstmord. Doch die Todesumstände waren verdächtig. Foster war Verbindungsmann für eine Firma namens Systematics gewesen, mit deren Hilfe die NSA die modifizierte PROMIS-Software vertrieb. Über Systematics wurden auch Profite aus verdeckten Operationen gewaschen und mittels PROMIS ergaunerte Informationen gesammelt. Einige Stunden zuvor war Foster mit einer Frau zusammen, deren Haarfarbe zu der jener Haare passte, die in Fosters Wäsche gefunden wurden. Die Pathologen stellten fest, dass Foster im Moment der Ejakulation gestorben war. Keines der Videoüberwachungsbänder zeigt, wie Foster das Haus verließ – trotzdem wurde er in einem Park in Virginia gefunden, ein Stück von seinem Wagen entfernt.

DIE ÜBLICHEN VERDÄCHTIGEN

Die Freimaurer

Harry Truman, ein Freimaurer des 33. Grades, schuf 1952 plötzlich die NSA. Die alten Bande wurden beibehalten und die Vorstöße zur globalen Kontrolle des Bankwesens finden im Auftrag der Freimaurer statt. Sie arrangierten Fosters und Casolaros Tod, um ihre Mitwirkung zu vertuschen.

DIE UNÜBLICHEN VERDÄCHTIGEN

Die Außerirdischen

Man vermutet, dass das Expertentum der NSA in Sachen Verschlüsselung nicht daher kam, dass man Hintertüren in Programme einbaute, sondern aufgrund von fortgeschrittener Mathematik, die ihr von den „Grauen" übergeben wurde, im Austausch für ein Kontingent an US-Bürgern, das die Aliens für Experimente benutzen durften.

DIE ÜBERZEUGENDSTEN BEWEISE

In Bob Woodwards Buch *VEIL: The Secret Wars of the CIA,*

1981–1987 behauptet der ehemalige CIA-Direktor William Casey auf Seite 386 über seine Amtszeit: „Es gab Vorstöße in das internationale Bankensystem, um ständigen Zugriff auf die Daten aus den wirklich geheimen Büchern der ausländischen Banken zu bekommen, wobei sich zeigte, dass es verdeckte Investitionen der Sowjetunion gegeben hatte."

DIE MERKWÜRDIGSTEN FAKTEN

Der Journalist Danny Casolaro wurde in jener Nacht ermordet, in der er erklärte, dass er Beweise zur Untermauerung seiner Story gefunden hätte, ebenso Alan Standorf, der NSA-Agent, der ihm die Dokumente gegeben haben soll. Zwölf Tage vor seinem Tod wurden ohne sein Wissen die 2,7 Millionen US-Dollar von seinem geheimen Bankkonto in der Schweiz abgeräumt.

SKEPTISCH BETRACHTET

Wieso INSLAW in den Ruin treiben? Es wäre einfacher gewesen, die Lizenzgebühr zu bezahlen und dann diskret um Weitergaberechte an Dritte zu verhandeln.

OBEN *Wie der Kassenschlager* Staatsfeind Nr. 1 *zeigte, wird die Rolle der Bösen in Hollywood immer häufiger an die NSA vergeben.*

DAS BRITISCHE KÖNIGSHAUS

Die dramatische und wechselhafte Geschichte der britischen Königsfamilie ist vermutlich die am längsten laufende und beliebteste Seifenoper der Welt. Unter dem Blick und der Bewunderung von Millionen Zusehern rund um den Globus wurde der Alltag der Royals zum Stoff, aus dem die Träume sind, und zum Thema endloser Diskussionen. Wenn ein Familienereignis ansteht, sei es nun eine Hochzeit oder eine Geburt, wird es international gefeiert. Sie sind eben nun mal die Königsfamilie und ihr Leben erhält im scheinbar so banalen Leben ihrer Fans höhere Priorität als deren eigenes.

In ihrer gegenwärtigen Form stammt die britische Königsfamilie aus dem Haus Windsor, das seine Wurzeln bis nach Deutschland zurückverfolgen kann. Unter dem strengen Blick von Königin Elisabeth II. hat die Königsfamilie in den letzten Jahren viel mitgemacht, doch durch den Tod Dianas im Jahr 1997 rückte sie unerbittlicher als je zuvor ins Rampenlicht. Die Welt trauerte um den Verlust der meistgeliebten Prinzessin und beobachtete die Reaktion der Familie. Doch selbst als die Kränze, die sich um die von Sicherheitskräften bewachten Häuser der Royals angehäuft hatten, verwelkt waren, war die Geschichte nicht zu Ende. Bilder von Diana und anderen Familienmitgliedern auf Büchern, Videos und sogar Handtüchern werden verkauft.

Doch hinter dem Lächeln und den winkenden Händen, hinter Burgtoren und der Macht der britischen Traditionen, was hat das Königshaus tatsächlich vor? Welche dunklen Geheimnisse ruhen in den Kammern ihrer Paläste? Sind sie wirklich bloß nostalgische Figuren oder planen sie wie ihre intriganten, politisch bösartigen Vorgänger die Errichtung eines neuen, glorreichen britischen Empire?

DAS MERKWÜRDIGE DARAN

Als die Queen den Prozess von Paul Burell auf dramatische Weise stoppte (der Butler von Prinzessin Diana wurde beschuldigt, diese bestohlen zu haben), löste sie damit einen Skandal aus, der denen der Zehen lutschenden und Telefonsex betreibenden jüngeren Angehörigen ihrer Familie in nichts nachstand. Als sich herausstellte, dass sie bequemerweise vergessen hatte, der Polizei mitzuteilen, dass Burrell unschuldig war, und dies erst knapp vor dem Prozess nachholte, kam auch ans Licht, dass sie Burrell nach Dianas Tod gesagt hatte, dass im Land „dunkle Kräfte" am Werk wären.

DIE ÜBLICHEN VERDÄCHTIGEN

Die Virginia Company

Manche Verschwörungstheoretiker glauben, dass das Königshaus die mysteriöse Virginia Company leitet – eine Organisation, die danach strebt, die Welt zu beherrschen. Dass die Royals in Ungnade gefallen sind, könnte ein cleverer PR-

Schachzug gewesen sein, um ihre wahren Absichten zu verhüllen – die Wiederherstellung der glorreichen Tage des britischen Empire. Während sie weiterhin reservierte Würde und Exzentrizität zur Schau tragen, managen die Royals insgeheim alle größeren Bankinstitute und Geheimdienste wie den KGB. Es gibt sogar Gerüchte, dass die Königsfamilie die Amerikanische Revolution geplant hätte und bis zum heutigen Tage über Amerikas Gestade herrsche.

Britische Schattenregierung

Die aktuelle Königsfamilie könnte genau das sein, wonach es aussieht – ein Medienzirkus. Ihre ständige Präsenz bei der Eröffnung von Fabrikanlagen, bei Ansprachen oder beim Polospiel könnte dazu dienen, Medien und Öffentlichkeit von den Aktivitäten der britischen Schattenregierung abzulenken, einer Verschwörung von ehemaligen Angehörigen des MI6. Während ihre Kräfte im Stillen dafür sorgen, dass das House of Commons die richtigen Gesetze verabschiedet, oder Waffen testen, die die Einführung der Neuen Weltordnung erleichtern, wird das Volk in den Abendnachrichten mit dem Bericht über Prinz Harrys aufgeschürftes Knie eingelullt.

DIE UNÜBLICHEN VERDÄCHTIGEN

Betrüger

Das aktuelle Haus Windsor könnte eine Familie von Betrügern sein, denen die offensichtlich wesentliche direkte Abstammung aus der geheimen Blutlinie Christi fehlt. Sie steckten hinter dem Tod Dianas, da sie als Stuart die einzige wahre Erbin der Blutlinie war. Obwohl sie Diana zunächst für leicht manipulierbar hielten, erwies sie sich als zu stark und wurde daher als Unsicherheitsfaktor bei einem schlecht inszenierten Attentat getötet, damit sie die Pläne der Windsors nicht noch mehr stören konnte.

DIE ÜBERZEUGENDSTEN BEWEISE

Königin Elisabeth II. gehört zu den reichsten Frauen der Welt und ist noch immer Oberhaupt des britischen Commonwealth, ein krasser Anachronismus in einer Zeit verschwimmender nationaler Grenzen und internationaler Kultur. Statt auf eine sekundäre Position nostalgischer Tradition verwiesen zu werden, besitzt sie immer noch beträchtliche Macht; Doch sie nützt sie diskret und beweist so, dass an den Royals mehr dran ist, als sie uns glauben machen wollen.

DIE MERKWÜRDIGSTEN FAKTEN

Der aktuelle Duke of Kent ist Oberhaupt der britischen Freimaurer, die schon seit Langem verdächtigt werden, in die dunklen Umtriebe der Weltregierung verwickelt zu sein.

SKEPTISCH BETRACHTET

Dass *Buckingham-Straße* noch immer ausgestrahlt wird, spricht für Intervention im großen Stil – sonst aber nichts.

OBEN *Das Wrack nach dem wohl berühmtesten Autounfall aller Zeiten. Viele Verschwörungstheoretiker sind überzeugt davon, dass die Königsfamilie hinter dem Tod von Prinzessin Diana steckte.*

DER VATIKAN

Das Herz des römisch-katholischen Glaubens befindet sich im Vatikan, im Palast des Papstes, des spirituellen Oberhauptes der römischen Katholiken in aller Welt. Der den Heiligen Stuhl umgebende Vatikan-Staat existiert als unabhängiger Staat in Rom und bildet das Hauptquartier des römisch-katholischen Glaubens. Er umfasst ein Gebiet von 44 Hektar und eine geschätzte Bevölkerung von 850 Menschen. Der Vatikan ist von Italien völlig unabhängig und besitzt eine eigene Währung, einen eigenen Rundfunk und eine Polizei.

Doch sogar die anscheinend wohltätigste Institution der Welt kann von der Sucht nach Macht verdorben werden. Die duale Macht über Leben und Religion von Millionen Katholiken in aller Welt könnte das Establishment im Vatikan korrumpiert und die spirituelle Atmosphäre durch menschliche Gier verunreinigt haben. Angesichts der Macht und des Reichtums, den der Vatikan im Lauf der Jahrhunderte angehäuft hat, wurde Politik unvermeidlich und könnte wichtiger geworden sein als die Sorge um die Menschen.

Nur wenige können wissen, welche Geheimnisse im Vatikan verborgen sind, doch da sich dieser nach wie vor den Anschein einer altruistischen Organisation gibt, könnte es ein dunkles Geheimnis geben, dessen sich sogar der Heilige Stuhl nicht bewusst ist.

DAS MERKWÜRDIGE DARAN

Als Papst Johannes Paul I. starb, lag er angeblich im Bett und las Papiere, in denen von Kontakten zwischen Mafia und Vatikan die Rede war. Als er aufgefunden wurde, waren die Papiere verschwunden. Außerdem gab es keinen offiziellen Totenschein. Johannes Paul wurde nur zwölf Stunden nach seinem Auffinden einbalsamiert, obwohl nach italienischem Gesetz 24 Stunden gewartet werden muss.

DIE ÜBLICHEN VERDÄCHTIGEN

Die Mafia

In vielen den Vatikan betreffenden Aspekten wurde schon seit Langem eine Mitwirkung der Mafia vermutet. Dieser mutmaßliche Einfluss wurde nach dem Tod von Johannes Paul I. näher untersucht. Unter seinem Pontifikat begann der beliebte Papst sehr rasch mit der Aufdeckung schwerster Korruptionsfälle im Vatikan, wobei via Vatikanbank auch direkte Verbindungen zur Mafia enthüllt wurden. Um zu verhindern, dass er der Korruption ein Ende setzte, wurde er von den Mafiamännern im Vatikan ermordet.

Ultrakonservative Katholiken

Johannes Paul I. war entschlossen, den katholischen Glauben zu revolutionieren, indem er Geburtenkontrolle erlauben und einen Teil des enormen kirchlichen Reichtums verteilen wollte. Das brachte überzeugte Konservative und Insider gegen ihn auf. Nachdem er am 28. September 1978 in seinem Bett tot aufgefunden worden war, wurde ein neuer Papst gewählt, der – welch Zufall! – viel konservativer war als sein Vorgänger.

DIE UNÜBLICHEN VERDÄCHTIGEN

Die Freimaurerloge P2

Als die Leiche von Roberto Calvi, dem Chef der Vatikanbank, 1982 von der Blackfriars Bridge in London hängend aufgefunden wurde, kamen viele schmutzige Abkommen des Vatikans an Tageslicht. Außerdem wurde die Macht der Freimaurerloge P2 offenbar. Da an der von der katholischen Kirche mit dem Bann belegten Gruppe Mafia-Mitglieder, Erzbischöfe und italienische Spitzenpolitiker beteiligt waren, fragten sich viele, ob die P2 ihre Finger auch beim Tod von Johannes Paul I. im Spiel gehabt hatte. Eine Untersuchung ihrer Aktivitäten wäre verheerend gewesen, und da sich auch CIA-Agenten in ihren Reihen befanden, lag ein Komplott durchaus im Rahmen des Möglichen.

Außerirdische

Es gibt Gerüchte, dass der Vatikan direkt mit dem Hubble-Weltraumteleskop verbunden sei und gewusst hätte, dass der Komet Hale Bopp einen „Begleiter" hatte, den man für ein außerirdisches Raumschiff hielt. Kontakte zwischen diesem Raumschiff und dem Vatikan sind reine Spekulation, doch angeblich war der Papst direkt in die Situation verwickelt und erhielt stets aktuelle E-Mail-Berichte. Einer der Gründe dafür, warum sich der Vatikan über außerirdisches Leben Gedanken macht, ist die symbolische Bedeutung von Christi Tod – der damit die Sünden der Menschheit auf sich nahm – und ob diese auch für Aliens gilt. Mitglieder im päpstlichen Stab haben bereits darüber nachgedacht, sämtliche aufgegriffenen Aliens zum Katholisimus übertreten zu lassen.

DIE ÜBERZEUGENDSTEN BEWEISE

Doch die Intrigen innerhalb des Vatikans waren mit dem Tod von Johannes Paul I. nicht zu Ende. Sein Nachfolger hatte es mit zwei Attentaten zu tun, bei denen beunruhigende Verbindungen zur Stasi offenbart wurden, der ostdeutschen Geheimpolizei. 1998 ermordete ein Schweizergardist seinen Vorgesetzten und dessen Frau. Der Vatikan tat den Vorfall als bedauerlichen Fall von Wahnsinn ab, doch der Ermordete – Alois Estermann – soll Kontakte zur Stasi gehabt haben. Noch interessanter ist allerdings, dass er 1981 dem Papst das Leben gerettet hatte, indem er sich in die Schusslinie warf. Wurde Estermann also vom Vatikan getötet – oder von jemandem, der mit dem versuchten Attentat zu tun hatte, um die peinlichen Verbindungen zu vertuschen?

UNTEN Papst zu sein ist ein gefährlicher Job, wie das Attentat auf Johannes Paul II. bewies.

DIE MERKWÜRDIGSTEN FAKTEN

Mehr als 500 Jahre lang mussten sich angehende Päpste der „sella stercoraria" unterziehen, der Stuhlprüfung. Bei dem eher peinlichen Ritual musste sich der Kandidat auf einen Stuhl mit einer Öffnung in der Mitte setzen; so konnte man seine Genitalien untersuchen, um sicherzustellen, dass es sich um einen Mann handelte. Erst dann konnte er Papst werden.

SKEPTISCH BETRACHTET

Jesus Christus erklärte das Verhältnis von reichen Männern, Kamelen, Nadeln und dem Einzug in den Himmel. Angesichts all des Reichtums im Vatikan, von seiner Bibliothek über seine Bank bis zu den unermesslichen Schätzen in den Tresoren, ist es offensichtlich, dass hier einige diese spezielle Lektion versäumt haben.

8

GEHEIMBÜNDE

AL-QAIDA

Es scheint in der Geschichte erwiesen zu sein, dass sich größere Kulturen und Mächte durch Konflikte mit ihren Gegnern definieren müssen. Nach dem Ende der Sowjetunion schien es, als ob den westlichen Demokratien – allen voran den USA – die Opposition fehlen würde. Manche Akademiker sprachen gar vom „Ende der Geschichte" und einer Ära der westlichen Macht ohne Widerspruch. All das änderte sich am Morgen des 11. September 2001. Innerhalb der einen Stunde nach dem Einschlag des ersten Flugzeugs ins World Trade Center um 8.46 Uhr und dem Absturz des entführten Fluges 77 in das Herz des amerikanischen Militärs, das Pentagon, wurde die Geschichte verändert. Die USA hatten einen neuen und tödlichen Feind. Noch bevor die beiden Türme in sich zusammenstürzten, nannten viele Kommentatoren bereits das Terrornetzwerk der Al-Qaida als hauptverdächtigen Drahtzieher hinter dem größten terroristischen Angriff in der Geschichte der Vereinigten Staaten.

In den Tagen danach lernte die Öffentlichkeit in aller Welt die vorher geheime Al-Qaida und das Gesicht ihres Anführers, Osama bin Laden, kennen und fürchten. Bald wurde klar, dass es ein weltweites Terrornetzwerk mit Zugang zu gewaltigen finanziellen Ressourcen gibt, das in der Lage war, hoch komplizierte Terroranschläge auf die wirtschaftlichen und militärischen Zentren der USA zu verüben. Außerdem zeigte sich, dass die Al-Qaida und Bin Laden den US-Geheimdiensten bereits seit einigen Jahren bekannt waren – nicht zuletzt, weil sie an deren Finanzierung und Kampfausbildung seit Beginn der 80er-Jahre beteiligt gewesen waren, als die Al-Qaida an vorderster Front gegen die sowjetischen Besatzer in Afghanistan kämpfte.

Aufgrund der ehemals engen Beziehungen zwischen der CIA und den Terroristen und dank des detaillierten Wissens über deren Führungselite hätte es für die Geheimdienste ein Leichtes sein müssen, die Al-Qaida zu infiltrieren und zu

Oben *Bin Laden, Mastermind oder bloß Handlanger geheimer Meister?*

überwachen. Das hätte bereits geschehen müssen, als die USA die Al-Qaida für die Bombardierung ihrer Botschaft im Jemen und den Angriff auf die USS *Cole* verantwortlich machten.

Viele waren erstaunt, wie wenig man zwischen 1998 und 2001 gegen die wachsende Bedrohung durch Bin Laden und seine Truppe unternommen hatte. Ihre Unterstützer – darunter Ölfirmen, an denen die Familie Bush beteiligt war – konnten in US-Firmen investieren und Mitglieder der Al-Qaida durften ungestraft in den USA Geldmittel beschaffen. Da kann man natürlich vermuten, dass die Al-Qaida entweder die klügste Terrororganisation aller Zeiten war oder von Kräften unterstützt wurde, die über die Macht verfügten, ihnen direkt vor der Nase der US-Behörden den Weg für ihre Operationen zu ebnen.

DAS MERKWÜRDIGE DARAN

Italienische Zeitungsjournalisten deckten auf, dass sich Osama bin Laden am 1. Juli 2001 wegen eines Nierenleidens in einer amerikanischen Klinik in Dubai behandeln ließ. Sie machten auch einige Zeugen ausfindig, die bestätigten, dass Bin Laden in der Klinik mehrere amerikanische Besucher empfing, darunter auch jemanden, der enge Kontakte zu Unternehmen hatte, die als Vorfeldorganisationen der CIA in den Golfstaaten agierten. Zu dieser Zeit wurde er jedoch bereits von den US-Geheimdiensten wegen seiner Rolle bei terroristischen Aktivitäten im Jemen und am Golf gesucht – wieso wurde er dann nicht gleich verhaftet?

DIE ÜBLICHEN VERDÄCHTIGEN

Die CIA

Nachdem die CIA eine wichtige Rolle bei der Gründung der Al-Qaida gespielt hatte, liegt die Annahme nicht fern, dass die Agency ihre Verbindungen zu der Terrororganisation niemals ganz gekappt hat und sie aus dem Hintergrund noch immer durch ihren alten Freund Osama Bin Laden steuert. Durch den neuen Feind und den nie endenden Kampf gegen den Terrorismus werden die Macht und das Budget der CIA garantiert noch bis in ferne Zukunft gesichert sein.

Große Ölkonzerne

Viele der ursprünglichen Förderer der Al-Qaida im Kampf gegen die sowjetischen Streitkräfte in Afghanistan stammten aus dem Umkreis US-amerikanischer Ölkonzerne. Später investierte die Al-Qaida einen Großteil des Geldes, das sie mit dem Opiumhandel in Afghanistan verdiente, in diese US-Firmen. Angesichts der Auswirkungen, die der Krieg gegen den Terrorismus auf den Ölpreis hatte, könnte das wahre Motiv der Al-Qaida und ihrer Verbündeten einfach Profit sein.

Saudi-Arabien

Osama bin Laden stammt aus einer bedeutenden saudischen Familie mit guten Kontakten. Es deutet vieles darauf hin, dass mächtige Mitglieder der saudischen Königsfamilie noch nach dem 11. September Al-Qaida-Mitglieder in aller Welt schützten. Trotz ihrer Anfänge als Verbündete der USA könnte die Al-Qaida eine Schöpfung der Saudis sein, die ihren Einfluss unter dem Deckmantel des religiösen Extremismus vergrößern wollten.

DIE UNÜBLICHEN VERDÄCHTIGEN

Europäische Union

Wenn man die Al-Qaida näher betrachtet, stößt man früher oder später auf Verbindungen des Terrornetzwerks zu Personen, Firmen und Sicherheitsdiensten mit Ursprung in der Europäischen Union – vor allem in Deutschland. Die Möglichkeit, dass Al-Qaida Teil eines geheimen Planes der EU zur Destabilisierung ihres größten atlantischen Rivalen ist, sollte nicht von vornherein vom Tisch gewischt werden.

China

Aus Sorge um den zunehmenden islamischen Nationalismus in Chinas äußeren Provinzen und um die USA von seiner wachsenden militärischen und ökonomischen Macht abzulenken, könnte der chinesische Geheimdienst die Al-Qaida infiltriert und sie antiamerikanisch gepolt haben. Wenn seine beiden Feinde einen teuren Krieg ausfochten, könnte China unbehelligt nach globaler Vorherrschaft streben.

DIE ÜBERZEUGENDSTEN BEWEISE

Es besteht kaum Zweifel daran, dass die Al-Qaida und Leute, die der Familie von Bin Laden nahe standen, in gewissen US-Kreisen starken Einfluss hatten. Am 13. September – ein Tag, an dem der gesamte Flugverkehr in den USA eingestellt war – verließ ein Charterflug Florida. An Bord waren nicht nur Mitglieder der saudischen Königsfamilie, sondern auch der von Bin Laden. Der Startflughafen wurde von einem Sicherheitsunternehmen mit engen Verbindungen zum US-Militär geleitet und Bin Ladens Familie wurde von ehemaligen Geheimdienstagenten begleitet. Das bedeutet, dass Bin Ladens Verwandte als wertvolle Verbündete behandelt wurden, und zwar von jemandem, der genügend Einfluss besaß, um sie aus den USA auszufliegen, bevor die US-Behörden, allen voran das FBI, ihrer habhaft werden konnten.

DIE MERKWÜRDIGSTEN FAKTEN

Vor dem 11. September behauptete der frühere stellvertretende FBI-Direktor und Chef des Antiterrorismus John O'Neill, dass Mitlieder der Regierung Bush illegal mit der von der Al-Qaida gestützten Taliban-Regierung Afghanistans verhandeln würden. Als nach seinem Bericht, dass sich ein großer US-Ölkonzern um Genehmigung zum Bau einer Pipeline durch Afghanistan bemühte, um die gigantischen Ölreserven aus Kasachstan zu transportieren, nichts unternommen wurde, trat O'Neill zurück. Leider wurde er bei den Ereignissen des 11. September in New York City getötet.

SKEPTISCH BETRACHTET

Was ist unglaublicher? (1) Die Welt ist voller religiöser Fanatiker, von denen einige die USA aus ganzem Herzen hassen, oder (2) es gab eine Verschwörung, um für die einzige Supermacht der Welt einen Feind zu schaffen und den Marines endlich wieder Grund zum Kämpfen zu geben? Hmm …

LINKS *Die Kaaba in Mekka in Saudi-Arabien. Die Al-Qaida hat geschworen, das größte Heiligtum des Islam zu erobern.*

FREIMAURER

Dreimal klopfen ... Die freimaurerischen Riten untermauern und bekräftigen eine der ältesten und mit Sicherheit die bei Weitem erfolgreichste Geheimgesellschaft.

Potenzielle Kandidaten – also jene, die gern aufgenommen werden möchten – müssen einen Freimaurer ausfindig machen und ihn bei drei verschiedenen Gelegenheiten bitten, ihn für eine Mitgliedschaft in Erwägung zu ziehen. Erst nach dem dritten Mal darf der Freimaurer zu erkennen geben, dass er die Bitte gehört hat.

Der Zugang zu den Freimaurern wird streng kontrolliert, doch es steht jedem frei, sich zu seiner Mitgliedschaft zu bekennen. Niemals jedoch darf er die Namen anderer Mitglieder, Rituale oder interne Entscheidungen der Bruderschaft verraten. Auf diese Weise wurde seit Jahrhunderten sichergestellt, dass nur die richtigen Leute Zugang erhalten – aber welche gelten als die richtigen?

In den vergangenen Jahrhunderten haben viele Personen und Gruppierungen behauptet, dass die Freimaurer die Herrschaft über die Welt übernehmen wollen. Es besteht auch kein Zweifel daran, dass viele wichtige oder einflussreiche Persönlichkeiten – Politiker, Polizisten, Anwälte, Kardinäle, Bischöfe, Medientycoone, Stars etc. – Freimaurer waren und sind. Bill Cooper, ein bekannter Verschwörungstheoretiker, schrieb vor seinem Tod (vielleicht etwas übertrieben): „Die Freimaurer sind wichtige Mitspieler im Kampf um die Weltherrschaft."

Er führt aus, dass die berüchtigte italienische Loge P2, die in den Mord an Roberto Calvi verwickelt war (er wird an anderer Stelle besprochen), Kontakte zum Vatikan und zur CIA unterhält. Außerdem hätte die P2 Papst Johannes Paul II. dazu überredet, Freimaurer zu den höheren Ämtern im Vatikan zuzulassen.

Viele von Coopers Ansichten beruhten auf voll nachweisbaren Verbindungen zwischen der CIA, der Mafia, dem Vatikan, dem britischen Königshaus und der Freimaurerei. Er behauptete außerdem, dass es möglich sei, den Einfluss der Freimaurer auf die Wahlen der politischen Führungseliten und der verschiedensten politischen Parteien in aller Welt nachzuweisen.

DAS MERKWÜRDIGE DARAN

Es mag bezeichnend sein oder auch nicht, dass die freimaurerische Bezeichnung für einen Nicht-Freimaurer „Profaner" lautet, was bedeutet, dass die Außenstehenden weniger geweiht oder heilig wären, als die eingeweihten Maurer selbst es sind. Der Begriff klingt merkwürdig intolerant für eine Organisation, die sich die Wohltätigkeit als eines ihrer wichtigsten Prinzipien auf die Fahnen geschrieben hat.

OBEN *George Washington und die meisten anderen Gründerväter der USA waren hochrangige Freimaurer.*

DIE ÜBLICHEN VERDÄCHTIGEN

Die Illuminaten

In der Überlieferung der Mysterien, auf die auch die Freimaurer viele ihrer Rituale zurückführen, wird für einen Eingeweihten häufig der Begriff „illuminatus" verwendet. Das Wort verweist auf Adam Weishaupts Illuminaten, die der Welt offiziell am 1. Mai 1776 in Bayern vorgestellt wurden. Die Illuminaten sollen das Weltgeschehen schon seit Jahrhunderten vor diesem Termin gesteuert haben und dies bis heute tun. Könnten die Freimaurer von den Illuminaten gelenkt werden?

New World Order (Neue Weltordnung)

Da sich in ihren Reihen so viele mächtige Leute finden, werden die Freimaurer verdächtigt, Standbein der Neuen Weltordnung zu sein, jener Bewegung, die eine vereinte Weltbevölkerung unter einer zentralistischen Regierung mit eingeschränktem Zugang zur Technologie anstrebt.

DIE UNÜBLICHEN VERDÄCHTIGEN

Satan

Einer der populärsten Vorwürfe an die Freimauer ist, dass sie mit dem Teufel im Bunde stünden. Wegen ihrer geheimen Rituale und ihrer geheimnisvollen Symbolik wurden die Freimaurer von vielen christlichen Vereinigungen als Handlanger des Teufels angeprangert.

DIE ÜBERZEUGENDSTEN BEWEISE

Jim Shaw, ein ehemaliger Freimaurer 33. Grades, enthüllte in seinem Buch *The Deadly Deception* (Tödliche Täuschung), dass auch der angeblich höchste Rang der Freimaurerei nur einen niederen Rang in einer anderen pyramidenartigen Machtstruktur darstellt. In seiner Zeit als hochrangiger Freimaurer konnte Shaw überzeugende Beweise dafür sammeln, dass es, auf Ebenen, die sogar vor jenen Freimaurern geheim gehalten werden, die denken, sie würden die Bruderschaft lenken, eine mächtige Gruppe gibt, die tatsächlich die Fäden zieht.

DIE MERKWÜRDIGSTEN FAKTEN

Obwohl viele Freimauer behaupten, die Ursprünge der Bruderschaft wären im antiken Ägypten zu finden, besteht kein Zweifel, dass die Zeremonien der Tempelritter großen Einfluss auf die Rituale der Freimaurer ausübten. Allerdings scheinen jene Elemente der freimaurerischen Rituale, bei denen ein Freimaurer lernt, seine Gefühle und Energien zu kontrollieren und magische Kunststücke zu vollbringen, noch älteren Datums zu sein.

SKEPTISCH BETRACHTET

Die große Mehrzahl der Freimaurer sind respektable, aufrechte Handwerker und Geschäftsleute mit Karriere und Familie und jedes Jahr spenden die Logen der Freimaurer ein Vermögen für wohltätige Zwecke. Viele Priester und Vikare sind Freimaurer und die Bruderschaft steht allen Religionen offen. Es scheint unwahrscheinlich, dass so viele anständige Leute in Wirklichkeit für den Satan arbeiten, und man kann sich nur schwer vorstellen, warum die Organisation eines Flohmarktes zu Gunsten einer Schule direkt den bösen Mächten in die Hände spielen soll.

Abgesehen davon haben die Freimaurer keinen Grund, warum sie auf die Gunst des Teufels hoffen sollten – die meisten sind schon erfolgreich, bevor sie beitreten. Die Freimaurer sind nicht nur eine der ältesten und erfolgreichsten Geheimgesellschaften, sie werden auch am häufigsten der Verschwörung bezichtigt, was einer Organisation gegenüber, die sich vorgeblich der Wohltätigkeit verschrieben hat, unfair erscheint. Aber, wer weiß, vielleicht bin ich ein Freimaurer ...?

UNTEN *Leicht zu verstehen, warum man die Freimaurer auch die „lustigen Händedrücker" nennt.*

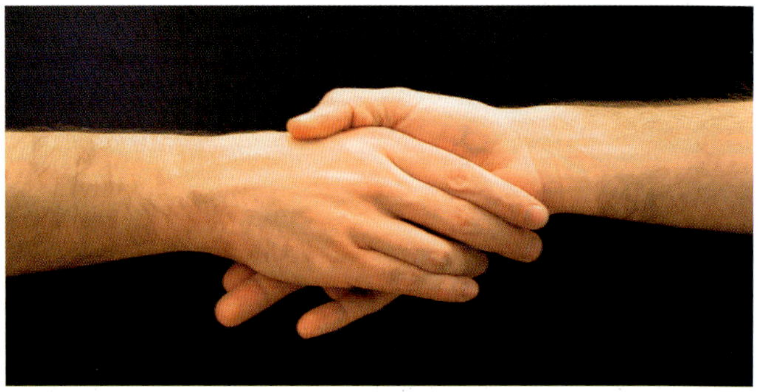

DIE ILLUMINATEN

Adam Weishaupt wurde am 6. Februar 1748 in Ingolstadt in Bayern geboren. Er wurde von Jesuiten erzogen und 1755, mit nur 27 Jahren, Professor für weltliches und kanonisches Recht an der Universität Ingolstadt. 1777 wurde er in die Freimaurerloge „Theodor vom Guten Rat" in München aufgenommen. Er war ein Kosmopolit und verachtete den bigotten Aberglauben der Priester seiner Zeit. Er beschloss, eine erleuchtete – oder „illuminierte" – Gesellschaft gegen das Unrecht zu gründen. Am 1. Mai 1776 eröffnete er jenen Orden, aus dem die „Illuminaten" werden sollten.

Das Ziel der ursprünglich „Orden der Perfektibilisten" genannten Gruppe war es, dass seine Mitglieder den „höchstmöglichen Grad an Moral und Tugend" erreichten und „die Fundamente für die Reformierung der Welt" legten, um „dem Fortschritt des moralischen Verfalls entgegenzutreten".

Gemeinsam mit anderen einflussreichen Personen, darunter Baron von Knigge, Xaver Zwack und Baron Bassus, entwickelte Weishaupt einen Orden, der rasch sehr populär wurde. Bald waren 2.000 Mitglieder eingeschrieben. Es gab Logen der Illuminaten in Frankreich, Italien, Polen, Ungarn, Schweden, Dänemark, Belgien und Holland. Die bayerischen Behörden erließen am 22. Juni 1784 ein Verbot des Ordens, das im März und August des Folgejahres wiederholt wurde. Ebenfalls 1785 wurde Weishaupt als Professor abgesetzt und aus Bayern ausgewiesen.

Nach den ersten Verbotsversuchen gingen die Mitgliederzahlen rasch zurück und bis zum Ende des Jahrhunderts war der Orden anscheinend gänzlich aufgelöst. 1786 durchsuchten die Behörden illegal Zwacks Haus und beschlagnahmten Dokumente, die gegen den Orden verwendet wurden.

Die meisten Kommentatoren nehmen diesen Niedergang als Faktum. Die *Encyclopaedia Britannica* erwähnt die Illuminaten kaum und die Mehrzahl der historischen Quellen schließt sich der Einschätzung des Ordens als unbedeutend an. Andere meinen, die Illuminaten wären bei den Freimaurern untergekommen, die auf ähnliche Weise infiltriert worden seien wie Krebs den Körper heimsucht. Seit dieser Zeit, so wird vermutet, seien die Illuminaten unter den Freimaurern geblieben und hätten sie manipuliert.

DAS MERKWÜRDIGE DARAN

1906 erhielt das British Museum in London eine Kopie eines Manuskripts, genannt die Illuminaten-Protokolle. Diese waren erstmals Ende des 18. Jahrhunderts in Bayern aufgetaucht und Joly verwendete 1864 Teile davon in einem Stück. Die Kopie, die an das British Museum ging, war auf Russisch verfasst. Interessant ist, dass sowohl Adam Smiths Kapitalismusabhandlung *Wohlstand der Nationen* als auch die amerikanische Unabhängigkeitserklärung 1776 verfasst wurden. Man mutmaßte, dass Weishaupt jener mysteriöse Mann im schwarzen Umhang gewesen sei, der Washington den Text der Erklärung überreicht habe. Es gibt auch Gerüchte, dass die Hausdurchsuchung bei Zwack stattfand, weil die Behörden 1784 zufällig ein Dokument abfingen, in dem Robespierre, dem Kopf der französischen Illuminaten, erklärt wurde, wie er die Französische Revolution steuern sollte. Die Warnungen wurden ignoriert und die Revolution fand 1789 wie geplant statt.

DIE ÜBLICHEN VERDÄCHTIGEN

Freimaurer

Die Freimaurer wussten, dass sie ihr Ziel – die Absetzung aller Regierungen und organisierten Religionen, damit Friede und Freiheit herrschen konnten –, um es zu erreichen, geheim halten mussten. Um also eine Massenhysterie gegen die Bruderschaft zu vermeiden und um die Kritik umzuleiten, schufen die Freimaurer die Illuminaten als Vorfeldorganisation, der man die Schuld für alle Unzulänglichkeiten zuschreiben konnte. Diese Strategie hat 200 Jahre lang hervorragend funktioniert.

DIE UNÜBLICHEN VERDÄCHTIGEN

Robert Shea und Robert Anton Wilson

In den 1970er-Jahren veröffentlichten Robert Shea und Robert Anton Wilson die *Illuminatus*-Trilogie. In dieser Romanreihe wurde die größte je da gewesene Verschwörungstheorie dargelegt, getarnt als großer Plan der Illuminaten. Durch dieses Buch rückten die Illuminaten wieder ins Licht der Öffentlichkeit. Natürlich sagt niemand, dass die Trilogie etwas anderes ist als ein fiktiver Roman – oder dass Robert Anton Wilson der gegenwärtige Kopf der Illuminaten ist … oder?

DIE ÜBERZEUGENDSTEN BEWEISE

1902 berichtet der Freimaurer William Westcott, er wäre von Theodor Reuss in den Orden der Perfectibilisten aufgenommen worden. Ebenso brachte der Okkultist Eliphas Levi 1913 die Illuminaten mit den Freimaurern in Verbindung.

DIE MERKWÜRDIGSTEN FAKTEN

Unter den angesehenen Mitgliedern der Illuminaten findet sich der Name des Marquis Saint Germain de Constanzo. Es scheint sich um den Marquis de Saint Germain zu handeln, jenen Mann, der als der einzige Unsterbliche auf der Welt gilt. Er trat im Mittelalter als Zauberer, Alchemist und weiser Mann in Erscheinung. Wer wäre besser geeignet, die erfolgreichste Geheimgesellschaft der Welt mitzugründen?

SKEPTISCH BETRACHTET

Genau betrachtet gibt es keinen echten Beweis dafür, dass die Illuminaten etwas anderes waren als ein kurzlebiger bayerischer Geheimverein – vieles ist bloß Hörensagen. Wenn es die *Illuminatus*-Trilogie nicht gegeben hätte, wären die Illuminaten noch immer eine obskure Sekte im Dunkel der Geschichte.

UNTEN RECHTS *Adam Weishaupt soll angeblich am 1. Mai 1776 die Illuminaten gegründet haben.*

DER KU-KLUX-KLAN

Nichts macht mehr Angst als organisierter Hass. Der Ku-Klux-Klan gehörte zu den am meisten geschmähten Organisationen; er verbreitete Angst und Schrecken unter den Minderheiten in den USA und jenen, die gegen die strengen rassistischen Ansichten des Klans auftraten. In der Anonymität ihrer weißen Kapuzen wurden die Mitglieder für das brennende Kreuz bekannt, für ihre Intoleranz gegenüber Rassenintegration und für ihre Gewalttätigkeit. In einer Zeit, in der es so viele Vorstöße gibt, um Brücken zwischen den Rassen zu bauen, existiert der Klan weiter und verkündet die weiße Überlegenheit.

Der Klan entstand nach dem Amerikanischen Bürgerkrieg 1865 aus der Asche des Südens mit dem Ziel, den Süden vor dem zu retten, was man für die größten Gefahren der Zeit hielt: Schwarze, Katholiken, Juden, die amerikanische Bundesregierung und Ähnliches. Unter der Führung von Nathan Bedford Forrest kämpfte der Klan für das, was er die Reinheit der weißen Rasse nannte. Dies wurde zur ersten Ära des Klans unter ihrem Großen Hexenmeister Forrest.

Bis zu den 1920er-Jahren gewann der Klan an Macht und trat nun in seine zweite Ära ein. Während der turbulenten Bürgerrechtskämpfe der 60er-Jahre war der Klan in Morde und Gewaltakte gegen Bürgerrechtler, vor allem im Süden, verwickelt. Derzeit befindet sich der Klan nach eigenen Angaben in seiner fünften Ära und kämpft nicht nur für den weißen Mann, sondern für die westliche Kultur insgesamt.

Während viele den Klan bloß als Hassorganisation sehen, die von dummen Männern und Frauen geleitet wird, ist es durchaus möglich, dass der KKK weitaus stärker ist und viel mehr Einfluss hat, als man allgemein annimmt. Auch heute noch, wo die Bürgerrechtskämpfe der 60er lange her scheinen und Rassismus von so vielen abgelehnt wird, glüht der Hass mit der Intensität des KKK-Zeichens, des brennenden Kreuzes.

Oben rechts *Das brennende Kreuz und die KKK-Mitglieder mit den Kapuzen verbreiten Angst und Schrecken unter den Minderheiten in den USA.*

DAS MERKWÜRDIGE DARAN

Woodrow Wilson, der 20. Präsident der USA von 1913 bis 1921, behauptete einmal, dass der Ku-Klux-Klan die Zivilisation auf dem nordamerikanischen Kontinent gerettet habe. Warum sagte er das?

DIE ÜBLICHEN VERDÄCHTIGEN

Die CIA und das FBI

Der Klan war in die Morde an den beliebten schwarzen Führern Martin Luther King und Malcolm X verwickelt, weil beide offensichtlich eine Bedrohung für die Vision darstellten, die der Klan für Amerika hatte – eine Vision, die viele in CIA und FBI teilten. Kings Vision von einer friedlichen Rassenintegration war indiskutabel, ebenso Malcolm X's umstrittenere Ansicht, dass die Schwarzen den Weißen überlegen seien. Weil sie sich nicht dem Klan-Ideal von einem Schwarzen unterwarfen, mussten beide sterben. Bei King scheint der Klan direkt involviert gewesen zu sein, da das FBI kurz zuvor offen Klan-Männer rekrutierte.

Rassenkrieg der Schwarzen Zentrale

Der KKK könnte Teil eines Rassenkrieges gegen Schwarze und Juden sein, der bei der Erschaffung und Ausbreitung des Aids-Virus eine Rolle spielte, gemeinsam mit verdeckten Operationen von Regierungsstellen. Er soll Gerüchte über die ZOG (Zionistische Okkupationsregierung), einen angeblichen Plan zur Machtübernahme durch die Juden in den USA, verbreitet haben. So etwas lenkt die Öffentlichkeit von den wahren Feinden ab – der Schattenregierung der Schwarzen Zentrale.

DIE UNÜBLICHEN VERDÄCHTIGEN

New World Order (Neue Weltordnung)

Der Klan könnte eine Front der NWO sein und deren Ziele im Geheimen unterstützen, während er vorgibt, sie zu bekämpfen. Das würde bedeuten, dass der Klan auch etwas mit den schwarzen Helikoptern zu tun hat, die Panik unter der Bevölkerung verbreiten sollen, sodass man die Rassen dann leichter gegeneinander aufhetzen kann.

Die US-Regierung

Trotz der gelockerten Haltung der US-Regierung in jüngster Zeit befürworten viele wichtiger Personen in wirtschaftlichen, politischen und militärischen Kreisen eine konservativere Haltung, wie sie auch der Klan hat. Man könnte den Klan mit Geldmitteln, Waffen und auch politisch heimlich unterstützen. Das würde auch David Dukes politische Karriere nach seinem Austritt aus dem Klan erklären.

Ebenfalls verdächtig: die Illuminaten und der Orden des Grünen Drachens.

DIE ÜBERZEUGENDSTEN BEWEISE

Dass der Klan in Zeiten, in denen Hass-Gruppierungen nicht mehr toleriert werden, noch immer existiert, lässt Kontakte zu höchsten US-Regierungskreisen vermuten. Das in der US-Verfassung garantierte Recht auf freie Meinungsäußerung wurde in der Vergangenheit von der US-Regierung bereits nach Belieben ignoriert (z. B. in der McCarthy-Ära). Der Klan existiert weiter und es stellt sich hier die Frage, wer seine Interessen vertritt.

DIE MERKWÜRDIGSTEN FAKTEN

Der frübere US-Präsident Theodore Roosevelt investierte sein eigenes Geld in W. G. Griffiths Film *Geburt einer Nation*. Obwohl dieser heute als Stummfilmklassiker gilt, stellt er auch ganz klar pro-KKK-gerichtete Propaganda dar, was die Frage aufwirft, wieso jemand, der so mächtig war wie Roosevelt, sein Geld da hineinsteckte.

SKEPTISCH BETRACHTET

Man braucht keine Verschwörung, um die Dummheit zu erklären, die dem Rassenhass zugrunde liegt. Anthropologie-Vorträge wären beim Klan nicht sehr beliebt, denn die starke Wahrscheinlichkeit, dass die Menschheit auf einen gemeinsamen schwarzen Vorfahren zurückgeht, wäre für ihre Kreuzverbrennungen sicherlich ein Dämpfer.

DIE MAFIA

Seit dem Beginn des 20. Jahrhunderts bildet die Mafia einen wichtigen Teil des organisierten Verbrechens in den USA. Außerdem ist die Mafia auch noch in Italien, Südfrankreich, Deutschland und Russland aktiv. Ihre Präsenz und die breite Palette krimineller Aktivitäten – von Prostitution und illegalem Glücksspiel bis zu Drogenhandel, Auftragsmorden und Menschenhandel – sind bekannte Fakten. Weniger bekannt ist, bis zu welchem Grad die Mafia eine geeinte Organisation ist.

Die Mafia entstand im 9. Jahrhundert auf Sizilien. Die ursprüngliche Mafia schätzte Loyalität über alles und respektierte Kultur, Familie und Erbe. Nur Sizilianer konnten Mitglieder werden; Ziel war es, die Interessen der Mitglieder zu schützen. Mit den Jahren entwickelte sich die Ansicht, dass Gerechtigkeit, Rache und Ehre Angelegenheiten wären, um die sich der Einzelne zu kümmern habe, nicht die jeweilige Regierung – die ohnehin oft genug von außen eingesetzt wurde. Die Geheimhaltung wurde durch die Tradition der Omertà gewährleistet, die besagte, dass ein Verrat an der Mafia mit dem Tod geahndet wurde.

Zu Beginn des 18. Jahrhunderts wurde die Mafia offen zur kriminellen Vereinigung. Man erpresste Geld von reichen Sizilianern, die ein Bild von einer schwarzen Hand erhielten.

OBEN *Das Wissen über die Verbindungen der Mafia in den Vatikan fand sogar Eingang in die* Paten-*Filme.*

Wenn nicht gezahlt wurde, folgten Brandstifung, Entführung und Mord.

In den USA ist die Mafia seit dem Beginn des 19. Jahrhunderts aktiv, vor allem in New Orleans. Bald sprach es sich bis nach Sizilien herum, dass man in der Neuen Welt viel Geld machen konnte, und die Organisation wuchs rasch an. 1924 ging Mussolini hart gegen die Mafia in Italien und Sizilien vor, weshalb viele Mafiosi in die USA flohen. Seit den höchst profitablen Tagen der Prohibition breitete sich der Einfluss der Mafia bis in politische, juristische und finanzielle US-Institutionen aus, wobei viel Geld floss.

DAS MERKWÜRDIGE DARAN

Für gewöhnlich stellt man sich die Mafia in den USA als Ansammlung rivalisierender Gangs vor, von familienähnlich strukturierten Clans, die kaum mehr als Hass füreinander übrig haben. Doch die Wahrheit könnte ganz anders aussehen. Obwohl die Gangs sicherlich miteinander konkurrieren, treffen sich die Führer der 24 Familien regelmäßig zu einem Kartell, genannt „Die Kommission". Bei diesen Treffen werden territoriale und geschäftliche Konflikte beigelegt und wird die Vorgangsweise für die nächsten Monate besprochen. Es ist möglich, dass die Kommission auch mit Regierungsstellen, vor allem der CIA, über Aktivitäten verhandelt, von denen beide Seiten profitieren könnten.

DIE ÜBLICHEN VERDÄCHTIGEN

Das Netzwerk

Große weltweite Verbrecherorganisationen schließen sich zusammen, um den Profit zu maximieren. Wie im legalen Geschäftsleben auch, können auch kriminelle Imperien stark von Zusammenarbeit profitieren. Die Mafia hat sich mit den Triaden, den Yakuza und diversen Drogenkartellen abgesprochen. Diese Allianz, die „Das Netzwerk" genannt wird, akzeptiert auch Juniormitglieder wie die jamaikanischen Yardies und algerische Sklavenhändler. Da die verschiedenen Gruppen verschiedene Ressourcen kontrollieren, haben sie einander viel zu bieten. Die amerikanische Mafia bietet Zugang zu US-Banken, Strafverfolgungsbehörden und zum Justizsystem.

Die Regierung

Inwieweit unterscheiden sich Regierung und organisierte Kriminalität eigentlich? Ob man nun Steuern oder Schutzgeld zahlt, läuft im Grunde auf dasselbe hinaus, und wenige kriminelle Vereinigungen haben für so viel Tote gesorgt wie die USA in Vietnam oder Russland in Tschetschenien. Manche glauben, die Regierung würde die Mafia steuern, um Einfluss auf die sonst unkontrollierbare Welt des Verbrechens zu nehmen.

DIE UNÜBLICHEN VERDÄCHTIGEN

Die Freimaurer

Die Mafia unterhielt lange Zeit enge Kontakte zur Freimaurerei in Form der dunklen Vatikanloge P2, die angeblich die mächtigste Loge Europas sein soll. Als Papst Johannes Paul I. beschloss, die Freimaurer aus dem Vatikan zu entfernen – allein in der Priesterschaft wurden über 100 gefunden –, wurde er getötet, vermutlich von der Mafia. Könnten in Wirklichkeit die Freimaurer hinter dem unaufhaltsamen Vormarsch der Mafia stehen? Sicherlich finden sich in beiden Gruppen zahlreiche Richter und Polizisten.

DIE ÜBERZEUGENDSTEN BEWEISE

Die Ausbreitung der Mafia ist wirklich erstaunlich. In den USA unterhielten die Mafia und Regierungsbeamte in Illinois eine Bank zwecks Geldwäsche. Sie wurde von einem mutmaßlichen Verbündeten der Mafia geleitet, dem katholischen Bischof von Cicero, Paul Marcinkus, bis 1991 Chef der Vatikanbank, gemeinsam mit einem Kongressabgeordneten, der das CIA-Budget für verdeckte Operationen kontrollierte.

Eine Dokumentation darüber wurde gedreht, doch bevor die Sendung ausgestrahlt werden konnte, wurden die Produzenten und deren Familien von staatlichen Strafverfolgungsbeamten bedroht und einer fälschlich inhaftiert.

DIE MERKWÜRDIGSTEN FAKTEN

Die Mafia glaubt an Verschwörungstheorien. Einige Mafiamitglieder behaupten, dass die Organisation ursprünglich gegründet wurde, um gegen den geheimnisvollen „potere occulto" oder verborgene Mächte zu kämpfen.

SKEPTISCH BETRACHTET

Organisiertes Verbrechen ist genau das – organisiertes Verbrechen. Das Letzte, was es will, sind die ärgerlichen Trivialitäten des tagtäglichen Regierens, was auch nicht nötig ist angesichts der Zahl der Politiker, die bereits auf den Soldlisten der Mafiapaten stehen.

OBEN LINKS *Auf den Gehaltslisten von kriminellen Familienoberhäuptern wie Sam Giancana standen in der Vergangenheit sogar Präsidenten.*

MJ-12

Bei dem heute berühmten Absturz eines außerirdischen Raumschiffs in Roswell, New Mexiko, kam das US-Militär 1947 in Besitz eines teilweise zerstörten Flugobjekts und mehrerer Alien-Leichen.

Die Roswell Air Force Base verlautbarte die Entdeckung in der Presse. Die Geschichte wurde drei Tage später widerrufen, als Präsident Harry Truman die Information im nationalen Interesse unterdrückte, da er sich an die Panik erinnerte, die Orson Welles' berühmte Radiosendung „Krieg der Welten" ausgelöst hatte. Er berief zwölf militärische, strategische und wissenschaftliche Berater ein, um das Wrack eingehend zu untersuchen. Diese Gruppe erhielt eine höhere Sicherheitsstufe als „Top Secret" und wurde „Majestic Twelve", kurz MJ-12, genannt. Dann brachte man das Objekt in das streng geheime Testgelände Watertown in Nevada, heute als Area 51 bekannt.

Ab da überwachte MJ-12 diverse Projekte. 1953 und 1954 richtete Präsident Eisenhower unter der Schirmherrschaft der Majority Agency for Joint Intelligence, kurz MAJI genannt, Projekt Grudge ein. Grudge erhielt Sicherheitsstufe MAJIC, die höchste von allen.

Die Arbeit von MJ-12 soll dazu geführt haben, dass die US-Regierung einen Vertrag mit Außerirdischen unterzeichnete, der ihnen im Austausch für technologische Informationen gestattete, Tests an Tieren und Menschen durchzuführen. MJ-12 erklärte sich auch einverstanden, sämtliche Informationen über die Präsenz von Aliens zu unterdrücken und Beweise für ihre Tests zu vertuschen, was als Projekt Garnet bekannt wurde. Außerdem wurde auch Projekt Delta ins Leben gerufen, um alle Hinweise auf die Anwesenheit von Aliens mit allen erforderlichen Mitteln zu beseitigen. Bei Projekt Delta arbeiten die so genannten Men in Black.

DAS MERKWÜRDIGE DARAN

Als ein nicht entwickelter Film mit Bildern, die anscheinend Informationen für den Präsidenten betreffend MJ-12 zeigten, aus heiterem Himmel im Briefkasten eines berühmten UFO-Forschers auftauchte, meinten viele Leute sofort, die Dokumente wären Fälschungen. Doch als die so genannten „MJ-12-Dokumente" näher untersucht wurden, konnten sie kaum mehr abgetan werden, da sie genau jene Tage angaben, an denen sich die zwölf Mitglieder treffen konnten – äußerst detaillierte Angaben für einen Betrug.

DIE ÜBLICHEN VERDÄCHTIGEN

Das US-Militär

Das für seinen Pragmatismus bekannte Militär unterstützt MJ-12, da es die Alien vielleicht ablehnt, aber einsieht, dass es wenig gegen die Sachlage ausrichten kann. Während weiter nach Waffen zur Bekämpfung der Aliens geforscht wird, kann sich MJ-12 nur an seinen Teil des Abkommens halten, damit die Eindringlinge die Dinge nicht selbst in die Hand nehmen. Besser ein paar vermisste Entführungsopfer und ermordete UFO-Ermittler als eine versklavte menschliche Rasse.

MAJESTY

MJ-12 hat nicht die Kontrolle über die Sache. Diese liegt beim MAJI-Komitee, auch als MAJESTY bekannt – ein Konzil, das aus den Leitern der Geheimdienste und dem Präsidenten besteht. MJ-12 berät MAJESTY und wusste nie die ganze Wahrheit. Informationen über MJ-12 wurden in Umlauf gebracht, um Verwirrung zu stiften und die Wahrheit über MAJESTY und das MAJI-Komitee zu vertuschen, die das Projekt Grudge wirklich leiten.

OBEN *Immer wieder tauchen Beweise für UFOs auf. Vertuscht MJ-12 die Aktivitäten von Außerirdischen auf der Erde?*

DIE UNÜBLICHEN VERDÄCHTIGEN

Die Ältere Rasse

MJ-12 und die UFO-Story sind ein cleveres Manöver, um von der wahren Quelle des wissenschaftlichen Fortschritts in den letzten Jahren abzulenken – den Technologien, die man aus den Ruinen einer entwickelten Älteren Rasse geborgen hat, die durch eine gewaltige globale Katastrophe ausgelöscht wurde. Jene, die hinter der Verschwörung stecken, wollen die Wahrheit vertuschen – über den Ursprung der Menschheit und darüber, dass wir einmal das Schicksal der Älteren teilen könnten.

DIE ÜBERZEUGENDSTEN BEWEISE

Verteidigungsminister James Forrestal war vermutlich eines

der Originalmitglieder von MJ-12. Kurz nach Roswell schien er psychisch zusammenzubrechen, obwohl kaum ein Verschwörungstheoretiker glaubt, dass er aus dem Fenster im 16. Stock eines Krankenhauses in den Tod gesprungen ist. Vor allem seine Tagebücher – die von der Regierung beschlagnahmt wurden – sind nach 50 Jahren noch immer höher als „Top secret" eingestuft.

DIE MERKWÜRDIGSTEN FAKTEN

Die Aliens, die mutmaßlich den Vertrag mit MJ-12 abschlossen, behaupten, dass sie mit der Menschheit seit Jahrtausenden genetisch experimentieren. Sie schufen Jesus Christus und übertrugen die Kreuzigung mit einem Tachyonenscanner, mit dem sie in jede historische Epoche sehen können. Dieser Zeit-Film wurde auf Video aufgenommen, mit dem die Aliens jederzeit ein spirituelles Chaos auslösen könnten.

SKEPTISCH BETRACHTET

Obwohl gelegentlich Dokumente gefunden werden, die die Berichte über MJ-12 und dessen Projekte stützen, enthalten so gut wie alle davon Fehler. Die Leute, die behaupten, dass diese Dokumente absichtlich so verdächtig wirken sollten, um den Schaden zu minimieren, wenn sie bekannt würden, vergessen, dass die mutmaßlichen Autoren zu dem Zeitpunkt, als sie sie schrieben, noch nicht wissen konnten, dass so eine ausgeklügelte Verschwörung jemals nötig sein würde.

ODESSA

Allgemein herrscht die Überzeugung, die auch zahllose Filme und andere kontrollierte Medien stützen, dass die alliierten Streitkräfte am Ende des Zweiten Weltkrieges die Nazis gründlich besiegt haben. Das Böse wurde ausgelöscht, um niemals wieder zu erstehen. Oder sind viele Nazis den Alliierten nicht nur entkommen, sondern erhielten sie sogar Unterstützung von ihnen? Könnte das Dritte Reich noch immer Einfluss haben? Den Theorien um Odessa zufolge: Ja.

In der Mitte des Zweiten Weltkrieges, als viele Nazis spürten, dass das Blatt sich wendete (unter ihnen Otto Skorzeny, Reinhard Gehlen und Martin Bormann), begannen sie, für ihr Überleben Vorsorge zu treffen. Das metaphorische Rettungsboot hieß Odessa.

Die Odessa besteht aus drei Divisionen. Die erste Division unter Skorzeny entwickelte ein System, um wichtige Mitglieder der NSDAP an sichere Zufluchtsorte in aller Welt zu schmuggeln, vor allem nach Indonesien und Südamerika. Die zweite Division, das geistige Kind von Gehlen (dem Chef des Nazi-Geheimdienstes), war eine Organisation von Nazi-Spionen mit Sitz in München, die sich zu dieser Zeit „die Org" nannte. Die dritte Division beschäftigte sich mit dem vielleicht wichtigsten Element für das Überleben der Nazis: dem Transport von Geld und Gold, das Opfern der Nazis gestohlen worden war. Auch dies war Skorzenys Werk.

Doch so große Pläne, wie klug und rücksichtslos sie auch entworfen waren, hätten nie ohne Hilfe funktioniert. Und hier nimmt die Legende der Odessa eine noch dunklere Wendung: Es scheint, als wäre diese Hilfe von den USA gekommen. Tatsächlich kann man behaupten, dass die CIA ohne die Intervention der Nazis gar nicht existieren würde und die NASA nie auf den Mond gelangt wäre. Vielleicht ist der Traum der Nazis nicht gestorben – er hat bloß seine Adresse geändert.

DAS MERKWÜRDIGE DARAN

Der von den Alliierten verhaftete Otto Skorzeny wurde nicht vor ein Kriegsverbrechertribunal gestellt, wie es einem Kriegsverbrecher gebührt hätte. Die Amerikaner entließen ihn 1947.

DIE ÜBLICHEN VERDÄCHTIGEN

OSS/CIA

Nach dem Krieg nahm Allen Dulles von OSS (Office of Strategic Services) in den USA Gehlen unter Vertrag und ignorierte damit offen US-Gesetze, die die Beschäftigung von Nazis verboten. Mithilfe amerikanischer Steuergelder (Gerüchten zufolge rund 200 Millionen US-Dollar) bugsierte Gehlen seinen Nazi-Spionagering in die „Org". Durch seine Zusammenarbeit mit Dulles, der 1947 Chef der neu gegründeten CIA wurde, war Gehlen in der Lage, die amerikanische Innen- und Außenpolitik zu manipulieren.

Die US-Regierung

Im Rahmen des berüchtigten Projekts Paperclip, bei dem die US-Regierung deutsche NS-Wissenschaftler für eigene Projekte abwarb, gab es mehrere Fälle von Täuschung und moralischer Nachlässigkeit. Einer der größten Nutznießer dieser Gesetzesbrüche war die NASA, die Wernher von Braun, die treibende Kraft im Raketenprogramm des Dritten Reiches, für ihr Raumfahrtprojekt akquirieren konnte.

DIE UNÜBLICHEN VERDÄCHTIGEN

Die Neue Weltordnung (NWO)

Das Nazi-Regime könnte der Vorläufer von New World Order

LINKS *JFK und Allen Dulles, der Chef der CIA, der ehemalige Nazis mit Steuergeldern als Spione engagierte.*
RECHTS *Der ehemalige Nazi Otto Skorzeny wurde 1947 von den USA ohne Kriegsverbrecherprozess freigelassen.*

gewesen sein, wobei Hitler die Welt mithilfe mehrerer Gesellschaften erobern sollte. Doch da sich Hitler als zu instabil erwies, wurde er durch einen unrühmlichen Selbstmord aus seiner Machtposition entfernt und das Reich wurde aufgelöst. Während die dunklen Kräfte hinter der NWO in Ruhe auf eine neue Gelegenheit warten, ihren Traum zu verwirklichen, stellten sie sicher, dass ihre loyalen Diener dann noch zu Verfügung stehen würden.

DIE ÜBERZEUGENDSTEN BEWEISE

Nach seiner Verhaftung durch die Amerikaner bot Gehlen für seine Freiheit Mikrofilme an, auf denen die Erkenntnisse seines Nazi-Geheimdienstes über Russland enthalten waren. Die USA gingen auf den Handel ein und strichen seinen Namen von der Liste der Nazi-Kriegsverbrecher in den USA.

DIE MERKWÜRDIGSTEN FAKTEN

Allen Dulles' älterer Bruder, John Foster Dulles, war nicht nur Außenminister in der Regierung Eisenhower, sondern auch Verbindungsmann zur IG Farben, einem Chemiekonzern, der nicht nur die Nazis unterstützte, sondern direkt in Auschwitz eine Fabrik betrieb. Die IG Farben stellte die Zyklon-B-Kristalle her, die in den Gaskammern zum Einsatz kamen.

SKEPTISCH BETRACHTET

Krieg ist wie organisierter Sport heutzutage – wenn dein Team zu oft verliert, verlierst du deinen Vertrag und kommst auf den freien Markt. Mit dem neuen Chef … dasselbe wie mit dem alten. Angesichts dessen, was bekanntermaßen aus gewissen Nazis wurde, ist eine organisierte Verschwörung unwahrscheinlich. Odessas Macht wurde übertrieben.

DIE TEMPLER

Der erste Kreuzzug der westlichen Christenheit zur Rückeroberung der heiligen Stätten in Palästina von den Moslems fand von 1095 bis 1099 statt. Bei Kriegsende war die heilige Stadt Jerusalem erobert und das Königreich Jerusalem errichtet. Die Tempelritter waren ein Mönchsorden, der um 1220 zum Schutz der Pilger auf ihrer Reise ins Heilige Land ins Leben gerufen wurde. Der von neun französischen Rittern gegründete Orden hieß mit vollem Titel „Arme Ritterschaft Christi vom salomonischen Tempel". Innerhalb weniger Jahrzehnte wuchs die Gruppe stark an; sie wurde vom Papst als offizieller christicher Orden anerkannt und von den Monarchen Europas unterstützt.

Der Sponsor des Ordens und jener Mann, der die Regeln und Armutsgelübde für die Mitglieder des Ordens entwarf, war der später heilig gesprochene Zisterzienserabt Bernard von Clairvaux, der wichtigste Sprecher der Christenheit und oft „der zweite Papst" genannt. Aufgrund der Armutsgelübde ihrer Mitglieder und der Spenden, die ihnen reiche Pilger zukommen ließen, wurden die Templer bald reich. Mit dem Reichtum kam die Macht und nach den Kreuzzügen wuchs der Einfluss der Templer in Europa enorm an. Papst Innozenz II. hatte die Templer sämtlichen Behörden entzogen bis auf die päpstlichen, daher waren sie unantastbar. Diese Immunität erlaubte es ihnen, Wucher zu betreiben und im Gegenzug für Leistungen Geld zu verleihen; so wurden sie zu den Finanziers der europäischen Königshäuser. Dabei schufen sie eine Struktur, die später die Grundlage des Bankwesens werden sollte.

Möglicherweise im Schutz ihrer Immunität hielten die Tempelritter geheime Treffen und Rituale ab, bei denen die Geschäfte des Ordens abgewickelt wurden. Es wird seit Langem diskutiert, was bei diesen Treffen tatsächlich passierte, doch ob es nun Teufelsanbetung oder finanzstrategische Beratungen waren, ist letztlich gleich. Zu Beginn des 14. Jahrhunderts stand Philipp der Schöne, der König von Frankreich, tief in der Schuld der Tempelritter. Statt seine Schulden zu begleichen, beschloss er, sich mit Papst Clemens V., dem der

Einfluss des Ordens ein Dorn im Auge war, gegen die Templer zu verschwören. Am 13. Oktober 1307 ließ Philipp die Tempelritter wegen Ketzerei verhaften, was es ihm gestattete, all ihre Besitztümer zu beschlagnahmen und die Ritter zu foltern, damit sie schändliche Taten gestanden, darunter Dämonenverehrung, den Besitz okkulter Kräfte, die Verhöhnung des Kreuzes und Sodomie. Am 22. März 1312 wurde der Orden durch die päpstliche Bulle „Vox in Excelso" von Clemens V. formell aufgelöst.

DAS MERKWÜRDIGE DARAN

Es wurde behauptet, dass die Freimaurerei von flüchtigen Tempelrittern gegründet wurde. Viele Templer flohen nach Schottland, wo der Orden nicht verfolgt wurde. Es gibt Vermutungen, dass er bis heute überlebt hat, sowohl innerhalb der Freimaurerei als auch als eigenständige Organisation. Lange darin geübt, Regierungen und Finanzwelt zu manipulieren, sollen die Templer die Zügel der Macht im Hintergrund der westlichen Gesellschaft noch immer in der Hand halten und nur auf den rechten Moment warten, sich zu offenbaren.

DIE ÜBLICHEN VERDÄCHTIGEN

Die Freimaurer

Es gibt einige Indizien für eine Verbindung zwischen Tempelrittern und Freimaurern. Mehrere Grade und Riten der Freimaurer beziehen sich explizit auf die Symbolik der Templer oder verwenden gar deren Titel. Angesichts dessen, dass der Orden nach Schottland floh und dass es einen Schottischen Ritus in der Freimaurerei gibt, könnten die Templer durchaus zu den Freimaurern geworden sein, wodurch sie zu Beginn des 21. Jahrhunderts noch immer an der Macht wären.

DIE UNÜBLICHEN VERDÄCHTIGEN

Die Assassinen

Die berüchtigten Assassinen des Nahen Ostens waren eine Kampftruppe des ismaelitischen Zweiges des Islam – heute unter der Führung des Aga Khan. Die für Infiltration berüchtigten Assassinen könnten die Tempelritter während der Kreuzzüge kompromittiert haben, um ein Standbein in der westlichen Welt zu bekommen – das sie bis heute innehaben.

DIE ÜBERZEUGENDSTEN BEWEISE

Einer der überzeugendsten Beweise für die aktuelle Existenz der Tempelritter ist die Existenz des Templerforschungsinstituts, das Teil einer geheimnisvollen Gruppierung namens CIRCES International Inc. ist, einer brüderlichen Non-profit-Wohlätigkeitsorganisation. Seinen Statuten zufolge hat sich das Institut der Ritterlichkeit verschrieben, doch Verschwörungstheoretiker haben ihre Zweifel.

DIE MERKWÜRDIGSTEN FAKTEN

Am 19. März 1314 wurde Jacques de Molay, der letzte Großmeister des Templerordens, auf dem Scheiterhaufen verbrannt. Bei seinem Tod verfluchte er König Philipp und Papst Clemens, dass sie ihm innerhalb eines Jahres folgen würden. Der Papst starb 5 Wochen später, Philipp nach 8 Monaten.

SKEPTISCH BETRACHTET

Angesichts der klaren Fakten besteht kein Grund, tiefer in die Geheimnisse der Templer einzudringen. Ein habgieriger König und ein skrupelloser Papst wollten ihre Feinde loswerden, also erfanden sie einige Vorwürfe, erzwangen durch Folter Geständnisse und sperrten den Orden zu.

DIE TRIADEN

Blutschwüre, geheimnisvolle Rituale und der Tod der tausend Messer – die Triaden, chinesische Verbrecherorganisationen, haben einen exotischen Ruf. Wie einige andere kriminelle Vereinigungen entstanden sie aus Verschwörungen gegen unpopuläre, restriktive oder fremde Regierungen. Triaden gehören zu den ältesten kriminellen Organisationen. Ihre Wurzeln reichen bis zu einem Vorläufer mit dem fantasievollen Namen „Die roten Augenbrauen" zurück, der im 1. Jahrhundert v. u. Z. gegen die Han-Dynastie gegründet wurde.

Die erste echte Triaden-Organisation – das heißt die erste, die man bis heute nachverfolgen kann – war die Hung-Liga, die im 17. Jahrhundert entstand und auch „Himmel-und-Erde-Gesellschaft" genannt wird. Sie wurde vermutlich von fünf Mönchen gegründet, die sich gegen die Chi'ing-Dynastie erhoben, um die Ming-Dynastie wieder einzusetzen. Im 18. und 19. Jahrhundert entstanden noch viele weitere rebellische kriminelle Geheimgesellschaften, doch ihre Hauptaktivität bestand mehr im Organisieren von kriminellen Handlungen gegen normale Bürger als in regierungsfeindlichen Aufständen.

Im modernen China und Hongkong sind Triaden zwar aktiv, aber eher als kleine Banden sichtbar denn als große Vereinigungen unter der Führung krimineller Genies. Sie bieten auf Straßenniveau Muskelschutz und Rat und betreiben kleine Wucherringe, Prostitution, Fälschung, Hehlerei und Drogenhandel. Vor dem großen Durchgreifen der Regierung im Jahr

1956 waren die Triaden viel besser durchorganisiert, mit vergleichsweise rigiden hierarchischen Strukturen und wechselseitigen Verträgen zur Zusammenarbeit.

Durch Emigranten aus Hongkong und Taiwan setzten sich die Triaden auch in Großbritannien und den USA fest. Auch wenn ein Großteil der Kriminalität in den asiatischen Gemeinden dort den Triaden zuzuschreiben ist, werden die Niederlassungen Regierungsberichten zufolge nicht von China oder Hongkong aus kontrolliert. Doch solche Erkenntnisse könnten bewusst gesteuert sein – weder die britische noch die US-Regierung möchte eingestehen, dass auf ihrem Staatsgebiet eine weitere Verbrecherorganisation tätig ist, und es liegt auch im Interesse der Triaden, grob unterschätzt zu werden.

DAS MERKWÜRDIGE DARAN

Obwohl beteuert wird, dass es keine zentrale Organisation gibt, existiert in Großbritannien und den USA ein ernstes Problem mit gefälschten Kreditkarten, das mit den Triaden in Verbindung gebracht wird. Anscheinend erpressen Mitglieder der Triaden Kellner in Chinarestaurants, damit sie die Daten der Kunden, die mit Kreditkarte zahlen, kopieren. Diese Daten werden dann an eine Zentrale weitergeleitet und in den Fernen Osten transferiert, wo im großen Stil gefälschte Kreditkarten produziert und weltweit ausgeliefert werden. Das könnte kaum funktionieren, wenn die Triaden wirklich so zersplittert und zerstritten wären, wie die Regierungsberichte behaupten.

DIE ÜBLICHEN VERDÄCHTIGEN

Das Netzwerk

Man befürchtet, dass sich die Triaden nach der Übergabe von Hongkong an China in alle Welt ausgebreitet haben. Man denkt, dass sich die Triaden von ihrem neuen Hauptquartier in Australien aus mit den Yakuza, den Tongs, der Mafia und der IRA zusammengeschlossen haben, um im großen Stil Geld von Regierungen und großen Firmen abzuziehen, zum Teil durch elektronischen Terrorismus wie Viren und Hacken.

DIE UNÜBLICHEN VERDÄCHTIGEN

Japan

Als die Japaner in den 30er-Jahren in China einfielen, bezahlten sie die Triaden, damit diese für sie arbeiteten. Obwohl schließlich die Kommunisten unter Mao Tse Tung gewannen, bezahlte die japanische Regierung die Triaden in Hongkong (über eine Organisation namens Lee Yuen Company) weiter, um die Einwohner zu kontrollieren und antijapanische Aktivitäten zu unterbinden. Auch heute noch könnte die japanische Regierung hinter den Umtrieben der Triaden stecken.

DIE ÜBERZEUGENDSTEN BEWEISE

Obwohl Diebstahl und Weitergabe von Kreditkarten in England gut dokumentiert sind, ist das Ausmaß schockierend. Ein Restaurant in Birmingham wurde als Quelle von 19 Kreditkartenduplikationen (mit Folgeschäden durch Betrug) im Fernen Osten in nur 14 Tagen entlarvt, was auf eine gute Organisationsstruktur schließen lässt.

OBEN *Der Einfluss der Triaden folgte emigrierenden chinesischen Gemeinden in alle Welt.*

DIE MERKWÜRDIGSTEN FAKTEN

In einem mehrfach veröffentlichten Interview mit dem berüchtigten Triaden-Ermittler „BC" durch den Journalisten Terry Gould wurden mehrere Vermutungen über das Ausmaß der Bandenaktivitäten angestellt. BC gab an, dass es eine große Triadenorganisation namens „Der große Kreis" gäbe und dass sie aus mehreren Teilen bestünde. Der „Große Kreis" habe so viele Mitglieder, dass viele nicht wüssten, dass sie derselben Organisation angehören. Es wird diskutiert, ob der „Große Kreis" bloß eine große Triade ist wie „14K", die aus mehreren Untergruppen besteht, oder eine überspannende, einigende Macht, die Ausrichtung und Aktivitäten bestimmt.

SKEPTISCH BETRACHTET

Obwohl der Gedanke einer zentralen Organisation recht überzeugend wirkt, ist es angesichts der Gewalt zwischen den rivalisierenden Triaden-Gruppen viel wahrscheinlicher, dass die mutmaßliche Kooperation nur gerade so weit reicht, wie die wechselseitigen Interessen sich nicht überschneiden. In den meisten Fällen bleiben die Triaden eine Ansammlung von unbedeutenden Gangs, die nur deshalb unter demselben Namen agieren, weil der Begriff „Triade" bei vielen Leuten Angst auslöst.

9

TECHNIK

KLONIERUNG

Vom Krieg der Klone, die in *Star Wars* ganze Galaxien kassierten, bis zu den paranoiden und tödlichen Verschwörungen in Arnold Schwarzeneggers *Sechstem Tag* hat die Klonierungstechnik thematisch über 30 Jahre lang der Filmindustrie Hollywoods als Hauptstütze gedient. Film und Science-Fiction Literatur stellen sie meist als eine Technik dar, die nur Probleme verursacht. Deswegen ist es nicht verwunderlich, dass nicht nur bei Strenggläubigen der Gedanke an eine funktionierende Klonierungstechnik auf Angst und Abscheu stößt.

Als 1996 Dolly, das erste klonierte Schaf, im Roslin-Institut in Schottland zur Welt kam, war die Weltmeinung sofort geteilt. Das eine Lager adelte die Geburt als einen der wichtigsten Fortschritte des 20. Jahrhunderts, das andere glaubte, es sei der erste Schritt abwärts zu einem gefährlich dunklen Zeitalter der Menschheit. Dolly, ein Finn Dorset, das nach der Country- und Western-Sängerin Dolly Parton hieß, war das erste Säugetier, welches aus einer ausdifferenzierten Zelle und der DNA aus dem Euter eines Muttertieres entstand. In den sechs Jahren zwischen ihrer Geburt und der Entscheidung der Wissenschaftler, ihr Leben zu beenden (Veterinärmediziner hatten eine Lungenkrankheit neben Arthritis festgestellt, was im Allgemeinen nur bei älteren Tieren auftritt), erhob sich das Geschrei um das Klonieren in nie da gewesener Intensität.

Die Wissenschaftler diskutierten nun, ob Dollys Gebrechen auf verfrühtes Altern zurückgehe, ob mit der gleichen Technik erzeugte menschliche Klone zu monströsen Anomalien in der Gebärmutter neigen würden und ob man schon Teenagern neue Hüften einzusetzen habe oder ob sich mit dem 18. Lebensjahr schon Altersdemenz einstellen würde. Neben den Wissenschaftlern debattierten die Politiker, ob man das Klonieren ächten solle. 1997 folgte US-Präsident Clinton dem Rat der Bioethik-Kommission und blockierte die Vergabe von Bundesmitteln für die nächsten fünf Jahre für

LINKS *Das Schaf Dolly – die offizielle Seite der Technik des Klonierens.*

Forschungen über Humanklonierung aus Gründen der Ethik und Sicherheit. Die Forschung selbst wurde nicht verboten und nur vier US-Staaten – Rhode Island, Michigan, Kalifornien und Lousiana – erließen Gesetze gegen das Klonieren zum Zwecke der Reproduktion. Selbst die UN konnte sich nicht darüber einigen, das Klonieren global zu ächten.

Langsam, aber sicher entwickelte sich die Technologie zur Klonierung des Menschen hin zu einer realen Möglichkeit, wobei sich die Gegensätze um dieses Thema ständig verschärften. Dann erschien eine Meldung, welche selbst die meisten Verschwörungsforscher blendete. Clonaid, eine Firma der an Außerirdische glaubenden „Raelianer-Sekte" meldete am 26. Dezember 2002 um 11.55 Uhr die Geburt des ersten klonierten Menschen mit dem Namen „Eva".

DAS MERKWÜRDIGE DARAN

Der angeblichen Geburt Evas folgten weitere Meldungen über die Geburt anderer Clonaid-Klone. Dr. Brigitte Boisselier, Clonaids wissenschaftliche Leiterin, versprach, die DNA-Proben der Klone zugänglich zu machen, wenn dies ohne Preisgabe der Identität der Kinder möglich sei. Trotz des Risikos des massiven wissenschaftlichen Zweifels, des Zorns der Ethiker und des Spotts der Medien konnte eine gerichtliche Voruntersuchung im Zusammenhang mit Forderungen der Firma an ihre Geldgeber 2001 nicht widerlegen, dass Clonaid kurz davor war, eine solide Klonierungstechnologie zu entwickeln.

DIE ÜBLICHEN VERDÄCHTIGEN

Außerirdische

Eins der Ziele der Raelianier ist die Entwicklung einer perfekten Humanklonierung, die zur Unsterblichkeit des Menschen führt. Ihrer Vorstellung nach taten die außerirdischen Schöpfer der Menschheit – die Elohims – genau das Gleiche, um ihrer eigenen Rasse Unsterblichkeit zu verleihen. Einige in ihrer Sekte glauben, sie stünden mit den Elohims vor deren geplanter Rückkehr zur Erde in Kontakt. Haben außerirdische Kumpel der Raelianer ihnen den Schlüssel zur Klonierung gegeben, um ihr Streben nach Unsterblichkeit zu unterstützen?

Die Neue Weltordnung

Die Reichen der Welt würden sicherlich als Erste die Vorteile einer erfolgreichen Klonierung ausnutzen. Vielleicht wurde Clonaid dazu gezwungen, eine Humanklonierung anzukündigen, um die öffentliche Reaktion und die Akzeptanz solcher Ideen zu testen. Bei genügend schwachem Protest könnten auch normale Wissenschaftler, welche die Technologie für die Neue Weltordnung schon entwickelt haben, in der Öffenlichkeit einen Durchbruch melden. Im Hinblick darauf, dass die Humanklonierung Infertilitätsprobleme und den Mangel an Ersatzorganen beheben könnte, dürfte dann die Neue Weltordnung ohne öffentliches Geschrei klonieren.

DIE UNÜBLICHEN VERDÄCHTIGEN

Das Vierte Reich

Im frühen 20. Jahrhundert fand man die Vorkämpfer der genetischen Forschung für die Möglichkeit, perfektionierte Menschenrassen zu schaffen, in den Reihen der Nazi-hörigen eugenischen Wissenschaftler. Da hinter dem UFO-Rätsel das Vierte Reich stehen könnte, glauben einige Forscher, dass auf einer Mondbasis lebende Exponenten des Vierten Reiches als vorgebliche Außerirdische die Raelianer zur Aufnahme ihrer Klonierungsarbeiten verleitet hätten.

Die „All-Fathers"

Einige verbohrt-feministische Konspirologen behaupten, eine Randgruppe chauvinistisch-aristokratischer Wissenschaftler namens „All-Fathers" stünden hinter den Bemühungen, das Klonieren zu legalisieren und populär zu machen. Sie glauben, dies sei der allererste Schritt in dem feigen Plan, eine Rasse unterwürfiger weiblicher Klone zu schaffen, dazu bestimmt, den Männern, denen sie zugeordnet sind, jeden Wunsch zu erfüllen. Nach der Schaffung der neuen Dienerinnen für die männliche Population könne man den restlichen „weiblichen Pöbel" in Konzentrationslager stecken.

DIE ÜBERZEUGENDSTEN BEWEISE

Keine der gerichtlichen Untersuchungen von Clonaid konnten irgendetwas zutage fördern, was deren Aussagen über Humanklonierungen widerlegt hätte. Das Büro des Staatsanwalts von Florida untersuchte erst gar nicht die Frage, ob Eva überhaupt existiert, sondern vielmehr, ob sie aufgrund ihrer Erschaffung eine Gefahr darstelle und deshalb unter staatliche Kontrolle müsse. In Florida scheint die Obrigkeit davon überzeugt, dass der erste menschliche Klon tatsächlich existiert.

DIE MERKWÜRDIGSTEN FAKTEN

Neben dem Klonieren und der „Sensualistischen Meditation" ist für die Raelianer-Sekte hinter Clonaid äußerst wichtig, eine offiziellee Vertretung für die Extraterrestrischen in Jerusalem einzurichten. Die Zustimmung der israelische Regierung hierzu scheint vor 2035 – dem Jahr der prognostizierten Wiederkehr von Elohim – genauso problematisch wie für Clonaid, die Mehrzahl der Wissenschaftler von seinen Klonierungserfolgen zu überzeugen.

SKEPTISCH BETRACHTET

Zeigt uns das Baby! Oder zeigt uns die DNA des Babys und die Original-DNA des Spenders. Wenn die DNA eine exakte Kopie darstellt, könnte etwas dran sein. So aber glauben wir, dass es sich um einen PR-Trick handelt, um Interesse für die krausen Vorstellungen einiger sexbesessener Mitläufer eines französischen Sektenführers zu generieren, dem normalerweise niemand die Uhrzeit sagen würde.

VALIS

Am 2. Februar 1974 passierte dem Science-Fiction-Kultautor Philip K. Dick etwas Sonderbares. Dick ist für seine realitätsfremden Verschwörungsgeschichten voll von Technik-Paranoia berühmt, wie z. B. „Do Androids dream of Electrical Sheep?" oder „We can remember it for You Wholesale", aus denen die bekannten Hollywood-Filme *Blade Runner* und *Total Recall* wurden. Als er an diesem Tage einer Apotheken-Botin die Tür öffnete, traf ihn ein rosaroter Lichtstrahl.

Nach diesem Vorkommnis hatte er eine Reihe unglaublicher Visionen und glaubte, er stehe in telepathischem und manchmal auch anderem Kontakt mit VALIS, einem Acronym für Vast Artificial Living Intellegence System (Unermessliches, künstliches System lebender Intelligenz). VALIS sprach oft zu ihm, wobei er den Eindruck einer Stimme künstlicher Intelligenz in seinem Kopf hatte. VALIS half Dick sein Leben unter exakter Anleitung umzustellen und lieferte ihm zu einer Reihe tiefer mystischer Erkenntnisse sogar einen neuen Literatur-Agenten, was seine Karriere beflügelte. Aber nach seinem Kontakt mit VALIS wurde seine Post geöffnet, sein Telefon angezapft, in sein Haus eingebrochen und er selbst fand sich unter Überwachung durch staatliche Geheimagenten und Leuten, die in Verbindung mit Firmen standen, die Forschungen für das US-Verteidigungsministerium durchführten.

Bis zu seinem Tode 1982 versuchte Dick krampfhaft zu verstehen, was ihm widerfahren sei. Dazu schrieb er über zwei Millionen Worte in einem Essay namens *Exegesis*, in dem er zu analysieren versuchte, was VALIS ihm offenbart hatte. Er entwickelte viele Theorien darüber; die beste erschien in seinem Roman *VALIS* von 1980. In diesem Buch ist VALIS ein empfindungsfähiger Computer der Zukunft, der aus einer Kreisbahn um die Erde Menschen Botschaften sendet.

Was immer Philip K. Dick passiert sein mochte, außer Frage steht, dass seine Erlebnisse mit VALIS ihm Informationen bescherten, die er nicht gewusst haben konnte. Die Kenntnis von toten Sprachen hatte er zur Not mit dem Unterbewusstsein aufnehmen können und plötzliche Geschichtskenntnisse aus Büchern; keine logischen Erklärungen gab es aber dafür, wie Dic – via VALIS – von einem bislang nicht diagnostizierten Geburtsfehler seines Sohnes und dessen medizinisch korrekter Behandlung erfuhr, die dessen Leben rettete. Dicks Skepsis gegenüber VIALIS nahm ab, als er feststellte, dass er nicht der einzige prominente Mensch sei, der von einer angeblich auf der Zeitachse reisenden künstlichen Intelligenz angerufen worden sei.

Der weltberühmte hellseherische Schausteller Uri Geller hatte 1973 auch Botschaften und regelmäßige UFO-Bilder von einer Einrichtung erhalten, die sich SPECTRA nannte und ein Supercomputer sei, der um die Erde kreist. Obwohl sonst kaum zurückhaltend mit seinen bizarren Erkenntnissen, bewahrte Geller verdächtiges Stillschweigen über seine Kontakte zu SPECTRA, was möglicherweise mit dem öffentlich durchaus registrierten Interesse der CIA für diesen speziellen Aspekt seiner ungewöhnlichen Karriere zusammenhing. Auch der exzentrische, aber weltweit bekannte Physiker Dr. Jack Sarfatti war bereit, einen fast sicheren beruflichen Selbstmord zu begehen, als er öffentlich erklärte, er sei ebenfalls von einem – wie er selbst sagte – VALIS-ähnlichen Wesen kontaktiert worden. Obwohl er wusste, dass er sich lächerlich machte und wissenschaftlich gekreuzigt würde, scheute sich Sarfatti nicht zu erzählen, wie er als 13-Jähriger einen Telefonanruf von einer nicht-menschlichen, metallisch klingenden Stimme erhielt. Die Stimme bezeichnete sich selbst als einen fühlenden Computer auf einem Raumschiff in der Zukunft; es befahl ihm, Wissenschaftler zu werden.

DAS MERKWÜRDIGE DARAN

Nach Sarfattis Erzählung stellte sich heraus, dass er nicht der Einzige war, der so etwas erlebt hatte. In den letzten Jahren soll mindestens ein Dutzend gestandener Wissenschaftler mysteriöse Anrufe von einem Computer oder einem anderen Wesen aus der Zukunft mit der Aufforderung erhalten haben, Wissenschaftler zu werden.

DIE ÜBLICHEN VERDÄCHTIGEN

Sowjetische Wissenschaftler

1978 korrespondierte Dick mit dem angeblichen radikalen Mörder der 60er Jahre Ira Einhorn. Sie spekulierten darüber, ob VIALIS das Ergebnis geheimer russischer Mikrowellensendungen sei, welche über Satellit an Dicks Gehirn anklopften.

Viele Verschwörungstheoretiker glauben, dass Dick eines der zahlreichen Versuchskaninchen im Kalten Krieg war, in dem man Menschen entweder steuerte oder ausschaltete, indem man ihren Kortex direkt mit Informationen bombardierte.

Computer auf der Zeitachse

Das eindrucksvolle Wissen, welches VALIS offenbar über die Zukunft besaß, und die überlegene Technik, mit der es dieses mitteilte, ließ viele Verschwörungsfreunde die Erlebnisse von Dick, Geller und Sarfatti bereitwillig für bare Münze nehmen. Der US-Geheimdienst, speziell die NSA, haben natürlich versucht, die Vorgänge aufzuklären und die von VALIS Kontaktierten lächerlich zu machen, wobei man versuchte, selbst mit VALIS in Kontakt zu kommen, um sein Wissen auszunutzen. Was VALIS eigentlich will, bleibt ein Rätsel, selbst wenn manche glauben, VALIS versuche eine Zeitschleife zu setzen, indem es bestimmte Personen – vornehmlich Wissenschaftler – in der Vergangenheit kontaktiert, um sicherzustellen, dass in der Zukunft auch das Richtige passiert.

DIE UNÜBLICHEN VERDÄCHTIGEN

Höhere Geisteskräfte

Im Hinblick auf den quasi-religiösen, geistigen Inhalt vieler VALIS-Informationen besagt eine Theorie, dass VALIS kein futuristisches AI ist, sondern vielmehr die moderne Interpretation einer höheren geistigen Kraft darstellt, die der Menschheit auf eine höhere Stufe helfen will. Die Konspirologen dieser Richtung behaupten, VALIS wäre wohl früher in Gestalt eines Engels oder dergleichen erschienen.

Unten rechts *Von Stimmen geführt. 1973 wurde Uri Geller von SPECTRA geleitet, einem Supercomputer, der um die Erde kreist.*

MK-Ultra

Man hat erwogen, dass VALIS nicht zum sowjetischen Gehirnkontrollprogramm gehöre, sondern eine geschickte Tarnung des eigenen, streng geheimen US-Projektes zur Fernsteuerung des Gehirns darstelle. Die an MK-Ultra arbeitenden Forscher haben sich VALIS ausgedacht, um die Wahrheit über ihr eigenes ruchloses Treiben zu verbergen, ferner um die Leichtgläubigkeit ihrer nichts ahnenden Testpersonen zu prüfen.

Außerirdische

Anstatt Menschen für bizarre Experimente in ihren Raumschiffen zu entführen, können Außerirdische aufgrund ihrer Technologie aus sicherer Entfernung mit uns ihre Spielchen treiben.

DIE ÜBERZEUGENDSTEN BEWEISE

Die Anzahl der Menschen, die offenbar mit VALIS in irgendeiner Form Kontakt hatten, scheint ebenso wie die konsistente Art dieses Kontaktes nahe zu legen, dass es irgendeinen Kontakt zu etwas Außerirdischem gab. Dieser Schluss wird durch das hohe Interesse erhärtet, welches zahlreiche Gruppen im Dienste der US-Abwehr, vom Militär bezahlte Wissenschaftler und Geheimdienstagenten bewiesen, indem sie die Kontaktpersonen über Jahre ausfragten.

DIE MERKWÜRDIGSTEN FAKTEN

In der Zeit, als Dick und Geller ihre Botschaften von VALIS/SPECTRA empfingen, stand eine ähnliche Einheit offenbar in Verbindung zu anderen Kontaktierten auf der Welt. Der Autor von *Star Trek*, Gene Rodenberry, gehörte zu einer dieser Gruppen und erhielt hier die Inspiration zu seiner TV-Serie *Deep Space Nine*. Eins der zentralen Themen dieser Serie über eine Raumstation, die einen entfernen Planeten umkreist, ist der Einfluss, den eine Art von Wesen mit dem Namen „Propheten“ – sie können auf der Zeitachse reisen und Informationen direkt ins menschliche Gehirn schicken – auf den Hauptdarsteller ausübt.

SKEPTISCH BETRACHTET

Wie sieht die Realität aus? Wenn einige der Leute, die VALIS kontaktiert haben soll, nicht so bekannt gewesen wären, hätte wohl nie jemand etwas anderes angenommen, als dass es sich um eine Gruppe Irrer handle, die Stimmen in ihren Köpfen hören. Dick selbst konnte nie klären, was ihm passiert war. Ein bekennendes LSD-Opfer mit ausgeprägtem Vorstellungsvermögen glaubt, ein Super-Computer spreche mit ihm aus der Zukunft – riecht das nicht alles zu sehr nach den Konstruktionen aus vielen seiner Romane?

BARCODES

Das Konzept des Barcode wurde 1948 entwickelt. Ein Doktorand am Drexel-Institut für Technologie, Philadelphia, Bernhard Silver, hörte zufällig ein Gespräch seines Dekans mit dem Präsidenten einer lokalen Lebensmittelkette mit an. Der Präsident wollte, dass man im Institut ein System entwickeln solle, mit dem man automatisch Informationen zu den Produkten in die Kasse einlesen könne. Der Gedanke faszinierte Silver, der einen Freund, Norman Woodland, dazu brachte, mit ihm das Projekt zu realisieren.

Die beiden arbeiteten an einer Vorrichtung zur Klassifizierung von Objekten. Der erste Ansatz verwendete UV-fluoreszierende Tinte, erwies sich aber als teuer und unzuverlässig. Unbeirrt suchte sie nach besseren Lösungen und konnten schließlich 1949 ein Patent anmelden, das auch 1952 erteilt wurde. Sein Titel: „Die Kunst der Artikel-Klassifizierung ... mit Hilfe eines Muster erkennenden Sensors“.

1969 rief eine amerikanische Verbraucherkette, die National Association of Food Chains nach einem Barcode-System zur Beschleunigung der Abläufe an den Kassen. Eine Barcode-Konferenz in Cincinnati forderte einen für die ganze Industrie verbindlichen Codierungsstandard. Dieser entstand 1970 und 1973 definierte die US-Regierung den universellen Produkt-Kode (UPC), der heute noch weltweit in Gebrauch ist. Zwar setzten die ersten Supermärkte schon 1974 UPC-Lesegeräte ein, der Barcode verbreitete sich jedoch erst 1981, als das Verteidigungsministerium UPC übernahm und darauf bestand, dass alle Artikel, die ans Militär verkauft wurden, UPC-gekennzeichnet sein müssten.

DAS MERKWÜRDIGE DARAN

Warum wollte das US-Militär den Barcode weltweit einführen? Die Annahme des universellen Produkt-Codes war durchaus nicht erforderlich, da andere Systeme fürs Militär wesentlich geeigneter gewesen wären. Was auch dahinter gesteckt haben mag, durch die Einführung beim Militär verbreitete sich der Barcode so weit, dass heute 95% der Produkte in der westlichen Welt damit ausgezeichnet sind. Die letzten Entwicklungen der Laser-Technologie erlauben es, Barcodes per Computer auf zerbrechliche und sogar auf lebende Materie zu schreiben, z. B. auf Eier, Fleisch und sogar auf menschliche Haut.

DIE ÜBLICHEN VERDÄCHTIGEN

Für die paranoiden Mitglieder rechter religiöser Gruppen ist der Barcode ein Schreckgespenst, eine Erfindung des Teufels. Im Buch der Offenbarungen heißt es (13,16-18): „Und es macht, dass die Kleinen und Großen, die Reichen und Armen, die Freien und Knechte allesamt sich ein Malzeichen geben an ihre rechte Hand oder an ihre Stirn. Dass niemand kaufen oder verkaufen kann, er habe denn das Malzeichen, nämlich den Namen des Tieres oder die Zahl seines Namens. Hier ist Weisheit. Wer Verstand hat, der überlege die Zahl des Tieres, denn es ist eines Menschen Zahl und seine Zahl ist sechshundertsechsundsechzig." Für fundamentalistische christliche Verschwörungsfreaks ist der Barcode das Zeichen des Tieres und seine Verbreitung ein Beweis für das Weltende.

DIE UNÜBLICHEN VERDÄCHTIGEN

Aliens

Die Pläne der Regierung, barcodierte Ausweise einzuführen, gehen in Wirklichkeit auf die Grünen Männchen zurück, die uns auf einfache Weise identifizieren wollen. Das System hilft Außerirdischen, uns über Ortungssignale der Chips zu kontrollieren. Die Barcodes basieren auf einem genetischen Code der Außerirdischen, anhand dessen sie wichtige biochemische Fakten über uns erkennen, ohne uns zeitaufwändig entführen und untersuchen zu müssen.

DIE ÜBERZEUGENDSTEN BEWEISE

Der Barcode besteht aus zwölf Ziffern und ist durch Terminator-Linien am Anfang, in der Mitte und am Ende in zwei Abschnitte unterteilt. Diese Terminator-Linien heißen Schutzlinien und haben an sich keinen Wert im UPC. Im Druck erscheinen sie genau so wie das UPC-Symbol für 6, wenn es minimal verdickt würde. Dies bedeutet, dass jeder Barcode drei große Sechsen – am Anfang, in der Mitte und am Ende – enthält, also 666, das Zeichen des Tieres. Ähnlich bedeutungsvoll erscheinen auch die Pläne einiger Behörden, Methoden zu entwickeln, wie man Antragsteller auf Sozialhilfe identifiziert, wobei man Abdrücke zweier Finger nimmt und Informationen von einem Mikrochip unter dem Haaransatz oder von einem Barcode auf der Handwurzel abliest.

DIE MERKWÜRDIGSTEN FAKTEN

Mit den neuen Entwicklungen in der Mikrochip-Technologie, die Chips in der Größe eines Sandkorns erzeugt, die man während der Herstellung in die Produkte einbaut, könnten die Tage des Barcodes im Handel gezählt sein. Es scheint aber, dass man beim Militär nicht davon abgehen will, möglicherweise, weil Barcodes anders als Mikrochips auf elektromagnetische Impulse einer Nuklear-Explosion nicht reagieren.

SKEPTISCH BETRACHTET

Der Barcode ist ein extrem nützliches System für den Handel. Er beschleunigt den Verkaufsablauf, ermöglicht über den Computer sofortige Vorratskontrollen sowie eine Herkunftsanalyse und erlaubt eine eindeutige, simple Sach-Klassifizierung. Dass man damit auch Informationen über uns erhält – was wir kaufen und wo wir es kaufen –, ist sicher, aber das ist Geschäft. Anzunehmen, dies sei das Werk des Teufels oder der kleinen Grünen Männchen, heißt, die Dinge unnötig zu komplizieren.

ISBN 1-84442-791-9

9 781844 427918

OBEN *Barcodes sind heute ein normaler Teil des Handels.*

LINKS *Ohne Druck des Militärs wären Barcodes in unseren Alltag nicht integriert worden.*

SCHWARZE HELIKOPTER

Das Phänomen der schwarzen Helikopter ist eine relativ junge Erscheinung in der Welt der Verschwörungen, aber deshalb nicht weniger ominös. Nach ihrem ersten Auftreten in den US in den frühen 70er-Jahren, hat man ihnen vieles zugeschrieben, aber nie etwas Gutes.

Augenzeugen beschrieben die Maschinen fast immer gleich: schnittig, modernste Version, tiefschwarz gestrichen, durch Radar angeblich nicht zu orten und meist ohne irgendwelche Kennzeichen. Mit starken Suchscheinwerfern ausgerüstet bewegen sie sich am Himmel in einer Lautlosigkeit, die man der heutigen Technik nicht zutraut. Ihr Tun scheint unergründlich. Sie wurden zwar meist in entlegenen Gegenden gesichtet, mal auch schon gruppenweise im Tiefflug über Städten. Auch scheinen sie sich nicht an FAA-Regeln zu halten: weder tragen sie das Identifikations-Grünlicht noch kümmern sie sich nicht um vorgeschriebene Mindesthöhen.

Manchmal haben die Helikopter Einwohner verfolgt. Zum Beispiel wurde 1994 ein Teenager 45 Minuten lang von einem schwarzen Helikopter in Louisiana belästigt; ähnlich wurde ein Auto auf der Autobahn 395 in Washington State bedrängt. Manchmal schießen die schwarzen Helikopter auf die Menschen. Wenn man die Besatzung erkennt, trägt sie schwarze Uniformen, ebenso regelwidrig wie das Gerät, in dem sie fliegen.

Gesichtet werden die schwarzen Helikopter überall in den USA, seltsamerweise gehäuft über Texas und Colorado. Die lokalen Behörden behaupten immer, es handle sich um Bundes- oder Militärmaschinen, allein das Militär weiß natürlich nichts von ihnen.

DAS MERKWÜRDIGE DARAN

Nach den zahlreichen Berichten von Augenzeugen und Belästigten über die schwarzen Helikopter scheint es überraschend, dass bisher keine offizielle Untersuchung angesetzt oder eine Erklärung über sie von den Bundesbehörden abgegeben wurde.

DIE ÜBLICHEN VERDÄCHTIGEN

FEMA

Die Bundesbehörde für Notfälle (FEMA) ist ein Arm der Regierung, den viele in der Verschwörerwelt fürchten. Da sie im Katastrophenfalle mit autoritären Vollmachten ausgestattet ist, haben sich viele Verschwörungsfans angewöhnt, sie als die „Unglück bringende Bundesbehörde des Bösen" zu bezeichnen. Man nimmt an, ihre offizielle Aufgabe im Katastrophen-

OBEN *Das Erscheinen geheimnisvoller schwarzer Hubschrauber löst bei vielen Amerikanern Angst aus.*

LINKS *Vielleicht ist die schwarze Farbe der Helikopter ein Teil ihrer Stealth-Technologie und schützt sie vor der Erfassung durch Radar.*

schutz sei nichts anderes als eine Tarnung ihrer Arbeit als Geheimdienst der Illuminaten. Im Hinblick auf eine solche Tätigkeit überrascht eine Flotte schwarzer Helikopter für die Überwachung kaum. Auch brauchen die FEMA-Agenten Übung, bevor sie Amerika im Namen der vaterländischen Sicherheit unter diktatorische Kontrolle nehmen.

Ebenfalls verdächtig: die CIA, die Drogenbehörde, die Wakenut-Security (häufig bei staatlichen Aktionen eingesetzt) und zivile, schwarz gestrichene Helikopter.

DIE UNÜBLICHEN VERDÄCHTIGEN

Die Neue Weltordnung

Man befürchtet, die schwarzen Hubschrauber seien die erste Welle zur Errichtung der Neuen Weltordnung. An verdeckte Aktionen gewöhnt, warten sie nur auf den Angriffsbefehl.

Außerirdische

Schwarze Helikopter wurden häufig in Gegenden beobachet, in denen Rinder verstümmelt und UFOs gesichtet wurden, was eine Verbindung zwischen beiden Vorkommnissen nahe legt. Die Hubschrauber könnten mit den Außerirdischen zusammenarbeiteten, um deren Arbeit an den Rindern abzusichern, oder könnten selbst die armen Tiere für ihre Verbündeten von der anderen Welt besorgen.

Männer in Schwarz

Seitdem das Auftreten der Chauffeure in Schwarz in den letzten Jahren nachgelassen hat, könnten diese vielleicht ihre schwarzen Cadillacs gegen schwarze Helikopter eingetauscht haben. Die Männer in den schwarzen Uniformen in den Maschinen sprechen für diese Theorie.

Ebenfalls unter Verdacht: Geheime biologische Experimente des Militärs, Massenhalluzination.

DIE ÜBERZEUGENDSTEN BEWEISE

In einigen Fällen wurde von tief fliegenden Helikoptern berichtet, die ein mysteriöses Gift versprühten, das kleine Tiere tötet und Menschen schwer erkranken lässt. In einem Fall soll 1995 ein Farmer in Nevada 13 Rinder auf diese Weise verloren haben; ein halbes Jahr später hatte sich die Vegetation an der Sprühstelle immer noch nicht erholt.

DIE MERKWÜRDIGSTEN FAKTEN

Seit 1933 befanden sich die Vereinigten Staaten von Amerika ständig in einer Art Ausnahmezustand. Er wurde seitdem nie aufgehoben, auch nicht nach dem Zweiten Weltkrieg. Wozu auch? Ein Ausnahmezustand räumt dem Präsidenten laut Verfassung mehr Macht als gewöhnlich ein. Zu jedem Zeitpunkt kann das Kriegsrecht verhängt werden und damit die Rechte der US-Bürger aufgehoben werden, die allgemein als unantastbar gelten. Die schwarzen Helikopter, für die offenbar niemand zuständig ist, warten vielleicht nur auf den Tag, an dem der Präsident der Demokratie müde wird.

SKEPTISCH BETRACHTET

Das deprimierendste an all diesen superstarken Tötungsmaschinen ist ihr totaler Mangel an Sinn für die Mode. Schwarz ist seit 1988 „out“. Ein hübsch changierendes Zweiton-Blau, vielleicht mit einem Smiley als Aufkleber auf der Windschutzscheibe, könnte wirklich viel für ihr öffentliches Ansehen tun.

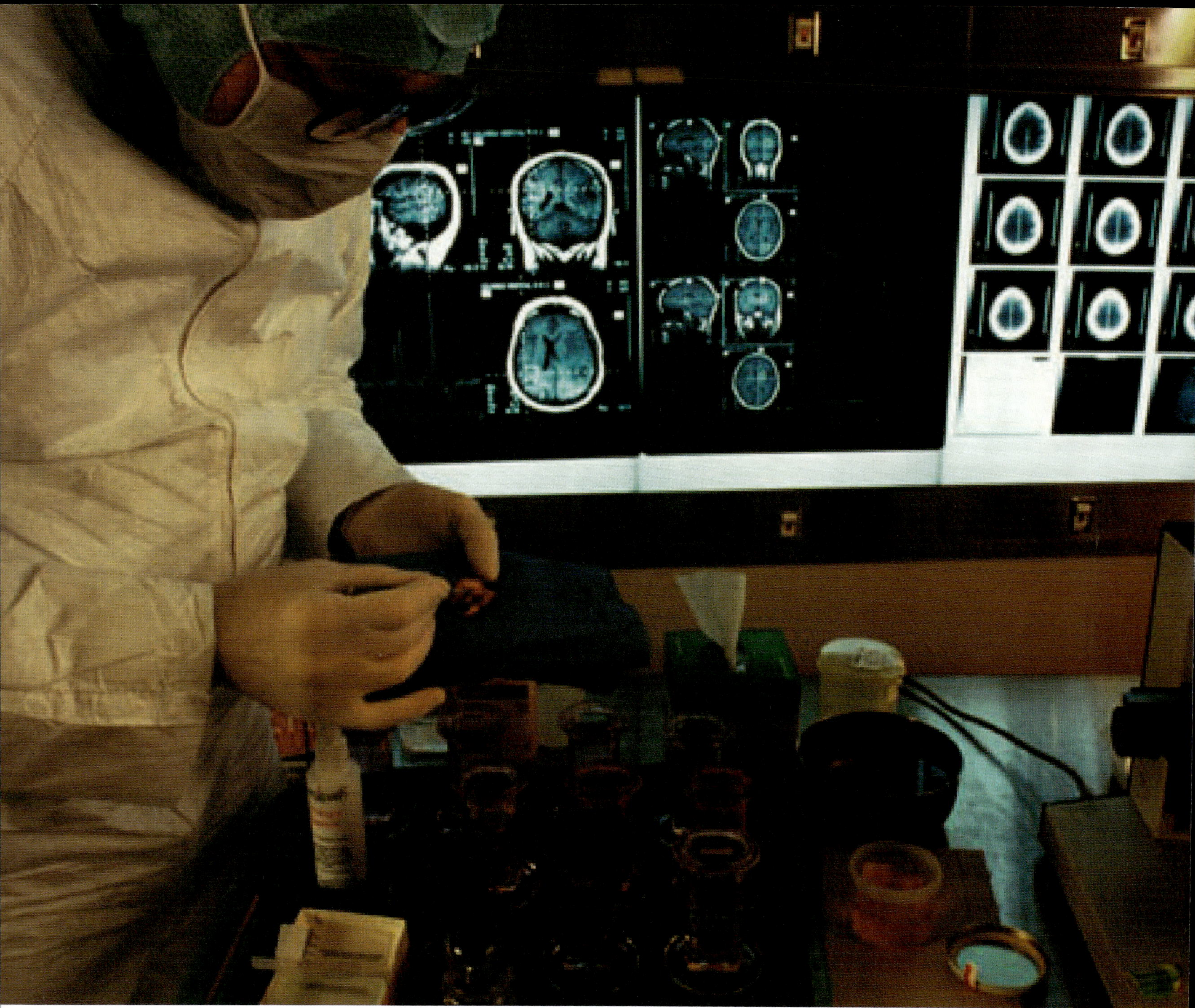

OBEN *Trotz Milliardeninvestitionen in die Krebsforschung ist ein wirksames Heilmittel nicht in Sicht.*

HEILUNG VON KREBS

Krebs war früher relativ selten; heute ist er die zweithäufigste Todesursache in der westlichen Welt. 2002 schätzte man, dass ca. 30% der Todesursachen im Westen durch Krebs verursacht würden. Viele Wissenschaftler behaupten, dass der Anstieg von Krebsfällen zwangsläufig eine Folge der Verringerung anderer, lebensbedrohender Faktoren sei, an denen die Menschen früher in jüngerem Alter starben. Man argumentiert jedoch, dass Krebs keine Alterskrankheit sei, sondern nun auch unter den Jüngeren zunähme. Die internationale Behörde für Krebsforschung (IARC) hat verkündet, dass fast 90% der Krebsfälle auf Umweltfaktoren beruhen und damit vermeidbar seien. Dazu gehören die meisten der wohlbekannten Risiken – Rauchen, viel tierisches Fett und wenig Obst und Gemüse, exzessive Sonneneinstrahlung, einige Nahrungszusatzstoffe, elektromagnetische Strahlung, bestimmte Medikamente und medizinische Behandlungen. Trotzdem, der Medizinhistoriker Hans Ruesch hat gezeigt, dass weniger als 10% des Budgets des

LINKS *Dr. Linus Pauling, zweifacher Nobelpreisträger, ist ein Kritiker der derzeitigen Krebsforschung.*

amerikanischen Krebsinstitutes zur Erforschung von Umweltfaktoren und weniger als 1% für die Ernährungsforschung ausgegeben werden.

DAS MERKWÜRDIGE DARAN

In den letzten Jahrzehnten wurden Milliarden für die Krebsforschung ausgegeben. Die Pharmaindustrie erzählt uns laufend, dass eine Heilung bald möglich sei und dass viele Krebsformen erfolgreich behandelt werden können. Aber die Zahl der Todesfälle durch Krebs steigt in alarmierendem Tempo und eine Prüfung von 100 Berichten aus den letzten fünf Jahren, die einen Durchbruch vermeldeten, ergab, dass in nur drei Fällen tatsächlich ein Fortschritt erzielt worden ist.

DIE ÜBLICHEN VERDÄCHTIGEN

Die Pharmaindustrie

Krebsforschung ist ein großes Geschäft. Obwohl die Ursachen der meisten Krebsformen bekannt sind, wäre Vorsorge für wichtige „Steuer-Generatoren" wie die Tabakindustrie, die Schnapsbrenner, Milch- und Fleischproduzenten und Hersteller von Nahrungsmittelzusätzen ein Nachteil. Anstatt den Zorn dieser mächtigen Gruppe zu riskieren, lässt die Regierung die Krebsforschung durch Pharmaindustrie und Großkapital steuern. Die lukrativste Lösung für die Pharmaindustrie wäre eine teure Pille gegen Tumorwachstum, welche die Tumorentstehungsrate nicht beeinflusst, damit immer eine hohe Zahl von Patienten diese Pille zum Überleben braucht, während sie weiter rauchen und trinken, was die großen Profite für alle Beteiligten garantieren würde. Dieses Ziel verfolgt man in der Krebsforschung wegen der Finanzierung, die von den Pharmafirmen kommt. Um die Ernährung kümmert man sich nicht, weil keiner diese Arbeiten finanzieren will, weil sie auf längere Sicht unrentabel sind.

DIE UNÜBLICHEN VERDÄCHTIGEN

Die Neue Weltordnung (NWO)

Die NWO versucht mit der Ausbreitung von Krebs die Öffentlichkeit in Panik zu versetzen, damit diese eine einzige Regierung in einer vereinigten Welt akzeptiert. Erscheint die Bedrohung groß genug, will sie verkünden, dass man das Problem nur durch eine Einigung der Welt in den Griff bekommen kann. Fände man das Heilmittel vorher, käme dies der NWO extrem ungelegen.

DIE ÜBERZEUGENDSTEN BEWEISE

Der zweimalige Nobelpreisträger Dr. Linus Pauling hat laut kundgetan, dass „jeder wissen sollte, dass die Krebsforschung überwiegend Betrug ist und dass die meisten Krebsforschungsinstitutionen ihre Pflicht gegenüber denen vernachlässigen, die sie finanzieren". Ähnlich äußert sich Dr. John Bailor, Herausgeber der Zeitschrift des US National Cancer Institute und seit 20 Jahren im Führungsstab des Institutes: „Meine zusammenfassende Beurteilung lautet: Das nationale Krebsforschungsprogramm muss als qualifizierter Fehlschlag betrachtet werden ... Die Fünf-Jahre-Überlebensstatistik der amerikanischen Krebsforschungsgesellschaft ist sehr irreführend, denn jetzt werden Dinge als Krebs mitgezählt, die keiner sind, und weil wir Krebs früher diagnostizieren können, scheinen Patienten länger zu überleben. Unsere Krebsforschung der letzten 20 Jahre war ein totaler Fehlschlag. Mehr Leute über 30 sterben als je zuvor ... Mehr Frauen mit harmlosen oder gutartigen Gewächsen werden in der Statistik mitgezählt und als geheilt gerechnet. Wenn die Regierung auf die Überlebenszahlen verweist und behauptet, wir gewännen den Krieg gegen den Krebs, dann interpretieren sie die Überlebenszahlen falsch."

DIE MERKWÜRDIGSTEN FAKTEN

In „The Healing of Cancer, The Cures, The Cover-ups and the Solution Now!" schreibt Barry Lynes: „1953 berichtete eine Kommission des US-Senats, dass es eine Verschwörung zur Unterdrückung wirksamer Krebsbehandlungen gäbe Der leitende Senator starb sehr gelegen und die Untersuchung wurde abgebrochen. Es war weder der erste noch der letzte merkwürdige Todesfall unter Leuten, die denen, die das nationale Krebsprogramm leiten, im Wege stehen könnten.

SKEPTISCH BETRACHTET

Die Leute in der Krebsforschung, ihre Freunde und ihre Familien sterben auch an Krebs. Kaum anzunehmen, dass sie eine echte Heilung unterdrücken würden.

FREIE ENERGIE

Freie Energie bezeichnet hier einmal den Gewinn von Energie aus einem mechanischen oder elektrischen Prozess, dem man wenig Energie zuführen muss, sodass die gewonnene Energie „umsonst" ist. Dies wäre nur eine Effizienzsteigerung und damit nichts Revolutionäres. Zum anderen soll sie ein System bezeichnen, welches mehr Energie liefert, als es aufnimmt. In beiden Fällen wird mehr Energie abgegeben als aufgenommen, was einem Netto-Energiegewinn gleichkommt. (Hypothetische) Apparate, welche diese Art freier Energie liefern, nennt man „Over-Unity"-Geräte.

Letzteres ist natürlich heftig umstritten. Die Gesetze der Thermodynamik besagen, dass Energie weder geschaffen noch zerstört, sondern nur übertragen werden kann, was grundsätzlich bedeutet, dass es keine freie Energie im obigen Sinne geben kann. Die Gesetze der Thermodynamik gelten fürs Universum als Ganzes. Es gibt aber einen Typ von Energie, die ZPE oder Nullpunktenergie („Zero-Point Energy"), die das Universum durchdringt und von einem elektrischen Fluss herrührt, der durch die Realität fließt und möglicherweise an eine Art Paralleldimension gekoppelt ist. Der berühmte Erfinder und Elektrizitätsforscher Nikola Tesla beschrieb die ZPE zusammen mit seinen Kollegen Henry Moray und Walter Russell und baute elektrische Vorrichtungen zur Demonstration ihrer Eigenschaften. Es könnte möglich sein, diesen Energiefluss anzuzapfen; dann hätte man eine Quelle für unbegrenzte saubere Energie.

Eine andere Quelle für freie Energie ist die Korrelation zwischen Rotation und Gravitation. Wenn auch die meisten Wissenschaftler davon nichts wissen wollen und sich den Experimenten verschließen, gibt es Grund, anzunehmen, dass eine Scheibe, die sich sehr schnell dreht, an Gewicht verliert. Eine stehende Scheibe braucht zum Durchfallen einer gegebenen Strecke eine bestimmte Zeit bis zum Auftreffen auf dem Boden. Wenn man sie sehr schnell dreht und sie dabei zur Unterdrückung von Luftturbulenzen durch ein Vakuum fallen lässt, benötigt sie für die gleiche Fallhöhe 40% mehr Zeit; offenbar negiert die rotierende Scheibe einen beachtlichen Anteil der Gravitation. Wenn dies stimmt, kann man auf der Basis dieses Phänomens Antigravitationsvorrichtungen entwickeln. Bestimmte elektromagnetische Feldtheorien deuten an, dass man über diesen Effekt erhebliche Mengen an freier Energie gewinnen könnte.

DAS MERKWÜRDIGE DARAN

Neben den „Over-Unity"-Geräten sollen etliche Erfindungen, die erheblich mehr Energie bei gleichen Kosten liefern, unterdrückt worden sein. Bevor es um sie merkwürdig still wurde, haben Motor-Entwickler im letzten Jahrzehnt Modifikationen an Autos angekündigt, dank derer diese mit 3,8 l Benzin fast 500 km weit bei 100 km/h fahren sollten. Ein britischer Amateurwissenschaftler entwickelte eine Wärme reflektierende Substanz, „Starlight". Ein damit imprägniertes Haus sollte so perfekt isoliert sein, dass sich die Heizkosten auf Null senken ließen. Die NASA kaufte die Rechte an „Starlight" für etliche Millionen Pfund; danach hat man nichts mehr davon gehört.

UNTEN *Nikola Tesla – der zweitliebste Wissenschaftler von Verschwörungstheorien.*

DIE ÜBLICHEN VERDÄCHTIGEN

Maßgebliche Kreise

Im Allgemeinen nimmt man an, dass Industriekonzerne für die Unterdrückung aller Energie sparenden Vorrichtungen verantwortlich sind. Die Ölkonzerne gelten als besonders sensibel für Anzeichen eines verringerten Treibstoffverbrauchs und setzen buchstäblich alles daran, um zu verhindern, dass solche Erfindungen auf den freien Markt kommen.

DIE UNÜBLICHEN VERDÄCHTIGEN

Das Militär

Die amerikanische Regierung hat die letzten 40 Jahre über 3.000 patentierte Vorrichtungen und Anmeldungen zur „freien Energie" zu Geheimpatenten erklärt und sie damit im Endeffekt unterdrückt. Einige Leute meinen, dass das US-Militär brauchbare Technologien stiehlt, um sich einen greifbaren Vorteil als einzige Supermacht der Welt zu verschaffen.

DIE ÜBERZEUGENDSTEN BEWEISE

Der amerikanische Erfinder Tom Ogle demonstrierte 1977 einen Motor, der einen 5-Tonner Ford mit 3,79 l Benzin mehr als 161 km weit bewegte. Ein Vertreter von Shell fragte ihn, was er tun würde, wenn ihm jemand 25 Millionen $ für die Erfindung böte, worauf Ogle antwortete, er würde ablehnen, da er nicht wolle, dass sein System nach dem Kauf in einem Regal verstaube. 1981 starb Ogle auf mysteriöse Weise.

DIE MERKWÜRDIGSTEN FAKTEN

Der Erfinder Dennis Lee (den manche Mitglieder des Freie-Energie-Clubs häufig wegen Unzuverlässigkeit angegriffen haben) hat das Establishment häufig beschuldigt, gewisse Technologien zu unterdrücken, mit denen man den Energieverbrauch des Durchschnittsbürgers drastisch verringern könne. Wegen eines zivilrechtlichen Vergehens wurde er für zwei Jahre eingesperrt. Er wurde angeblich freigelassen, ohne dass jemals ein Verfahren gegen ihn wegen des ihm zur Last gelegten Vergehens eröffnet wurde.

SKEPTISCH BETRACHTET

Zweifellos kann man viel Geld verdienen, wenn man einen Zugang zur „freien Energie" plausibel machen kann. Möchtegernerfinder können immer eine Menge Geld machen, von millionenstarken Patentverkäufen bis hin zum Kramladen. Viele Kommentatoren halten die ganze Sparte für Schwindel.

LINKS *Die NASA ist nur eine Regierungsbehörde, die angeblich Patente für freie Energie besitzt.*

BEWUSSTSEINSKONTROLLE DURCH MIKROWELLEN

Über Anwendungen und Auswirkungen der Mikrowellenstrahlung im militärischen Umfeld – besonders über psychologische und physiologische Effekte beim Menschen – ist viel publiziert worden. Die US-Regierung hat häufig behauptet, die Sowjetunion – insbesondere der KGB – treibe diese Forschungen voran. Es gibt jedoch Hinweise dafür, dass die CIA seit dem Projekt Pandora der 50er-Jahre auf genau dem gleichen Gebiet arbeitet. Die Ergebnisse der CIA wurden der NSA und dem Energie-Ministerium mitgeteilt.

Ein Teil dieser Forschungen wurde im WRAIR, dem Walter-Reed-Forschungsinstitut der Armee, durchgeführt. 1973 erzielten die Forscher einen rasanten Durchbruch: Mikrowellensignale konnten so gepulst werden, dass dadurch das Innenohr Scheinsignale aufnahm, welche den Klang von gesprochenen Wörtern oder anderer Geräusche verdoppelten. Durch Anregung der Schneckenzellen in der richtigen Weise konnten Mikrowellen-Audiogramme direkt den Nervenzellen zugeführt werden, die für das Hören zuständig sind. Dies äußert sich in dem Gefühl, unwirkliche Stimmen zu hören.

Im Institutsbereich Elektrizität wiesen Dr. Robert Becker und Gary Seldon auf das Einsatzpotenzial von Waffen hin, die auf diesem Effekt beruhen: „Das System hat eindeutig Potenzial im verdeckten Einsatz ... [es könnte] programmiert werden, ein Ziel mit Stimmen zu schwächen, oder einem programmierten Mörder nicht nachweisbare Befehle zu kommen zu lassen." Diese Forschung wurde fortgesetzt und führte zu etlichen wissenschaftlichen Publikationen, wie jener von Prof. James Lin, Universität von Illinois, Fakultät für Bio-Ingenieurwesen.

Inzwischen hatte sich das WRAIR den Effekten von hochenergetischen Mikrowellenstrahlen auf lebende Ziele zugewandt und auf Militärsymposien über entsprechende Waffensysteme (sog. MWs) berichtet. Sehr unerfreulich ist, dass ein Militär-Psychiater am WRAIR-Krankenhaus vorgeschlagen hat, das Institut solle verdeckte Experimente mit MW-Audiogramm-Sendungen an einigen seiner Patienten durchführen.

DAS MERKWÜRDIGE DARAN

Der ehemalige stellvertretende Direktor der CIA, Ray Cline, der immer noch im Geheimdienstkreisen aktiv ist, führt den Vorsitz des „Globalen Strategie-Rates" („GSC"), einer amerikanischen Organisation zur Beurteilung von Militärstrategien. 1991 hat diese Organisation ein Weißbuch herausgegeben, in welchem sie die vielfachen eigenen und fremden Anwendungen der Bewusstseinskontrolle durch Mikrowellen beschreibt. Die Armee ordnet solche Waffen als „nicht-konventionell" ein. Vernon Shisler, ein NATO-Beauftragter der US-Armee für nicht-konventionelle Waffen, räumte ein, dass verschiedene Arten von Energie-Strahlwaffen dem Verteidigungsministerium zur Verfügung stünden. Manche Leute fühlen sich schon als Ziele solcher nicht-letalen Angriffe. Oft als subversiv oder einfach regierungsfeindlich eingestuft, glauben sie, dass sie als Versuchskaninchen ausgewählt wurden, weil der Staat ihnen grundsätzlich nicht traue. Durch die Auswahl solcher Leute schlägt der Staat natürlich zwei Fliegen mit einer Klappe.

DIE ÜBLICHEN VERDÄCHTIGEN

Die CIA

Viele der verbalen Attacken und anderen Aktionen, die man gegen die MW-Forschung unternimmt, ähneln überraschend genau denen, die MKULTRA und die MHCHAOS der CIA vorgehalten haben. Mit dem Zusammenbruch der Sowjetunion ist der KGB keine Bedrohung mehr, sodass die CIA sich mehr den Bedrohungen durch Bürgerrechtler und den Anwälten der bürgerlichen Freiheiten zuwendet.

DIE UNÜBLICHEN VERDÄCHTIGEN

Microsoft

Die Theorie mit der geringsten Glaubwürdigkeit besagt, dass Microsoft die Geheimorganisationen bei ihren Bewusstseins-Kontrollexperimenten unterstützt. Warum der Software-Gigant dies aber tun solle, bleibt offen.

DIE ÜBERZEUGENDSTEN BEWEISE

Nach dem Publik-Werden bezeugter CIA-Experimente an der Bevölkerung hat man Gesetze erlassen, welche Experimente der CIA und des Militärs einschränken. Die Überwachung, das Sammeln von persönlichen Informationen über Bürger und Experimente an allen Nicht-Freiwilligen wurde verboten. 1992 beklagte sich ein Subkomitee des Senats über den Trick des Verteidigungsministeriums, seine Aktivitäten hinter Auftragsfirmen zu verbergen. Letztere sind dem Kongress keine Rechenschaft schuldig. Schlimmer noch, sie dürfen stillschweigend mit der Autorität der Geheimdienste arbeiten, unterliegen aber nicht den gleichen Einschränkungen, daher ihre Beliebtheit!

DIE MERKWÜRDIGSTEN FAKTEN

Man hat vorgeschlagen, MWs in Kombination mit Schikanen zur Destabilisierung des mentalen Zustandes des Zielobjektes zu testen. Möglicherweise wirken Mikrowellen stärker auf die Zielperson, wenn diese unter dem Druck der Schikane steht. Die Gesellschaft zur Überwachung elektronischer Projekte, eine private Gründung zum Aufdecken und notfalls Unterbinden von Belästigungen von Zivilpersonen, behauptet, mit etlichen Opfern in Verbindung zu stehen, die entsprechend schikaniert werden. Die Opfer klagen über Störungen aller Art wie unerklärliche Feindseligkeit von bislang freundlichen Nachbarn, grundlose Feindschaft und Spott seitens völlig fremder Leute, unbedeutende Einbrüche, sich verschlechternde Gesundheit, Schlaflosigkeit, mutwillige Zerstörung von Eigentum und Feindseligkeit seitens der Behörden wie Polizei, Ärzte oder Anwälte.

SKEPTISCH BETRACHTET

Manchmal ist Paranoia einfach nur Paranoia. Die Medien behaupten häufig, das Tragen von Stanniol-Hüten helfe, Mikrowellen-Waffen auszuschalten.

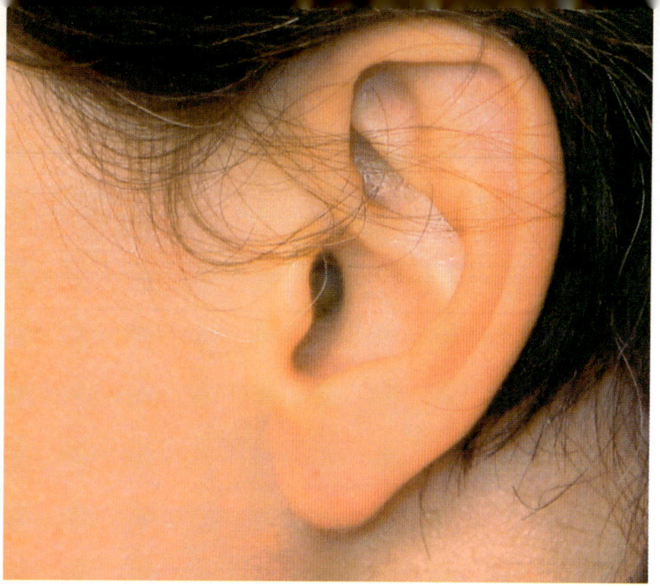

OBEN *Sie sind hinter dir her! – Paranoide Täuschungen oder hören einige tatsächlich Botschaften auf Mikrowellenbasis?*

STRATEGISCHE ABWEHR (STAR WARS)

In seinem Kampf gegen die Sowjets hatte Ronald Reagan eine Vision, die er im März 1983 verkündete. Sie sollte die USA vor allen hinterhältigen Angriffen des „bösen Empire" schützen. Wenn seine futuristische „Strategic Defense Initiative" (SDI) erst einmal realisiert sei, sollte Amerika Reagans Gefühl nach unüberwindlich sein.

Von den Medien als „Star Wars" tituliert, war die SDI ein militärisches Programm mit einem einzigen Ziel: ballistische Raketen mit mehreren Verteidigungsriegeln mit futuristischen Waffensystemen à la Science Fiction abzuwehren. Die Abwehrsysteme, im All wie auf der Erde installiert, sollten subatomare Partikelstrahler, atomare Röntgen-Laser und Magnetschienenkanonen umfassen.

Reagan war von SDI überzeugt und drängte sowohl die NATO als auch ein zweifelndes Amerika, den Plan zu akzeptieren. Aber so weit hergeholt er auch schien, er beunruhigte Michail Gorbatschow. 1986 schlug der Sowjet-Führer vor, innerhalb von 15 Jahren alle Nuklear-Waffen der Welt zu verschrotten, vorausgesetzt, die USA sei auch bereit, die SDI einzumotten. Trotz dieses Angebots, welches die Gefahr eines Atomkriegs fast beseitigt hätte, wollte Reagan Star Wars nicht aufgeben, sondern verfolgte es merkwürdig hartnäckig.

Trotz Kosten zwischen 100 Milliarden und 1 Billion $ erhielt das Star-Wars-Programm hohe Priorität. Aber es zeigte sich, dass der Traum nicht realisierbar war. Die Nationalgarde sah in SDI ein perfektes System zur Zivilverteidigung, das Militär schien mehr daran interessiert, die Laserkanonen zum Schutz seiner eigenen Kernwaffen zu verwenden. Wissenschaftler stiegen aus dem Projekt aus und erklärten, es sei unmöglich, alle Komponenten erfolgreich zu koordinieren, und der Feind könne die einzelnen Systeme leicht umgehen. Fürchtete sich Reagan wirklich vor einem sowjetischen Angriff oder wollte er sich in Wirklichkeit vor etwas anderem schützen? Etwas, das ein Arsenal im Raum erforderte?

DAS MERKWÜRDIGE DARAN

Auf der UN-Vollversammlung am 21. September 1987 verwirrte Reagan seine Zuhörer, als er davon sprach, wie schnell wohl die Welt ihre Differenzen im Anblick einer Bedrohung aus dem All vergessen würde. Er bezog sich auf diese Bedrohung durch Außerirdische auch in anderen Reden, selbst bei einer Schlussfeier einer Abschlussklasse.

DIE ÜBLICHEN VERDÄCHTIGEN

Angriff von Außerirdischen

Da der US-Geheimdienst vom bevorstehenden Zerfall der UdSSR wusste, konnte hinter SDI nur der Schutz der Erde vor einem drohenden Angriff von außen stehen. Satelliten mit ihren Partikel-Strahlwaffen und chemischen Lasern wären die erste Bastion gegen angreifende Raumschiffe. Verdächtige Außerirdische sind die Draconier, die Herren der Grünen Männchen, die sich auf der Erde verstecken und mit Regierungen zusammenarbeiten. Das Hubble-Teleskop soll auch nicht Galaxien, Nebel und Schwarze Löcher fotografieren, sondern Ausschau nach der anrückenden draconischen Armada halten. Diese Theorie passt hervorragend zum Roswell-Crash von 1947, der eine Allianz zwischen Grünen Männchen und der US-Regierung begründet haben könnte. Von diesen erhielt die Regierung durch Austausch von Ingenieurwissen die Technologie, die Waffen wie den Massen-Strahl-

Oben links Das Hubble-Weltraumteleskop – Forschungsinstrument oder Frühwarnsystem?

Kanonen zugrunde liegt. Die Außerirdischen, die die Herrschaft der Draconier beenden wollten, halfen auch, die Computer zu bauen, die das SDI-System steuern.

DIE UNÜBLICHEN VERDÄCHTIGEN

Die Neue Weltordnung

SDI könnte ein im Raum stationiertes Waffensystem sein, das die Weltbevölkerung unter das Joch der Neuen Weltordnung zwingen soll. George Bush, der Nachfolger Reagans als Präsident, machte verdächtigerweise mehrmals Anspielungen auf die NWO und sein Sohn, der spätere Präsident George W. Bush, führte das laufende Programm für „Son of Star Wars" ein.

NASA

Falls Star Wars auch zum Schutz der Erde vor Asteroiden dienen kann, käme auch die NASA als Kraft dahinter in Betracht, sofern es eine Zerstörung der Erde durch einen großen Asteroiden früh genug erkennen und abwenden könnte.

DIE ÜBERZEUGENDSTEN BEWEISE

Trotz der enormen Kosten und der Aussicht auf ein neues Wettrüsten hat George W. Bush Pläne zum Aufbau des „Son of Star Wars"-Programms als Raketenabwehrsystem vorgelegt. In Ländern wie Großbritannien, wo das System errichtet werden muss, wenn es die USA effektiv schützen soll, hat man die starke Ablehnung des Projekts völlig ignoriert. All dies deutet darauf hin, dass ein beachtlicher Druck hinter der Einrichtung der letzten Version von SDI steht, wenn es nicht wichtige geheime Argumente dafür gibt.

DIE MERKWÜRDIGSTEN FAKTEN

Die deutliche Einbindung der Nationalen Sicherheitsbehörde in das SDI-Projekt hat die Bruderschaft der Verschwörungstheoretiker aufhorchen lassen. Warum ausgerechnet der geheimste aller amerikanischen Geheimdienste so stark in ein militärisches Weltraumprojekt eingebunden werden muss, wirft Fragen auf.

Gerüchte über langjährige Laser-Forschung hätten noch eine solide Grundlage, aber angebliche Kontakte zu UFOs sind eher fragwürdig.

SKEPTISCH BETRACHTET

Im Hinblick auf die Raumfahrtbilanz inklusive Hubble und die fehlgeschlagenen Mars-Missionen muss man SDI den Abschreckungseffekt einer Fliege auf der Windschutzscheibe gegen eine angreifende außerirdische Macht zuordnen.

UNTERSCHWELLIGE BOTSCHAFTEN

Eines der finstersten Instrumente in den Händen der Medien, der Unterhaltungsindustrie und skrupelloser Ministerien ist die Bewusstseinssteuerung durch unterschwellige Botschaften. Das Prinzip ist einfach. Unser Bewusstsein benötigt eine gewisse Zeit, um einen bildlichen Eindruck zu registrieren, ca. eine zehntel Sekunde. Film und Fernsehen arbeiten damit, wesentlich mehr Bilder in dieser Zeitspanne zu zeigen. Durch diese erhöhte Bildfolge – beim Film 60 Bilder/Sek. – entsteht der Eindruck einer kontinuierlichen Bewegung aus einer Folge statischer Bilder. Das menschliche Unterbewusstsein soll allerdings jedes Einzelbild aufnehmen und „prä-rational" so verarbeiten, dass es direkt ins Gehirn findet und dabei alle üblichen Bewusstseinsschranken umgeht. 1958, kurz nach dem Korea-Krieg und den begleitenden Diskussionen über die Bewusstseinskontrolle, installierte man in einem Kino in Fort Lee, New Jersey, eine Einblendung von Sätzen wie: „Iss Popcorn!" oder „Trink Coke!" Diese erschienen für einen Bruchteil einer Sekunde, viel zu kurz, um von den Zuschauern bemerkt zu werden. Der betreffende Werbeleiter James Vicary wurde ausgiebig in Magazinen und Zeitungen mit seiner Eröffnung zitiert, er habe einen sechswöchigen Test durchgeführt, um den Effekt dieser unterschwelligen (exakt: Unter der Wahrnehmungsschwelle wirkenden) Botschaften an tausenden Kinobesuchern zu beobachten. Er stellte die Frequenz so ein, dass alle fünf Sekunden eine Werbeschrift eingeblendet wurde.

Der Absatz von Coke sei als Ergebnis dieser Einblendungen um 20, der des Popcorns um 60 Prozent gestiegen.

Verständlicherweise war die Öffentlichkeit verängstigt und empört über eine Werbung, die den Menschen direkt programmiere. Die US-Regierung reagierte spontan und erklärte, unterschwellige Werbung zöge den Verlust der Sendelizenzen nach sich. Dies wurde jedoch aufgehoben, weil es den ersten Zusatzartikel verletzte, der die Redefreiheit garantiere. Unterschwellige Werbung ist in den USA bis heute erlaubt.

DAS MERKWÜRDIGE DARAN

Bis heute fehlt der wissenschaftliche Beweis, dass unterschwellige Einflussnahme überhaupt funktioniert. Natürlich glauben deshalb einige Verschwörungsfreaks, dies weise auf eine große Verschwörung hin, die stark genug sei, sich vor der Öffentlichkeit abzuschirmen.

DIE ÜBLICHEN VERDÄCHTIGEN

Der Teufel und sein Gefolge

Unterschwellige Botschaften können angeblich in Audio-Aufnahmen eingebaut werden, durch sog. „Back-Masking". Um das Implantat zu hören, muss die Aufnahme rückwärts laufen. Theoretisch könnte das Unterbewusstsein fähig sein, solche Botschaften umzudrehen und so den Zuhörer der Botschaft auszusetzen. Nimmt man an, dass ein Großteil der unterschwelligen Botschaften in Rock-Songs implantiert ist und den Teenagern zuredet „Just do it!" und „Make love", kommt man um den Schluss nicht herum, der Satan suche die christlichen Werte der Gesellschaft zu untergraben.

Die Nationalregierungen

Nach dieser Theorie ist die Regierung der Ausgangspunkt für unterschwellige Einflussnahme. Sie nutzt das Verfahren, um uns gefügig, gehorsam und relativ passiv zu halten, damit es kein stärkeres Aufbegehren gegen den groben Unfug gibt, den sie zur Zeit anstellt.

DIE UNÜBLICHEN VERDÄCHTIGEN

Globale Unternehmen

Die großen Weltfirmen verwenden unterschwellige Werbung um die ständige Nachfrage nach ihren Produkten zu sichern. Nationale Regierungen drücken dabei ein Auge zu, da ein verlässlicher Verbraucher die Wirtschaft hoch hält.

Die etablierten Psychiater

Rehabilitations-Kliniken brauchen Süchtige. Könnte es sein, dass Psychiater beteiligt sind, Unterschwelliges mit der Aufforderung zum Trinken zu entwickeln, damit sie später die Leute heilen können?

DIE ÜBERZEUGENDSTEN BEWEISE

In den 70ern behauptete der ehemalige Werbeleiter Wilson Key, dass Unterschwelligkeiten überall im Einsatz seien. Heimliche Botschaften mit dem Ziel, in der Öffentlichkeit sexuelle Erregung zu erzeugen, seien überall zu finden. Dies mache die Menschen gegenüber Werbebotschaften aufgeschlossener. Key fand bezeichnenderweise das Wort „Sex" auf Hotelspeisekarten, Zigarettenpackungen, in Gin-Reklamen und fast überall, wohin er schaute. Key behauptete, dass Wirtschaftskonzerne und Kräfte der Regierungen sich zusammenschlössen, um unser Bewusstsein zu kontrollieren.

DIE MERKWÜRDIGSTEN FAKTEN

Wilson Key ist der einzige prominente Insider, der unterschwellige Werbung zugibt, während die, die behaupten, sie funktioniere nicht, kaum erklären können, warum in Läden ständig musikalisch getarnte unterschwellige Botschaften auf Kunden herabrieseln. Die Kaufleute behaupten, dass lediglich Botschaften zur Fernhaltung von Dieben ausgestrahlt würden, aber wie sollen wir bei unterschwelligen Botschaften wissen, ob sie nicht die Aufforderung enthalten, mehr zu kaufen?

SKEPTISCH BETRACHTET

Unterschwellige Werbung funktioniert nicht. Die Angst vor Unterschwelligem wird von radikalen christlichen Gruppen aufgebauscht, die verzweifelt jemanden suchen, der am Aufmüpfen der Teenager schuld ist. Warum sollte der Anblick des Worts „Sex" Sie dazu animieren, Gin zu trinken oder ein Buch über Verschwörungstheorien zu kaufen?

OBEN *Unterschwellige Botschaften wurden der Öffentlichkeit erstmals in einer Folge von* Columbo *nahe gebracht.*

10 TRAGÖDIEN

AIDS

Man nannte sie bereits die Pest des 20. Jahrhunderts: eine Krankheit, die so aggressiv und verbreitet ist, dass man ihre Opfer in Millionen zählt. AIDS wurde zu einer der größten Ängste unserer Zeit, nicht nur weil es unheilbar und tödlich verläuft, sondern auch wegen des damit verbundenen Stigmas. Die Diagnose AIDS bedeutet nicht nur, mit einer tödlichen Erkrankung leben zu müssen, sondern auch, sein ganz privates Verhalten in Frage zu stellen. Viele halten AIDS für eine Strafe Gottes für „unmoralische" Lebensführung.

Wann AIDS zum ersten Mal auftrat, ist umstritten, doch die meisten Behörden sprechen von den späten 70ern. Zuerst dachte man, es sei eine bloß auf Homosexuelle beschränkte Viruserkrankung, wobei die Medien den promiskuitiven Lebensstil der städtischen Schwulen anprangerten. Doch es zeigte sich, dass AIDS jeden befallen konnte, unabhängig von seiner sexuellen Präferenz. Forscher fanden heraus, dass es durch den Austausch von Körperflüssigkeiten übertragen wird (ungeschützten Verkehr), durch Teilen von Injektionsnadeln und durch Bluttransfusionen. Es kann auch von der Mutter an das Ungeborene und durch Stillen weitergegeben werden. AIDS war keine Schwulenkrankheit mehr – AIDS bedrohte die Welt.

Ist es vielleicht möglich, dass AIDS mehr ist als bloß eine weitere Seuche, die die Natur uns in den Weg gelegt hat? Könnte AIDS etwas noch Schlimmeres sein, etwas, das der Mensch selbst erschaffen hat? Während die Krankheit die Forscher weiterhin beschäftigt hält, stellt sich die Frage, ob die Büchse, aus der die Seuche entsprang, nicht Pandora, sondern einem Menschen gehört hat.

DAS MERKWÜRDIGE DARAN

Es gibt starke Hinweise darauf, dass AIDS eine chemische Waffe der Regierung gewesen sein könnte, die außer Kontrolle geriet – mit dem ursprünglichen Zweck, der Überbe-

OBEN LINKS *Die Auswirkungen von AIDS in der Dritten Welt sind schlimmer als nötig, vor allem weil teure Medikamente fehlen.*

völkerung in der Dritten Welt Herr zu werden. 1969 beantragte das US-Verteidigungsministerium bei einem Budget-Hearing Mittel zur Entwicklung einer Krankheit, die das Immunsystem des Opfers angreife und selbst immun gegen das Immunsystem wäre. Die Gelder wurden bewilligt. Zu Beginn der 70er schrieb Henry Kissinger ein Memorandum zur nationalen Sicherheit, in dem er das Problem der Überbevölkerung in den Entwicklungsländern erörterte. Er meinte, das Problem sollte in der US-Außenpolitik hohe Priorität haben und hielt es für eine Bedrohung der nationalen Sicherheit.

DIE ÜBLICHEN VERDÄCHTIGEN

Die CIA

Einige Verschwörungstheoretiker haben das Entweichen von AIDS in alle Welt bis zum Einsatz von biologischen Waffen gegen kubanische Truppen in Afrika seitens der CIA zurückverfolgt. Der Versuch, die Kubaner mit einer orthodoxeren biologischen Waffe anzugreifen, könnte nach hinten losgegangen sein, als diese zu dem mutierte, was wir heute als AIDS kennen, und sich viel weiter ausbreitete als vorgesehen.

Verdeckte Genozid-Operation

Dieser Theorie zufolge beschloss eine böse, rechtsgerichtete Gruppe von verdeckten Agenten, bestehende biologische Experimente zu benützen, um die schwarze und homosexuelle Bevölkerung zu dezimieren. Ursprünglich wurden tausende Schwule in San Francisco und New York durch Hepatitis-B-Impfungen mit dem Virus infiziert, sowie durch infizierte Spritzen, die in Schwarzenvierteln platziert wurden; man dachte, er würde auf die heterosexuelle weiße Mittelklasse, aus der sie selbst stammten, keine Auswirkungen haben.

DIE UNÜBLICHEN VERDÄCHTIGEN

Pharmakonzerne/Forschung

Um die so dringend benötigten Forschungsgelder weiterhin fließen zu lassen, schufen pharmazeutische und Forschungseinrichtungen den Mythos AIDS-Krise, indem sie verschiedene Krankheiten unter einem Begriff zusammenfassten und Panik auslösten. Auch die Verwendung von Suchtmitteln wie AZT und Interferon bei der Behandlung von AIDS ist verdächtig. Die Arzneien sind teuer und viele meinen, dass sie mehr schaden als nützen. Trotzdem hält der Verkauf dieser Mittel die Gewinne hoch und macht die Aktionäre froh.

Gaia

Eine andere Theorie besagt, dass AIDS von Gaia, dem fühlenden Aspekt der Erde, als Antwort auf Überbevölkerung und Umweltverschmutzung erschaffen wurde. Der Planet nützte den höchsten jemals gemessenen Grad an chemischer Umweltverschmutzung und die rasche Ausbreitung von Viren durch den Flugverkehr, um eine neue Art von Virus zu kreieren. Damit will Gaia die Zahl der Menschen reduzieren, da sie erkannt hat, dass deren gegenwärtiges Ausmaß und unsere Aktivitäten das gesamte Ökosystem bedrohen.

Ebenfalls verdächtig: unsachgemäßer Umgang mit infizierten Testaffen im Labor; eine natürliche Seuche, um mit der Überbevölkerung fertig zu werden.

DIE ÜBERZEUGENDSTEN BEWEISE

In seinem Antrag an den Budgetausschuss kündigte das Verteidigungsministerium 1969 an, es könnte die neue Krankheit in fünf bis zehn Jahren so weit haben. Die ersten AIDS-Fälle traten Ende der 70er-Jahre auf. Anscheinend hält das Verteidigungsministerium seine Termine.

DIE MERKWÜRDIGSTEN FAKTEN

An mehr als der Hälfte jener Menschen, die 1978 in New York eine Hepatitis-B-Impfung erhalten hatten, wurde 1984 AIDS diagnostiziert.

SKEPTISCH BETRACHTET

Wie man an der Krebsforschung sieht, kann man an der Behandlung von Krankheiten mehr Geld verdienen als an ihrer tatsächlichen Heilung, auch an solchen, die in Regierungslabors entstanden sind.

Sollte man AIDS jemals heilen können, wird plötzlich eine noch tödlichere Krankheit auftauchen. Vielleicht ist sie schon da – man nennt sie Ebola.

DIE CHALLENGER-EXPLOSION

Es war der 28. Januar 1986, als die Challenger zu einer Reise abhob, die im Zentrum der Berichterstattung stand. An Bord befand sich Christa McAuliffe, die die erste Lehrerin im Weltraum werden sollte. Sie war für diese Ehre von der NASA ausgewählt worden und durch ihr gutes Aussehen und ihre optimistische Ausstrahlung wurde sie rasch zum Liebling der Medien.

Doch 73 Sekunden nach dem Start sah Amerika entsetzt zu, wie McAuliffes Traum in einer gewaltigen Explosion endete. Als der Rauch aus dem zerstörten Shuttle über den Himmel zog und Trümmer in den Atlantik stürzten, verfiel die Nation in einen Schockzustand. Irgendetwas war furchtbar schief gelaufen. Sieben Besatzungsmitglieder fanden bei der Zerstörung der Challenger den Tod.

Das war nicht das erste Mal, dass die NASA Besatzungsmitglieder verlor. Drei Astronauten starben auf der geplanten Apollo-1-Mission. Doch das war in den Anfangszeiten und bis zur Challenger-Katastrophe hatte die NASA gehofft, dass solche Tragödien – und PR-Desaster – der Vergangenheit angehörten. Der Optimismus, der das Raumfahrtprogramm fast wie ein Schutzschild umgeben hatte, zerbarst bei der Explosion der Challenger. Die Träume der NASA von einem tieferen Vorstoß in den Weltraum kamen für fast zwei Jahre zum Erliegen.

DAS MERKWÜRDIGE DARAN

Bei der nachfolgenden Untersuchung wurde als Ursache ein O-Ring identifiziert, eine einfache Gummidichtung zwischen den Raketenantrieben, die dem Shuttle den Schub verliehen, um der Erdanziehung zu entkommen. Und der Grund für das Versagen des O-Rings? Am Tag des Starts war es mit –2 °C in Florida ungewöhnlich kalt. Die O-Ringe waren nicht für so kalte Bedingungen gemacht und konnten daher die heißen Gase nicht zurückhalten, die den Flüssigtreibstofftank entzündeten. Dieses offensichtliche mechanische Problem, das den NASA-Technikern klar war, führte zur Explosion.

DIE ÜBLICHEN VERDÄCHTIGEN

NASA

Die offensichtliche Faulheit und Arroganz der NASA ist – einigen Verschöwrungstheoretiken zufolge – die Wurzel der Katastrophe. Durch die öffentliche Anerkennung für den Erfolg der Shuttle-Missionen wäre die NASA stolz und selbstzufrieden geworden. In der Aufregung rund um den Challenger-Start und bei all den Kameras und Journalisten könnte das Problem mit den O-Ringen übersehen worden sein, doch dem war nicht so. Einige Techniker wussten sehr wohl, dass die O-Ringe nicht für solche ungewöhnlich tiefen Temperaturen geeignet waren, und beschlossen trotzdem, mit dem Start fortzufahren, obwohl das Starthandbuch dies explizit verbot. Noch irritierender ist jedoch, dass dies nicht das erste Auftreten von Defekten an O-Ringen war – schon fünf Jahre zuvor hatte man nach den Flügen Schäden an den Ringen entdeckt, aber nichts unternommen, um das Problem zu beheben.

Der Teilehersteller

1977 erkannte der Teilehersteller, der die O-Ringe entworfen hatte, den Defekt, der bei Kälte an den O-Ringen auftrat. Das Unternehmen meldete diesen Umstand sogar der Kommission, die der Firma den Auftrag zur Entwicklung einer neuen Rakete erteilt hatte. Abermals geschah nichts. Im Fall der Challenger hatte die NASA, so wird vermutet, das Unternehmen unter Druck gesetzt, eine Unbedenklichkeitsbescheinigung bezüglich der Funktion der O-Ringe bei kaltem Wetter auszustellen, damit der Start fortgesetzt werden konnte. Aus Angst, einen seiner lukrativsten Auftraggeber zu verlieren, stimmte das Unternehmen schließlich zu.

DIE UNÜBLICHEN VERDÄCHTIGEN

MJ–12

Es klingt logisch, dass die Organisation mit dem meisten Wissen über UFOs und Außerirdische Agenten in der NASA haben könnte. Einer Theorie zufolge führten diese MJ-12-Spione die Challenger-Explosion herbei. Zunehmend besorgt, dass die Erforschung des Weltraums Spuren außerirdischen Lebens zutage fördern würde, wurden sie angewiesen, die NASA zu bremsen, dem Menschen eine größere Rolle im Sonnensystem zu sichern. Durch die Zerstörung des Shuttles brachten sie die NASA nicht nur in Misskredit, was zu massiven personellen Umbesetzungen führte, sondern hielten sie auch lange genug auf, um sicherzustellen, dass sie beim nächsten Mal die ganze NASA unter ihrer Kontrolle hatten.

Der „Große Galaktische Menschenfresser“

Sowohl amerikanische als auch sowjetische Weltraummissionen waren mit mysteriösen Problemen und Rückschlägen konfrontiert, die die Techniker verblüfften. Besonders schlimm waren Marsmissionen betroffen, doch auch relativ einfache Trips in die Erdumlaufbahn gestalteten sich zeitweise schwierig. Diese Anhäufig wurde dem „Ghoul“ zugeschrieben, einer geheimnisvollen Macht, hinter der die Grauen oder etwas noch nicht Identifiziertes stecken könnten, die einen gläsernen Mantel um die Erde legen wollen.

Ebenfalls verdächtig: christliche Fundamentalisten; geheime, von MJ-12 gesteuerte Fraktionen der NASA.

DIE ÜBERZEUGENDSTEN BEWEISE

Den Familien der Challenger-Opfer wurden von der US-Regierung und von der Firma Morton Thiokol enorme Geldsummen (angeblich in Millionenhöhe) zugesprochen. Wie rasch

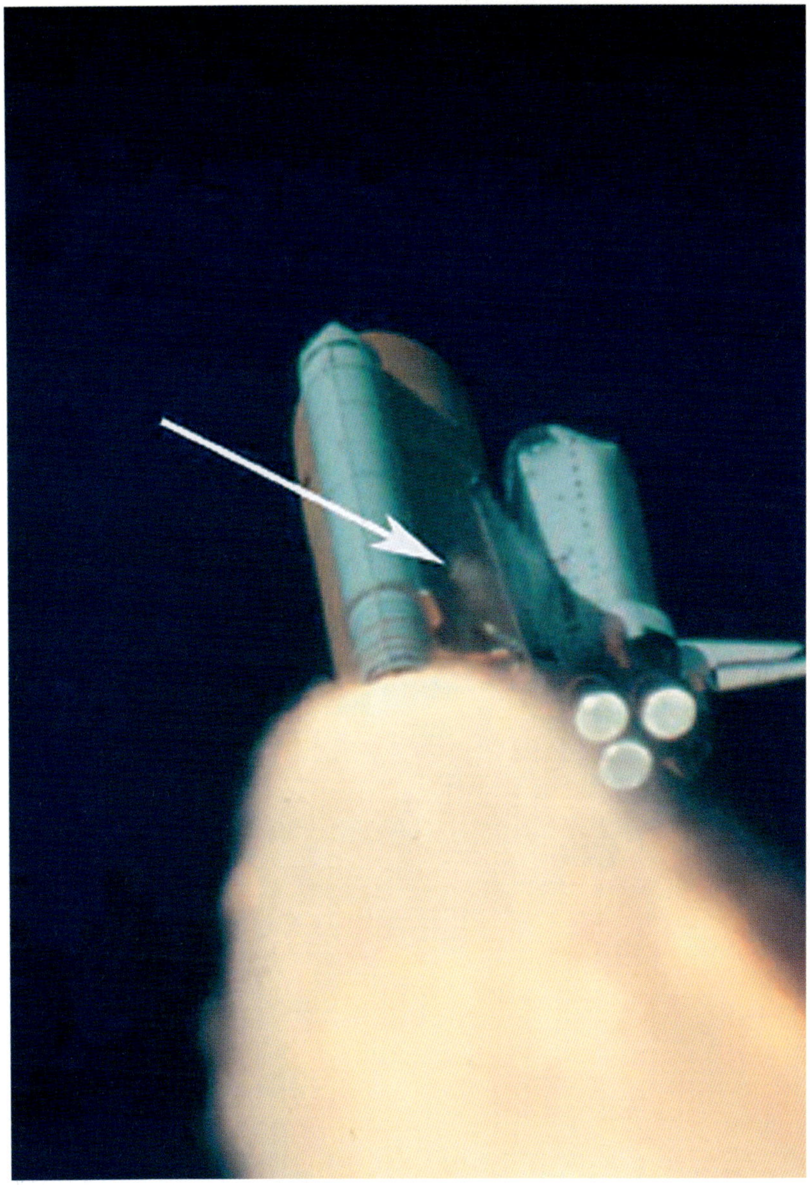

LINKS *Der Verlust eines Space Shuttles mag als Unglück gelten.*

UNTEN *Doch der Verlust von zweien könnte auf ein Komplott hindeuten.*

das Geld übergeben wurde, könnte ebenso von einem Schuldbewusstsein zeugen wie von dem dringenden Wunsch, die Sache möglichst rasch unter den Teppich zu kehren. In vielen Streitfällen mit der Regierung werden zivile Kläger lächerlich gemacht und gezwungen, teure Gerichtsverfahren zu bestreiten, durch die sie emotionell und finanziell gebrochen werden sollen. Diesmal nicht.

DIE MERKWÜRDIGSTEN FAKTEN

Ein Shuttle zu verlieren, ist ein Unglück, doch ein zweites … Nun, vielleicht ist etwas dran an den Komplotten. Als das Space Shutte Columbia am 1. Februar 2003 beim Wiedereintritt in die Erdatmosphäre zerbrach, war dies die schlimmste Katastrophe seit dem Verlust der Challenger. Offziell war die Ursache ein defekter Hitzeschild, doch viele Fragen, die sich bei der Challenger gestellt hatten, passten auch hier auf gespenstische Weise.

Einige sahen ein Zeichen darin, dass die Trümmer eines Shuttles, in dem sich ein israelischer Astronaut befunden hatte, auf einem Teil von Texas niedergingen, der Palestine heißt.

SKEPTISCH BETRACHTET

Wollen Sie mit einem Mord davonkommen? Nennen Sie Ihre Opfer Helden und lassen Sie dem Präsidenten der USA ein nettes Gedicht vorlesen. Es gibt kaum Hinweise auf ein Komplott, aber dafür Zeichen, dass Regierungen dem Verlust von Menschenleben oft erschreckend gleichgültig gegenüberstehen.

SARS

Als Lia Jianlin, ein 64-jähriger Medizinprofessor aus der Provinz Guangdong in Südchina, im März 2003 zur Hochzeit von Verwandten nach Hongkong reiste, ahnte er nicht, dass er innerhalb weniger Wochen sterben würde. Oder dass man ihn beschuldigen würde, jener Todesengel zu sein, der für die Ausbreitung des Killervirus SARS verantwortlich war.

Das Severe Acute Respiratory Syndrome („Schweres Akutes Atemwegssyndrom") wurde zur ersten Pandemie des 21. Jahrhunderts. Die virale Erkrankung, die einer Lungenentzündung ähnelt, breitete sich rasch in mehr als 30 Ländern auf fast allen Kontinenten aus, infizierte Tausende und tötete mindestens zehn Prozent davon. Durch die großen Probleme beim Atmen, die die Krankheit verursacht, starben die meisten langwierig und schmerzvoll. Während man zunächst versicherte, dass die Anzahl der SARS-Kranken angesichts der Größe der Weltbevölkerung gering wäre, wuchs die Angst, als einige Wissenschaftler die Erreger unter die geheimnisvoll mutierenden „Superkeime" einreihten. Sie äußerten auch die Befürchtung, dass dies ein „Großer" sein könnte – ein Grippevirus, der Milliarden Menschen töten könnte wie die Spanische Grippe des Winters 1918/19.

Die Weltgesundheitsorganisation WHO riet von Reisen in Städte wie Toronto ab, wo SARS ausgebrochen war, und die ökonomischen Auswirkungen der Seuche begannen in die Milliarden zu steigen. Forscher verfolgten die Wurzeln von SARS bis nach Guangdong zurück und sein Entkommen aus China bis zur Reise des armen Hochzeitsgastes. Sie stellten auch fest, dass das Coronavirus aus einem Genaustausch zwischen einem tierischen und einem menschlichen Virus entstand und dass kein Heilmittel bekannt war.

Als bekannt wurde, dass das chinesische Militär seit November 2002 über SARS Bescheid gewusst und seine Existenz vertuscht hatte, löste das Virus auch ein politisches Chaos aus. Der chinesische Gesundheitsminister und der Bürgermeister von Beijing waren gezwungen zurückzutreten. Premierminister Wen Jaibao und Präsident Hu Jintao kritisierten das Militär wegen der mangelnden Kooperation und der Vertuschung. Damit kritisierten sie indirekt Ex-Präsident Jiang Zemin, der sich geweigert hatte, den Vorsitz über die zentrale Militärkommission aufzugeben.

Überraschenderweise wurde ein pensionierter chinesischer Militärarzt, der an der Enthüllung der SARS-Vertuschung in Beijing mitgewirkt hatte, nicht zum Schweigen gebracht und gab sogar Interviews in den offiziellen Medien Chinas. Das könnte bedeuten, dass das Ganze Teil eines Plans des chinesischen Präsident Hu Jintao im Kampf gegen seine Gegner im Militär war. Man vermutete auch, dass Hu Jintao Gerüchte unterstützte, denenzufolge der Westen SARS erfunden hätte, um China anzugreifen; damit lenkte er erfolgreich von den Vertuschungen der Regierung und von deren schlechtem SARS-Krisenmanagement ab.

Als SARS offenbar unter Kontrolle gebracht war, erging eine Flut von Erklärungen von Behörden rund um den Globus, die versuchten, die Welt davon zu überzeugen, dass das Virus seinen Ursprung auf den Tiermärkten in der Provinz Guangdong hatte. Doch die offizielle Version ließ eine Menge Fragen offen.

DAS MERKWÜRDIGE DARAN

Viele Wissenschaftler in Russland glauben, dass SARS vom Menschen gemacht ist. Nikolai Filatow, der Chef des epidemiologischen Dienstes in Moskau, äußerste als Erster einen solchen Verdacht und wurde darin bald von Professor Sergei Kolesnikow unterstützt, dessen Forschung zeigte, dass das Virus nur unter Laborbedingungen entstanden sein kann. Der sibirische Waffenexperte ist außerdem überzeugt, dass SARS durch Zufall aus einem Labor in China entkam.

DIE ÜBLICHEN VERDÄCHTIGEN

Das chinesische Militär

Angesichts der Tatsache, dass Chinas wichtigstes Biowaffen-Forschungszentrum in Guandong liegt, jener Provinz also, aus der SARS stammt, überrascht es nicht, dass sich der Verdacht gegen chinesische Biowaffenforscher und ihre Chefs im Militär richtet. Die Annahme wird dadurch erhärtet, dass sich das Virus von chinesischen Militärkrankenhäusern aus verbreitete. Es ist denkbar, dass Hardliner im Militär hofften, das Land durch SARS zu isolieren, worauf dann das Kriegrecht eingeführt und Chinas Liberalisierungspolitik rückgängig gemacht werden könnte.

Das medizinische Establishment

Während SARS die chinesische Wirtschaft rund 16 Milliarden US-Dollar kostete, profitierte eine Gruppe sicherlich – der medizinische Sektor. SARS führte zur Erhöhung der Budgets von Konzernen, die medizinische, pharmazeutische und Virenforschung betrieben. Auch Sicherheitskräfte und Polizei profitierten. Wären gewisse Gruppen innerhalb des wissenschaftlichen Establishments wirklich so skrupellos, SARS freizusetzen und dann seine potenziellen Gefahren hochzuspielen, um dabei kräftig abzusahnen?

Ein angloamerikanisches Komplott

Die SARS-Panik erreichte just zu jener Zeit ihren Höhepunkt, als die angloamerikanischen Streitkräfte im Irak einmarschierten. Vielleicht gab es eine angloamerikanische Verschwörung, SARS freizusetzen, um eine globale Ablenkung für die Medien zu kreieren und gleichzeitig die Interessen Chinas zu schädigen – einem der wichtigsten Länder, die sich gegen den

Einmarsch aussprachen, und einem ihrer stärksten ökonomischen Rivalen.

DIE UNÜBLICHEN VERDÄCHTIGEN

Al-Qaida

Von der Al-Qaida ist bekannt, dass sie nach Biowaffen für ihre Terrorfeldzüge forscht. SARS könnte ein früher Test ihres Potenzials gewesen sein, der sich nicht nur gegen den Westen richtete, sondern auch gegen das kommunistische China, das gegen islamische Separatistengruppen in einigen entlegenen Provinzen hart durchgegriffen hatte.

Weltgesundheitsorganisation (WHO)

SARS könnte im Rahmen eines Massenexperiments von der WHO freigesetzt worden sein, um herauszufinden, wie sich ein Virus ausbreiten konnte und wie die Menschen auf ein bösartigeres Virus reagieren würden – auf eine biologische Waffe, die die halbe Erdbevölkerung ausrotten würde.

Die Bilderberg-Konferenz

Einige der paranoideren Verschwörungsjäger glauben, dass Großindustrielle und Superreiche, die sich jedes Jahr unter dem Deckmantel der Bilderberg-Konferenz treffen, SARS als Testlauf für ein Programm zur Bevölkerungskontrolle freisetzten. Mit welchem Ziel? Die Zahl der Armen zu reduzieren, die die schwindenden Ressourcen aufbrauchen, und die Kontrolle über all jene zu festigen, die übrig bleiben.

DIE ÜBERZEUGENDSTEN BEWEISE

Peter Rottier von der Universität Utrecht in den Niederlanden leitet ein Forschungsteam. Es modifizierte ein vorher für Katzen tödliches Virus durch das Einsetzen eines einzelnen Gens aus einem Mäuse-Coronavirus so, dass es Mäusezellen angriff. Er gab zu, dass dies die These stützte, dass das SARS-Coronavirus durch den künstlichen Austausch eines Gens aus einem tierischen und einem menschlichen Virus entstanden sei. Michael Lai von der University of Southern California bestätigte: „Coronaviren sind ungewöhnlich, da ihre Gene leicht ausgetauscht werden können."

DIE MERKWÜRDIGSTEN FAKTEN

Einige hochkarätige Wissenschaftler, darunter Professor Chandra Wickramasinghe von der Cardiff University, glauben, dass die einzige Erklärung für einige ungewöhnliche Merkmale von SARS nur in dessen Ursprung aus kosmischem Staub liegen kann. Da Forscher nur dann zu außerirdischen Theorien greifen, wenn ihnen keine einfachere Erklärung mehr einfällt, ist es offensichtlich, dass die Wahrheit über SARS die wissenschaftliche Gemeinschaft vor ein Rätsel stellt.

SKEPTISCH BETRACHTET

Wenn es etwas gibt, das noch schneller rund um den Globus reist als ein Virus, dann ist es eine Verschwörungstheorie über dieses Virus. Dumme, lächerliche Geschichten über Super-Bazillen stellen eine Gefahr dar – zumindest für jene, die sie ernst nehmen – und eine Bereicherung für die Taschen derer, die Atemschutzmasken und Wunderkuren herstellen. Natürlich schädigen sie keine bestimmte Regierung, die nur zu froh darüber sind, dass die Verschwörungstheorien Amok laufen und dabei einiges von dem Ärger abkriegen, der sich eigentlich gegen die nationalen Führungsgremien richten sollte.

UNTEN *Die Angst vor SARS wurde für Millionen Menschen in Asien zum Teil ihres Alltags.*

DAS MASSAKER VON JONESTOWN

Die Bilder aus Jonestown 1978 waren grauenhaft. Die drückende Hitze ließ die Leichen hunderter Menschen, die anscheinend kollektiv Selbstmord begangen hatten, anschwellen. Manche hielten noch im Tod einen Freund im Arm, als ob sie sich gemeinsam dem Leben nach dem Tod stellen wollten. Sie waren Mitglieder einer religiösen Sekte, die sich „The People's Temple" nannte. Vermutlich wurden sie durch ihren charismatischen Führer, den amerikanischen Guru Jim Jones, dazu gebracht, ein mit Zyankali versetztes Getränk zu trinken. Auch seine Leiche wurde unter den anderen gefunden, doch er hatte auf das Zyankali verzichtet und war an einer offensichtlich selbst zugefügten Schusswunde verstorben.

Die Ereignisse, die zu diesem Massensterben (später auf über 900 Tote geschätzt) geführt hatten, waren ähnlich seltsam. Jones, Sohn eines Mitglieds des extrem intoleranten Ku-Klux-Klan, predigte überraschenderweise eine bessere Welt in Rassenharmonie. Er träumte davon, Utopia zu bauen, und hielt sich für die Reinkarnation von Jesus Christus und Wladimir Lenin.

Seinen People's Temple gründete Jones in Ukiah, Kalifornien. Seine Anhänger, zum Großteil Schwarze, wurden von Jones' eigenen Sicherheitskräften auf Linie gehalten, die den Sektenmitgliedern auch alles Geld abnahmen.

Berichte, dass Anhänger, die versuchten, den Tempel zu verlassen, misshandelt wurden oder gar starben, sorgten dafür, dass Jones in das anonymere San Francisco übersiedelte. Da die Medien ihn weiter verfolgten, erwählte Jones 1977 einen Flecken im Dschungel von Südamerika als Standort für sein „Utopia". Ohne zu fragen gingen seine Anhänger mit ihm mit, sodass er das berüchtigte „Jonestown" errichten konnte, eine Gemeinde, in der er das einzige Gesetz war.

Doch die Berichte über Misshandlungen hörten nicht auf. 1978 wurden die Klagen so laut, dass der US-Kongressabgeordnete Leo Ryan nach Guyana flog, um sich selbst ein Bild zu machen. Am 18. November 1978 betrat Ryan Jonestown in Begleitung von ein paar neugierigen Reportern und des stellvertretenden Botschafters der USA in Guyana, Richard Dwyer. Als sie sich auf einem Flugfeld in der Nähe auf die Rückkehr in die USA vorbereiteten, wurde die gesamte

OBEN *An mit Zyankali versetzter Kool-Aid-Limonade starben viele Gläubige in Jonestown.*

Erkundungsgruppe, mit der mysteriösen Ausnahme von Dwyer, erschossen.

Kurz nach den Morden auf dem Flugfeld – oder nachdem Jones vielleicht den Befehl erteilt hatte, der zum Tod der Ermittler führte – gab Jones den Selbstmordbefehl. Innerhalb weniger Stunden verwandelte sich der People's Temple in ein Schlachthaus. Als Beispiel für die tödliche Macht von Sektenführern war Jonestown schon schrecklich genug, doch nach einiger Zeit stellte sich heraus, dass hinter Jonestown mehr steckte als bloß religiöser Wahnsinn. Bald waren die höchsten Ebenen der US-Regierung in die Sache verwickelt und verliehen der Tragödie noch eine zusätzliche Dimension.

DAS MERKWÜRDIGE DARAN

Obwohl man in Jonestown auch Jones fand, der sein Leben mit einem Schuss beendet hatte, lag die mutmaßliche Selbstmordwaffe 60 m von ihm entfernt. Das würde bedeuten, dass auch Jones ermordet worden ist oder dass die Leiche gar nicht Jones war. Eine nähere Untersuchung des Leichnams ergab, dass er nicht Jones' Tätowierungen aufwies ...

DIE ÜBLICHEN VERDÄCHTIGEN

Jim Jones

Jones' Lebensgeschichte zeigt, dass er mehr war als ein Wunderheiler. Er war Fundraiser für Politiker, unter anderem auch für den abgesetzten Präsidenten Richard Nixon. Obwohl er sich zum hehren Ideal von Utopia bekannte, unterstützte er aktiv die Republikaner. 1961 arbeitete er ein Jahr lang in Brasilien, gerüchteweise für die CIA. Durch diese Arbeit – oder eher die 10.000 US-Dollar, die er dabei verdiente – konnte er seinen ersten Tempel in Ukiah errichten. In Jonestown wurden seine Anhänger mit Drogen gefügig gemacht und minimal ernährt; sie mussten Sklavenarbeit verrichten und „Selbstmordübungen" durchführen. Jones könnte hier im Auftrag der CIA ein großes Experiment zur Bewusstseinskontrolle geleitet haben. Als die Sache nach Ryans Besuch öffentlich zu werden drohte, vernichtete Jones einfach die Beweise.

Die CIA

Es gibt mehrere Verbindungen zwischen der CIA und Jones. Neben seiner Arbeit in Brasilien gehörten zu Jones' Kreis auch ein Mitglied der UNITA, der von der CIA gesponserten angolanischen Armee, und Dan Mitrione, der für die ebenfalls von der CIA finanzierte International Police Academy arbeitete. Jones' Experimente zur Bewusstseinskontrolle in Guyana könnten ein Teil des MK-Ultra-Programmes der CIA gewesen sein, der weit abseits der neugierigen Medien stattfand.

Tatsächlich wurden in Jonestown Drogen gefunden, die auch bei MK-Ultra verwendet wurden. Interessant ist auch, dass Dwyer, der einzige Überlebende aus Ryans Team, im Who's Who der CIA aufgelistet war.

Die US-Regierung

Die US-Botschaft half Jones, seinen Tempel nach Guyana zu verlegen, und als bekannt wurde, dass einige Sektenmitglieder erschossen, nicht vergiftet worden waren, stellte sich heraus, dass amerikanische Green Berets in dem Gebiet gewesen waren. Green Berets werden für ihre Fähigkeit, verdeckt zu töten, geschätzt und wurden in Vietnam gern eingesetzt. Man vermutete eine Vertuschung, vor allem weil die US-Regierung zögerte, die Toten an ihre Familien zu überstellen. Viele Leichen wurden „versehentlich" eingeäschert.

DIE UNÜBLICHEN VERDÄCHTIGEN

Worldvision

Ein weltweiter christlicher Orden, der seit Langem verdächtigt wird, für die CIA zu arbeiten. Nach den Toden von Jonestown besiedelte Worldvision das Dorf mit EX-Söldnern der CIA aus Laos. John Hinckley jun. (der gescheiterte Attentäter von Reagan) war ebenso ein Ex-Mitarbeiter von Worldvision wie Mark David Chapman (der Mörder von John Lennon). Angeblich sollen beide Attentäter bei ihren Verbrechen unter Gedankenkontrolle gestanden haben.

Die Process Church

Es gibt Hinweise, die auf Verbindungen zwischen Jones' Frühzeit in Kalifornien und der englischen „Process Church" hindeuten. Diese Sekte entstand aus Scientology und mischte „Gehirnwäschetechniken" mit gnostischen Überzeugungen. Obwohl Process zur Zeit von Jonestown die Szene bereits verlassen hatte, könnte sie auf Jones negativen Einfluss gehabt haben – so wie ihre Bedeutung für Charles Manson negative Auswirkungen auf Sharon Tate gehabt haben könnte.

DIE ÜBERZEUGENDSTEN BEWEISE

Als Untersuchungsrichter C. Leslie Mootoo meinte, dass es sich bei den Vorfällen in Jonestown um Mord handelte, und eine Untersuchung verlangte, weigerte sich die US Army. Die Leichen ließ man zum Verrotten in der Sonne liegen.

DIE MERKWÜRDIGSTEN FAKTEN

Mehrere Leute, die die Wahrheit über Jonestown kannten, darunter Jones' Ex-Assistent Michael Prokes sowie die Autoren Jeanie und Al Mills, wurden ermordet aufgefunden.

SKEPTISCH BETRACHTET

Angesichts der Tatsache, dass Jones seine Anhänger aus den Reihen der Armen und Minderheiten auswählte, ist es kein Wunder, dass so wenig Aufhebens gemacht wurde. Der Massenselbstmord einer Sekte ist eine Tragödie, doch nichts völlig Unerwartetes. Es geschah auch schon vor Jonestown, es ist seither Dutzende Male geschehen und es wird weiterhin geschehen, weil die Behörden auf Leute wie Jones erst dann aufmerksam werden, wenn es bereits zu spät ist.

DAS BOMBENATTENTAT IN OKLAHOMA CITY

Am 19. April 1995 zerstörte eine gewaltige Explosion in Oklahoma City in Oklahoma einen Großteil des Bundesbürogebäudes, wobei zahlreiche Menschen ums Leben kamen. Bis zu diesem Moment hatten sich die USA für immun gegen Terroranschläge gehalten und sich in falscher Sicherheit gewiegt, indem man Terrorangriffe wie das Bombenattentat auf das World Trade Center verharmloste. Das Attentat in Oklahoma fand jedoch große Beachtung in den Medien und fügte auch dem US-amerikanischen Nationalstolz einige hässliche Wunden zu.

Timothy McVeigh, ein Golfkriegsveteran, wurde für das Attentat schuldig gesprochen. Sicherlich gibt es genügend Hinweise dafür, dass er seltsam genug war, um es auszuführen. Einige Zeit vor dem Attentat schickte er seiner Schwester Briefe, in denen er über „Zorn und Entfremdung" schrieb. In diesen Briefen fanden sich auch Andeutungen über Selbstmord, Ausstieg aus der Gesellschaft und über die Regierung des „Bösen Königs". Die Briefe waren so beunruhigend, dass ihn McVeighs Familie fast sofort für den Bombenleger von Oklahoma City hielt. Seine Schwester glaubte, dass sein Hass gegen die Regierung daher rührte, dass er 1.000 US-Dollar, die er von der Army zu viel ausbezahlt bekommen hatte, zurückzahlen sollte.

McVeigh hatte sich für ein Spezialprogramm beworben, bestand aber den Aufnahmekurs nicht. In einem seiner Briefe behauptete er, dass er beim Kurs in Fort Bragg gezeigt hätte, dass er sich für schmutzige Aufgaben eignen würde. Er meinte, dass Spezialeinheiten mit der Polizei kooperierten und Leute zum Schweigen bringen würden, die als Sicherheitsrisiko galten. Man würde von ihnen auch erwarten, die CIA beim Einfliegen von Drogen in die USA zur Beschaffung von Geldern für verdeckte Operationen zu unterstützen. Diese Art von Aufträgen brachte McVeigh gegen die Regierung auf.

Doch ist McVeigh wirklich schuldig? Es gibt Hinweise, dass Terroristen aus dem Nahen Osten in das Attentat verwickelt waren. Die Enthüllungsjournalistin Kelly Patricia O'Meara fand heraus, dass der als Timothy McVeighs Mitverschwörer verurteilte Terry Nichols Anfang der 90er-Jahre an einem Treffen auf der Insel Mindanao auf den Philippinen – einer Brutstätte fundamentalistischer Aktivitäten – teilgenommen hatte, bei dem auch Ramzi Yousef anwesend war. Themen waren Bombenlegen, Lieferung von Waffen und Munition, Herstellung und Umgang mit Bomben. Yousef gelangte später als einer der Täter beim Bombenattentat auf das World Trade Centre 1993 zu trauriger Berühmtheit.

Viele Augenzeugen sahen Menschen arabischen Aussehens, die kurz vor der Explosion mit einem Pickup vom Murrah Federal Building forthetzten. Es stellte sich auch heraus, dass McVeigh in Begleitung von zumindest einem irakischen Flüchtling gesehen worden war, der im Rahmen des Besiedelungsprogramms von Präsident Clinton in Oklahoma lebte.

DAS MERKWÜRDIGE DARAN

Anstatt Jayna Davis' ausgezeichnete Untersuchung objektiv zu betrachten, übernahmen so gut wie alle lokalen und nationalen Medien die Ansicht von Bill Clinton und Janet Reno, dass das Bombenattentat ein Angriff der heimischen Rechtsextremen gewesen wäre, und wiesen sämtliche Hinweise auf ausländische Kontakte zurück. Das eingehende Studium von Davis' umfangreicher Expertise und eigene Ermittlungen überzeugten die Autoren, dass sich Davis auf festem Boden bewegte. Von den tausenden Ermittlern der Justiz und des FBI sprach kein Einziger mit der irakischen Gemeinde in Oklahoma oder verfolgte McVeighs Verbündete.

DIE ÜBLICHEN VERDÄCHTIGEN

Die CIA

In den letzten Jahren sind viele Hinweise auf ein Komplott von höheren Militär- und Polizeioffizieren aufgetaucht, die Präsident Clinton wegen mutmaßlicher politischer und finanzieller Korruption absetzen wollten. Zwei Tage vor dem Anschlag stürzte ein Flugzeug mit vielen Verschwörern an Bord in Alabama ab. Manche meinen, die CIA hätte die Katastrophe in Oklahoma als Ablenkung arrangiert, um eine nähere Untersuchung des Komplotts zu verhindern und einen einigenden Anlass für die Nation zu schaffen, zu einer Zeit, da die Präsidentschaft durch eine weitere Militärrevolte gefährdet schien.

Der Ku-Klux-Klan

Ein lokaler Großer Hexenmeister des Ku-Klux-Klan von Oklahoma und lokaler Führer des Weißen Arischen Widerstands hatte sich mit McVeigh getroffen und war ein Kollege von Terry Nichols. Dieser Mann, dem die Einreise nach Kanada und Großbritannien untersagt ist und der von Interpol als Terrorist eingestuft wird, wurde nicht einmal befragt. Daraus schließen manche Leute, dass der KKK nicht nur in den Anschlag verwickelt gewesen sein könnte, sondern auch geheimdienstliche Unterstützung gehabt haben könnte.

DIE UNÜBLICHEN VERDÄCHTIGEN

Christian Identity

Dies ist die amerikanische Version des britischen Anglo-Israelismus. Sie behauptet, dass die weißen Amerikaner die wahren Nachkommen von Moses seien. Die Christian Identity ist bei rechten Irren sehr beliebt und könnte in den Bombenanschlag verwickelt gewesen sein. Es gab Vermutungen, dass McVeigh auf Geheiß eines mächtigen Führers von Christian Identity handelte, um die Prophezeiungen zu erfüllen, die zur Rückkehr Christi führen würden.

Unten rechts *Das andere Gesicht des Terrors - Timothy McVeigh, verurteilter Oklahoma-Attentäter.*

Oben links *Bis 9/11 war der Bombenanschlag von Oklahoma City der schlimmste Terroranschlag in den USA.*

DIE ÜBERZEUGENDSTEN BEWEISE

Das Versagen des FBI, das nicht in der Lage war, wenigstens flüchtige Verhöre mit offensichtlich Verdächtigen zu führen und potenziell interessante Spuren zu verfolgen, ist extrem beunruhigend. Entweder war dies eine kriminelle Pflichtverletzung oder Teil absichtlicher Bemühungen, einen Verdächtigen dranzukriegen, der in die Theorie passte, dass es sich um einen Anschlag heimischer Rechtsextremer handelte.

DIE MERKWÜRDIGSTEN FAKTEN

2002 wurde bekannt, dass gewisse Beamte im Pentagon glaubten, dass Timothy McVeigh mit Irakis kooperiert hatte, weil er irakische Telefonnummern besaß. Diese Enthüllung könnte aber auch eine Vertuschungsaktion gewesen sein, da sich herausstellte, dass Chandra Levys Verschwinden mit McVeighs Exekution zu tun gehabt haben könnte.

SKEPTISCH BETRACHTET

Die Vermutung, dass mehr an dem Oklahoma-Attentat dran ist, als man uns offiziell gesagt hat, bedeutet, dass die Behörden auf irgendeine Weise in den Tod unzähliger unschuldiger Regierungsbeamter verwickelt wären. Zumindest aber heißt das, dass die Behörden kein Interesse daran hatten, die wahren Schurken zu fassen – doch damit würde man sich angesichts der aktuell verfügbaren Beweise eindeutig zu weit aus dem Fenster lehnen.

WACO

Am Sonntag, dem 28. Februar 1993, versuchte das Bundesbüro für Alkohol, Tabak und Waffen (BATF) gegen 9.30 Uhr, eine Durchsuchung des von einer religiösen Sekte besetzten Mount Carmel Centers in Waco, Texas, zu erzwingen.

Neben dem Durchsuchungsbefehl für das Gelände, auf dem sich die Davidianer eingenistet hatten, nach illegalen Sprengstoff- und Waffendepots hatten die Beamten auch einen Haftbefehl gegen den charismatischen Führer der Sekte, David Koresh, dabei. Irgendetwas ging furchtbar schief. Es kam zu einem Schusswechsel zwischen Beamten und Davidianern, bei dem vier Beamte ums Leben kamen und 16 verletzt wurden. Auch mehrere Davidianer wurden getötet oder verwundet. Beim Rückzug begann das BATF eine Belagerung des Mount Carmel, die 51 Tage andauerte. Involviert waren das FBI, die Generalstaatsanwältin Janet Reno und Präsident Bill

OBEN LINKS *Der verhinderte Rockstar und Sektenführer David Koresh.*

Clinton. Alles endete in einem mysteriösen Großbrand, der live auf CNN übertragen wurde. In den verkohlten Überresten wurden die Leichen von 17 Kindern und mehr als 60 Erwachsenen gefunden, darunter auch Koresh selbst.

Rasch wurden Fragen aufgeworfen, wie das Patt nach 50 Tagen relativ friedlicher Verhandlungen so schnell außer Kontrolle geraten konnte. Als das FBI aus Pionierpanzern Tränengas in die Anlage pumpte, stießen sie dabei Mauern um, wobei im Inneren vermutlich Kinder getötet wurden – Kinder, die die Regierung wiederholt zu schützen behauptet hatte. Auch die später am selben Tag ausgebrochene plötzliche Schießerei wurde hinterfragt, wobei sich beide Seiten gegenseitig beschuldigten, sie begonnen zu haben.

Seit jenem Schicksalstag 1993 wurde Waco zum Symbol für vieles – vom Preis für fanatische religiöse Überzeugungen bis zur Skrupellosigkeit einer Regierung, die versucht, ihre eigenen Fehler zu vertuschen.

DAS MERKWÜRDIGE DARAN

Als Rechtfertigung für den Einsatz von Tränengas gab die erst kürzlich ernannte Generalstaatsanwältin Janet Reno an, dass die Davidianer im Inneren Kinder misshandelt hätten. Dabei berief sie sich auf Informationen des FBI, das jedoch später zugab, dass es für die Schlussfolgerung, die es Reno nahe gelegt hatte, keine Beweise gegeben hätte.

DIE ÜBLICHEN VERDÄCHTIGEN

Das BATF und das FBI

Es ist noch immer fraglich, wer zu Beginn der Belagerung das Feuer eröffnet hatte; es gibt Gerüchte, dass das BATF ein bisschen schießwütig oder auf die Razzia schlecht vorbereitet war. Bei Anhörungen im Kongress, die dem grausigen Ende der Belagerung folgten, behaupteten die BATF-Leute natürlich, dass die Davidianer das Feuer eröffnet hätten. Direkt nach der Razzia gab jedoch ein Beamter an, zuerst geschossen zu haben – auf einen Hund. Später widerrief er die Geschichte. Die Davidianer hielten daran fest, dass sie bloß zurückgeschossen hätten. Das BATF hatte außerdem behauptet, dass Kores Leute Methamphetamine herstellen würden – was sich ebenfalls als Lüge herausstellte.

Auch das FBI heizte die Situation weiter an. Ein Agententeam belästigte die Davidianer, indem es die ganze Nacht absichtlich laute Musik spielte (tibetische Gesänge und Weihnachtslieder), blendende Scheinwerfer auf das Gelände richtete und den Strom abdrehte. Das Verhandlungsteam beklagte sich, dass es diese Aktivitäten schwer machen würden, zu einer friedlichen Lösung zu kommen. Das FBI war in seinem Bericht an Janet Reno nicht ganz aufrichtig. Angeblich war Reno wegen des Angriffs besorgt, änderte jedoch ihre Meinung rasch, als ein FBI-Agent möglichen Kindesmissbrauch andeutete – eine Unterstellung, die nie erhärtet werden konnte. Auch simple Rachegelüste des BATF könnten eine wichtige Rolle gespielt haben.

David Koresh

Koresh hielt sich für die Reinkarnation von Jesus Christus, daher hätte die Belagerung seine apokalyptischen Visionen bestätigt. Er war vom Buch der Offenbarung fasziniert und sprach während der gesamten Belagerung davon, die Bedeutung der Sieben Siegel erklären zu wollen. Er behauptete, in Kontakt mit Gott zu stehen, der ihm fortwährend Ratschläge erteile. Auch das FBI wurde via Telefon mit ausgedehnten Predigten von Koresh bedacht. Das Niederbrennen der Anlage hätte in Koreshs messianischen Blickwinkel gepasst, da die Welt laut seinen geliebten Offenbarungen im Feuer endete. Das könnte erklären, warum die Davidianer Schilder hochhielten, auf denen zu lesen war: „Flammen erwartet".

Bill Clinton

Obwohl Clinton Sorge über die Kinder auf dem Gelände zum Ausdruck brachte, stellte er klar, die das Entscheidung zum Einsatz von Tränengas allein die von Janet Reno war. Da er seine Hände in Unschuld gewaschen hatte, könnte Clinton die Waco-Tragödie zur Verbesserung seines politischen Images benutzt haben – als geradliniger Präsident.

DIE UNÜBLICHEN VERDÄCHTIGEN

New World Order

Eine bei der extremen Rechten beliebte Theorie besagt, dass Waco ein Beweis für eine Verschwörung der UNO gewesen wäre, die alle Amerikaner entwaffnen wollte, um die Weltregierung, die gefürchtete Neue Weltordnung, einzuführen.

Warum sonst sollte man hier ein Gelände auf Waffen durchsuchen, wo doch jeder in Texas zumindest eine Waffe trägt?

Neonazi-Verschwörung

David Koresh und die Davidianer könnten Agenten einer Nazi-Verschwörung gewesen sein, die das Dritte Reich wieder auferstehen lassen und Hitlers Image einen positiveren Anstrich geben wollte. Weitere Miglieder des Komplotts sind rechtskonservative Politiker wie Pat Buchanan und rassistische Skinheads. „Remember Waco" („Erinnert euch an Waco") wurde zum Schlachtruf der Neonazis in den USA.

Befürworter der Waffenkontrolle

Waco könnte von Befürwortern der kontrollierten Waffenabgabe inszeniert worden sein, die vielleicht mit Clintons Demokraten zusammenarbeiteten, um zu zeigen, wie gefährlich es ist, praktisch jedem eine Waffe zu erlauben.

DIE ÜBERZEUGENDSTEN BEWEISE

In seiner kontroversiellen Dokumentation zeigte Filmemacher Mike McNulty Hubschrauber, die aus Maschinengewehren in das Geländer feuerten. Man sah auch einen Panzerangriff und die militärische Spezialeinheit Delta Force. Auch das Mündungsfeuer ließ darauf schließen, dass die Regierungskräfte auf die Anlage schossen – all das scheint die Angaben der Regierung zu unterlaufen, erst als Reaktion und nur in Verteidigung geschossen zu haben.

DIE MERKWÜRDIGSTEN FAKTEN

Kurz vor seinem tragisch frühen Krebstod hatte der Komödiant und führende Verschwörungstheoretiker Bill Hicks Videomaterial erhalten, das anscheinend viele Aussagen des FBI über die letzten Stunden auf dem Gelände Lügen strafte. Hicks scherzte stets, dass derjenige, der die Wahrheit kannte, der nächste Kandidat für eine Kugel wäre.

SKEPTISCH BETRACHTET

Wenn Koresh eine TV-Show gehabt und einen schlecht sitzenden Anzug getragen hätte, wäre er nicht nur in Ruhe gelassen worden, sondern eine Stütze der Gemeinde genannt worden.

KOMETENEINSCHLÄGE

Im gesamten Verlauf der Erdgeschichte schlugen immer wieder Kometen auf der Erde ein und veränderten den Lauf der Historie. Es ist bekannt, dass Asteroiden und Kometen regelmäßig auf allen Planeten unseres Sonnensystems einschlagen. Erst vor wenigen Jahren wurde Jupiter von Shoemaker-Levy getroffen, der eine gewaltige Explosion auf dem Gasriesen verursachte. Früher oder später wird uns ein gigantischer Komet treffen und unserem Planeten einen nuklearen Winter bescheren.

Der international angesehene Geologe Professor Alexander Tollmann von der Universität Wien stellte die These auf, dass Noahs Sintflut durch einen Kometeneinschlag vor rund 12.000 Jahren ausgelöst worden wäre. Die Flut kommt in mehreren Weltreligionen vor, und auch wenn sich religiöse Texte nur begrenzt als historische Quellen eignen, gibt es darin Bezüge zu den Mythen und Legenden nahezu jeder prähistorischen Kultur. Natürlich gibt es aus diesen weit zurückliegenden Zeiträumen keine verlässlichen Daten, doch Sprachwissenschaftler und Völkerkundler datieren diese Legenden auf etwa 10.000 v. u. Z.

Es existieren wissenschaftliche Beweise in Form von stark erhöhten Anteilen an C-14-Isotopen in versteinerten Bäumen, die aus der Zeit der Flut stammen. Der Einschlag soll die Ozonschicht zerstört haben, was zu höherer Produktion von Kohlenstoff-14 geführt hätte. Durch Bezüge zu Legenden, die von sieben brennenden Sonnen und anderen Katastrophen berichten, glaubt Tollman, den Einschlag relativ extakt auf 9600 v. u. Z. datieren zu können.

Die Wissenschaft kennt auch andere Kometeneinschläge. 1905 ist einer über Tunguska in Sibirien mit der Kraft von 30 Megatonnen explodiert, wobei mehr als 80 km^2 Land verwüstet wurden (vorausgesetzt, es war kein außerirdisches Flugobjekt ...). Desgleichen wird das Aussterben der Dinosaurier vor 65 Millionen Jahren den Klimaveränderungen zugeschrieben, die nach einem Kometeneinschlag mehrere tausend Jahre lang angehalten hätten.

DAS MERKWÜRDIGE DARAN

Am 11. März 1998 verlautbarte das Smithsonian Astrophysical Observatory, dass der im Dezember 1997 von Jim Scotti von der University of Arizona entdeckte Asteroid 1997XF11 die Erde im Jahr 2028 in sehr geringer Entfernung passieren würde. Man schätzte, dass der gewaltige Felsbrocken von rund 2 km Durchmesser bis auf 77.000 km an die Erde herankommen werde. 1997XF11 wurde sofort auf die Liste der „potenziell gefährlichen Asteroiden" gesetzt, da die Erde bei einer nur geringen Abweichung in einem der Berechnungsfaktoren direkt auf seiner Flugbahn liegen würde. Dem

LINKS *Das Astrophysikalische Smithsonian-Observatorium warnt vor unserer Auslöschung im Jahr 2028.*

widersprach jedoch die NASA; es bestünde keine Gefahr, dass 1997XF11 die Erde treffen würde. Am nächsten Tag zog das Smithsonian-Team seine Behauptung zurück und schloss sich der NASA an.

DIE ÜBLICHEN VERDÄCHTIGEN

Die NASA

Es wird vermutet, dass die NASA den drohenden Einschlag eines so großen Kometen wie 1997XF11 oder wie des kürzlich entdeckten 2003QQ47 vertuschen will. Durch die Geheimhaltung würde die NASA Zeit gewinnen, um an der Verhinderung des Einschlags zu arbeiten, ohne Panik auszulösen. Oder um sich auf ihre Rolle als einzige verbliebene Organisation vorzubereiten, die alles übernehmen würde, was von der Kultur, wie wir sie kennen, nach dem Einschlag noch übrig bliebe. Indem sie die Bevölkerung davon überzeugt, dass das Objekt die Erde nicht treffen wird, verhindert die NASA in jedem Fall zumindest die Anarchie, die sonst bis dahin auf der Erde um sich greifen würde.

DIE UNÜBLICHEN VERDÄCHTIGEN

Die Ältere Rasse

Einige Verschwörungstheoretiker glauben, dass es vor unserer eine fortgeschrittenere Zivilisation auf der Erde gegeben hat – die Ältere Rasse. Der Großteil davon wurde bei einer globalen Katastrophe ausgelöscht – vielleicht durch einen Kometeneinschlag –, doch ein paar verborgene Überlebende steuern seit Jahrtausenden das Schicksal der Menschheit durch verschiedene Geheimgesellschaften. Sie wollen den technischen Fortschritt der Menschheit fördern, damit wir den nächsten großen Kometeneinschlag überstehen.

DIE ÜBERZEUGENDSTEN BEWEISE

Immer wenn ein Astronom die Öffentlichkeit vor einer drohenden Kollision mit einem Asteroiden warnt, scheint es nur eine Frage von Tagen zu sein, bis er oder jemand anderer die Meldung als falschen Alarm korrigiert. Ein Beispiel dafür ereignete sich im Jahr 2003, als man vor dem 1-km-Brocken QQ47 warnte, der uns 2014 treffen würde. Wenige Tage später war die Panik vorbei. Vielleicht können Astronomen einfach nur schlecht rechnen oder sie lieben es, die Öffentlichkeit zu narren. Wahrscheinlicher ist allerdings, dass jemand die Widerrufe erzwingt oder uns an die Unabwendbarkeit eines Einschlags gewöhnen will.

DIE MERKWÜRDIGSTEN FAKTEN

Victor Clube, Professor für Astrophysik an der Universität von Oxford, hält Tollmanns Theorie über die Sintflut für plausibel. Er vermutet, dass ein großer Kometeneinschlag vor 1500 Jahren für den Verfall der Kultur und das darauf folgende dunkle Mittelalter in Europa verantwortlich ist.

SKEPTISCH BETRACHTET

Als die Teams von Smithsonian und NASA die ersten Daten über 1997XF11 auswerteten, besaßen sie nur wenige Informationen. Daher war ihre Fehlerwahrscheinlichkeit relativ hoch. Doch als die Medien anfingen, Panik zu verbreiten, stellten andere Forscher rasch größere Datenmengen bereit. Innerhalb von 24 Stunden konnten die Beteiligten den Weg des Asteroiden auf der Basis von Flugbahndaten aus acht Jahren neu berechnen und damit die Fehlerquote beträchtlich reduzieren. Der Asteroid wird uns um hunderttausende Meilen verfehlen.

DAS GOLFKRIEGSYNDROM

Der Golfkrieg von 1991 wurde von den Medien und der US-Regierung als großer Erfolg gefeiert: Die irakischen Streitkräfte unter Saddam Hussein waren durch die überlegene militärische Stärke der USA und der Koalitionsstreitkräfte aus Kuwait vertrieben worden. Doch während sich George Bush und Colin Powell noch immer im Glanz des Sieges aalen, erinnert ein etwas bösartigeres Andenken tausende Soldaten an diesen Krieg. Es ist eine heimtückische Erkrankung, die Ärzten Rätsel aufgibt und das Leben der Betroffenen zerstört – das Golfskriegsyndrom (engl. Abkürzung GWS).

Eine Liste der Symptome des GWS zeigt, wie stark man dadurch beeinträchtigt wird: Nachtschweiß, Störungen des Nervensystems, Tumore, drastischer Gewichtsverlust, Durchfall, Schlaflosigkeit, chronische Müdigkeit, heftige Gelenkschmerzen, bizarre Ausschläge, Persönlichkeitsveränderungen und Verlust der geistigen Leistungsfähigkeit. Es gab auch Berichte über schweren Blutverlust. GWS ist eine bösartige Erkrankung, die bei vielen Betroffenen zu Depressionen und sogar zum Selbstmord führt.

Trotz der unübersehbaren Beweise, dass sich die Soldaten die Krankheit zugezogen haben, während sie für ihr Land kämpften, wird das GWS von vielen Regierungen verleugnet, darunter auch von den USA. Nachdem sie ihr Leben in einem Krieg riskiert haben, in dem es laut Meinung von vielen mehr um Öl ging als um die Freiheit, fühlen sich diese Soldaten nun von ihren Regierungen im Stich gelassen.

DAS MERKWÜRDIGE DARAN

Im Jahr 2003 war die Angst vor dem GWS unter britischen Soldaten, die sich auf einen Einsatz im Golfkrieg vorbereiteten, so groß, dass viele eine Impfung gegen Milzbrand verweigerten. Viele lehnten auch andere Impfungen ab. Sie hatten so große Angst, dass sie lieber für biologische Angriffe verwundbar blieben, als den Behauptungen des Verteidigungsministeriums Glauben zu schenken, dass die an die Soldaten verabreichten Impfstoffe unbedenklich waren.

DIE ÜBLICHEN VERDÄCHTIGEN

Saddam Hussein

Auch wenn er vielleicht im zweiten Golfkrieg keine Massenvernichtungswaffen besessen hat, standen ihm im ersten definitiv welche zu Verfügung. Er hatte biologische Kampfstoffe getestet und gegen seine Feinde eingesetzt – am bekanntesten waren die Angriffe auf die Kurden, wobei er ganze Dörfer auslöschte. Manche glauben, er hätte sie auch gegen die Koalitionsstreitkräfte eingesetzt, indem er einige seiner Scud-Raketen mit tödlichen Giften bestückte. Giftige Dämpfe könnten auch aus den Ruinen chemischer Fabriken und ausgebombter Waffenbunker aufgestiegen und vom Wind durch die Wüste getragen worden sein. Hussein könnte sogar seine eigenen Soldaten infiziert haben, in der Hoffnung, ihre Leichen würden diejenigen anstecken, die sie später begruben.

Erzwungene Impfungen

In Vorbereitung auf einen biologischen Angriff – der den USA

UNTEN *Durch das Golfkriegsyndrom starben mehr Soldaten, als von irakischen Streitkräften in beiden Golfkriegen zusammen getötet wurden.*

zufolge niemals geschah – mussten Soldaten Pillen schlucken und sich impfen lassen. Die Tabletten, angeblich Pyridostigmin-Bromid, und die Impfungen (einschließlich der gegen Anthrax) waren höchst experimentell. Wenn sie nicht selbst Auslöser des Golfkriegsyndroms gewesen sind, so haben sie zumindest zu seiner Verbreitung beigetragen.

DIE UNÜBLICHEN VERDÄCHTIGEN

Die Sowjets

Hussein soll einige seiner wirksamsten Biowaffen vor 1989 aus dem sowjetischen Arsenal erhalten haben. Darunter könnte die gefürchtete „Nowitschok"-Serie gewesen sein – damals eines der gefürchtetsten Toxine der Welt. Wenn das der Fall war, würde das einige Aspekte des GWS erklären.

DIE ÜBERZEUGENDSTEN BEWEISE

Die Zahl der infizierten Soldaten spricht für sich selbst. Schätzungen zufolge liegt die Zahl der kranken Soldaten weit über 150.000, wobei an die 10.000 bereits daran gestorben sein sollen. (Und das könnten optimistische Zahlen sein.) Die Untersuchung des GWS deutet auf ein nicht natürlich entstandenes Virus hin, das alle Kennzeichen einer Herkunft aus dem Labor aufweist. Einer der Hauptverdächtigen ist ein künstlicher Erreger namens Mycoplasma fermentans (incognitus). Er enthält einen Großteil des HIV-Hüllengens, das der Laborversion hinzugefügt worden sein soll. Von allen Ländern, die an der Golfkriegskoalition teilnahmen, verweigerte nur Frankreich die Impfungen. Bislang sind unter den französischen Soldaten keine Fälle von GWS bekannt geworden.

DIE MERKWÜRDIGSTEN FAKTEN

Viele Soldaten glaubten, dass das GWS eine Folge von radioaktiver Strahlung wäre. Als der Golfkriegsveteran Stephen Childs im Jahr 2000 an Krebs starb, bat er in seinem Testament, ein Leichenbeschauer möge seinen Tod untersuchen. Doch dieser setzte sich über den Wunsch hinweg, zu klären, ob Mehrfachimpfungen und Arbeit in einem von angereichertem Uran verstrahlten Gebiet Childs Krebs verursacht hätten. Er wollte auch nicht wissen, wieso Mr Childs Schweiß seit seiner Rückkehr aus dem Krieg nach Latex roch.

SKEPTISCH BETRACHTET

Letztlich geht es immer um Geld. Regierungen streiten ab, dass am Golf biologische Waffen benützt worden wären und dass erzwungene Impfungen etwas mit dem GWS zu tun haben könnten. Wenn sie es zugeben würden, würde sich die Frage der Haftung stellen. Das wird nicht passieren.

TWA-FLUG 800

Dies ist vermutlich die größte geheime Angst jedes Fluggastes – dass das Flugzeug, in dem er sitzt, abstürzt. Obwohl viele so tun, als wären ihnen Flugreisen egal, entkommen nur wenige diesem Moment der Angst während des Fluges. Diese schreckliche Angst wurde für die Passagiere des TWA-Fluges 800 am 17. Juli 1996 zur Realität. Elf Minuten nach ihrem Start vom Kennedy-Flughafen in New York auf dem Weg nach Paris, Frankreich, explodierte die Boeing 747 plötzlich etwa zehn Meilen vor Long Island; alle Insassen kamen ums Leben.

Rasch wurde eine Untersuchung des Vorfalls in die Wege geleitet; mit Booten sammelte man die Wrackteile ein und suchte nach Hinweisen auf die Ursache der Explosion – die, wie sich später aufgrund von Aufnahmen der Blackbox des Flugzeugs herausstellte, ohne Vorwarnung geschah. Das National Transportation Safety Board, das gemeinsam mit FBI und CIA recherchiert hatte, kam zu dem Schluss, dass Flug 800 abstürzte, weil der mittlere Flügeltank explodiert war. Ursache dafür konnte Funkenschlag zwischen zwei Drähten gewesen sein, der den hoch brennbaren Treibstoff in Brand gesetzt hätte. Damit wurde der Fall geschlossen.

Viele Leute bezweifeln diese Ergebnisse. Augenzeugen behaupten, sie hätten gesehen, wie Flug 800 von etwas in der Luft verfolgt wurde, vermutlich von einer Boden-Luft-Rakete. Wurde Flug 800 Ziel eines Terrorangriffs oder war es – noch schlimmer! – eine vom US-Militär abgefeuerte Rakete? Für die US-Regierung ist der Fall erledigt, doch in den Augen von Verschwörungstheoretikern, darunter auch Angehörige des Militärs und des Flugpersonals, hat gar keine Untersuchung stattgefunden – bloß eine Vertuschung.

DAS MERKWÜRDIGE DARAN

Dr. Vernon Grose, damals Mitglied des National Transportation Safety Board, hatte die offizielle Erklärung des Komitees für den Absturz von Flug 800 verteidigt. Er änderte jedoch seine Meinung, weil er den Eindruck hatte, dass tatsächlich

Oben *Der Absturz war eine Tragödie, aber gab es auch eine Verschwörung?*

eine Vertuschung vorlag. Er verwies auf das FBI und auf dessen verdächtige Unterdrückung von Augenzeugenberichten über die mutmaßliche Rakete.

DIE ÜBLICHEN VERDÄCHTIGEN

Das US-Militär

Vielleicht hat das US-Militär in dem als W-105 bezeichneten Gebiet vor der Südostküste von Long Island Manöver veranstaltet und dabei auch das Abschießen von Raketen geübt. Als „heiße Region" der Navy liegt W-105 etwa 50 km von jener Stelle entfernt, an der TWA 800 explodierte. Die erste Meldung über das vielleicht tödliche Versehen kam angeblich aus dem Pentagon, was sehr verdächtig wirkte – umso mehr, als die Nachricht schnell wieder in der Versenkung verschwand. In dieser Nacht befanden sich im Luftraum um Flug 800 unzählige Militärmaschinen, was ebenfalls für eine mögliche Verstrickung sprechen würde.

Ein von Linda Kabot aufgenommenes Foto, das in *Paris Match* abgedruckt wurde, zeigt zu jener Zeit, als Flug 800 explodierte, eine Rakete am Himmel über diesem Gebiet – deutlich ist ein zylinderförmiges Objekt mit leuchtendem Auspuff an einem Ende zu sehen. Die Behörden diskreditierten ihr Bild, da sie der Explosion beim Aufnehmen den Rücken zugedreht hätte. Das wirft allerdings die beunruhigende Frage auf, wie viele Raketen im amerikanischen Luftraum so herumfliegen. Das FBI beachtete solche Augenzeugenberichte bei seiner Untersuchung übrigens kaum.

Terroristen

Am populärsten war wohl die Theorie, dass Terroristen von einem Dinghi aus eine Rakete abgefeuert hätten. Obwohl dies ziemlich sicher nicht der Fall war, heißt das nicht, dass es kein terroristisches Komplott gegeben hat. Da die Al-Qaida und ähnliche Gruppen später Boden-Luft-Raketen verwendeten, könnte der Absturz sehr wohl mit Terrorismus zu tun gehabt haben.

DIE UNÜBLICHEN VERDÄCHTIGEN

UFO-Angriff

Flug 800 könnte ein UFO gestört haben, das die militärischen Aktivitäten in dem Gebiet beobachtete. Das UFO zerstörte das Flugzeug, weil es entdeckt worden war.

Verdeckte militärische Operation

In der Nähe der Absturzstelle von Flug 800 soll sich ein geheimer Stützpunkt befinden. „Project Phoenix" soll eine unterirdische, streng geheime Einrichtung auf der Luftwaffenbasis in Montauk sein, von der alle glauben, sie sei außer Betrieb. Vielleicht wurde Flug 800 mit einer geheimen Waffe von dieser Basis aus zerstört, was die Vertuschung erklären würde, die im Namen der nationalen Sicherheit erfolgte.

DIE ÜBERZEUGENDSTEN BEWEISE

Die Daten eines nahe gelegenen Kontrolltowers zeigen ein klares Leuchtzeichen auf den Radarschirmen. Dieser Punkt steigt auf und beginnt, Flug 800 zu folgen. Dann bewegt er sich vor das Flugzeug und verschmilzt mit dessen Flugbahn.

DIE MERKWÜRDIGSTEN FAKTEN

Die Navy brauchte eine Woche, um die Blackbox zu finden, angeblich weil das Ortungssignal defekt war. Später zeigte sich, dass dem nicht so war; deshalb besteht der Verdacht, dass die Box früher gefunden und die Daten manipuliert wurden, damit sie mit der Story des Militärs zusammenpassten.

SKEPTISCH BETRACHTET

Zwei Worte: Rechtsstreit; Vermeidung.

9/11

Am 11. September 2001 startete der American-Airlines-Flug 11 um 7.59 Uhr vom Logan International Airport in Boston. Um 8.46 Uhr schlug er in den ersten der beiden Türme des World Trade Center ein. United-Airlines-Flug 175 verließ Logan um 8.14 Uhr in Richtung Los Angeles. Er schlug um 9.03 Uhr in den zweiten Turm ein. American-Airlines-Flug 77 verließ um 8.10 Uhr den Dulles International Airport in Washington und stürzte um 9.43 Uhr in das Pentagon. United-Airlines-Flug 93 startete von Newark und stürzte um 10.10 Uhr in ein Feld in Pennsylvania. Mehr als 3.000 Unschuldige aus 80 Ländern kamen innerhalb weniger Stunden ums Leben. Die Welt veränderte sich und viele von uns sahen live im TV zu.

Später fing Präsident George W. Bush die Stimmung in den USA und in einem Großteil der westlichen Welt ein, als er dies „Unser Pearl Harbor" nannte. Noch unter dem Schock des Bösen verlautbarte US-Außenminister Colin Powell, dass der Hauptverdächtige Osama bin Laden hieß. Niemand war überrascht, als der Präsident den Beginn des „Krieges gegen den Terrorismus" verkündete.

Im Bemühen, den Sinn der Tragödie zu verstehen, akzeptierte die Mehrheit von uns ohne Zweifel die offizielle Version: Die Flugzeugentführungen waren nicht zu verhindern, sie waren das Resultat eines vom Terrornetzwerk Al-Qaida alleine geplanten Angriffs und kein Außenstehender wusste etwas davon. In der Folge sagte George W. Bush bei einer Rede: „Lassen Sie uns keine der empörenden Verschwörungstheorien über den 11. September tolerieren." Für die meisten Leute klingt das wie ein gefühlvoller Appell, doch andere sehen darin den verzweifelten Versuch einer Drohung an jene, die den Ungereimtheiten in der offiziellen Version der schrecklichen Ereignisse dieses Tages nachspüren wollten.

In uns allen gibt es einen Teil, der Verschwörungstheorien braucht, um Dingen, die offenbar keinen Sinn ergeben, einen zu verleihen. Ein anderer Teil in uns weigert sich, einer Verschwörungstheorie über etwas so Großes, Aufwühlendes und Furchtbares wie den 11. September auch nur ein Fünkchen Glauben zu schenken. Doch gewisse Fragen lassen sich nicht so einfach beantworten; die meisten Verschwörungstheorien über 9/11 reduzieren sich auf die Frage, wer die Macht hatte, jene Sicherheitsbestimmungen, die die Angriffe vielleicht verhindert hätten, aufzuheben oder zu reduzieren. Sogar für den Durchschnittsbürger auf der Straße, der von einer 9/11-Verschwörung nichts hören will, klingen einige Dinge nicht ganz glaubwürdig. Nachdem bereits zwei kommerzielle Flugzeuge in das World Trade Center gekracht waren, konnte ein weiteres Linienflugzeug in eine Flugverbotszone eindringen, und das während der höchsten Alarmstufe. Und dann konnte es in das Herz der mächtigsten Militärmacht der Weltgeschichte stürzen. Wie konnte das passieren, ohne dass das Militär auch nur einen ernsthaften Versuch gestartet hat, es zu verhindern?

Diese und andere Fragen wurden umso dringlicher, als immer mehr Beweise dafür auftauchten, dass das Nordamerikanische Luftraumverteidigungskommando (NORAD) und so gut wie alle Elemente des US-Abwehr- und Spionagesystems wussten, dass ein Terroranschlag bevorstand. US-Generalstaatsanwalt Ashcroft wurde gewarnt, am 11. September nur mit einem Privatjet zu fliegen und in der Nacht zuvor stornierten hohe Beamte aus dem Pentagon Reisen für den 11. September, offenbar aus Sicherheitsgründen.

Am 25. März 2002 behauptete die Kongressabgeordnete Cynthia McKinney, eine Demokratin aus Georgia: „Wir wussten, dass es unzählige Warnungen vor den Ereignissen vom 11. September gab. Was wusste die Regierung und wann wusste sie über die Ereignisse des 11. September Bescheid? Wer wusste sonst noch Bescheid und warum wurden die unschuldigen Menschen in New York nicht gewarnt, die so unnötig ermordet wurden?" Obwohl sie vom Sprecher des Präsidenten heftig attackiert wurde, erwiesen sich McKinneys Aussagen in den nächsten Monaten als richtig. Es tauchten Beweise auf, dass sogar der Präsident selbst am 6. August 2001 ein umfassendes Briefing erhalten hatte, in dem ihm mitgeteilt wurde, dass Bin Laden entschlossen war, in den USA zuzuschlagen und dazu höchstwahrscheinlich Flugzeuge entführen würde.

Dies und Dutzende andere Enthüllungen zeigen, dass die Regierung und die US-Geheimdienste, vor allem CIA und NSA, wussten, dass ein Anschlag bevorstand, und dass sie in der Lage gewesen wären, Amerika zu warnen. Doch sie taten es nicht. Warum? Könnte es wirklich sein, dass sie nicht nur die Macht hatten, uns vor dem geplanten Angriff zu warnen, sondern diesen auch hätten verhindern können?

DAS MERKWÜRDIGE DARAN

Der britische Politiker Michael Meacher, der unter Tony Blair sechs Jahre als Minister gedient hatte, behauptete, dass die US-Regierung über den Anschlag vom 11. September Bescheid wusste, sich jedoch aus strategischen Gründen entschieden hatte, nichts zu unternehmen. Er sagte: „Die Nicht-Verhinderung der 9/11-Anschläge durch die US-Regierung war unschätzbar als Vorwand für den Angriff auf Afghanistan, der eindeutig bereits seit Langem vorbereitet war. Hinter all dem steckt als Motivation, dass den USA und Großbritannien langsam die fossilen Brennstoffe ausgehen."

DIE ÜBLICHEN VERDÄCHTIGEN

CIA und amerikanische Ölkonzerne

Große US-Ölkonzerne hatten mit den Taliban über den Bau einer Pipeline durch Afghanistan verhandelt, um die großen

RECHTS *Es ist ganz klar, wer die Helden von 9/11 waren, doch wer waren die wahren Schurken?*

Ölreserven Kasachstans und anderer ehemaliger Sowjetrepubliken zu transportieren. Als Clinton seine Linie gegen die Taliban verhärtete, planten sie gemeinsam mit der CIA die 9/11-Anschläge, damit die USA in Afghanistan einfallen und eine US-(Öl-)freundliche Regierung einsetzen würden.

Israel

Indem er sich seines riesiges Netzes von Schläfern im US-Verteidigungs- und Spionagesystem bediente, konnte der Mossad Bin Laden als größten Sündenbock aller Zeiten brandmarken und sicherstellen, dass die USA in einen langen Konflikt mit der muslimischen Welt verwickelt würden. Israel würde davon profitieren, da jede Art von Rache für die Anschläge einen Keil zwischen die USA und ihre Verbündeten am Golf und im Nahen Osten treiben würde, was die USA noch stärker an Israel binden würde.

DIE UNÜBLICHEN VERDÄCHTIGEN

China

Problem: Islamische Extremisten sorgen für Unruhe in deinen entlegenen Provinzen, Amerika blockiert deine geplante Invasion in Taiwan und einem Großteil von Südostasien. Lösung: Schaffe eine Situation, in der sich deine größten Rivalen gegenseitig bekämpfen, lehne dich zurück und lache.

Drogenbarone

Das Taliban-Regime in Afghanistan hatte die produktivsten Opiumfelder der Welt so gut wie geschlossen. Die Bosse der größten Drogenkartelle organisierten 9/11, um es den Taliban anzuhängen, mit dem Ergebnis, dass die Taliban abgesetzt und der afghanische Opiumhandel wieder in Gang kommen würden. Wenn das der Plan war, hat er funktioniert.

DIE ÜBERZEUGENDSTEN BEWEISE

Die erschütternde Unfähigkeit von NORAD, das für den Schutz des nordamerikanischen Luftraums zuständig ist, lässt viele zweifeln. Wieso ließ man Jets von der Air Force Base in Langley aufsteigen, mehr als 200 km von Washington entfernt, um Flug 77 nachzuspüren? Wieso hielt man sich nicht an das Protokoll und schickte Jets von der Andrews Air Force Base, die nur rund 15 km von Washington entfernt und für den Schutz der Hauptstadt zuständig ist? Diese Frage ist entscheidend, denn dadurch trafen die Flugzeuge erst 15 Minuten, nachdem Flug 77 ins Pentagon gekracht war, ein.

DIE MERKWÜRDIGSTEN FAKTEN

Der Pass des mutmaßlichen Flugzeugentführers Mohamed scheint immun gegen äußere Umstände. Während man zur Identifizierung der Opfer mit DNA-Analyse arbeiten musste, wurde der Pass unbeschädigt von der verheerenden Explosion aus Flug 11 geschleudert und innerhalb weniger Stunden inmitten von 1,6 Millionen Tonnen Schutt gefunden. Der unzerstörbare Reisepass war ein großes Glück für das FBI, das herauszufinden versuchte, wer sich in dem Flugzeug befand.

SKEPTISCH BETRACHTET

Der 11. September brachte mehr Verschwörungstheorien hervor als jedes andere historische Ereignis, abgesehen vom Attentat auf JFK. Angesichts der Schmerzen und des Zorns, den die Anschläge verursachten, sollte das niemanden wundern. Sie können die Theorien glauben, ablehnen oder für ein Symptom eines traumatisierten Landes halten. Immerhin haben Sie noch die Freiheit zu wählen. Genießen Sie sie.

A-Z
DER BELIEBTESTEN VERSCHWÖRER

ÄLTERE RASSE Einige orthodoxe Archäologen geben offen zu, dass die Wassererosion an der Sphinx den Schluss zulässt, dass sie bereits um 9000 v. u. Z. erbaut wurde. Kein Wunder also, dass Verschwörungstheorien, die besagen, dass unserer Zivilisation eine frühere, noch höher entwickelte Kultur vorausgegangen sei, dadurch an Glaubwürdigkeit gewinnen. Komplotte, um dieses Wissen zu unterdrücken, damit das Militär die Reste der Technologie dieser Älteren Rasse ausbeuten kann, sind schwer zu beweisen, doch sie erscheinen weniger abwegig, wenn man die Verbindungen zwischen der NASA, der Hochebene von Gizeh in Ägypten und Teilen der Rüstungsindustrie mit den Augen eines Verschwörungstheoretikers betrachtet. Vermutungen, dass Überlebende dieser Rasse selbst hinter der Vertuschung stecken, sind definitiv nicht zu erhärten.

AMERIKANISCHE MEDIZINISCHE VEREINIGUNG Manche der paranoidesten Verschwörungstheorien, die derzeit im Umlauf sind, sehen in der Medizinischen Vereinigung eine Organisation, die alternative, billigere Heilmittel für diverse Krankheiten von Krebs bis AIDS zurückhält. Die bizarre Begründung dafür lautet, dass die Medizinische Vereinigung kein Interesse an der Gesundheitsförderung habe, da gesunde Menschen ihre teuren Dienste nicht benötigen würden. Natürlich ist die Medizinische Vereinigung nicht allein bei dieser düsteren Verschwörung und ihre Mitglieder kooperieren mit den gigantischen Pharmakonzernen und der Amerikanischen Akademie der Wissenschaften. Manche vermuten sogar, dass sie mit den grauen Aliens im Bunde wären, die sie dafür bezahlen, alle Spuren von Implantaten bei Entführungsopfern zu beseitigen.

DAS HAUS WINDSOR Vor allem in jenen Ländern, die die britische Herrschaft zu spüren bekommen haben, glauben viele, dass die britische Königsfamilie die treibende Kraft hinter zahllosen Verschwörungen ist. Iranische Verschwörungstheoretiker meinen, das Haus Windsor hätte nicht nur das Vereinigte Königreich fest im Griff, sondern via diverse Geheimorganisationen auch die USA und Deutschland. Der gegenwärtige Mangel an einem Imperium und die Unfähigkeit der Familie Windsor, sich gegen Eindringlinge selbst von der Presse zur Wehr zu setzen, wird als wirkungsvolle Story abgetan. Angesichts des nachweislichen Reichtums der Windsors und deren bekannten Verbindungen zu den Freimaurern, lässt sich gegen die iranische Verschwörungstheorie schwerer argumentieren, als man erwartet.

DEFENCE INTELLIGENCE AGENCY Als supergeheimer Zweig der US-Geheimdienst-Gemeinde wurde der DIA vorgeworfen, die MIB zu kontrollieren und die UFO-Vertuschung zu steuern – dieselbe Rolle also, die SI8 in Großbritannien erfüllt. Bei einem der bizarrsten Gerichtsverfahren aller Zeiten beschuldigte eine Klägerin die DIA als eine von vielen Schuldigen, als sie die US-Regierung auf 5,6 Milliarden US-Dollar verklagte. Sie behauptete, im Rahmen eines geheimen Holocaust-Programmes gegen schwarze Frauen in den USA zum Cyborg gemacht worden zu sein. Der Fall wurde abgewiesen – ob diese Entscheidung mit der Macht der DIA und der Verschwörung, welche die Frau aufdecken wollte, zu tun hatte, bleibt offen.

FOOD AND DRUG ADMINISTRATION Die FDA ist für die Genehmigung neuer Arzneimittellizenzen in den USA zuständig. Dadurch steht sie im Zentrum einer Menge medizinischer Verschwörungen, die dazu dienen sollen, die Öffentlichkeit krank zu halten und sicherzustellen, dass die Pharmafirmen, Ärzte und Krankenhäuser gesunde Profite schreiben können. Mutmaßlich wird sie von allen geleitet, von Kommunisten bis zu einem geheimen Orden deutscher Mystiker. Die FDA war auch für den Fall des Orgasmus-Gurus Wilhelm Reich verantwortlich, der behauptete, dass sein Orgongenerator alle Krankheiten heilen könne.

GELBHÜTE Die Gelbhüte oder „Dugphas", wie sie sich in ihrer Sprache nennen, sind ein mysteriöser Orden von tibetanischen Mystikern und vielleicht die wahren Herrscher dieser Welt. Verschwörungstheoretiker vermuten ihre Mitwirkung im gesamten Verlauf der Geschichte. Die Gelbhüte sind Anhänger der Bön-Religion, die im 5. Jahrhundert in Tibet eingeführt wurde. Sie glauben an das mysteriöse Unterweltreich „Shambala", woher ihre Anweisungen stammen. Im 20. Jahrhundert sollen die Gelbhüte in viele mystische Splittergruppen der Nazis verwickelt gewesen sein sowie in die Zeitreiseexperimente, die angeblich im Rahmen des berüchtigten Montauk-Projektes auf der US-Air-Force-Basis in Camp Hero stattgefunden haben sollen. Trotz ihres auffälligen Kopfschmucks, dem sie ihren Namen verdanken, sind die Gelbhüte nur schwer auszumachen – und eine verschwörerische Macht, mit der man rechnen muss.

GROSSORDEN DES FEUERRADES Die häufig bloß als „Das Rad" bezeichnete Organisation soll für die Verschwörungen hinter den Verschwörungen verantwortlich sein. Es handelt sich um eine okkulte Gruppe, die so ehrenwerte Verschwörergruppen wie die Freimaurer und die Templer steuern soll. Abgesehen von ein paar Erwähnungen in düsteren Traktaten aus 1754, die von einer der vielen Geheimgesellschaften angefertigt wurden, die sie kontrollieren, konnte das Rad nahezu unsichtbar bleiben. Allein das bezeugt die legendäre Macht, die es in aller Welt ausübt.

IBM Große Konzerne sind heutzutage beliebte Ziele von Verschwörungstheorikern geworden. Es gibt nur wenige größere als „The Big Blue", IBM. Es sind Gerüchte im Umlauf, dass IBM die moderne Computertechnologie nach einem abgestürzten fremden Raumschiff nachgebaut hätte. Außerdem taucht IBM regelmäßig in den Verdächtigungen jener auf, die Silikonchips für ein Werk des Teufels halten. Etwas plausiblere Verschwörungstheorien über die Computerindustrie treten anscheinend zurück vor spektakulären Geschichten über Computerchips, die die Gedanken von Menschen kontrollieren können.

JESUITEN Jede religiöse Organisation, deren Gründer die Äußerung tat: „Gebt mir ein Kind und ich gebe Euch einen Menschen", findet sich über kurz oder lang inmitten einer ganzen Ansammlung von Verschwörungstheorien. Die Vorwürfe reichen von Gedankenkontrolle, organisierten Kinderpornoringen, Stoßtruppe des Papstes in Sachen Weltherrschaft zu sein bis zur Unterdrückung der Wahrheit über Jesus Christus. Ob die Verschwörungen der ursprünglichen Men in Black auf harten Fakten beruhen oder religiösen Vorurteilen entspringen, bleibt eine Streitfrage.

KATHARER Diese häretische christliche Sekte wurde skrupellos unterdrückt und bei einem vom Papst genehmigten Kreuzzug scheinbar von der Landkarte radiert. Manche Verschwörungstheoretiker meinen, dass die Katharer noch immer aktiv sind und hinter so manchen Verschwörungen stecken. Ob ihre Festung in der französischen Region Montségur einen verborgenen Schatz enthielt, der den Aufstieg der Templer förderte, oder ob sie geheimes Wissen über Jesus Christus besaßen, das die mittelalterliche Kirche gesprengt hätte, ist heute schwer zu beurteilen. Moderne Verschwörungstheoretiker weisen als Ziele der Katharer Rache an Frankreich und am Papsttum aus sowie die übliche Weltherrschaft.

KÖNIGIN ELISABETH I. Abgesehen von den Gerüchten über ihre wahre Identität oder gar ihr Geschlecht, scheint Englands „jungfräuliche Königin" im Zentrum eines Netzes aus Intrigen und Maschenschafteng gestanden zu haben, das wegweisend für späterer britische Monarchen wurde. Doktor John Dee, der vielleicht bedeutendste Okkultist in der britischen Geschichte, soll als ihr Leibarzt fungiert haben, ihr Außenminister und mystischer Berater. Viele halten diese mächtige Partnerschaft für den Ausgangspunkt der zahllosen Geheimgesellschaften und magischen Orden, die das britische Empire vergrößern und schützen sollten.

KREML Obwohl dies früher der erste Ort war, an dem man die Urheber einer Verschwörung vermutete, wenn auch nur ein kleiner Hinweis darauf in der Luft lag, so ist die Öffentlichkeit heute der Meinung, dass die derzeitigen Herren des Kreml nicht einmal ein Saufgelage in Wodkafabrik Nr. 12 organisieren könnten. Lassen Sie sich nicht täuschen. Eine bewährte Verschwörungstherie und Kremlbeobachter sind der Ansicht, dass der Zusammenbruch des ehemaligen Sowjetimperiums nur ein Täuschungsmanöver war, um den Westen in falscher Sicherheit zu wiegen. Da man ihn heute nicht mehr für eine ernste Bedrohung hält, kann der Kreml ungehindert seinem Streben nach Weltherrschaft nachgehen.

LEARY, TIMOTHY Angesichts seines wilden Lebens (er unterstützte die Drogenrevolution in den USA und floh aus einem US-Gefängnis, um im Exil mit den Black Panthers in Algerien zu leben) ist es kein Wunder, dass Timothy Leary die Liste der mutmaßlichen Verschwörer anführt. Die Meinungen sind geteilt, ob er auf der Seite der Engel oder auf der des Teufels stand, doch spricht vieles dafür, dass seine Meisterschaft in Sachen LSD auf seinen Kontakten zur CIA basierte. Es könnte durchaus Leary gewesen sein, der das US-Militär auf die Idee mit dem Internet gebracht hat.

MEONIA Meonia ist ein geheimer mystischer Orden, der mit dem Schutz der Britischen Inseln, der Schaffung des Britischen Empire und der Verkündigung eines neuen goldenen Zeitalters betraut ist. Zu den Mitgliedern dürften Königin Maria von Schottland, Sir Isaac Newton und der Dichter W. B. Yeats (ein bekannter Okkultist) gehört haben. Man kann nur vermuten, ob dem Orden nach seinen Konflikten mit der Thule-Gesellschaft noch Macht verblieben ist, doch einige Forscher sind der Ansicht, dass die familiären Verbindungen von Prinzessin Dianas Vorfahren zu Meonia eine Rolle bei ihrem vorzeitigen Ableben gespielt haben.

NEW AGE New-Age-Anhänger sind ein beliebtes Ziel von christlich-fundamentalistischen Verschwörungstheoretikern. Diese sind überzeugt, dass die Ansichten und Praktiken der New-Age-Bewegung zu einem groß angelegten Komplott gehören, um den christlichen Glauben zu unterminieren und die Satansverehrung zu fördern. Tarotkarten, Kristalle und Versuche, mit Delfinen zu kommunizieren, gelten als Teil eines heimtückischen Plans, um Menschen in Kontakt mit gefährlichen übernatürlichen Kräften zu bringen. Man sieht Massenselbstmorde von Sekten wie Heaven's Gate nicht als tragisches Einzelereignis, sondern als Opfer an den Teufel im Rahmen einer großen Verschwörung, um die Apokalypse herbeizuführen.

OFFICE OF NAVAL RESEARCH Als weiterer Teil des US-Militärs, der in die Verschwörungen rund um die UFO-Phänomene verwickelt ist, steht das Marineforschungszentrum (ONR) auch im Mittelpunkt zweier bestechender

Kriegsgeschichten. Für viele, die das Philadelphia-Experiment (bei dem ein Schiff unsichtbar gemacht wurde oder auch nicht) erforschen, ist das ONR federführend an dessen Vertuschung beteiligt. Das ONR soll auch für die Vertuschung der Explosion eines experimentellen Nukleargerätes im Zuge der Katastrophe im Hafen von Chigaco verantwortlich zeichnen, bei der 1944 mehr als 300 Seeleute ums Leben kamen.

PROJEKT PHOENIX Niemand weiß genau, was Projekt Phoenix ist oder ob es wirklich existiert – zwei Gründe dafür, warum es so attraktiv für Verschwörungstheoretiker wurde. Der Name lässt vermuten, dass es um die Ausbeutung außerirdischer Technologie oder um Technologie aus den Überresten einer älteren Kultur geht. Der US-Kongress brach das Projekt 1958 ab, doch es scheint dank großzügiger Zuwendungen aus dem berüchtigten schwarzen Budget des US-Militärs bis heute fortgesetzt worden zu sein. Die Leute hinter Projekt Phoenix könnten zu den Hauptverschwörern dieser Welt zählen, da sie für die UFO-Vertuschung, die Ermordung von JFK und den Aufstieg der amerikanischen Rüstungsindustrie verantwortlich sein sollen.

ROOSEVELT, FRANKLIN D. US-Präsident Franklin D. Roosevelt kommt in vielen Verschwörungstheorien vor, doch eine der bösartigsten ist die der „Trailer-Parks". Sie besagt, dass FDR seine Berater nicht anwies, die Idee von Mobilheimen (Trailer) zu entwickeln, um der Wohnungskrise in der Depression Herr zu werden, sondern Menschen in wackeligen Unterkünften in Regionen unterzubringen, die bevorzugt von Hurricans heimgesucht würden. So könnte das Land seine ärmsten Einwohner loswerden. FDR konnte jedoch nicht wissen, dass er mit den Trailer-Parks den perfekten Nährboden (und Wohnraum) für Generationen von Verschwörungstheoretikern schuf.

SCHWARZE MAGIER Bei so vielen guten Jungs, die beschuldigt werden, sich gegen den Rest von uns zu verschwören, ist es beruhigend, festzustellen, dass doch auch ein traditioneller Schrecken der Menschheit von Zeit zu Zeit einiges an Vorwürfen abkriegt. Schwarze Magier sollen an Phänomen wie der Verstümmelung von Vieh bis zu Big Foot beteiligt sein und sollen ihre dunklen Kräfte einsetzen, um der Gesellschaft im großen Stil zu schaden. Wenn man gewissen Forschern glauben will, so ist Schwarzmagier eine gute Berufswahl, denn sie kann einen bis ins Weiße Haus oder zur Mitwirkung in Hollywood-Blockbustern verhelfen.

SUFIS Die Sufis sind eine mystische muslimische Sekte, die mit so ehrenwerten Verschwörern wie den Tempelrittern, den Tanzenden Derwischen, den chinesischen Tongs, den Assassinen, den Freimaurern, Piraten und einer Unzahl an schwarzen Bürgerrechtsbewegungen, die an nicht ganz traditionelle Aspekte des Islam glauben, in Verbindung gebracht wird. Außerdem glauben sie an das Konzept des „rendi" – die Gestalt von einem anderen anzunehmen, um das eigene Vorhaben geheim ausführen zu können. Daher sind sie die perfekten Verdächtigen für alle Arten von Verschwörungen. Die nahezu absolute Geheimhaltung und die allgemeine Unergründlichkeit tragen dazu bei, dass die Ziele der Sufis unbekannt bleiben, doch einen gewissen Sinn für Humor kann man ihnen nicht absprechen: Die englische Tradition des Morris-Tanzes soll auf sie zurückgehen.

THULE-GESELLSCHAFT Die Thule-Gesellschaft soll in den Anfangstagen der Nazi-Partei und ihrer falschen Arier-Ideologie ein bedeutende Rolle gespielt haben und der Einfluss ihrer okkultistischen Mitglieder könnte noch gewachsen sein, als die Nazis an die Macht kamen. Ob sie nun die Macht hinter Hitlers abscheulicher Herrschaft waren oder nicht, jedenfalls hatten die Thulisten Einfluss auf einige Teile der gefürchteten SS. Viele glauben, dass Deutschlands Niederlage im Zweiten Weltkrieg noch lange nicht das Ende für das Streben der TG nach Weltherrschaft war. Sie soll ein unterirdisches Hauptquartier in der Antarktis unterhalten, von dem aus sie die NASA kontrolliert, die sie mit NS-Raketenspezialisten infiltriert hätte, die nach dem Krieg von den USA rekrutiert worden waren. Auch einige geheime Neonazi- und okkulte Geheimorganisationen sollen von der TG gesteuert werden.

VEREINTE NATIONEN (UNO) Da sie in vielerlei Hinsicht bereits als Weltregierung fungiert – wenn auch mit sehr eingeschränkter Macht –, kann es nicht überraschen, dass die UNO im Zentrum zahlreicher Verdächtigungen steht, wie dunkle Machenschaften, Intrigen und geheime Projekte. Während viele in den Blauhelmen der UN-Friedenstruppen einen Segen für die Krisengebiete der Welt sehen, vermuten Verschwörungstheoretiker darin den Kern einer globalen Armee, mit deren Hilfe eine einheitliche Weltregierung erzwungen werden soll. Einige weisen darauf hin, dass die UNO 1947 gegründet wurde – demselben Jahr, als ein UFO in Roswell, New Mexico, abgestürzt sein soll –, und meinen, dass die UNO die Weltregierung im Auftrag der Aliens einführen will. Natürlich könnte es auch sein, dass die UN-Leute bloß von hochrangigen Freimaurern hinters Licht geführt werden.

VRIL-GESELLSCHAFT Dieser mystische Orden soll nachweislich Einfluss auf die Ideologie vieler wichtiger NSDAP-Mitglieder gehabt haben. Häufig wird er in Verbindung mit den so genannten „Reichsflugscheiben" erwähnt. Während von Mitgliedern der Thule-Gesellschaft erzählt wird, sie wären nach dem Krieg buchstäblich in den Untergrund geflüchtet, sollen sich die Mitglieder der Vril-Gesellschaft mithilfe der experimentellen Nazi-Raumschiffe aus dem Staub gemacht haben, die wir heute als UFOs kennen. Natürlich wird dieses Wissen vor der Öffentlichkeit geheim gehalten, um zu vertuschen, dass der Zweite Weltkrieg noch gar nicht zu Ende ist.

WESTFÄLISCHE BRUDERSCHAFT Sie wird häufig als Boss aller anderen genannt: der Freimaurer, der Mafia, der Tempelritter und vieler moderner okkulter Orden. Die Westfälische Bruderschaft ist ein Oberbegriff für eine weit reichende Illuminaten-Gruppe, die zumindest seit dem Beginn des 17. Jahrhunderts aktiv ist. Sie infiltriert bestehende Geheimgesellschaften, um sie zu übernehmen. Da die Bruderschaft ultrageheim ist, ist natürlich wenig über ihre Ziele bekannt, außer dem üblichen Streben nach Weltherrschaft. Sie dürfte eine besondere Vorliebe für jene Region Deutschlands haben, von der sie ihren Namen ableitet, und war eng mit Heinrich Himmler verbunden, der in Westfalen seine Festung im Stile des Mittelalters errichten ließ. Die Westfälischen Brüder können der langen Liste jener hinzugefügt werden, die für den Nazi-Wahnsinn verantwortlich sein könnten.

XISTS Laut der Sekte The Church of SubGenius sind die Xists Außerirdische, die auf der Seite der Menschheit stehen, um die Erde vor den „Con" zu retten – eine gewaltige, uralte Intrige, die die Menschheit ihrer Freiheit und Freude berauben soll. Die fanatischeren Anhänger des Sektengründers, des Pfeifenrauchers Bob Dobbs, behaupten, die Xists hätten hinter vielen Geheimgesellschaften und Gegenverschwörungen gesteckt, mit denen die Machenschaften der bösen Aliens, der Con, unterbunden werden sollten. Für die Anhänger der Sekte erklärt sich alles, von der hohlen Erde bis zur Tradition, Krawatten zur Arbeit zu tragen, durch den fortgesesetzten Krieg zwischen den Xists und ihren intergalaktischen Feinden.

ZIONISTISCHE RESERVEREGIERUNG Verschwörungstheoretiker aus den Reihen der US-Bürgerwehrbewegung, des Ku-Klux-Klan und anderer antisemitischer Organisationen verweisen gerne auf die „Zionistische Reserveregierung" als wahren Herrscher über die amerikanische Regierung – daher auch die Bezeichnung. Sie soll die treibende Kraft hinter allen diabolischen Komplotten sein. Mit der Hilfe rassistischer Propaganda anstelle von Beweisen behaupten Anhänger dieser Theorie, dass die Welt von einer globalen jüdischen Verschwörung bedroht werde und dass die USA ihren Machenschaften bereits zum Opfer gefallen seien. Das Bankwesen, die schwarzen Hubschrauber und der Einsatz von Fluoriden im Trinkwasser sollen auf das Konto der Zionistischen Reserveregierung gehen.

GLOSSAR

DIE CON Dieser Begriff wurde erstmals von den überzeugtesten Verschwörungstheoretikern des 20. Jahrhunderts, der Church of SubGenius, verwendet, dann von anderen aufgegriffen und missinterpretiert. „Con" steht für „Conspiracy" („Verschwörung") und bezeichnet jene Gruppe, die jede andere Verschwörung lenkt, von der Sie jemals gehört haben, und auch jene, die so erfolgreich waren, dass Sie niemals gedacht hätten, dass sie überhaupt existieren. Es ist eine einheitliche Verschwörungstheorie, die alles und jeden inkludiert, aber keine bekannte Gruppierung beschuldigt.

DIE GRAUEN Sie sind anscheinend die häufigste Art von Aliens, die unsere Erde besuchen – kleine Wesen mit schmutzig weißer Haut und großen, dunklen Insektenaugen. Sie kommen in Verschwörungstheorien am häufigsten vor. Die Grauen sollen in alles verwickelt sein, von Roswell über Viehverstümmelungen bis zum Attentatsversuch auf Ronald Reagan. Sie schließen Verträge mit Regierungen ab und hecken Intrigen gegen die menschliche Rasse aus.

DIE WAHRE GESCHICHTE Eine plausible „wahre" Geschichte ist ein essenzieller Teil jedes Komplotts, mit dem eine Verschwörung vertuscht werden soll. Sie muss die meisten Leute davon überzeugen, dass die offizielle Version der Geschichte die einzige ist, die man glauben kann, ohne für einen paranoiden Irren gehalten zu werden. Verschwörungstheoretiker verbringen viel Zeit damit zu beweisen, dass man ein paranoider Irrer sein muss, um die Fakten zu ignorieren und die Vertuschungsgeschichten zu glauben.

EINEN ELVIS MACHEN Viele Verschwörungstheoretiker glauben, dass Elvis nicht tot ist – er hat bloß erfolgreich seinen eigenen Tod vorgetäuscht. Deshalb bedeutet „einen Elvis machen", dass man das eigene Ableben simuliert, um dem Ruhm zu entkommen, den Steuern oder der Mafia.

FEHLINFORMATION Ebenso wie es zu den Aufgaben von Geheimdiensten gehört, Informationen zu sammeln, müssen sie auch ständig Fehlinformationen verbreiten, um die Öffentlichkeit zu verwirren und von allem abzulenken, was ihrer Meinung nach vertuscht werden muss. Gezielte Desinformation könnte hinter einer ganzen Menge von Verschwörungstheorien stecken. Wenn Sie z. B. ein experimentelles Flugzeug testen wollen, ohne dass das bekannt wird, könnte es hilfreich sein, wenn Gerüchte über außerirdische Flugobjekte im Umlauf sind. Bekanntlich verbreiten Verschwörer Fehlinformationen über völlig abwegige Intrigen, um von sich selbst abzulenken – wie könnte man das besser tun als durch ein mit Verschwörungen voll gepacktes Buch??

GEDANKENKONTROLLE Unter den Verschwörern rangiert die Gedankenkontrolle über die Bevölkerung eines Landes oder der gesamten Welt an zweiter Stelle gleich hinter der Weltherrschaft. Mittels Gedankenkontrolle lässt sich Einfluss leicht verstärken – häufig geht es um die Schaffung von Attentätern. Wie man erfolgreich Gedankenkontrolle ausübt, ist umstritten; diskutiert wird vieles, von unterschwelligen Audiosignalen bis zur Fluoridierung von Trinkwasser.

GEGENVERSCHWÖRUNG Viele Verschwörungen scheinen zu entstehen, um einer anderen entgegenzuwirken. Diese Art von Verschwörungen illustriert man am besten durch die Gerüchte, dass die Königsfamilie eine gewaltige Organisation von miteinander vernetzten Geheimorganisationen gegründet hätte, um gegen eine Verschwörung der römisch-katholischen Kirche vorzugehen, die die Weltherrschaft erringen wollte. Ohne die anzugreifende Verschwörung hätte die Gegenverschwörung nie existiert. Diese Art von Logik wird gerne von Leuten eingesetzt, die beweisen wollen, dass die ursprüngliche Verschwörung existieren muss.

GEHEIMGESELLSCHAFT Ob nun die Freimaurer, die Shriner oder der Großorden des Feuerrades verdächtigt wird, hinter den meisten Verschwörungen steckt irgendeine Art von Geheimgesellschaft – eine Organisation, die ihre Mitglieder, Ziele und Macht vor Außenseitern verbirgt. Das Streben nach Weltherrschaft ist bloß eine Option, kein Muss.

GESAMTVERSCHWÖRUNGSTHEORIE, auch Weltverschwörungstheorie genannt. Darunter versteht man eine Theorie, die absolut alles zu einem einzigen großen Komplott verbindet, bei dem alles mit allem zusammenhängt. Es ist nicht ungewöhnlich, wenn eine Gesamtverschwörungstheorie die Pyramiden, Jesus, George Washington, die Bank of England, Roswell, die Ermordung von JFK und die Filme von George Lucas nahtlos zu einer großen Machenschaft der Freimaurer/Alien-Organisation der Zeta-Retikulaner zusammenschließt.

HIGS Die Abkürzung steht für Hoodlums In Governments („Gangster in Regierungen"). Der Begriff HIGS wurde von dem bei Verschwörungstheoretikern beliebtesten unorthodoxen Wissenschaftler Dr. Wilhelm Reich geprägt, als er von der FDA und dem FBI verfolgt wurde. Damit bezeichnete er Leute, die extrem schikanöse Methoden anwenden. Seitdem werden Regierungsleute, die andere einschüchtern und verfolgen, um die Wahrheit zu unterdrücken, von Verschwörungstheoretikern HIGS genannt.

ILLUMINATEN Streng gesehen sollte mit „Illuminaten" nur die 1776 in Bayern gegründete Organisation bezeichnet werden, doch mittlerweile findet man den Begriff in vielen Lexika, wo er als „intellektuelle Bewegung oder Geheimgesellschaft im Untergrund" beschrieben wird, oder Bezeichnung für jeden, der behauptet, erleuchtet zu sein. Die ursprünglichen Illuminaten sind Anwärter für den Titel „Vater aller Verschwörergruppen". Viele Verschwörungstheoretiker verwenden das Wort für jede verborgene Elite, die die Weltherrschaft anstrebt und Erleuchtung für sich reklamiert.

KABALE Das Wort bedeutet Intrige oder geheime Machtelite. Manche Verschwörungstheoretiker behaupten, es leite sich von „Kabbalah" ab, einer antiken jüdischen Mystiklehre. Andere meinen, das englische „cabal" würde von einer geheimen Gruppe politischer Berater um Charles II. stammen, deren Namen Clifford, Arlington, Buckingham, Ashley und Lauderdale lauteten. Wer dieses Buch für einen Teil einer Verschwörung hält, sei darauf hingewiesen, dass der Sekretär dieser ersten Cabal ein gewisser Robert Southwell war.

KONTROLLE DER MEDIEN Damit ein Komplott erfolgreich ist oder eine Intrige Macht einbringt, müssen sie geheim bleiben und in der Lage sein, zu verhindern, dass negative Informationen über sie an die Öffentlichkeit gelangen. Angesichts der Verbreitung und des Einflusses, den die

Medien heutzutage haben, bedeutet das, dass eine erfolgreiche Verschwörung die Medien zensurieren und kontrollieren können muss. Ein Weg, dies zu gewährleisten, ist die Eigentümerschaft. Daher sind Rupert Murdoch und Ted Turner in den Augen von Verschwörungstheoretikern höchst verdächtig.

MYSTISCHE ORDEN Mystische Orden zeichnen sich durch ihren Glauben aus, dass all die Intrigen und Machenschaften ihrer Mitglieder einem höheren spirituellen Ziel dienen. Man glaubt, dass sie hinter vielen großen Verschwörungen stecken. Obwohl sie vielleicht nicht behaupten, paranormale Kräfte zu besitzen, wie einige Mitglieder okkulter Orden, sind Verschwörer mit mystischem Einschlag bekannt dafür, sich in Roben zu kleiden, merkwürdige Initiationsriten zu vollziehen und ihr Leben diversen antiken Göttern zu weihen.

NINP Abkürzung für „Not Impossible, Not Provable" („nicht unmöglich, nicht beweisbar"). Diese Bezeichnung erhält eine Theorie, die sehr überzeugend klingt, aber für die man unmöglich Beweise beibringen kann. Zur Freude vieler Verschwörer kann man dieses Etikett nahezu allen Verschwörungen umhängen – außer denen, die TBTB sind.

OKKULTE ORDEN Ähnlich wie „mystische Orden". Menschen, die ihre Verschwörungen im Schoß eines okkulten Ordens planen, werden häufig verdächtigt, die übernatürlichen Kräfte, die ihnen zugeschrieben werden, zur Erreichung ihrer Ziele einzusetzen. Sie sollen geheime Rituale vollziehen und bekriegen sich mit anderen okkulten Orden. Doch trotz ihrer übernatürlichen Fähigkeit scheinen sie die Weltherrschaft nicht in absehbarer Zeit an sich zu reißen.

PARANOIA Jener psychische Zustand, in dem sich viele Verschwörungstheoretiker bald befinden, wenn sie die dunklen Machenschaften unter der Oberfläche der allgemein akzeptierten Wirklichkeit näher erforschen. Da viele Verschwörungen so angelegt wurden, dass jeder, der darüber stolpert, für paranoid gehalten wird, kann man diesen Geisteszustand als Berufsrisiko von Verschwörungstheoretikern betrachten. Bedenken Sie: Nur weil Sie paranoid sind, heißt das noch lange nicht, dass keine Verschwörung gegen Sie im Gange ist.

RÜSTUNGSINDUSTRIE Bei einer merkwürdigen Rede gegen Ende seiner Amtszeit warnte Präsident Eisenhower vor der wachsenden Macht der Rüstungsindustrie, die die politischen Institutionen der USA und die persönliche Freiheit ihrer Bürger bedrohen würde. Was den früheren General zu diese Warnung bewegte, ist unbekannt, doch seine Ängste schienen innerhalb weniger Jahre bestätigt zu werden, als die Rüstungsindustrie die USA in den kostspieligen Vietnamkrieg führte, der den großen Waffenproduzenten hohe Profite einbrachte.

SCHWARZE KASSE Geld ist Macht, und jede Verschwörung benötigt beachtliche Geldmittel, um in der heutigen Welt eine Chance auf Erfolg zu haben. Eine mutmaßliche Finanzierungsquelle vieler Verschwörergruppen ist eine „schwarze Kasse" – in die von der Regierung genehmigte Gelder mithilfe von kreativer Buchführung und blankem Betrug einfließen, womit dann geheime Projekte und Operationen finanziert werden. Schwarze Budgets werden oft durch illegale Aktivitäten auf Gebieten wie Drogenhandel, Geldwäsche oder Waffenverkauf aufgefettet. Die Iran-Contra-Affäre ist ein solcher Deal, der publik wurde.

SKEPTIKER Für Verschwörungstheoretiker ist ein Skeptiker jemand, der die Wahrheit über eine Verschwörung anerkennen muss, jedoch Zeit damit vergeudet, Lücken in ihren beliebtesten Theorien aufzuspüren. Einige Skeptiker, die viel Energie darauf verwenden, Verschwörungstheoretiker von einfachen Erklärungen zu überzeugen, werden als „professionelle Skeptiker" bezeichnet und verdächtigt, zu den Verschwörern zu gehören. Alles Teil der Vertuschung!

SÜNDENBOCK Jemand, der von Verschwörern als Urheber für ihre Untaten vorgeschoben wird. Das bekannteste Beispiel für den Sündenbock einer großen Verschwörung ist Lee Harvey Oswald – jener Mann, der von den Attentätern auf JFK dazu ausersehen wurde, die Sache auszubaden und die Öffentlichkeit davon zu überzeugen, dass die Ermordung das Werk eines Einzeltäters gewesen ist. Keine Überraschung also, dass Owald, als er meinte, dass ihm diese Rolle nicht gefalle, und er vor der Presse die unsterblichen Worte „Ich bin bloß ein Sündenbock" murmelte, ebenfalls enge Bekanntschaft mit einer Kugel machte.

TBTB Abkürzung für „Too Bizarre To Believe" („zu bizarr, um glaubwürdig zu sein"). TBTB-Verschwörungen erscheinen absichtlich so unplausibel, damit niemand sie ernst genug nimmt, um ihnen nachzugehen. Ein weiterer Vorteil einer TBTB-Verschwörung ist der, dass man Beweise nicht verstecken muss, da sie ohnehin übersehen werden, weil die zugehörige Verschwörung zu abwegig erscheint. Die perfekte TBTB-Verschwörung ist angeblich die Entführung von Elvis durch Aliens gewesen, die Rock-'n'-Roll lieben.

TÖLPEL In einschlägigen Kreisen gilt die Mehrzahl der Menschen als Tölpel. Tölpel glauben, was die Behörden und die Medien ihnen erzählen, und bezweifeln nie, dass die Dinge nicht so sein könnten, wie sie scheinen – kurz: Sie glauben nie an Verschwörungstheorien. Es ist nicht wirklich ein Schimpfwort, aber die meisten abscheulichen Komplotte unserer Zeit sind nur möglich, weil die Tölpel zu gutgläubig sind, nicht paranoid genug und die Welt nie infrage stellen.

VERDECKTE OPERATIONEN Verdeckte Unternehmungen eines Geheimdienstes, die von der Regierung nicht autorisiert wurden oder ihr nicht bekannt sind, können als „verdeckte Operationen" bezeichnet werden („Black Op"). Da sie dem öffentlichen Zugriff entzogen sind, sind sie das Lieblingswerkzeug von Verschwörerorganisationen, die Geheimdienste wie MI6, die CIA und den KGB infiltriert haben oder steuern.

VERSCHWÖRUNGSTHEORETIKER So bezeichnen sich viele, die sich mit Verschwörungen beschäftigen und die Wahrheit herausfinden wollen, die hinter dunklen Intrigen steckt. Sie ziehen dies der eher unbeliebten Bezeichnung „desillusionierte, paranoide Fanatiker" vor.

VERTUSCHUNG Bei vielen Verschwörungen geht es um die Vertuschung der Wahrheit über Ereignisse wie Attentate, UFO-Landungen, Morde, den Ursprung der Religionen, Wirtschaftskartelle und darüber, warum es so schwierig ist, bei den großen Fastfood-Ketten einen Cheeseburger zum Frühstück zu kaufen. Wesentliche Bestandteile einer erfolgreichen Vertuschung sind unverfrorenes Lügen, Diskreditierung von Zeugen, Vernichtung von Beweisen, Erfinden einer guten „wahren" Geschichte und Kontrolle über die Medien.

WELTREGIERUNG Damit bezeichnen Verschwörerkreise die Einsetzung einer Weltherrschaft durch eine internationale Organisation ähnlich der UNO. Während nicht alle den Tod des Nationalstaates und die Geburt des weltweiten Friedens als böse Sache sehen, ist keiner scharf darauf, von einer nicht gewählten Elite regiert zu werden. Daher müssen die Leute, die eine Weltregierung anstreben, meistens diabolische Pläne schmieden, um ihr Ziel zu erreichen.

REGISTER

WIDMUNG

Für Anne-Marie und Cheryl, ohne deren Hilfe diese Reise zu den Grashügeln und verrauchten Hinterzimmern der Welt nicht möglich gewesen wäre.
Für unsere Mütter und Großeltern, ohne die es uns nicht geben würde.
Für Bill Hicks – ein mir fehlender Verschwörungstheoretiker, Komödiant und Hüter der Wahrheit.

DANKSAGUNG

Die Autoren würden gerne auf folgende Leute hinweisen:

DIE ÜBLICHEN VERDÄCHTIGEN

Penny Simpson, Amie McKee, Steve Behan, Julie Wallace, Danny Southwell, Kelly Twist, Stephen Grasso, Paul Dawdy, Belinda Lohnes, Louise, Claire, Miriam und Julie Forker, Sean York, James Harborne, Brendan Wilson, David Smith, Max Read, Cindy Galloway, Dr. Martin Forker, Mark Downing und Dickon Springate – die alle wissen sollten, warum sie auf der Liste stehen.

DIE UNÜBLICHEN VERDÄCHTIGEN

Tim „How Many Cows" Dedopulous dafür, dass er eine Gefahr für den Orden ist; Andrew Collins für seine gewaltige Inspiration; Storm Constantine und Tad Williams für Motivation in schlechten Zeiten; Ken MacLeod für Wilde and the Counterconspiracy Theory of History; Mark Pilkington und Fortean Times für das Verstehen, was wir hier durchwateten, und Jahre großen Leids; Detective Inspector „X" für zahlreiche Hinweise; Alan Moore für seine Magie und die Kenntnis des Punktestands; Grant Morrison für sein Fortgehen und Zurückkehren; Gary Russell dafür, dass er Verschwörungstheorien mag; Orlando für Details über Dianas Schwangerschaft, die wir niemals drucken könnten; die bahnbrechenden Verschwörungsautoren Doug Moench, John Keel und Robert Anton Wilson und all die tapferen Erforscher des „potere occulto".

BILDNACHWEIS

Der Herausgeber möchte folgenden Quellen für ihre freundliche Genehmigung zum Abdruck der Bilder in diesem Buch danken:

Carlton Books Ltd.: Stephen Behan: 138, 147, 161
Corbis: 1ul, 51r, 105, 109, 112, 135, 179; /ABC News: 129; /Bettmann: 10, 14, 17, 56, 84, 126l, 133, 170; /Dennis di Cicco: 83; /Bob Daemmrich: 115; /Mitchell Gerber: 9r; /Denis Grishkin: 124; /Ralf-Finn Hestoft: 173r; /Alan Hindle: 169; /Hulton-Deutsch Collection: 16, 45; /Brooks Kraft: 114, 123l; /Murdo Macleod: 149; /John Madere: 88; /Jim McDonald: 140; /Wally McNamee: 7, 100; /Christine Osborne: 34u; /Mark Peterson: 39; /Roger Ressmeyer: 156; /Patrick Robert: 1, 106; /Ron Sachs/CNP: 51; /Phil Schermeister: 28; /Robert Shanna: 108; /S.I.N.: 9l; /Paul A. Souders: 79; /Leif Skoogfors: 121; /Stapleton Collection: 63; /Joel Stettenheim: 165; /Les Stone: 21; /Sunset Boulevard: 25; /Liba Taylor: 1or, 22; /David Turnley: 128, 177; /Van Parys: 112u; /Brian A. Vikander: 93l; /Waco Tribune Herald: 174; /Darren Winter: 27
Getty Images: Hulton Archive: 67
Harvard-Smithsonian Center for Astrophysics: 176
HOK: Don Wong: 97
LDTV.CO.UK: 77, 77ul
Library of Congress: 18, 39ol, 46, 49, 61, 72, 86, 99, 137, 142, 145, 145l
NASA: 41, 119, 120, 159, 162, 167l, 167r
Naval Historical Foundation: U.S. Historical Center: 81
Photos12.com: 157; /Bertelsmann Lexikon Verlag: 70o; /Collection Cinéma: 13, 13ol, 30, 68, 126r, 130, 141, 163; /Jean Guichard: 90; /Hached: 64, 73; /Keystone Pressedienst: 104, 123r; /Siny Most: 74; /Oasis: 93r; /World Religions Photo Library: 136
Rex Features: Dave Hartley: 54; /Scott Laperruque: 181; /Sipa Press: 131; /Richard Young: 1
Seth Shotstak/SETI: 31
Topham: 36, 40, 139, 158; /ImageWorks: 173l; /Photri: 102; /PressNet: 53, 59u, 143; /Uppa.co.uk: 59u, 117, 151; /Charles Walker: 70
USA National Archives: Ronald Reagan Library (NLRR): 110

Der Verlag hat alle Anstrengungen unternommen, um sämtliche Copyright-Inhaber ausfindig zu machen und zu kontaktieren. Wir entschuldigen uns für eventuelle Auslassungen und werden diese in künftigen Ausgaben korrigieren.